本书为全国教育科学规划教育部重点课题"青年教师可雇佣型心理契约视角下的我国高校教学科研发展动力机制研究"（DIA150293）的最终研究成果

高校教学科研发展理论与实证研究

——基于青年教师可雇佣型心理契约视角

相 飞 著

中国社会科学出版社

图书在版编目(CIP)数据

高校教学科研发展理论与实证研究：基于青年教师可雇佣型心理契约视角 / 相飞著 . —北京：中国社会科学出版社，2018.7
ISBN 978-7-5203-3698-7

Ⅰ.①高… Ⅱ.①相… Ⅲ.①高等学校-教学研究 Ⅳ.①G642.0

中国版本图书馆 CIP 数据核字（2018）第 284742 号

出 版 人	赵剑英
责任编辑	车文娇
责任校对	宋会英
责任印制	王 超

出　　版	中国社会科学出版社
社　　址	北京鼓楼西大街甲 158 号
邮　　编	100720
网　　址	http://www.csspw.cn
发 行 部	010-84083685
门 市 部	010-84029450
经　　销	新华书店及其他书店

印　　刷	北京明恒达印务有限公司
装　　订	廊坊市广阳区广增装订厂
版　　次	2018 年 7 月第 1 版
印　　次	2018 年 7 月第 1 次印刷

开　　本	710×1000　1/16
印　　张	28
插　　页	2
字　　数	502 千字
定　　价	118.00 元

凡购买中国社会科学出版社图书，如有质量问题请与本社营销中心联系调换
电话：010-84083683
版权所有　侵权必究

前　言

　　中国进入前所未有的新时代，受全球经济结构调整的冲击，市场竞争愈加激烈，复杂多变的外部环境不断挑战社会经济的运行效能。作为国家知识产能和自主创新驱动的助推器，高校在这场社会经济变革中发挥着举足轻重的作用，高校的教学发展能力和科研发展能力随之被推到动态多变的机遇与挑战面前。只有拥有创新性人才资源，才能造就可持续发展的教育事业。青年教师作为高校的知识成果体系推陈出新和教育事业自主创新驱动的主力军，相应成为高校人才资源建设的重点。近年来，尽管一些高校推行了人才引进招募、培养和职业生涯发展政策，但这些政策的完善尚待实践中不断检验和修正，而考核标准愈加严格却是一贯的主题。与此同时，来自工作考核、职称评聘、人际关系、生活品质、抚养赡老等多元压力都迫使青年教师所承载的心理负荷与日俱增。例如，2013年广州某年轻副教授在提出辞职后不久坠楼辞世，警方初步判断这起事件为心理压力过大所致。而高校在招募过程中明示"试用期完成科研指标，否则试用期满须离职"的规定也并不鲜见。事实上，早在2010年针对中国高校青年教师工作状况和心理状态的调查研究就显示，作为近九成拥有博士学位的高知群体，高校青年教师也是高压人群，逾70%的受访者直言压力山大，青年教师往往自嘲为"工蜂"，并坦陈"不堪重负"，需要一颗"大心脏"。如今，我国高校40岁以下青年教师人数已超过89万，与全国高校教师总人数之比逾65%。面对日渐庞大的青年教师队伍，如何解决青年教师的心理亚健康问题已经迫在眉睫。对此，党的十九大报告明确提出，要加强和改进思想政治工作，注重人文关怀和心理疏导，培育自尊自信、理性平和、积极向上的社会心态。中组部、中宣部、教育部党组又联合下发文件，要求高校党组织充分认识新时期关注青年教师心理健康的重要性，强调为青年教师提供心理和情感支持，建立青年教师心理健康教育和心理问题咨询机构，健全青年教师的心理问题预警和干预机制，为广大青年教师提供及时有效的心理健康指导、疏导与服务。

解决以上问题就需要意识到，在传统高校"象牙塔"中静默安逸的工作生活状态渐行渐远之际，青年教师愈加关注自我职业生涯管理，在某所学校承担教书育人工作的同时兼职、跳槽等现象屡见不鲜。而与其说高校对青年教师投资是促进其成长，毋宁说是更期望从青年教师的人力资本升值中获取有利于学校教育发展的教学学术资质及创新优势。可以说，新时期社会经济变革对高校与青年教师的主体地位有着极为深远的影响，两者间关系显著不同于以往，最为典型的是呈现出经济性契约导向。突出表现在：青年教师对所在高校责任和义务的期望总是基于促进个人可雇佣性能力的动机，高校对青年教师的可雇佣性责任履行也相应成为构筑与青年教师之间心理契约的重要前提和基础。而社会经济变革所伴生的激烈的人才、成果、创新能力等竞争促使高校对拥有高可雇佣性能力的教师的需求愈加迫切，只有不断汇聚高可雇佣性人力资本，才能通过持续积累的教学效能和学术效能来推动高校的高等教育事业稳步发展。因此，将可雇佣性理论与心理契约理论相融合，"高校青年教师可雇佣型心理契约"成为一个亟待探索的新课题。通过透析青年教师对所在高校的可雇佣性责任履行的认知和评价来思考如何维系高校与青年教师之间的关系，有利于高校对青年教师可雇佣型心理契约问题的探索，进而洞察和干预青年教师的心理健康状态，管控青年教师的工作业绩、发展潜能和创新绩效，更能够为获取支撑高校教育事业可持续发展的教学建设和科研建设的动能提供理论依据与指导。

本书恰恰是基于以上研究情境因素的思考，提出了当前我国高校教学发展和科研发展的动力机制建设中亟待解决的问题，并通过探索性研究和解释性研究相结合的混合式研究方案的途径予以破解。在此感谢所在单位齐鲁工业大学（山东省科学院），感谢齐鲁工业大学人文社科优秀成果培育管理办法计划资助出版。

具体而言，本书拟解决如下问题：一方面，全球知识经济结构调整促使我国高等教育必须改革，这就势必在青年教师内心掀起波澜。对青年教师可雇佣型心理契约的探究就是干预这种心理体验和内心知觉，并加以健康引导和疏导的有效途径。另一方面，由于东西方文化存在较大差异，源于西方组织行为和社会认知领域的研究成果难以直接运用至东方。目前，中国进入新时代，高校与青年教师之间的关系呈现出明显不同于以往的新型特征，加之东西方之间不同文化背景存在的显著差异性，将研究对象限定为我国高校的青年教师，探究青年教师可雇佣型心理契约的形成机理、内容结构以及对所在高校的教学科研发展的驱动机理，更具迫切性与适用性。

本书相对于已有研究的独到学术价值和实际应用价值主要有如下三个方面。

第一，明晰新时代我国高校青年教师可雇佣型心理契约研究的解析视角。找准解析视角是开展心理契约研究的必由之路，对心理契约动态形成的探析就是明确这一视角的有效途径。尽管国外学者已针对心理契约的形成过程展开了诸项研讨，并取得一些成果，但异域理论的本土化诠释必须结合研究问题所处本土情境的考证。鉴于高校青年教师可雇佣型心理契约是将可雇佣性理论与心理契约理论相融合而生成的新的理论构念，以可雇佣性元素作为构筑新型心理契约构念的理论基础，探寻高校青年教师可雇佣型心理契约的形成机理，即"青年教师出于促进个体可雇佣性能力的动机，对高校可雇佣性责任和义务的期望会受到哪些因素的影响及其内在作用机理到底是什么"不仅是本书研究的逻辑出发点，还是一个必须先行解决的重要问题。由此，基于心理契约理论渊源——社会交换理论、融合可雇佣性理论、前景理论以及社会心理学正在盛行讨论的社会认知理论和意义建构理论，相继通过心理实验法的动态发展过程模拟、质性研究的关键影响因素提炼以及调查数据的实证检验，探析高校青年教师可雇佣型心理契约形成背后的主要驱动逻辑，能够就以往研究所争辩不休的从雇佣关系构筑的双边视角抑或从雇佣关系构筑的单边视角进行对比论证，突破在两种研究视角之间的犹疑，进而明确我国高校青年教师可雇佣型心理契约研究的解析视角，为进一步揭开我国高校青年教师可雇佣型心理契约相关问题的"黑箱"提供理论线索。

第二，完善新时代我国高校青年教师可雇佣型心理契约的内容结构探究。综观以往研究，一些学者结合各自领域和研究兴趣，运用不同的研究方法（如内容特质归类法、探索性因素分析法、提炼共同特征法等）所取得的心理契约构思维度的研究结论存在一定差异。这不仅归咎于研究情境、研究对象、研究内容、研究维度等主要因素的差异性，更与心理契约概念的界定密切相关。如前所述，通过透析心理契约能够洞察组织责任和义务履行的程度。因此，基于新时代我国高校的特定情境，采用质性研究来探析青年教师可雇佣型心理契约的内容结构究竟是什么。对青年教师可雇佣型心理契约的要素构成模式加以有针对性地识别，并通过样本数据的实证检验，能够辨析我国高校青年教师可雇佣型心理契约与一般员工心理契约在内容结构上的异同点，使研究呈现出不同于已有心理契约研究的结果。

第三，为我国高校如何从青年教师可雇佣型心理契约的有效干预和管理中获取学校教育事业可持续发展的教学与科研动能提供指导。我国高校要在动态多变的环境下稳步发展教育事业，就势必面对提升教师教学科研绩效的选择，然而日渐重要的焦点是，目前高校不可避免地面临着教师的教学科研效果难以带来学校教育事业可持续发展的困惑。解决这样的问题，就需要聚焦于高校知识产能和自主创新的主力军——青年教师，以青年教师可雇佣型心理契约作为研究的切入点，阐清对高校教学科研发展的驱动机理，有的放矢地干预和管理青年教师对高校可雇佣性责任和义务履行的心理知觉与体验，从而弱化乃至消除青年教师可雇佣型心理契约变迁所产生的所在高校教学科研效果的低落。因此，解析青年教师可雇佣型心理契约视角下的高校教学科研发展动力机制是我国高校获取教学科研建设及创新优势的关键，有利于高校教育事业可持续发展。

内容简介

新时代社会经济变革对高校与青年教师的主体地位有着极为深远的影响，两者关系呈现出经济性契约导向。这突出表现在：青年教师对高校责任和义务的期望总是基于促进个体可雇佣性能力的动机，高校可雇佣性责任履行也相应成为构筑学校与青年教师之间心理契约的重要前提和基础。而社会经济结构变革所伴生的激烈竞争促使高校对拥有高可雇佣性的青年教师的需求越发迫切，只有不断汇聚高可雇佣性人力资本，才能通过持续积累的教学和学术效能来推动学校的高等教育水平稳健发展。因此，将可雇佣性理论与心理契约理论相融合，"高校青年教师可雇佣型心理契约"成为一个亟待探索的新课题。通过透析青年教师对高校可雇佣性责任履行的认知和评价来思考如何维系高校与青年教师之间的关系，有利于高校对青年教师可雇佣型心理契约问题的探索，进而洞察和干预青年教师的心理健康状态，管控其工作和创新绩效，更能为获取推动高校教育可持续发展的教学、科研建设动能提供理论依据和指导。

本书恰恰是基于以上情境因素的思考，提出当前我国高校教学科研发展动力机制建设中亟待解决的问题。一方面，全球知识经济结构调整促使我国高等教育必须改革，这势必在青年教师内心掀起波澜，对高校青年教师可雇佣型心理契约问题的探究就是干预这种心理体验进而健康引导的途径。另一方面，由于东西方文化存在较大差异，源于西方组织行为和认知领域的结论难以直接运用至东方。目前，中国进入新时代，高校与青年教师之间的关系呈现出显著不同于以往的新型特征，加之东西方不同文化背景的典型差异性，将研究对象限定为我国高校的青年教师，探究青年教师可雇佣型心理契约的形成、内容结构以及对所在高校的教学发展和科研发展的驱动机理，更具迫切性与适用性。

为解析以上研究主题，本书展开如下子研究。

第一，本书秉承管理学、经济学、组织行为学、社会认知心理学、社会统计学、高等教育管理等跨学科理论思想，以社会交换理论、前景理论、社会认知理论、意义建构理论、可雇佣性理论和高等教育管理理论等交叉学科理论作为理论基础，通过探索性研究和解释性研究相结合的混合式研究范式，秉持理论检验的三角验证观，探析在可雇佣性理论和心理契约理论相结合下产生的"高校青年教师可雇佣型心理契约"这一新的理论构念形成的关键动因及作用路径，从中探寻高校青年教师可雇佣型心理契约相关问题研究的解释视角。

第二，本书基于新时代我国高校与青年教师之间构筑的新型关系所禀赋的可雇佣性取向的典型特征，针对高校青年教师所独具的高知识、高创新、高动态心理活动、高可雇佣性发展取向、高自我实现欲望、高自我效能感等个体特质，尝试将可雇佣性理论与心理契约理论相结合，从而提出"高校青年教师可雇佣型心理契约"这一新的理论构架。进一步，通过与理论文献的对比论证，将理论模型转化为研究模型，并采用定量实证性研究加以检验，从而得出高校青年教师可雇佣型心理契约的三维结构模式，为本书研究主题解析提供基础构念解释框架。

第三，本书秉承管理学、经济学、组织行为学、社会认知心理学、高等教育管理等跨学科的理论思想，通过探索性研究和解释性研究相结合的混合式研究方案、研究方法和技术路线，对青年教师可雇佣型心理契约对于高校教学发展和科研发展影响的驱动机理进行解析，从而提出本书研究主题所关注的青年教师可雇佣型心理契约对高校教学发展和科研发展的驱动机理模型。

第四，本书秉承三角验证观的研究理念，将定性研究和定量研究导入对以上研究结果的验证性案例研究，即通过定性研究和定量研究的对比论证，从不同研究角度来检验本书建构的青年教师可雇佣型心理契约对高校教学发展和科研发展的驱动机理模型，从而提高结论的外部效度，阐释结论的理论意义和实践应用价值。

第五，本书选取在教学科研建设和发展方面具有一定特色优势的高校，以其青年教师为调研对象，针对以上提出的青年教师可雇佣型心理契约对高校教学科研发展的驱动机理模型展开应用性案例研究，旨在通过本书的理论建构与真实世界的对话，进一步印证本书结论的生态效度，升华结论的实践意义，真正为我国高校如何通过青年教师可雇佣型心理契约的有效管理来获取教学科研发展动能进而促进学校教育事业可持续发展，提供针对性的对策与建议。

目　录

第一章　绪论 …………………………………………………… (1)
 第一节　研究背景及意义 …………………………………… (1)
 第二节　研究思路及方法 …………………………………… (5)
 第三节　研究内容及结构 …………………………………… (10)
 第四节　创新点 ……………………………………………… (15)

第二章　文献综述 ……………………………………………… (18)
 第一节　心理契约研究综述 ………………………………… (18)
 第二节　可雇佣性与心理契约的关系研究综述 …………… (35)
 第三节　高校教学科研发展动力源 ………………………… (43)
 第四节　本研究的相关理论概述 …………………………… (45)
 本章小结 ……………………………………………………… (54)

第三章　高校青年教师可雇佣型心理契约动力机制及结构模型
   探析 …………………………………………………… (57)
 第一节　研究目的与方案 …………………………………… (57)
 第二节　研究基础与研究框架 ……………………………… (64)
 第三节　研究方法与数据来源 ……………………………… (68)
 第四节　案例分析与理论建构 ……………………………… (77)
 本章小结 ……………………………………………………… (100)

第四章　高校青年教师可雇佣型心理契约动力机制及结构模型的
   实证研究 ……………………………………………… (101)
 第一节　研究方法与分析工具 ……………………………… (101)
 第二节　问卷设计与小样本测试 …………………………… (112)
 第三节　正式调研与假设检验 ……………………………… (147)
 本章小结 ……………………………………………………… (175)

第五章　青年教师可雇佣型心理契约对高校教学科研发展驱动机理解析 …… （179）

第一节　基于元分析的我国高校青年教师心理契约组织效应研究 …… （179）

第二节　基于元分析的我国高校青年教师可雇佣型心理契约对高校教学科研发展的驱动机理探析 …… （198）

本章小结 …… （229）

第六章　青年教师可雇佣型心理契约对高校教学科研发展驱动机理的实证研究 …… （232）

第一节　问卷设计与小样本测试 …… （232）

第二节　正式调研与假设检验 …… （256）

本章小结 …… （287）

第七章　青年教师可雇佣型心理契约对高校教学科研发展驱动机理的案例研究 …… （289）

第一节　研究设计与分析方法 …… （289）

第二节　学校背景与数据来源 …… （298）

第三节　案例分析与结果讨论 …… （302）

第四节　研究结论与管理启示 …… （334）

本章小结 …… （345）

第八章　基于青年教师可雇佣型心理契约的高校教学科研发展的应用研究 …… （347）

第一节　学校发展历程 …… （347）

第二节　学校教学建设 …… （348）

第三节　学校科研建设 …… （350）

第四节　学校人才工程塑造 …… （352）

第五节　青年教师可雇佣型心理契约对学校教学科研发展的影响 …… （354）

本章小结 …… （370）

第九章　结论与展望 …… （373）

第一节　研究结论 …… （373）

第二节　研究贡献 …… （376）

第三节　研究局限 …… （387）

第四节　研究展望 …………………………………………（389）
附　录 ……………………………………………………………（391）
　　高校青年教师可雇佣型心理契约的组织心理与行为研究访谈
　　　工作设计 …………………………………………………（391）
　　高校青年教师可雇佣型心理契约的组织心理与行为研究调查
　　　问卷 ………………………………………………………（394）
参考文献 …………………………………………………………（404）
后　记 ……………………………………………………………（435）

第一章 绪论

第一节 研究背景及意义

一 研究背景

中国经济发展进入前所未有的新时代，受全球经济结构调整的冲击，市场竞争愈加激烈，复杂多变的外部环境不断挑战并冲击着中国社会经济的运行机制及效能。作为国家知识自主产能和创新驱动发展的有力的"助推器"，高校在这场社会经济变革中发挥着举足轻重的作用，高校的教学和科研建设及发展能力随之被推到动态多变的机遇与挑战面前。只有拥有创新型人才资源，高校才能造就可持续发展的教学和科研事业。青年教师作为高校师资队伍中知识创新的主力军，相应成为高校人才资源建设的重中之重。近年来，一些高校推行了人才招募引进和培养成长政策，但是从实践运行效果来看，政策完善仍然需要结合国家宏观教育体系和高校自身教育工程战略部署等内外部环境因素不断进行检验与修正，其间，无论环境因素如何动态变化，考核标准越发严格却是一贯的主题。与此同时，来自工作考核、职称评聘、学习培训机会、人际关系、生活品质等多元化压力都迫使青年教师所承载的心理负荷与日俱增。例如，2013年广州某年轻副教授在提出辞职后不久坠楼辞世，警方初步判断为心理压力过大所致。而当前全国范围内，高校在招募公告中明确"试用期满须完成既定的科研成果考核指标，否则试用期满后须离职"的文字规定也并不鲜见。事实上，早在2010年《中国高校青年教师调查报告》就显示，作为近九成拥有博士学位的高知群体，高校青年教师也是重高压人群，逾70%的青年教师受访者直言"压力'山'大"，青年教师往往自嘲为"工蜂"，并坦陈"不堪重负"，需要一颗"大心脏"。据2017年年末的统计，我国高校40岁以下的青年教师人数已超过89万，与全国高校教师总人数之比逾65%。面对日渐庞大的青年教师队伍，如何解决青年教师的心理亚健康问题已经迫在眉睫。为解决这一棘手问题，党的十九大报告明确提出，要加强和改进高校思想政治建设工作，注重人文关怀和心理疏导，培育自尊自信、理性平和、积极向上的社会心态。中组部、中宣部、教育部党组也联合下发文件，要求高校党组织充分认识新时期关注青年教师心理健康状态并解决青年教师心理亚健康问题的重要性，强调高校各级党组要积极为青年教师提供心理疏导和情感支持，建立青年教师心理健康教育和咨询专门机构，健全青年教师心理问题预警和干预机制，及时为青年教师提供有效的心理健康引导与服务功能。

由此可见，处于当前经济新时代我国创新驱动发展的紧迫形势之中，高校青年教师的健康心理资源建设问题亟待解决。这就需要意识到，在传统"象牙塔"中静谧安逸的工作生活状态渐行渐远之际，青年教师愈加关注自我职业生涯管理，兼职、跳槽等现象屡见不鲜。而与其说高校对青年教师投资是促进其成长，毋宁说更期望从青年教师的人力资本升值中获取有利于学校教学科研事业建设和发展的教学学术资质及创新优势。可以说，新时期社会经济变革对高校与青年教师的主体地位有着极为深远的影响，不同于以往的教师从一而终服务于所在学校的单向一贯制组织关系模式，高校与青年教师之间的关系呈现出显著的经济性契约导向。突出表现在：青年教师对高校责任和义务的期望总是基于个体可雇佣性能力发展的动机，高校可雇佣性责任履行也相应成为构筑和维系学校与青年教师之间心理契约的重要前提和基础。然而不容忽视的是，社会经济变革所伴生的激烈的产品成果与创新能力等竞争促使高校对拥有高可雇佣性能力的青年教师的需求愈加迫切，只有不断汇聚高可雇佣性人力资本，才能通过持续积累的优质教学资源和高水平学术成果来推动高等教育稳步发展。因此，将可雇佣性理论与心理契约理论相融合，"高校青年教师可雇佣型心理契约"成为一个亟待探索的新课题。通过透析青年教师对高校可雇佣性责任履行的认知和评价来思考如何维系高校与青年教师之间的关系，有利于高校对青年教师可雇佣型心理契约问题的探索，进而洞察和干预青年教师的心理健康状态，及时发现青年教师心理环境中存在的问题并辅之以恰当的干预措施，从而管控青年教师的工作和创新绩效，更能为获取支撑高校教育可持续发展的教学、科研建设动能提供理论依据和指导，实现高校教育事业长足发展的优势。

综上所述，一方面，全球知识经济结构调整促使我国高等教育必须改革，这势必在青年教师内心掀起波澜，相比以往较纯粹单一模式下的高校工作环境而言，当前教学技能要求不断提高、科研成果产出要求多快优新、人际交往要求网络布局化以及住房交通、子女教育和老人赡养等生活成本日渐增高等工作与生活方面因素都迫使青年教师面临着更大的心理压力载荷，对青年教师可雇佣型心理契约形成、内容结构以及后置组织效应的探究就是对这种心理体验施加合理干预进而得以健康引导的有效途径。另一方面，由于东西方文化存在较大差异，源于西方管理实践、组织行为领域、心理学、社会认知范畴以及高等教育管理领域的结论难以直接运用至东方，而先验理论建构在变更环境下必须结合特定研究情境特征进行实地考察、定量实证性研究等科学范式的验证，尤其是秉承了三角验证观哲学理念下的探索性研究和解释性研究相结合的混合式研究方案更有利于检审新研究情境下的理论建构的外部效度，从而阐明结论的理论价值与实践应用意义。目前，中国进入新时代，我国高校与青年教师之间的关系呈现出明显不同于以往的新型特征，加之东西方不同文化背景下组织关系所禀赋的显著差异性，将研究对象限定为我国高校青年教师，探究其可雇佣型心理契约的形成致因、内容结构、内涵特征、后置组织态度和行为效应以及进一步对高校教学科研发展的驱动机理，更具迫切性与适用性。

二　研究意义

本书相对已有研究的独到的学术价值和实践应用价值主要涵盖以下三个方面。

第一，明晰新时代我国高校青年教师可雇佣型心理契约研究的解释视角。找准解释视角是开展心理契约研究的重要前提和必由之路，对心理契约的动态变迁进行探析恰恰是明确这一解释视角的有效途径。尽管国外学者已针对心理契约的动态变迁展开诸项研讨，并取得了一些成果，但异域理论的本土化诠释必须结合本土情境因素的实证性考证。鉴于高校青年教师可雇佣型心理契约是将可雇佣性理论与心理契约理论相融合而生成的新的理论构念，以可雇佣性元素作为构筑高校与青年教师之间新型心理契约概念的基础内核，探寻高校青年教师可雇佣型心理契约形成的关键致因，即"青年教师基于促进个体可雇佣性能力的动机，对高校可雇佣性责任的期望会主要受到哪些因素的影响以及内在作用机理到底是什么"不仅是本书研究的逻辑出发点，也是一个必须先行解决的重要问题。由此，基于心理契约理论渊源——社会交换理论、融合可雇佣性理论、前景理论，以及社会认知心理学当前正在盛行的社会认知理论和意义建构理论，相继通过心理实验法的动态发展过程模拟、秉承扎根理论思想的质性研究的关键影响因素提炼以及调查数据的实证性检验，探析高校青年教师可雇佣型心理契约形成背后的主要驱动逻辑，能够就以往研究所争辩的雇佣双边视角抑或雇佣单边视角进行对比论证，突破在两种研究视角之间的分歧和犹疑，进而明确我国高校青年教师可雇佣型心理契约研究的解释视角，为进一步揭开高校青年教师可雇佣型心理契约所引起的组织态度和行为以及组织结果等相关问题的"黑箱"提供理论线索。

第二，完善新时代我国高校青年教师可雇佣型心理契约内涵结构探究。综观以往研究，一些学者结合各自领域，运用不同的研究方法（如内容特质归类法、探索性因素分析法、提炼共同特征法等）取得的心理契约构思维度的研究结论有所差异。究其原委，不仅归咎于研究情境、研究对象、研究内容、拟解决的研究问题等主要因素的差异性，更与心理契约概念的界定密切相关。如前所述，通过透析心理契约能够洞察组织责任与义务履行的程度。因而，基于新时期我国高校的特定教育事业建设和组织管理情境，采用质性研究来探析青年教师可雇佣型心理契约的内容结构和内涵特征究竟是什么，对青年教师可雇佣型心理契约的要素构成模式加以有针对性地辨析和识别，并通过选取颇具研究价值的高校进行调查研究，进而对样本数据加以实证性检验，能够辨析我国高校青年教师可雇佣型心理契约与一般员工心理契约在内容结构和内涵特征方面的异同点，将使本书研究呈现出不同于已有心理契约研究结论的创新之处。

第三，为我国高校如何从青年教师可雇佣型心理契约的有效干预和管理中获取学校教育事业可持续创新与发展的教学科研动能提供理论依据和指导。我国高校要在动态多变环境下实现教育事业的稳步发展，就势必面对提升教师教学科研绩效的选择，然而日渐重要的焦点是，目前高校不可避免地面临教师的教学科研效果难以带来学校教育可持续创新和发展的困惑。解决这样的问题，就需要聚焦于高校知识创新的"生力军"——青年教师，以青年教师可雇佣型心理契约为研究的切入点，阐清对高校教学科研事业创新和发展影响的驱动机理，进而有的放矢地干预和管理青年教师对高校可雇佣性责任履行的心理认知和体验，从而弱化乃至消除青年教师可雇佣型心理契约变迁所产生的高校教学科研效果低落。因此，解析青年教师可雇佣型心理契约视角下的高校教学科研发展动力机制是我国高校获取教学科研建设与创新优势的关键，有利于高校教育事业可持续创新及发展。

第二节 研究思路及方法

一 研究思路

本书提炼的研究问题为：在我国高校与青年教师之间的新型关系模式下，高校如何通过对青年教师可雇佣型心理契约的有效干预和管理来获取学校教育事业可持续创新与发展的教学科研发展动能？本书将在明确以下前提的基础上展开研究：（1）高校与青年教师之间的新型关系模式强调了可雇佣性理论与心理契约理论相融合的必要性，在此基础上提出的"高校青年教师可雇佣型心理契约"这一新的理论构念从个体微观层面角度反映了新时代我国高校突破动态多变的环境束缚，以应对社会经济结构变革的教学科研事业建设和创新发展能力；（2）青年教师作为高校知识产能和自主创新的"生力军"，动态多变的环境束缚在很大程度上是通过青年教师可雇佣型心理契约的途径影响青年教师在工作和创新过程中的态度与行为，进而才作用于高校的教学科研事业建设和创新发展能力；（3）只有有效干预和管理青年教师可雇佣型心理契约，才能够为高校带来可持续创新和发展的教学科研事业建设，实现学校教育事业的创新优势。鉴此，本书拟融合管理学、经济学、社会认知心理学、社会统计学、组织行为学、高等教育管理等跨学科理论，以社会交换理论、前景理论、社会认知理论、意义建构理论、可雇佣性理论、心理契约理论和高等教育管理理论等为理论基础，遵循"明确研究问题的解释视角、识别研究变量的界定→探析驱动效应的关键变量与变量间关联结构→强调并推广结论的理论价值与实践应用意义"这一极富探索性的解析逻辑，相应展开五大部分研究工作，即高校青年教师可雇佣型心理契约的形成探析、高校青年教师可雇佣型心理契约的内容结构和内涵特征识别、青年教师可雇佣型心理契约对于高校教学科研事业发展影响的驱动机理解析、青年教师可雇佣型心理契约对于高校教学科研事业发展影响的驱动机理验证、基于青年教师可雇佣型心理契约的高校教学科研发展应用研究，从而对青年教师可雇佣型心理契约视角下的我国高校教学科研发展动力机制加以层层深入阐释。本书研究的基本思路如图1-1所示。

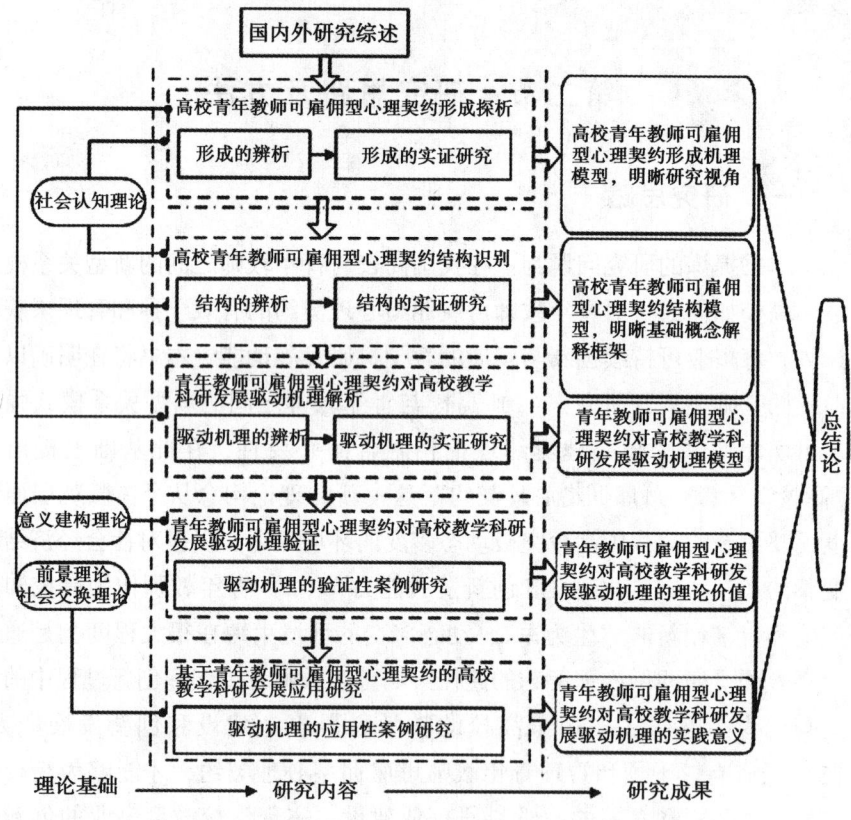

图1-1 本书研究的基本思路

二 研究方法

高校青年教师可雇佣型心理契约动态发展研究尚处于开拓阶段，理论基础尚显薄弱，经验证据也相对匮乏，因此，本书拟以融合了探索性研究和解释性研究的混合式研究方案，秉承三角相互印证理念，嵌入案例研究、实验研究、质性研究和定量实证性研究的多元化研究方法，对研究问题展开层层深入阐释。

本书拟采用的主要研究方法包括如下方面。

（一）理论研究

本书理论建构的方向不仅包括对现有文献梳理、经典理论回顾和国内外研究结果的理论演绎，还包括对心理实验数据、访谈记录以及调查材料等现场调研材料和经验数据的理论归纳。梳理国内外研究对于可雇佣性、心理契约的相关研究结论与实践效果，以社会交换理论、前景理论、社会认知理论、意义建构理论、可雇佣性理论、心理契约理论、高等教育管理理论为支撑，融合定性、定量和混合式研究的方法论，探索新时期我国高校青年教师可雇佣型心理契约的内容结构、内涵特征以及形成机理，探寻与主题相匹配的研究视角，以及青年教师可雇佣型心理契约对于高校教学科研发展影响的驱动机理概念模型、理论分析框架与研究模型，相应提出理论命题及研究假设。

（二）实证研究

本书运用的实证研究方法由探索性案例研究、定量实证研究和验证性案例研究三大部分构成。其中，根据研究问题的需要，采用混合因素设计的实验研究、具有一定研究价值的代表性高校的实地调查（包括访谈记录、资料收集、观察记录）的质性研究、国内外心理契约定量实证性研究文献的元分析、问卷调查数据的定量分析和计算机仿真建模的实验分析。所采用的相关辅助软件主要有：Endnote X8（用于文献研究），Nvivo 9.0、XMind 8 Pro 和 RefGrid（用于质性研究），Comprehensive Meta Analysis 2.0（用于心理契约国内外研究文献的元分析），SPSS 18、Smart-PLS 2.0（用于调查数据的定量实证性分析），MATLAB 8.2（用于计算机仿真建模与实验分析）。结合研究问题，具体采用如下研究方法。

（1）采用混合因素设计的实验研究主要应用于对我国高校青年教师可雇佣型心理契约的形成机理进行初步探索。相对于以往多采用问卷调查法来探讨心理契约动态变化过程而言，真实情景的模拟实验法能够将相当长一段时间内发生的关键事件"浓缩"到短时间内进行分析，具有研究效率高、研究效果"见效快"的独特优势。另外，其更有助于从个体内在心理认知视角挖掘其心理图式的动态变化轨迹。特别是针对高校青年教师（本书的实验对象）所禀赋的高心理活动动态性、高政治敏锐性、高自主创造性、高自我效能、高职业价值取向等独特特质，采用被试间操作，能够将实验对象置于实验空间内，规避干扰因素的影响。鉴此，首先进行控制效果验证，对假定实施不同师资管理政策的高校选取薪酬待遇、培训机会、交流机会、职称晋升、职务委任等对个人职业生涯发展具有重要意义，且在高校职业生涯中具有一定普遍性的因素进行重复测量的方差分析，以保证模拟实验控制有效。进而在理论演绎的基础上，选取组织层面上的真实工作预览、组织社会化和个体微观层面上的职业价值观、自我效能感作为研究的切入点来设计实验情景，作为组间因素，每种情景下又历经不同阶段，作为组内因素，每位青年教师实验对象都接受不同阶段情景处理的混合重复实验，从而对青年教师可雇佣型心理契约是否受到这些因素的影响以及青年教师可雇佣型心理契约的发展趋势进行预判，为进一步探究青年教师可雇佣型心理契约形成的主要致因及其内在作用机理提供研究线索。

（2）采用实地调查的质性研究主要应用于以下方面：第一，在以上实验研究的基础上，进一步识别高校青年教师可雇佣型心理契约形成的主要影响因素及内在作用机理。另外，从社会交换理论、前景理论、社会认知理论、意义建构理论、可雇佣性理论和心理契约理论等跨学科理论的视角，探索高校青年教师可雇佣型心理契约的内容结构和内涵特征。进而通过理论分析和对比论证，构建研究问题解析的概念模型并提炼出研究命题，为接下来的理论演绎与研究假设提出奠定基础。第二，在对心理契约动态发展的国内外文献进行元分析的基础上，以社会交换理论和意义建构理论作为理论支撑，针对"高校青年教师可雇佣型心理契约对哪些工作态度和工作行为构成影响""这种影响过程中又包含哪些关键路径及其传导机制""怎样通过干预和管理青年教师可雇佣型心理契约从而使高校获取教学科研事业的可持续建设和发展动能"这三个主题制定访谈方案；在缺乏相关成果的前提下，选取我国"985"高校、"211"高校以及地方高校的青年教师作为调查对象，运用库格技术展开深入访谈研究，采用扎根理论方法进行理论抽样，通过内容分析提炼并归类理论构念，挖掘研究问题解析的内容节点和关系节点，直至达到理论饱和度，如此说明所获得理论构念的本土特色；对研究变量间关系结构与研究主题进行多向式分析，描绘研究变量之间的更深层关系，形成青年教师可雇佣型心理契约对于高校教学科研发展影响的驱动机理概念模型，在此基础上提升研究结果的外部效度和研究价值的类推性。

（3）采用国内外心理契约动态发展研究文献的元分析主要应用于归纳心理契约驱动效应的探索性架构，从中识别关键研究变量界定及变量之间的关联结构，为解析青年教师可雇佣型心理契约对我国高校教学科研发展影响的驱动机理提供理论线索。鉴于管理科学、社会认知心理科学中理论更迭和文献翻新的速度日益攀升，致使研究者们对于学科专业前沿和知识信息更新把握的时效性不断面临着挑战，而相较之传统定性文献综述法，元分析是与国际管理心理学领域接轨的一种量化循证方法，这种方法所独具的系统综述和量化特性，使之对于定量实证性文献梳理的效果更具有客观性优势，有利于从定量视角客观透析某个领域研究的成熟程度，揭开有待进一步探索的研究空间。鉴此，本书采用元分析方法回顾国内外心理契约效应的相关实证性研究结果，归纳心理契约驱动效应的探索性架构，通过明晰研究变量界定以及变量之间的关系结构，为进一步细化研究问题、提炼青年教师可雇佣型心理契约对我国高校教学科研发展影响的驱动机理概念模型奠定理论基础。

（4）采用调查数据的定量研究主要应用于按照探索性研究阶段所提炼的我国高校青年教师可雇佣型心理契约的形成、内容结构、内涵特征，以及对高校教学科研发展影响的驱动机理，将概念模型转化为研究模型，将理论命题转化为研究假设，并对研究变量界定及变量之间的关联结构加以系统检审，得出研究结论。具体步骤和方法包括：第一，从个体心理认知导向的视角，进行如下理论建构和研究假设提炼：以高校层面上的"真实工作预览、组织社会化→可雇佣型心理契约"、个体层面上的"职业价值观、自我效能感→可雇佣型心理契约"两条主线作为逻辑起点，展开高校青年教师可雇佣型心理契约的形成探究；高校青年教师可雇佣型心理契约的构思维度辨析；从高校青年教师可雇佣型心理契约的各个维度出发，围绕"组织犬儒主义→'退出—建言—忠诚—漠视'""职业认同→'退出—建言—忠诚—漠视'"两条主线延伸，解析对高校教学科研发展影响的驱动机理。第二，根据研究假设，进行研究变量操作化，并以我国"985"高校、"211"高校、地方高校的青年教师作为样本资源，实施问卷调查；鉴于理论模型涵盖高校、个体两个层面因素的嵌套关系，SmartPLS（基于偏最小二乘算法的结构方程模型）提供了解决嵌套数据之间复杂结构关系的科学、可行的统计方法，因此选用这个分析软件相应展开研究变量之间结构模型的检验，验证高校青年教师可雇佣型心理契约的形成模型、内容结构，明晰本书研究主题的解释视角，进而检验青年教师可雇佣型心理契约对高校教学科研发展影响的驱动机理，深化对本书研究问题的思考。

（5）数据仿真建模与分析。在总结以上探索性研究结果和解释性研究结果的基础上，采用验证性案例研究，选取我国"985"高校、"211"高校、地方高校，从实地走访的定性分析、调查数据的仿真建模分析两种方法论角度进行对比论证和阐释，检验青年教师可雇佣型心理契约对我国高校教学科研发展影响的驱动机理模型的外部效度，为我国高校如何通过青年教师可雇佣型心理契约的有效干预和管理进而获取学校教育事业可持续发展的教学科研发展动能提供理论依据与实践指导。

第三节　研究内容及结构

本书针对如下主要内容展开系统研究。

一　高校青年教师可雇佣型心理契约形成探析

鉴于高校是组成"社会技术系统"的基本单元之一，社会文化、价值观念均体现在高校教学科研及组织管理建设当中，而人格特质是在个体成长历程中与所处情境交互作用的有机产物，职业体验则为对工作事件的感同身受，因此，社会文化、价值观念均影响着高校和个体的价值取向体系，对于心理动能的驱动源而言，两者的价值取向体系又都指向个体的心理契约。由此推论，我国高校青年教师可雇佣型心理契约的形成主要源于高校层面、个体层面上的因素。高校层面上的因素为青年教师可雇佣型心理契约形成的"拉力"，即高校通过可雇佣性政策，不断对青年教师进行心理契约干预。事实上，师资队伍建设是贯穿教师职业生涯的最主导性政策之一。其中，真实工作预览即指导职业生涯发展的起点，组织社会化则为职业生涯动态发展的进程。以上组织策略又经由青年教师自身的"推力"，即青年教师个体通过自我信念认知系统对所在高校实施策略的主旨进行分析预判，描绘出自身可雇佣性成长愿景的心理图式，进而形成可雇佣型心理契约。其中，尤以职业价值观、创新效能感对个体信息加工和预判的功效最为凸显。那么除此之外，是否存在其他"拉力"抑或"推力"作用于高校青年教师可雇佣型心理契约的形成？如前文所述，明确研究视角是展开高校青年教师可雇佣型心理契约相关问题研究的重要前提和基础，阐明这一研究视角能够为找到高校青年教师可雇佣型心理契约相关问题研究的解析视角提供理论线索。

本书通过两个步骤阐清以上研究问题：（1）高校青年教师可雇佣型心理契约的形成机理辨析。结合新时代我国高校环境特征，从个体心理认知导向的视角，对高校青年教师展开实验研究。通过以高校青年教师作为实验对象展开的混合因素设计及分析，预判高校和个体两个层面上的青年教师心理契约形成的关键"拉力"和"推力"及影响作用路径，初步挖掘"高校—青年教师的双边审视的视角→青年教师单边审视的视角"的理论转化线索。然后，采用秉承扎根理论思想的质性研究及其调查材料数据的编码内容分析，以关键影响路径作为研究的切入点，分别辨析高校层面上和个体层面上的主要影响源，给出高校青年教师可雇佣型心理契约的形成机理探索性架构（见图1-2）。进而基于社会交换理论、前景理论、

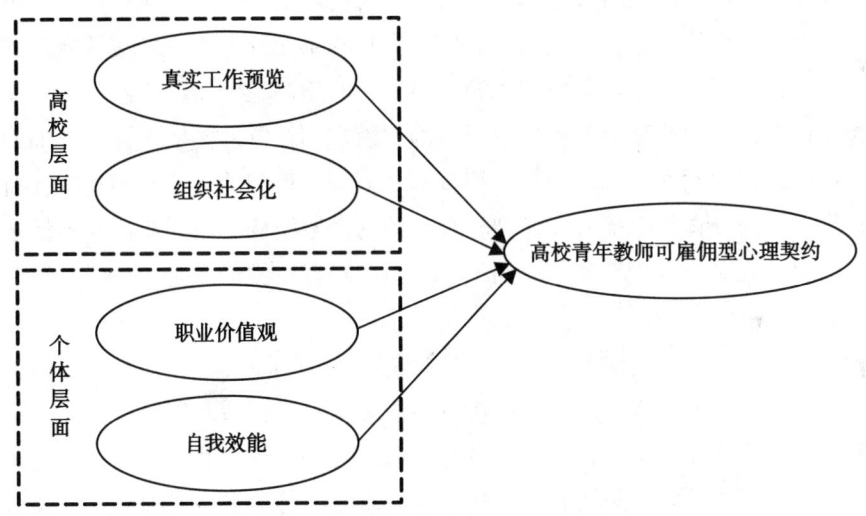

图1-2 高校青年教师可雇佣型心理契约的形成机理

社会认知理论、意义建构理论、可雇佣性理论和心理契约理论的跨学科理论演绎与对比论证，构建研究问题解析的概念模型，从中明晰青年教师个体单边审视的视角对于本书研究问题解析的适用性。（2）高校青年教师可雇佣型心理契约的形成机理实证研究。展开问卷调查，通过关键变量的操作化、变量间关联结构及研究假设的SmartPLS定量实证性检验，构建高校青年教师可雇佣型心理契约的形成机理模型，基于后实证主义理论思想，进一步印证青年教师个体单边审视的视角对于本书研究问题解析的科

学性及可行性，为接下来解析青年教师可雇佣型心理契约对高校教学科研发展的驱动机理提供理论线索。

➢ **重点难点**：如何证明高校层面因素和个体层面因素是青年教师可雇佣型心理契约形成的主要影响源？怎样识别青年教师可雇佣型心理契约形成的关键影响因素及其内在作用机理？

➢ **主要目标**：探明高校青年教师可雇佣型心理契约的形成机理，从中探明本书研究主题解析的解释视角。

二　高校青年教师可雇佣型心理契约结构识别

如前文所述，新型雇佣关系框架下，从可雇佣性角度审视组织和员工之间的新型心理契约问题势在必行。然而，尽管学者们结合各自领域和研究兴趣针对可雇佣性与心理契约进行了不同程度的研讨，并取得了一些研究成果，但专门针对新时代我国高校与青年教师之间新型心理契约变迁的相关研讨尤显不足。鉴于新型雇佣关系模式对于高校师资队伍建设的强制衡作用以及新型心理契约模式对于这种制衡作用机制的高敏感性，本书尝试将可雇佣性元素导入高校与青年教师之间的心理契约变迁当中，探究新时代我国高校青年教师可雇佣型心理契约的内容结构和内涵特征，为从多个构面深入揭示青年教师可雇佣型心理契约对高校教学科研发展的驱动机理提供理论依据。

本书通过两个步骤阐清以上研究问题：（1）高校青年教师可雇佣型心理契约的内容结构和内涵特征辨析。基于新时代我国高校教育发展和师资队伍建设情境，秉承扎根理论思想，通过对高校青年教师展开结构化访谈的构念库格提取、对构念间关联结构与研究主题的多向式分析，以及对调查材料进行逐级编码的内容分析，提炼高校青年教师可雇佣型心理契约的内容结构和内涵特征，给出高校青年教师可雇佣型心理契约的内容结构探索性架构，进而通过社会交换理论、前景理论、社会认知理论、意义建构理论、可雇佣性理论和心理契约理论跨学科思想的理论分析与对比论证，提出研究问题解析的概念模型。（2）高校青年教师可雇佣型心理契约的内容结构和内涵特征的实证研究。展开问卷调查，通过研究变量操作化、变量间关联结构以及研究假设的结构方程模型检验，形成高校青年教师可雇佣型心理契约的内容结构模型，为解析高校青年教师可雇佣型心理契约的后置驱动效应提供理论依据。

> 重点难点：从可雇佣性角度能够阐明新时代我国高校与青年教师之间心理契约的内容结构和内涵特征吗？

> 主要目标：识别高校青年教师可雇佣型心理契约的内涵特征与要素构成模式，为解析本书的研究问题提供科学、可靠的基础构念解释框架。

三 青年教师可雇佣型心理契约对高校教学科研发展驱动机理解析

关于心理契约后置驱动效应的问题，因心理契约内容结构尚未形成一致性结论，在相当程度上制约了其后置驱动机理研究。根据后实证主义理论，只有深入心理契约的各个维度层面来探析心理契约的后置驱动效应，才能真正了解组织治理的实质。鉴于高校青年教师可雇佣型心理契约是基于新时代高校与青年教师之间的新型关系框架，将可雇佣性理论与心理契约理论相融合生成新的理论构念，深入高校青年教师可雇佣型心理契约的各个构面，扎根于高校实地情景的探索性研究就显得更加有必要。那么，以往研究结果可否借鉴？抑或采用扎根理论的质性研究所展开的探索性研究中又是否蕴藏着新的理论发现？进一步地，青年教师可雇佣型心理契约对高校教学科研可持续建设发展的驱动机理又会怎样？基于以上分析和思索，高校青年教师可雇佣型心理契约很可能与青年教师的工作态度和行为存在着不同程度的相关关系。鉴于高校青年教师心理活动的复杂性和高校教学科研管理环境特征的动态性，这种心理变化过程中存在某种路径传导机制的或然性极大。而从组织犬儒主义、职业认同对于心理契约后置效应的显著解释力来看，以组织犬儒主义、职业认同作为理论线索，展开深入的探索性研究就是揭示高校青年教师可雇佣型心理契约后置驱动效应的有效途径。

本书拟通过两个步骤阐清以上研究问题：（1）青年教师可雇佣型心理契约对高校教学科研发展驱动机理辨析。鉴于国内文献对于心理契约所采用的传统综述性文献研究的局限性，本书拟借鉴国际管理心理学界前沿的系统综述和量化循证方法，对国内外心理契约效应的定量实证性研究文献进行元分析，旨在追踪心理契约研究领域学科前沿的同时，挖掘以往研究的不足之处，打开值得进一步探索的研究空间，为探究青年教师可雇佣型心理契约对我国高校教学科研发展的驱动机理提供探索性理论框架。在此基础上，通过结构化访谈的库格分析、调查材料的内容分析、构念间关联结构与研究主题的多向式分析，给出青年教师可雇佣型心理契约对我国高校教学科研发展的驱动机理概念模型（见图1-3）。（2）青年教师可雇佣型心理契约对高校教学科研发展的驱动机理实证研究。通过与社会交换理论和意义建构理论的对比论证，将概念模型转化为研究模型，采用SmartPLS进行研究变量界定与研究变量之间关联结构的结构方程模型检验，揭示青年教师可雇佣型心理契约对我国高校教学科研发展的驱动机理。

➢ 重点难点：如何证明"退出（E）—建言（V）—忠诚（L）—漠视（N）"行为模型对新时代下的我国高校与青年教师之间关系框架的解释作用？以往组织犬儒主义、职业认同对心理契约效用的解释力能够借鉴于解析青年教师可雇佣型心理契约对高校教学科研发展的驱动机理吗？怎样从中探索并提炼关键作用传导路径？

➢ 主要目标：建构青年教师可雇佣型心理契约对我国高校教学科研发展的驱动机理模型，从中明晰关键研究变量界定、研究变量之间结构及边界条件。

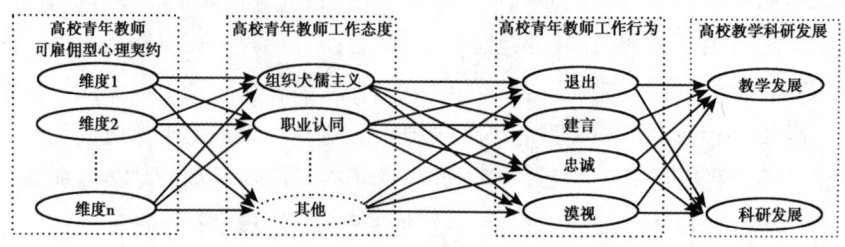

图1-3 青年教师可雇佣型心理契约对高校教学科研发展的驱动机理

四 青年教师可雇佣型心理契约对高校教学科研发展驱动机理验证

为了更为深入地阐释青年教师可雇佣型心理契约对我国高校教学科研发展驱动机理的理论价值与实践应用意义，对以上研究结果加以外部效度检验尤为必要。可通过导入定性分析和定量分析相结合的验证性案例研究，对变量之间关联结构进行系统检审，以促进新时代我国高校教学科研可持续建设与发展为目标指引，为高校如何有针对性地干预和管理青年教师可雇佣型心理契约提供理论依据和实践指导。

本书拟融合管理学、经济学、组织行为学、社会认知心理学、高等教育管理等交叉学科理念，选取我国"985"高校、"211"高校以及地方高校作为案例样本。首先通过"采用库格技术的结构化访谈→构念与主题的多向式分析→调查材料的内容分析"的逐步探索性研究，从青年教师可雇佣型心理契约的多个构面逐层辨析青年教师可雇佣型心理契约对我国高校教学科研发展的驱动机理；然后通过调查数据的 MATLAB 计算机仿真建模与实验分析，检验该驱动机理模型的外部效度。通过定性分析和定量分析的对比论证，力图验证并推广研究结论的理论价值与实践应用意义，真正为新时代我国高校从青年教师可雇佣型心理契约的有效干预和管理中获取教育可持续建设发展的教学科研动能提供解决途径与对策建议。

➢ 重点难点：如何证明新时代我国高校教育可持续建设发展有赖于青年教师可雇佣型心理契约有效管理效用的发挥？

➢ 主要目标：验证并推广青年教师可雇佣型心理契约对高校教学科研发展驱动机理的理论价值与实践应用意义，为促进我国高校教育可持续建设发展提供理论依据和实践指南。

五 基于青年教师可雇佣型心理契约的高校教学科研发展应用研究

为了将理论研究结论更好地服务于实践，并为高校青年教师招募、引进和师资队伍建设提供有益的实践指南，解决"如何通过青年教师可雇佣型心理契约的有效干预和管理来实现高校教学科研可持续发展"的问题，本书在以上阶段性成果的基础上，以某省重点建设的应用研究型大学暨省内最大的综合性自然科学研究机构作为案例研究单位，通过解释性案例研究来进一步印证以上提出的我国高校青年教师可雇佣型心理契约的内容结构、组织心理与行为结果以及驱动高校教学科研发展的内在作用机理，切实为新时代我国高校究竟如何从青年教师可雇佣型心理契约的有效管理中获取学校教学科研可持续发展动能，从而实现学校教学科研发展优势提供一个新的思路，最终升华本书研究结论的实践意义。

第四节 创新点

本书研究的特色在于，结合全球知识经济结构调整与中国转型经济纵深化所共同筑就的新时代特征，选取高校青年教师作为研究对象，高校教学科研可持续建设发展能力提升的动力机制作为研究主体，基于社会交换理论、前景理论、社会认知理论、意义建构理论、可雇佣性和心理契约理论，探析高校青年教师可雇佣型心理契约的形成机理、内容结构、内涵特征以及对高校教学科研发展的驱动机理。本书研究是管理学、经济学、组织行为学、社会认知心理学、社会统计学、高等教育管理等多个学科的交叉与融合，理论基础坚实；从个体微观层面上心理认知导向的内源性视角出发，寻求解答新时代动态多变环境下的高校如何通过青年教师可雇佣型心理契约的有效干预和管理进而获取教育可持续建设发展的新动能，研究问题具有前瞻性、探索性和发展性；运用与国际管理学、组织行为学、社会认知心理学、社会统计学、高等教育管理研究接轨的理论分析与实证性研究方法、技术路线和方案设计科学规范，以我国"985"高校、"211"高校以及地方高校的调查数据、访谈材料和现场考察为依据，以事实为准绳，研究问题的分析角度切实抓住了新时代中国高等教育改革的理论发展趋势和实践要求。

本书研究的创新之处主要包括如下方面。

一 给出我国高校青年教师可雇佣型心理契约的形成模型

结合我国高校青年教师的可雇佣性能力与心理契约特征，展开有针对性的研究：首先，进行探索性案例研究，通过"心理契约认知共性因素及心理契约形成关键因素的混合设计的重复实验——应用库格技术和多向式主题分析的深入访谈研究——秉承扎根理论思想的调查材料的内容分析"的层层深入的探究逻辑，识别源于高校层面上和个体层面上的青年教师可雇佣型心理契约形成的主要影响因素及其动态发展趋势，通过与现有文献结论和理论的对比论证，提炼研究问题解析的概念模型。进而，通过问卷调查研究，辨析高校青年教师可雇佣型心理契约的影响因素及其作用机理的真伪性，给出我国高校青年教师可雇佣型心理契约的形成模型，从中明晰本书研究主题的解释视角。

二 给出我国高校青年教师可雇佣型心理契约的内容结构模型

结合新时代我国高校青年教师师资队伍建设的理论与管理实践活动，

展开一系列研究：首先，进行探索性案例研究，即采用库格技术和多向式主题分析进行访谈研究，运用扎根理论方法识别我国高校青年教师可雇佣型心理契约的构思维度，并在理论分析和对比论证的基础上提炼研究假设的理论命题。进而，通过问卷调查的定量研究，对青年教师可雇佣型心理契约的测量模型进行拟合和判定，形成有别于传统心理契约理论的内容结构。尤其是基于新时代高校与青年教师之间的新型关系框架，探明青年教师可雇佣型心理契约的内容结构模型，为从青年教师可雇佣型心理契约的多个构面逐层深入解析其后置驱动效应奠定理论基础。

三 提出青年教师可雇佣型心理契约对我国高校教学科研发展的驱动机理模型

首先，通过"国内外心理契约后置效应定量实证性研究文献的元分析—采用扎根理论的质性研究"的探索性案例研究，在提炼心理契约驱动效应的探索性理论架构的基础上，通过与国内外文献结论和理论的对比论证，形成研究问题解析的概念模型。然后，通过针对样本高校的问卷调查，形成青年教师可雇佣型心理契约对高校教学科研发展的驱动机理模型。最后，以验证和推广研究结论的理论价值与实践应用意义为目标指向，通过验证性案例研究方法，对青年教师可雇佣型心理契约对高校教学科研发展的驱动机理模型展开定性研究、定量研究两个角度的对比论证，旨在透析青年教师对高校可雇佣性责任履行的心理知觉和体验、与"退出（E）—建言（V）—忠诚（L）—漠视（N）"行为模型之间不同程度的作用关系，以及进一步对高校教学科研建设发展应用的驱动机理，为高校如何通过有效干预和管理青年教师可雇佣型心理契约，进而获取学校教育事业可持续建设发展的实践活动提供指南。

第二章 文献综述

第一节 心理契约研究综述

一 心理契约的提出

在现代社会中，人们被契约责任所包围。尽管契约并非一个新的概念，然而现代社会与技术的复杂性意味着所接受的契约的数量与日俱增。例如，与电信公司、供水电暖等物资公司订立了契约，通过物质交换关系换取生活必需资源；与所供职单位之间订立的劳动人事合同；租房、租车、租物等租赁契约等。以上例子都禀赋了一种购买性质或借用性质。从中可以明显发现，契约在正式的和具体的内容上存在非常大差异。例如，与供水电暖等物资公司订立的契约是非常正式并很具体的。物资公司必须保证不断供应水、电、暖，同时定期收取用水、用电、用暖的费用。如果费用不落实，或者供应物资得不到充分保证，就会通过正式途径强制契约的执行。另外，如果从他人处借阅图书，则可能不会考虑到双方之间需要订立正式的契约。这种不确定性的原因在于，这种契约的条款和条件是非常不正式也不具体的。但经过反思和进一步推敲，这种契约的一些内容是可以变得明确的。借给某人一本书，表明对他是一次关照，而反之，借书的人应该有回报的责任。如果这本书借的时间很长，借书的人会有自责感，借出书的人就有理由以后不再借给他书。这里的"契约"的核心特征是所包含交换的内容，存在正式性和具体化上的明显区别。此外，这里的"契约"还具有显著的自由地谈判与参与的性质。现代社会中，契约并不仅仅包含物质产品或服务的交互，对于不涉及有形资产交换的契约也是重要的，它影响人们的心理感知和行为。

"社会契约"的概念在政治哲学中占有中心位置，它是由巴拉图提出的，但 Rousseau（1989）对社会契约的概念进行了最完整的探讨。在区分契约性质的同时，所有这些哲学家都认为，社会契约是一种没有用文字写明的权利与义务，它决定了国家与其公民之间关系的性质。她还认为，契约有其"自然"的限制，换言之，个体有一些不能放弃的权利，国家无权将其占有。而这些权利并未写明确，至少在某些国家（如英国）如此。对于契约的不同方面的强调，在不同时期差别很大。近年来，人们更强调"权利"（如残疾人权利、女性权利、白血病人权利、农民工权利等），同时也有一种更强调个人对社会的责任与义务的趋势。

Schein（1980）最早将契约的概念引入心理学领域，而对契约进行详细讨论的是 Argyris（1960）。他在学术出版物中将契约定义为"在组织中，每个成员和不同的管理者，以及其他人之间，在任何时候都存在的没有明文规定的一整套期望"。根据 Schein（1980）的定义，这些期望可以是对经济内容的要求，比如，做了工作就有工资的回报。但与经济因素相反，心理契约的本质是对无形的心理期望和心理图式内容的描绘。心理学一词也出自希腊文，其意思就是"心灵、精神和灵魂"。据此，若经济契约可以被视作"持家"，那么心理契约则具有精神内容。

之后，Rousseau 等（1994）提出了一个更具体的心理契约定义。他们认为，心理契约不仅具有期望的性质，还有"对义务的承诺与互惠性质"。尽管这两个概念看似有一定联系，然而 Rousseau 等（1994）认为，对义务的知觉和体验较之期望更强。因此，当这些义务被打破时，个体的心理知觉和感触会强得多（Robinson 和 Rousseau，1994）。打破期望会产生失望的感觉，而打破义务则产生愤怒的情绪，并使个体重新评价与组织的关系，组织关系重构即刻开始。

在对这两种契约的内容进行甄别时，可以对它们形成的过程进行辨别。表 2-1 显示了这种区别，即"内容"表征了交换什么，"过程"说明了如何交换。

表 2-1　　　　　　　　经济契约与心理契约的差异

	内容	过程
经济契约	金钱	违纪时的程序
心理契约	其他效果的奖励	有协商的权利

表 2-1 中，每一项内容并未穷尽，仅举例说明其中最显著的内涵特

征。例如，任何雇佣契约的最明显、最核心的特征就是金钱与工作的交换。然而，在契约中也有其他内容，还会包括休假和生病时付酬劳的项目。在雇佣过程中，许多雇佣契约都有对违反纪律和对公司抱怨行为的处理程序。这不仅针对问题的内容，也涉及如何解决它们的过程（这些过程中，在处理纪律的问题上，还会部分或全部地受到成文法律的支配）。

与经济契约相同，心理契约也有内容与过程的问题。然而总体来讲，经济契约更强调内容，心理契约更强调过程。另外，Rousseau（1989）认为，心理契约强调的是个体与组织之间的"关系"，而不单纯为个体与组织之间的"交换"。这是因为，个体期望被对待的方式，以及他们实际被对待的方式，对他们的工作行为有着很大的影响。如同 Schein（1980）提出的，尽管没有明确标注，然而心理契约却是组织中行为的强有力的决定性因素。为了简化经济契约与心理契约之间的差异性，以及内容和过程之间的迥异，一些学者对经济契约与心理契约进行分类。同时也提出，此二者将不可避免地会存在交互影响，即违反心理契约会产生很严重的经济上的后果；另外，个体如何感受到所经历的对待（过程）将影响他们的自我感知系统，例如，工资水平的公平性（内容）。因此，无论经济契约抑或心理契约都是双向的。如同个体对组织的期望，组织也对个体抱有一定期望。表2-2显示了契约类型与期望来源的不同组合形式。

表 2-2　　　　　　　　契约类型与期望来源的不同组合形式

	个人期望	组织期望
经济的	金钱	工作
心理的	体谅	品德

对于心理契约而言，其所包含的大部分内容都可以体现在"体谅"与"品德"这两大范围内。在"体谅"之下，个体期望在工作活动中的任何变革执行之前，他们有协商的权力，比如，在重新安排工作，引入灵活的工作时间，或者提出"不允许吸烟、不允许随地吐痰、不允许随便丢弃杂物"的政策时，作为这种体谅的回报，他们可以表现许多"组织品德"的内容。这包括，如果工作负荷突然增加，他们有做额外工作的愿望，或者在与别人谈论到自己所供职的组织时，更多地谈到组织的优势，支持组织的目标，而非贬抑组织的言行。

心理契约通常是非正式的，并且是隐含的，而非公开显露的。因此，心理契约本质上是主观的。然而，有些内容可能在某种程度上已经很好地为组织所阐明。比如，当一个组织承诺将如何对待它的员工时，会很容易招募到员工。承诺包含对组织任职的承诺，对职业发展机会的承诺。然而，契约的条款更可能是隐含的。组织以往的行为通常被认为是期望的基础。比如，长期服务的奖励很少成为正式契约的一部分，然而人们却对此抱有期望和意愿。事实上，过去行为的一些方面，通过某种过程已经被组织代理人作为"惯例和实例"来理解并变成了正式契约的一部分。其他的心理契约内容则甚至没有任何过去的行为做基础。如对"公平和平等对待"的总体期望可以由一方或者双方认为是理所当然的。

在经济契约和心理契约上还存在着另一种差异，这就是"变更"。总体来讲，如果说雇佣的正式契约是相当稳定的、变更很少，那么心理契约却通常处于一种不断变更与修订的状态。任何有组织的工作方式的变更，无论是物理性的抑或社会性的，都对心理契约具有影响。人们在一个组织中工作的时间越长，心理契约所涵盖的范围就越广，在雇员和组织之间的关系上，相互期望和义务的隐含内容也就越多。

无论学术界抑或实务界都普遍认为，心理契约对组织和个体都具有显著的重要性，心理契约的违背对个体和组织都会造成相当大的影响。Robinson 和 Rousseau（1994）指出，心理契约违背是一种普遍现象，尤其在成为组织成员的初期，这种现象更为常见。同时，他们还证实了心理契约违背有许多不利影响。例如，产生较低的组织信任、组织忠诚、组织依赖、低工作满意度、高离职倾向等负面组织态度与行为。心理契约违背还会导致对组织中更多契约条款的重新评价。这种重新评价更趋向于针对交换性内容。例如，工资和物质条件的交换会更简单具体，因此也易于再谈判和商榷。因此，如果心理契约比现实中的大多数情况更公开、更具体，就能发挥出更重要的作用。明确了心理契约的易变特性，对这种心理契约动态变化性质就更应加以重视。然而事实上，在组织中很少对心理契约动态变化投入以足够的关注度。

二 心理契约的概念

组织与员工之间的交换关系跨越了从严格的法律契约到内在的心理契约的整个契约发展图谱（Spindler，1994）。这种交换关系的许多方面包括了员工与组织间签订的法律性、协约性、雇佣性的契约，契约条款涉及工作时间、工资、报酬福利计划等。然而，雇佣关系的其他方面也是非常有管理实践意义的（Spindler，1994）。"心理契约"这一概念通常作为基本分析框架（Argyris，1960；Schein，1980；Rousseau，1989），用于解释组织与员工间关系中的隐含内容（Shore 和 Tetrick，1994）。

从以往研究来看，一些学者们围绕心理契约的概念展开深入探讨，形成了一些颇具影响力的研究成果。Sims（1994）认为，心理契约是员工所拥有的一套期望，包括员工和组织在维系双方关系过程中期望从彼此间获得和给付的内容。Rousseau（1989）、Rousseau 和 Aquino（1993）提出，心理契约是一种个体信念系统，它受限于组织规范、同僚间的交换关系以及个体与组织间的交换关系。Newell 和 Dopson（1996）得出，心理契约是员工通过个人努力和贡献用以交换雇主所回报的内容，例如，工作安全、工资和报酬、培训学习机会。DeMeuse 和 Tornow（1990）认为，心理契约是一种联结起雇佣双方的情感纽带，它是内隐的、非正式的，并且包含了雇佣双方的责任和对彼此的期望，与雇佣双方所秉持的对彼此的信任和意愿保持协调性。以上研究成果中的共识是，心理契约是员工未言明的信念、期望、承诺和责任，它们与雇佣关系所限定的交换关系有着紧密的关联。

由此可见，心理契约不同于其他类型契约不仅是由于心理契约包含着难以计数的心理元素，还由于员工和组织对于雇佣关系怀有不同的期望。近年来，其中一些因素在减少，一些因素出现明显改变，这种改变是由于员工和组织对于彼此的期望发生了变化（Goddard，1984；Rousseau，1990；Sims，1992）。

需要说明的是，心理契约是一种复杂现象。当契约破裂时，心理契约不同于法律契约的执行程序。法律契约破裂要求协约双方按照法律规定加以解决，并可能强制执行。而心理契约破裂则不具有这种强制性，雇佣双方仅仅是从雇佣关系所缔结的隐性交换契约中索取、给付、承担、履行彼此应尽的责任与义务（Spindler，1994）。

三 心理契约的作用

综观以往研究，心理契约对于组织结果具有显著的影响作用。例如，Robinson 等（1994）提出，心理契约表征了组织生活的基本特征，这些特征将员工与组织联结在一起，并限定和指引员工与组织的行为规范。Morrison（1994）认为，心理契约使得组织具有了个性化特征，并促使这种个性化特征得以显现，且这种个性化特征尤其是在组织重组、组织变革等组织环境发生巨变情况下表现突出，因为恰恰是在组织发生巨变中，雇佣关系充满了不确定性和风险性，心理契约的隐性条款由此发生着突变。Sparrow（1996）的研究得出，心理契约的功能仿佛组织与员工之间关系维系的保健因素。例如，健康的心理契约会导致高绩效、高组织情感，而恶劣的心理契约则造成低组织承诺、高离职倾向和高离职率。Sparrow和Hiltrop（1997）指出，心理契约履行能够预测组织由员工处获得的产出（如高工作投入、高组织公民行为等），并且能够预测员工从组织处获得的回报（如灵活的工作时间、高工资和福利计划等）。

正如Sparrow和Hiltrop所证实的，心理契约对于创建员工和组织间良性的关系至关重要。照此逻辑可以预测，心理契约也是员工激励的一种有效的管理途径。对于激励而言，员工应该能够预见到工作投入所收获的相应回报（Vroom，1964）。另外，心理契约是防止工作压力的一种心理疏导因素（Sutton和Kahn，1986），以及形成组织信任的心理调控因素（Morrison，1994）。Morrison指出，恰恰是因为心理契约在员工和组织之间关系中所发挥的作用，期望、组织忠诚、组织信任、情感依赖等才会彼此相互影响。这些因素对于构筑员工和组织之间关系的协调性而言可谓基本要素。

事实上，员工与组织对于彼此责任和义务的期望表征了心理契约的动态发展。Shore和Tetrick（1994）研究得出，心理契约给员工提供了一种心理知觉，即员工能够影响自己在组织中的职业生涯发展，因为，职业角色创建、职业功能发展等职业生涯发展因素就是心理契约的一部分，并且员工还可以选择是否以及如何履行这些因素所指代的责任与义务。

综观以往研究，通常认为，心理契约通过员工与组织之间交换关系的实质性发展不断影响着员工的工作满意度、工作态度和工作行为（Anderson和Schalk，1998）。这种关于员工与组织之间交换关系的理念源于社会心理模型，即诱因—贡献模型（March，1958）、社会交换理论（Homans，1974）、公平理论（Adams，1965）。如果不从员工的视角来考虑，转而从组织的角度来审视心理契约的动态发展，那么在员工与组织之间的交换关系中就会出现员工和组织分别为对方所履行的责任和义务的不公平性。为了维系心理契约平衡，员工对组织投入的工作努力和贡献度需要与员工因为这些工作投入而获得的收益保持平衡性。如果员工所感知到的自己的工作付出超出工作回报，那么一种负面心理契约由此而萌生。相应地，这种负面心理契约造成员工对组织责任履行的减少，从而进一步导致组织公民行为（OCB）削减或者高离职。Organ（1988）提出，组织公民行为会导致组织绩效降低。

以往研究指出了，组织公民行为削弱能够解释心理契约在员工责任履行对于组织效果的重要性的显著意义。员工的组织承诺可以理解为员工认同于组织并且愿意投身于组织价值的贡献性的相对强度，其内涵特征表现为：（1）高认同于组织目标和组织价值，通常以一种组织自尊或者组织情感依赖来表征，即情感承诺（Meyer 和 Allen，1984）；（2）愿意为组织价值而付出个人努力和贡献；（3）愿意维系组织成员身份，或者继续履行组织承诺（Meyer 和 Allen，1984）。继续承诺与情感承诺协调并存与否的情况取决于是否投身于组织的当前工作状态的可替代工作（Newell 和 Dopson，1996）。在这种情况下，负面组织情感依赖通过不愿意满足组织期望、不愿意维系组织关系状态来表征（Newell 和 Dopson，1996）。一些研究者认为，在经济衰退时期，心理契约的负面特征体现得较为突出，即组织特别乐意于培植员工的情感承诺而非继续承诺（以及可能的负面情感）。

四　心理契约的形成

心理契约的形成首先源于招聘过程以及新员工入职阶段。心理契约形成过程如图 2-1 所示。潜在员工（即将入职的新员工）和组织代理人根据对雇佣双方关系的期望来缔结雇佣关系。这些期望可以是交易型（物质性的），也可以是关系型，并且将影响心理契约的动态发展。雇佣双方之间交换关系的动态特征与组织目标、环境条件、员工个体目标相协同，并将影响心理契约的动态发展（Shore 和 Tetrick，1994）。在服务于某个组织期间，员工会寻找、执行、融入、形成对于组织信息的解释，这些组织信息源包括同事、主管、招聘人员以及内隐的和正式的雇佣协议（劳动合同）。通过对组织信息的解释过程，员工将创建关于组织责任和义务的理解，也即员工与组织的心理契约。

图 2-1 表明了组织目标与心理契约之间的联系。在组织变革时期，

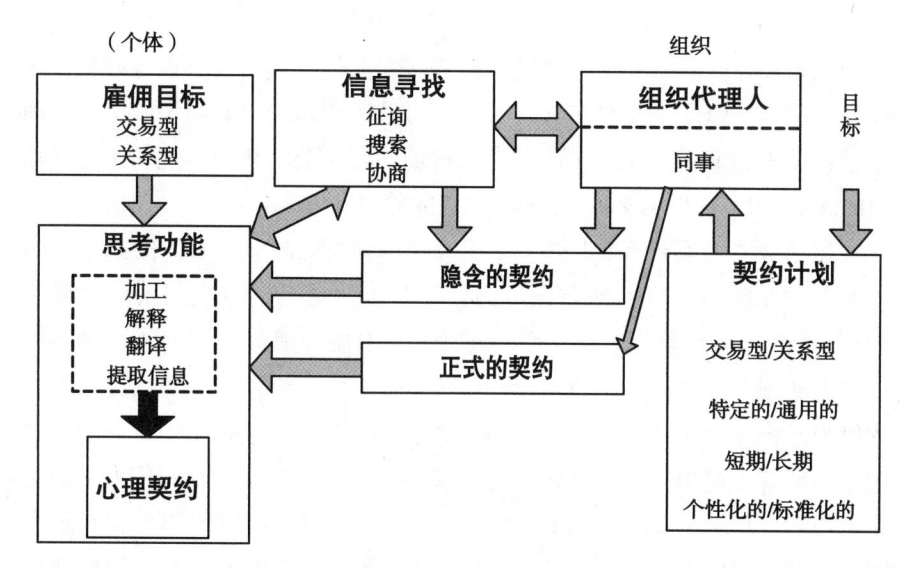

图 2-1 心理契约的发展

特别是对于一些大型的、前机构相对稳定的组织（如银行、保险公司）而言，组织目标的变化会导致员工和组织对于彼此间责任义务感知及理解上的不匹配。造成这种不匹配的原因，一部分是由于心理契约的发展是"有特定目的和过程指引"（Shore 和 Tetrick，1994），按照这种理解，员工试图与所供职的组织建立一种协议，以便满足员工个体的工作目标。相应地，员工个体的工作目标又影响个体对组织的工作申请。以上关于在某个组织中所缔结的员工和组织间心理契约的概念可追溯相关文献（McLean Parks，1993；Mclean Parks 等 1993；Rousseau 和 Wade-Benzoni，1994）。

员工通常秉持的心理契约概念发生在雇佣阶段中，具体心理契约内容是随着员工服务于组织的实际时间确定的，具有相同服务期限的员工所感知到的组织所传递的心理契约内容相同（Rousseau 和 Greller，1994）。因此，任期和年龄就成为影响员工心理契约感知的因素。

五 心理契约的内容

学术界通常将心理契约理论的内容视作员工自愿性的、主观感知的、充分信任成分的和动态变化的（Hiltrop，1996），随着任期时间的增加或者减少，员工和组织双方所期望的心理契约内容也在变化（Robinson 等，

1994；Herriot，1995）。

综观以往研究，相当一部分文献按照交易性心理契约来划定心理契约内容，例如，组织期望员工努力工作、忠诚于组织、具有组织承诺、主动奉献；员工则期望组织提供高工资、培训学习机会、职业发展、工作保障（Randle，1997；Rousseau，1989；Makin 等，1996）。

契约被划定为要么交易型要么关系型（MacNeil，1985）。交易型契约包括交易性质的内容，即在任期内，员工付出劳动，组织回报以物质性（如货币性）劳动价值。交易型心理契约的本质被解释为"对于劳动付出的公平回报"（Rousseau 和 Wade-Benzoni，1994）或者"努力交换"，也即因为努力工作的回报过程（Marks 等，1997）。相对而言，关系型契约包括不能够被简单货币化界定，且广义上讲包含了员工和组织间所有的关系的契约（Guzzo 和 Noonan，1994）。这种类型的心理契约的典型特征是聚焦于开放式的关系上（员工和组织双方都付出了相当多投入的雇佣关系），例如，员工对组织的忠诚、承诺、信任，组织提供工作保障、培训学习机会（Rousseau 和 Wade-Benzoni，1994）。

交易型心理契约与关系型心理契约的区分也与交易类型相关。交易型心理契约与经济型交易相关，而关系型心理契约则与关系型交易相关（McLean Parks 和 Kidder，1994；Rousseau 和 McLean Parks，1993）。经济型交易所基于的假设是，雇佣双方之间发生的交易不仅在于交易条款，还包括执行过程。Emerson（1981）认为，对于交易关系的一方而言，责任、信任、情感依赖、承诺并没有被纳入经济性交易框架中。经济性交易框架通常被视作心理契约的交易型内容的解释框架。Blau（1964）将社会交换界定为当个体提供有偿服务给服务的接收方，并承担相关责任与义务时，服务的接收方相应地给个体提供回报。不像经济性交换那样，社会交换关注的是发生在双方关系之中的一致的和互惠的交换，例如，相互责任、信任、情感依赖和承诺。社会交换通常归属于心理契约中的关系性内容。

Rousseau 和 McLean Parks（1993）提出，心理契约中的交易性因素和关系性因素的划分取决于以下方面：（1）雇佣身份；（2）雇佣关系期限；（3）组织人力资源实践活动。

人力资源管理实践是与工作相关的基本的人力资源管理需要，可以描述为履行清晰的雇佣协议、执行心理契约的交易性内容。人力资源管理实践超出了员工的基本需要，并且没有包含在雇佣协议中，这些雇佣协议内容也没有涵盖在心理契约的关系性内容当中。

心理契约的交易性内容和关系性内容并非各自独立（Guzzo 和 Noonan，1994）。心理契约的交易性内容会影响员工所期望的关系型心理契约。例如，总是被要求承担额外责任的管理者可能期望获得更多的晋升机会。Guzzo 和 Noonan 强调，交易型和关系型心理契约的履行影响员工的组织忠诚和组织承诺。在中层管理岗位的重新组建上，一个假设是，当心理契约的交易性部分发生了负向变化时，员工会采取相应行为以应对这种交易型心理契约失调。例如，工作绩效或工作努力减少可能导致职位降低。于是，在这个职位上的员工可能减少全部或部分精力投入与组织的关系型心理契约当中。

迄今，相当多的争论聚焦于交易型心理契约与关系型心理契约的内容划分上。表 2-3 显示了交易型心理契约与关系型心理契约的内容区分。

表 2-3 　　　　　　　　　　心理契约内容

研究者	交易型		关系型	
	员工贡献	员工收益	员工贡献	员工收益
Robinson（1996）；Robinson 等（1997）	愿意接受工作变化；拒绝支持组织的竞争对手；对组织信息保密	晋升机会；培训学习机会；基于高绩效的高酬劳	正常工作时间以外的工作付出；组织忠诚；主动从事岗位职责以外的工作	培训学习机会；终身工作保障；职业生涯发展；组织支持；提供个人生活解决方案
Randle（1997）；Rousseau（1989）；Makin（1996）；Marks 等（1997）	足够努力工作		组织忠诚；情感承诺；继续承诺	晋升机会；培训和发展机会；工作保障
Mumford（1995）	知识和技能	良好的工作条件；高工作满意度	组织忠诚；工作激情；工作激励	成就感；组织认可；组织自尊
McFarlane Shore（1994）		能力管理计划；个人展现机会		
Maguire（1998）	合理的工作压力；合理的工作时间	工作自主权；与同事关系融洽	组织信任	组织归属感

Herriot 和 Pemberton（1995）提出，组织开始越来越少地投入关系型心理契约建设中。来自法国公司的实证性研究表明，以往中层管理者与组

织间的长期、忠诚导向型关系正逐渐被更加倾向于交易型心理契约所取代，在这种交易型心理契约中，强调员工的工作绩效与回报之间是一种清晰的边界关系（Hallier 和 James，1997；Turnley 和 Feldman，1998）。学术界将这种心理契约的转变称为"旧心理契约"到"新心理契约"的转变。

Spindler（1994）提出，基于工作保障和工作安全构筑的"旧心理契约"已经被"新心理契约"取代。相当多的研究者也对此展开讨论，并得出了一致性意见。例如，以组织忠诚来换取终身工作保障的心理契约正在渐行渐远（Waxler 和 Higginson，1993）；员工与组织间的联结已经显著改变，而非弱化（DeMeuse 和 Tornow，1990）；忠诚于组织已经让位于忠诚于自己的职业生涯管理（Kanter 和 Mirvis，1989）；以永久工作、终身雇佣为显著特征的心理契约正在消失，取而代之，个体自我职业规划成为终身追求（Cooper，1997）。Sims（1994）指出，传统的心理契约阐释表征为工作稳定、可预见未来和工作成长。基于传统心理契约的雇佣关系被视为永久性的，员工的组织忠诚是长期雇佣和培训机会的砝码。员工的组织承诺被视为常态，员工也期望得到组织的晋升机会。Sims（1994）还补充，今天的组织提供的是有限的晋升机会，员工也逐渐获知工作保障不再是高工作绩效的回报。

一些研究者证实了这种心理契约内容的动态变化（DeMeuse 和 Tornow，1990；Burack，1993；Burack 和 Singh，1995）。在过去，心理契约构筑是以员工的工作投入、组织忠诚来换取经济性收益、终身任期来表征。这种独特的雇佣关系尤其要求员工将对组织忠诚作为员工收益的交换方式（Singh，1998）。然而，新心理契约并非如此，新心理契约特别讲求组织应该为员工创建职业发展的机会（Ehrlich，1994）。表 2-4 总结了旧心理契约与新心理契约之间的差异。

表 2-4　Kissler（1994）对于旧心理契约与新心理契约特征的解释

旧心理契约	新心理契约
组织是"父亲"，员工是"孩子"	组织和员工都接受"成熟"契约理念，即互惠互利的工作付出与收益所得
员工的身份和价值取决于组织	员工的身份和价值由员工自己来决定，即自我职业管理
有的员工是好员工和忠诚员工，而有的员工是不好的员工和不忠诚的员工	正常的员工流动是健康的，无害于组织的

续表

旧心理契约	新心理契约
员工一直从事组织交办的工作，直至退休，即终身雇佣	长期甚至终身雇佣不再可能，雇佣关系呈现出多种形式
职业成长的主要途径是职位（职务）晋升	职业成长的主要途径是个人成就感得到满足

Sparrow（1996）也尝试基于一些学者的研究工作来区分旧心理契约与新心理契约，如表2-5所示。

表2-5　Sparrow（1996）对于旧心理契约与新心理契约区分的解释

心理契约内容	旧心理契约	新心理契约
环境改变	稳定，短期行为	不断改变
文化	家长式管理，以组织承诺来换取终身工作保障	得到了收益回报并形成心理契约
酬劳	按照职位给付酬劳	按照实际贡献给付酬劳
工作动机	晋升	工作成就感，个人能力提升
晋升基础	按照工作时间、专业能力来晋升	晋升机会少，新的晋升标准只适用于确实有能力值得晋升的员工
工作转换的期望	不经常	水平管理层级，管理幅度扁平化，按照组织需要随时转换工作岗位
终身工作保障	终身雇佣保障	得到一份工作是很幸运的，没有终身雇佣保障
责任	员工因承担更多责任而得到晋升机会	员工被鼓励去承担更多责任，员工有提升自我创新创造力的责任
组织身份	非常重要	个人能力、组织自尊超越了职位的重要性
个人发展	组织有责任促进员工的职业发展	员工有责任进行自我可雇佣性提升，进行自我职业管理
信任	如果存在组织信任，则一定是高信任度	信任是组织所期望的，然而取代之的是，组织往往期待员工更多的组织承诺

Hiltrop将"自我依赖"理念引入组织管理研究，并提出"自我依赖"将逐渐远离职场角色，相应地，员工在工作中期望按照自己设想的未来状态去得到自我改善，而非按照组织所要求的员工需要在组织中发挥到哪种角色状态。这种"自我依赖"理念导入心理契约的状态越来越普遍，促使传统心理契约和新心理契约的差异性也越来越明显。

Perry Pascarells（1988）基于组织责任的视角总结了新心理契约的内

容，如图 2-2 所示。

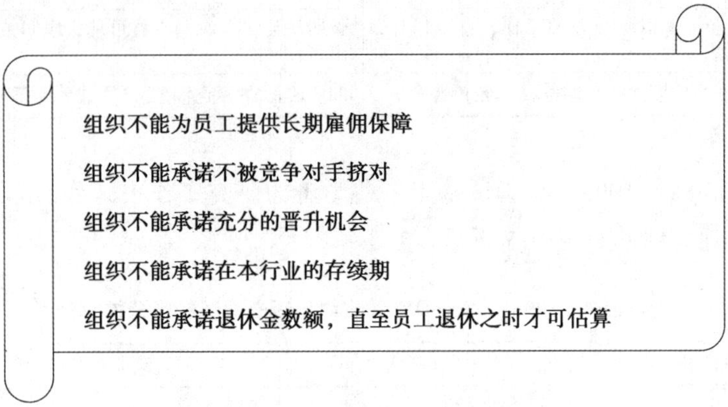

> 组织不能为员工提供长期雇佣保障
> 组织不能承诺不被竞争对手挤对
> 组织不能承诺充分的晋升机会
> 组织不能承诺在本行业的存续期
> 组织不能承诺退休金数额，直至员工退休之时才可估算

图 2-2　组织视角的新心理契约

在进一步尝试区分旧心理契约与新心理契约的研究当中，Hiltrop (1996) 面向 Lausanne 的国际管理发展机构 (International Institute for Management Development) 的中层管理人员发放了调查问卷。其发现，用于解释旧心理契约的关键词是稳定、永久、可预见、公平、传统和相互尊重，而新心理契约则被描绘为强调灵活性、自我管理、即时工作投入—工作回报的典型特征的短期雇佣关系（Hiltrop，1996）。

可以说，组织与员工之间的交换关系跨越了从严格的法律契约到内在的心理契约的整个契约发展图谱（Spindler，1994）。这种交换关系的许多方面包括了员工与组织间签订的法律性、协约性、雇佣性的契约，契约条款涉及工作时间、工资、报酬福利计划等。然而，雇佣关系的其他方面也是非常有管理实践意义的（Spindler，1994）。"心理契约"这一概念通常作为基本分析框架（Argyris，1960；Schein，1980；Rousseau，1989），用于解释组织与员工间关系中的隐含内容（Shore 和 Tetrick，1994）。在此基础上，学者们围绕心理契约的概念展开深入探讨，形成了一些研究成果。

六　心理契约的动态变化

界定心理契约的内容是很困难的，即便是在稳定的雇佣关系持续期间，也难以清晰地划定心理契约的内容，更毋宁说心理契约破裂（违背）

很可能已经发生。在这种情况下，通常以"高度情感化的内容构面"来描绘心理契约（Sparrow，1996）。

在组织变革时期，心理契约在雇佣关系构筑中扮演了至关重要的角色（Robinson，1996）。雇佣关系内容被不断管控、协商、调整以适应雇佣状况的变化（Altman 和 Post，1996）。处于动态环境之中，组织越来越不愿意或者不能够履行对员工的承诺（或责任）。组织责任不履行被视作"心理契约破裂"，当前，大部分员工都认为组织未履行其应该履行的组织责任，心理契约破裂越来越普遍（Robinson 和 Rouseau，1994）。

随着组织变革和组织重组，过去十年间对于雇佣关系变化的关注度已经越来越集中到工作稳定性下降和员工责任的减少上。学术界普遍认为，员工和组织之间心理契约的变化无益于员工（Turnley 和 Feldman，1998）。组织要求员工高工作投入和高组织忠诚，然而却未回报员工以终身工作保障和职业生涯发展，这种状况造成员工利益受损（Hiltrop，1996）。而当员工权力逐渐减少时，外部竞争性压力继续迫使组织要求员工投入以高组织承诺、高创新力和创造力以及高工作灵活性（以适应不断变化的岗位职责）（Schor，1992）。

正如前文所述，心理契约并非静态不变（Guzzo 等，1994）。随着外部环境的变化，组织的人力资源管理实践和员工所获得的经历都在不断改变，员工开始密切关注与组织之间的心理契约状态，以便在与组织责任之间进行重新衡量与调整（Rousseau 和 McLean Parks，1993）。这种情况在社会信息加工处理理论研究文献中有所阐述（Salancik 和 Pfeffer，1978），文献指出，员工通过观察自己的行为和组织的行为来获得关于组织责任的相关信息，形成关于组织信息的主观认知和评价，进而会基于这种组织认知来调整自己对组织的付出以及从组织收获的回报（Robinson 等，1994）。

正如人力资源管理实践和社会变迁给员工期望（自己应对组织给付的内容以及相应地从组织获得的回报）带来的变化一样，员工被欺凌的感知也愈加常见（Rousseau 和 Greller，1994）。Rousseau 和 Greller（1994）解释道，这种欺凌源于的事实是，员工被要求承担以前是由组织所承担的风险。与此同时，报酬系统看似却未补偿这种风险承担所可能带来的损失。即便如此，在未来，依然会有越来越多的员工承担组织风险，却不能得到合理的回报（Rousseau 和 Greller，1994）。

鉴于组织中契约关系的多样性，人力资源管理实践或者社会改变对于心理契约的影响是复杂的。因为随着时间推移，雇佣条件在发生变化，处于不同时期的员工对于责任和义务的认知、理解与期望也在相应改变（Rousseau 和 Greller，1994）。然而，Rousseau 和 Greller 指出，即便期望在改变，组织通常也不会提供心理契约的核心内容，如工作安全，从而导致心理契约违背不断发生。Turnley 和 Feldman（1998）的研究表明，银行经理对组织存有高工作不满意，因为他们感到组织不断改变绩效考核标准。工作不满意的员工很可能会降低对组织的投入度以便增加自己的满意感。

员工对于组织改变的犬儒主义被定义为"由于组织无力控制管理效能改变，导致员工形成对组织变化的悲观无望的态度"（Wanous 等，1994）。犬儒主义被界定为对个体、组织或事件的一种态度，其表征是沮丧、失望、挫败感等负面情感（Andersson 和 Bateman，1997）。Andersson 和 Bateman（1997）指出，工作不满意和犬儒主义拥有相同的挫败因素。然而，犬儒主义是可以预测的并且直接与工作不满意相关（Wanous 等，1994）。Reichers 等（1997）的研究得出与组织变革相关的犬儒主义对于员工的组织承诺、满意度和情感依赖的负面影响，如表 2-6 所示。

表 2-6　　Reichers 等（1997）关于工作场所犬儒主义的研究

	高犬儒主义 N=209	低犬儒主义 N=226
高工作满意度	42.8%	85.3%
组织承诺	38.9%	84.9%
参与决策	28.5%	53.2%

随着组织变革的持续，当员工感知到心理契约和犬儒主义时，一种负面心理体验油然而生。前文已阐述了组织变革所带来的关系型心理契约和交易型心理契约的变化趋势。这种变化趋势随着组织犬儒主义所导致的组织承诺的减少而进一步强化。

七　心理契约研究文献述评

综合以上文献、理论建构、研究结论与成果回顾，在近十年内，组织与员工之间的关系毫无疑问地经历了高动态不确定性变化，特别是在白领职场人士的雇佣关系方面，这种变化更是呈现出多变复杂性特征。为员工和组织之间关系构筑提供主要元素的雇佣双方之间的相互依赖感已经相当多地弱化了。如果说员工旨在于加强自我职业生涯管理，那么组织投资于员工的培训和发展计划就是为加强员工的继续承诺。最为极端的是，这种情况将产生一种临时雇佣关系，因为员工被吸引到组织单纯地是为了获取短期雇佣期间的高额回报。这种情况下的心理契约较之传统地对心理契约内容的理解而言包含了较少的重要性。然而，短暂雇佣会给组织造成相当多的经营损失。因此，组织有必要仔细研究，究竟哪种酬劳方案能够真正吸引员工的组织忠诚、情感承诺和继续承诺，以及由此形成的心理契约内容所能够给组织带来的运行管理效益程度。

通过以上分析，无论传统心理契约抑或新心理契约，也无论交易型、关系型甚至其他类型的心理契约内容结构的划分方式，组织未来的人力资源管理目标很可能是加强对员工的引导，使之提升自我可雇佣性管理意识和能力。员工被鼓励去努力保持与提升工作知识和专业技能，以便在失去当前工作时能够尽快找到可以胜任的新的工作机会。Kets 和 Balazs（1997）的研究发现，由于外部高度竞争性环境，组织变革期间，短期雇佣协议将被提倡，员工也相应地得到有限期限的工作保障。基于此，一种新心理契约概念逐渐取代了传统（旧）心理契约，突出表现在：（1）对于灵活雇佣方式的日益增多的需求产生了对于例行工作以外的专业技能的培训需求。然而，专业技能开发涉及昂贵的人力成本，加之工作保障缺失，致使刚刚接受了培训的员工的任期不足以使组织能够收回支付培训的成本（Cappelli，1997）。（2）新心理契约对于那些强烈需要组织依赖和终身雇佣的员工而言是不适用的（Kets 和 Balazs，1997）。可以说，处于高度动态和竞争性环境中的组织受限于所面临的日益增加的运行压力，在新心理契约模式下，组织将按照员工的雇佣实践支付工资，并且将尽力减少源于员工福利发放的管理压力，而员工则将越来越少地投入甚至不可能发展起对组织的忠诚感或者高工作效率（Tornow 和 DeMeuse，1994）。

新心理契约已经成为学术界和实务界竞相争论的焦点议题。新心理契约模式下所倡导的多变、易变的职业生涯契约内容是与员工个体相关，而非与组织相关。Hall 和 Moss（1998）将易变的职业生涯解释为独立的且直接与员工个体的需求和价值实现相关联。鉴于这种关于新心理契约的阐释，组织被视作有责任为员工提供不断提升个体可雇佣性的责任。然而，正如前文所述，组织可能面临着培训其员工的财务成本的压力；在这一方面，很少有研究探讨组织如何将以提升员工个体可雇佣性为责任的新心理契约履行作为一种重要的企业社会责任（Smith，1997）。

在大多数新心理契约讨论中，"可雇佣性"这一专业术语被工作任期所替代。William J. Morin（Drake Beam Morin 的首席 CEO）将这一新的概念描述为"无可依赖性的信任"，也即员工需要自己承担职业生涯管理责任，而组织只是为员工提供自我职业生涯管理的工具。

员工所承担的责任也可能受到工作场所和工作情况变迁的影响。Cappelli（1997）指出，以可雇佣性开发为典型特征的新的职业价值观就是基于员工个体生涯满意度的职业价值观，新心理契约的核心内涵恰恰就以可雇佣性开发为基础。之后的实证性研究数据支持了这一结论，即在针对美国本土员工的调查中，49%的调查对象认为，拥有一份令自己满意的工作是通向个人职业成功的财富。如果一份工作对于个体满意度实现而言变得日益重要，那么很可能的是，这份工作所带来的内在酬劳，如个人成就感、与同事的关系、工作自主权、个人职业成长的机会等都将与工作满意度一样，成为员工期望满足的重要元素。这些酬劳在以往传统心理契约内容的相关文献中较少被论及，然而这些酬劳元素对于新型雇佣关系模式下的员工而言的确非常重要，特别是对于中层管理人员来讲就更为关键。另外，就像在传统心理契约中组织向员工承诺的将履行的责任（如工作保障、培训学习计划）那样，以上新的酬劳计划会通过招聘环节的组织代理人的组织远景描绘和工作生涯早期的组织社会化的途径在新心理契约中找到（即融入新心理契约的内容当中）。

综上所述，尽管以往研究关于心理契约内容结构的阐释存在二维、三维抑或更多维的理解，但是仍然离不开"物质利益"和"社会关系"的交换禀赋。本书认为，对于处在我国转型经济结构和经济发展"新常态"下的高校组织而言，应该结合动态复杂环境中的不确定性因素，深入不同类型高校展开青年教师心理契约的实地调研和现场考察，充分融合演绎推理与归纳推理的方法论思想，导入探索性研究和解释性研究相结合的三角验证观，从理论与实践相结合的角度来验证心理契约的内容结构，才能揭示当前经济发展新时代下的我国高校青年教师心理契约变迁的相关研究问题的本质。

另外，对于心理契约的动态发展（如心理契约破裂、心理契约违背）

而言，尽管一些学者出于不同的研究兴趣和资源条件开展了相关主题的研究，并相应得出了研究结论，然而从中仍然可见一些未予以明确却颇具学术价值和实践价值的研究空间。例如，随着"组织犬儒主义"这一崭新的组织—员工关系分析模式出现，组织犬儒主义与心理契约之间的协同演化机制对于雇佣关系的解释意义愈加明显，然而目前研究成果却很有限。鉴于组织犬儒主义和心理契约在解释目的、维度和应用环境等情景方面具有一定相似性，因此推论，组织犬儒主义和心理契约之间存在着相关关系。同时，照此关系逻辑递推，是否对特定组织环境抑或特定员工群体而言，还有其他更能够切实反映员工心理契约的动态发展变化的组织变量？影响它们之间关系的内在作用机理又将如何？这也为本书研究工作提供了一种新的分析思路。总之，本书认为，对于处在经济发展新时代下的我国高校组织而言，综合环境变化因素、组织管控因素、教师个体认知加工系统等多个层面的整合性研讨实属必需且迫在眉睫，求解处于高度动态和不确定性环境下的我国高校的教师心理契约变迁的问题，尤其需要能够揭示问题产生的理论根源及现实本质的案例研究策略，这种案例研究方案颇为适宜于探寻当下我国高校到底如何通过青年教师心理契约的有效管理来获取教育科研事业稳步发展的竞争实力。

第二节　可雇佣性与心理契约的关系研究综述

一　可雇佣性理论引入心理契约研究的契机

由以上分析可见，不仅对于传统的员工—组织关系而言，即便对于当前新型的员工—组织关系（即新型雇佣关系）来说，心理契约都能够作为一种重要的基础理论分析框架，用于解释与理解不同时期员工和组织之间的关系。"心理契约"被界定为"个体关于一方与另一方之间在心理上缔结的隐性契约的内容条款的一组信念（或预期）"（Rousseau，1989）。换言之，可以理解为，在工作场所中，心理契约内容包含员工认为组织应该为自己履行责任和承担义务以及自己应该相应地回报以组织的工作贡献、努力付出等心理概念和图式（Blomme 等，2010）。按照 Rousseau（1995）的理论阐释，组织责任是组织未来将要采取的行动、对待员工的态度、意向和价值宣导体系。那么，心理契约就可以理解为是一种社会交换性期望（Gouldner，1960；Blau，1964），其中，员工对于建立在雇佣关系维系基础上的组织责任的期望影响到基于互惠原则的员工个体所认为的应回报给组织的责任（Tsui 等，1997；Irving 和 Gellatly，2001）。以往研究表明，雇佣关系存续是建立在互惠原则基础之上的，即高水平的组织责任（如组织代理人——雇主或上级领导对员工所履行的责任和义务处于较好的状态）与积极的组织态度和行为变量呈现正向相关关系（Colyle-Shapiro 和 Kessler，2000；Coyle-Shapiro 和 Neuman，2004；De Vos 等，2003）。

一些学者通常基于高限定性意义来界定心理契约（如心理契约的二维结构模式）；其他学者在对心理契约的概念进行界定时，则导入了更多元素（如心理契约的三维抑或多维结构模式）。导入心理契约概念的较为宽泛的元素包括组织信任（Rousseau，1989）、组织公正（Guest，1998）、组织支持（Guzzo 和 Noonan，1994）。本书则采用了较为狭窄的心理契约概念的界定方法，这主要是因为本书研究旨在关注：（1）组织责任履行程度。事实上，在度量员工对组织责任履行的心理感受和内在体验时，个体所感知到的组织责任已处于被履行状态。（2）心理契约所包含的每个内容元素与个体可雇佣性能力的关系。以往研究观点、结论和成果已经为本书研究工作提供了相关理论建构的契机，即处于当前知识经济发展步入新时代的特定研究背景下，将可雇佣性元素导入新型雇佣关系框架下的新型心理契约的概念界定、内容结构和内涵特征、形成机理以及组织效应等研究问题的讨论，具有极大的理论价值和实践应用价值。

二 可雇佣性理论与心理契约理论的结合

以往研究表明，组织特征是员工对自己所拥有可雇佣性能力的心理感知的重要前置影响因素（Van Dam，2004）。在当前的员工—组织关系框架下，一般而言，员工应该努力实现自我职业生涯管理，而组织则应该向员工提供所期望的职业发展机会和组织支持（Herriot 等，1997；Rousseau，1995；Thijssen 等，2008）。正如 Thijssen 等（2008）所阐释的，发生这种管理实践活动的原因主要在于：可雇佣性往往是在心理契约的理论分析框架下进行讨论。如此一来，将可雇佣性和心理契约联系在一起，成为两个既重要又发生在同一时期下的对个人职业生涯发展具有重要意义，且有着紧密的相关关系的构念。在这一方面，尽管已开展了理论探索，然而依然更多停留在探索性研究阶段，基于实地数据考察的定量实证性研究并不多见。

基于以上分析，有理由认为，心理契约（如组织责任履行）是员工对自己可雇佣性能力的心理认知的一个重要前因变量。换言之，对自己可雇佣性能力拥有积极价值评价的员工更可能回馈给组织正向的工作态度、工作行为以及进一步关于自己可雇佣性能力的积极认知。如此一来，自我激励和主动性行为能力就纳入当前的心理契约内容结构当中，成为心理契约组成要素的一部分（Thijssen 等，2008；Ten Brink，2004）。而组织的管理实践活动也对员工的工作态度、工作目标、工作行为具有显著的影响效力，并成为社会交换和互惠过程中积极工作绩效形成的关键致因（Aggawal 和 Bhargava，2009）。例如，如果组织能够为员工提供未来职业发展机会，那么员工无论是在当前组织内部抑或在其他组织当中，都期待能够有机会进行自我职业生涯选择并甘愿为之付出努力（Hall 和 Mirvis，1995）。从这个意义上讲，可雇佣性就成为组织与员工之间交换过程的产物。

如前文所阐释，广义的可雇佣性概念界定较之狭义的概念界定更适用于当下的职场情境（Hillage 和 Pollard，1998）。因此，包含内部可雇佣性能力测量和外部可雇佣性能力测量的可雇佣性度量方法成为当前组织行为学研究中的主要因变量（Torka 等，2010）。另外，如前文所述，在当前的工作场景中，针对可雇佣性内容结构中三个维度的测度都非常重要，然而从文献回顾来看，这三个维度的测量却还未得到足够的关注度。进一步地，还有研究显示，这三个维度的测度被认为是与心理契约紧密相关的。首先，组织内部可流动性意愿需要被测度，这是因为，组织内部可流动性意愿反映了员工愿意灵活地变换工作岗位，且具有足够能力胜任岗位职责，从而满足组织的工作需要，组织内部可流动性意愿可谓当前工作职场中必须具备的一个重要胜任力要素（Fugate 等，2004）。其次，需要导入针对雇佣行为测度，这是因为，被雇佣实际上暗示了员工的需求，即员工期望通过工作业绩来实现个人成长的需要（Hillage 和 Pollard，1998；Eby 等，2003）。因此，重要雇佣行为需要被测度，例如，组织提供职业发展机会是否是员工实际的自我职业发展行为当中互惠的部分。按照 Eby 等（2003）的解释，由于新型雇佣关系模式下，工作和职业逐渐变得不再长期和稳定，员工不得不使自己拥有能够跨越组织边界、驰骋于不同岗位的可雇佣性价值。

"组织内部可流动性意愿"是指员工情愿在同一个组织内另一个部门的相同岗位上或者其他岗位上履行工作职责的程度（Fugate, 2004; Thijssen 等, 2008）。这种对于工作轮换的意愿被视为履行工作职责以便保持组织内部可雇佣性（Thijssen 等, 2008）和组织内部工作灵活性, 对于组织而言, 这种内部可流动性是互惠的。Hall 和 Mirvis（1995）认为, 尽管组织内工作可流动性能力对于职务晋升而言并非必须具备, 然而提供职内发展和组织内部工作可流动性机会仍然是有助于员工保持自己可雇佣性能力的有效途径。以往研究显示, 经历了较好的工作—家庭平衡的员工情愿回馈给组织忠诚度和组织承诺, 如此还会进一步使得员工更情愿接受组织内部的其他工作岗位（Scandura 和 Lankau, 1997; Ten Brink, 2004）。其他研究还发现, 工作自主权和工作内容丰富化对于员工情愿在组织内部进行岗位轮换具有显著的正向影响（Schyns 和 Von Collani, 2002）。其他学者的研究显示, 正向的组织管理实践（如职务晋升、提薪、工作安全、清晰的岗位职责）会促使员工更情愿在组织内部变换工作岗位（Aggarwal 和 Bhargava, 2009）。因此, 一般来说, 拥有积极意义上的心理契约（如组织对员工履行所承诺的责任）会促使员工回报正向的工作意愿, 例如, 情愿在组织内部进行灵活的岗位轮换和工作调动。

再就"员工发展"维度而言, 员工发展是指员工在一定程度上发展知识和技能以满足当前的或未来的工作岗位要求（Hall 和 Mirvis, 1995）。按照心理契约理论的解释, 职业发展和工作灵活性的意愿是员工自我职业生涯管理责任或者员工职责的一部分（Rousseau, 1995; Thijssen 等, 2008）。

通过文献回顾, 工作岗位是员工职业发展的重要前置因素。已有研究发现, 工作岗位变化会导致工作丰富化和职业发展需求的满足（Birdi 等, 1997）。更进一步地, 一些研究者发现, 职业生涯发展（如工作变换和职业发展机会）、组织支持、工作内容丰富化与员工职业发展存在紧密的相关关系（Aggarwal 和 Bhargava, 2009; Van Dam, 2004; Ten Brink, 2004）。还有研究人员发现, 与员工的期望相匹配的酬劳和红利分配计划会激励员工主动获取专业技能和发展核心能力（Hiltrop, 1995）。同样, 其他积极的组织管理实践（如提供工作—生活协调安排、清晰的岗位职责、工作安全、工作保障计划等）也与员工的职业生涯发展活动保持着正向相关关系。因此, 一些研究得出, 拥有积极心理契约的员工通常具有高组织承诺、高角色外行为（有利于组织结果且划定在例行岗位职责以外的行为表现）（Coyle-Shapiro 和 Kessler，2000）。一般而言，拥有更加积极意义上的心理契约的员工往往也会感知到应该以特定的方式回报组织，而综观以往研究，也证明了，对自己的心理契约持乐观状态的员工更情愿且更可能对职业生涯发展投入更大的努力。

另外，"劳动力市场机会感知"或者可感知的外部可雇佣性使得个体秉持一种信念，即在外部劳动力市场寻找新的雇佣机会是比较容易的（Rothwell 和 Arnold，2007）。在当前的职场环境中，对员工而言，非常重要的是保持自己对于外部劳动力市场的可雇佣性价值和人力资本存量（Hall 和 Mirvis，1995；Herriot 和 Pemberton，1996；Schalk，2005；Torka 等，2010）。尽管这方面研究相对有限，然而依然有个别实证性研究得出，心理契约与劳动力市场机会感知之间存在紧密的相关关系。有研究在考察工作自主权和工作内容对职业自尊的预测效应时发现，在组织以外的可选择性工作机会中，个体往往感觉到自己足够有能力去管理新的任务（Schyns 和 Von Collani，2002）。进一步地，社会交换理论也提供了相关理论解释，发展起关于心理契约与外部可雇佣性之间存在相关关系的假设命题。可以说，积极的组织管理实践（如工作—生活平衡、高酬劳补偿、组织内部工作轮换和调动灵活、弹性工作时间、工作安全、职业保障、职业发展机会、职务晋升、人际和谐等）将促使员工努力提升自己的知识、技能和外部可雇佣性能力，以此来作为回馈组织支持的一种互惠方式（Herriot 等，1997；Schalk，2005；Thijssen 等，2008）。

除了基于内容结构模式来讨论可雇佣性与心理契约的相关关系以外，还有一些研究围绕性别、年龄、性别等人口统计学特征，探讨可雇佣性与心理契约的关系。

一般而言，女性与男性针对心理契约的认知和评价会有所不同。例如，相较之男性而言，女性较少地将报酬、职务晋升等视作工作灵活性的互惠产物（Herriot 等，1997）。一些研究显示，相对于男性员工而言，女性员工在从事与男性相同岗位或相同性质的工作时却收获较少的工资回报、职业发展机会、受教育或培训机会、职务晋升机会、工作安全或保障措施等。另外，女性员工往往经历了较少的工作选择性机会（Goudswaard，2003；Torka 等，2010）。可以说，相对于男性员工来讲，女性员工通常拥有关于自己的工作内容和工作自主权的负面认知与评价。

这是因为，女性员工往往比男性员工承担着更大的工作—家庭压力（Doherty，2004；Blomme 等，2010），女性员工所感知到的工作—生活平衡也相应更少。还有研究发现，女性员工所感知到的可雇佣性能力也通常低于男性员工。这在很大程度上是因为，女性员工较男性员工所获得的职业发展机会更少。相应地，根据社会交换理论的解释（基于互惠原则，按照所得收益程度来回馈组织），女性员工较男性员工会抱有较少的组织内部工作轮换、职业发展的意愿和行为。女性员工相对于男性员工而言，也会持有较少的外部职业发展感知。

再者，因为男性员工和女性员工关于组织管理实践活动的认知和评价存在明显差异（Blomme 等，2010），所以男性员工和女性员工在评价心理契约与可雇佣性之间的关系上也有所不同。根据社会交换理论，对于以上现象的一种合理的理论解释是，如果组织管理实践更有利于某位员工，那么这位员工就更倾向于回馈给组织积极的可雇佣性开发行为和提升自己可雇佣性的行为倾向。例如，男性员工通常怀有对薪酬待遇、工作职责和职务晋升机会的更为积极的评价和组织敏感度，然而女性员工则更偏重于工作—家庭平衡和弹性工作时间（Herriot 等，1997）。这就导致男性员工和女性员工对所在组织管理实践的反馈与评价会出现明显的不同之处，进而又造成男性员工和女性员工在可雇佣性能力产出结果上的显著差异性。同样地，一些基于实体经济型企业的组织行为管理问题的研究证实，组织管理实践在不同程度和形式上对男性员工和女性员工的组织承诺、离职倾向等组织态度和行为变量构成影响（Walsh 和 Taylor，2007；Doherty，2004；Blomme 等，2010）。例如，有研究得出，相较之男性员工而言，工作—家庭冲突更可能与女性员工的离职倾向存在着紧密的相关关系（Blomme 等，2010）。因此，从职业发展机会来讲，组织内部工作轮换、职务晋升、待遇酬劳提升等都更可能对男性员工的可雇佣性能力感知产生积极的意义，而工作—家庭平衡更可能与女性员工对自己可雇佣性能力的感知产生预测效应。可以说，男性员工和女性员工在工作内容丰富化、工作扩大化、工作自主权、岗位职责清晰、工作安全对于个体可雇佣性能力的感知方面也存在明显差异。

另外，从当下的组织行为研究来看，年龄已经成为探讨员工的组织心理与行为问题的重要研究变量之一（Bal 等，2010）。已有研究显示，45岁以上的员工较之年轻员工而言更具有工作稳定性，因此，组织为了追求机构运行和管理效益最大化，也越来越倾向于雇用 45 岁以上的员工，一些相应的组织策略也不断推行出来，以便能够满足这部分员工的特定工作和生活需求。尽管如此，将"年龄"这个人口统计特征变量导入可雇佣性与心理契约之间关系的研究却依然不够充分（Hall 和 Mirvis，1995；Kanfer 和 Ackerman，2004）。回顾以往心理契约文献，在涉及员工职业生涯发展相关问题的研究中发现，处于不同年龄阶段上的员工所拥有的心理契约存在显著差异，其中特别是对于可雇佣性开发的追求方面，呈现出明显不同之处。事实上，当前的心理契约研究者们已经注意到这一现象，并且提出了有待进一步探索的研究空间（Thijssen 等，2008；De Vos 等，2003）。以往研究通常都得出了不同年龄的员工所拥有的心理契约内容和状态存在显著差异性（Thijssen 等，2008；Hess 和 Jespen，2009）。例如，随着员工年龄的增长，组织所提供的职业发展机会呈减少趋势（Van der Heijden 等，2009）。一些研究显示，无论内部可雇佣性抑或外部可雇佣性，两者与年龄之间都存在着负向的相关关系（Van der Heijden 等，2009；Rothwell 和 Arnold，2007；Posthuma 和 Campion，2009；Bal 等，2011）。在当前的新型雇佣关系模式下，年龄与可雇佣性提升的态度和意向呈现出负向关联（Van Dam，2004）。一般而言，年龄越长的员工对于心理契约和可雇佣性期望的心理感知与评价水平越低。据此，一些研究在讨论员工的心理契约和可雇佣性、这两者的关系以及对组织结果的影响时，特别将研究对象划分为 40 岁（或 45 岁）以上员工组、40 岁（或 45 岁）以下员工组（James，2007；Finkelstein 和 Farrell，2007；Van der Heijden 等，2009）。

　　一些研究还发现，对于年轻员工和年长员工来讲，关于心理契约与可雇佣性之间关系的心理感知和体验显著不同（Freese 和 Schalk，1995）。例如，职业发展机会、组织内部工作轮换、晋升机会等通常会受到年轻员工的重视（Van der Heijden 等，2009；Lub 等，2012）。如此一来，年轻员工往往也回馈给组织更强有力的工作反应（如积极的可雇佣性开发行为和可雇佣性开发意愿等）。有研究表明，工作内容丰富化也受到了年轻员工的重视（Lub 等，2012），相应地，组织也期待员工提高个体可雇佣性。还有研究显示，相对于年轻员工来讲，年长的员工对工作—家庭平衡、工作自主权和工作安全等投入更多关注。

　　由以上分析可见，将可雇佣性理论与心理契约理论相结合具有理论建构的科学性和可行性，在这两方面理论结合的基础上来探讨新型雇佣关系以及所产生的组织态度与行为效应的问题，不仅能够揭示新型雇佣关系显著不同于传统员工—组织关系的差异之处，为解释新型雇佣关系下的组织行为问题和现象提供理论依据，更能够从中解析如何通过新型雇佣关系的有效管理来实施组织态度与行为干预从而为实现组织结果优化的实践活动提供指导。

三　高校青年教师可雇佣型心理契约的提出

全球知识经济结构调整和新知识经济时代发展对知识更新、成果创造和科技创新的迫切要求预示着我国高等教育必需更加灵活地适应社会经济变革的需求，而增强高等教育的时代先进性、创新创造性成果的前沿技术含量及学校机构体制建设柔性的有效途径之一就是提升青年教师个体的可雇佣性能力，高校和青年教师都对此负有责任。对高校而言，应该在学校内部倡导一种可雇佣型文化和可雇佣性塑造价值体系，培养青年教师的可雇佣性素养，打造有利于青年教师可雇佣性能力开发的校园文化、价值风范和学科专业建设平台，使得青年教师能够灵活地适应不同岗位和职能角色，在跨学科专业领域之间游刃有余。青年教师责无旁贷需要加强自学习能力、自创造能力和创新能力，以满足本岗本职工作胜任力素质，以及学科专业发展对自己的知识、专业技能、能力储备、潜在成长能力等胜任力素质不断提高的要求，从中获取有赖于个人职业价值保值和增值的可雇佣性能力与素养。基于此，不断能够获取、培育与提升个体可雇佣性能力和素养可以被视作高校与青年教师之间搭建起来的一种新型心理契约，从可雇佣性角度考察心理契约的相关问题不仅是对传统心理契约理论的丰富和发展，更是在当前的经济发展新常态下改善我国高校师资建设实力、高层次人才引进培养发展模式、融合交叉学科专业共同发展的管理模式、新工科创新人才培养模式、"互联网+"背景下教学改革模式创新、依靠科教融合助推高等教育创新发展模式等，从而促进我国高等教育可持续稳步发展的迫切需求。

诚然，在当前的新型雇佣关系框架下的无边界职业生涯时代，高校师资队伍建设和人力资源管理中尤以青年教师心理契约的变化最为凸显。回顾我国高校的传统人事关系，教师一旦入职便可以享受终身就业保障和系列福利；而在新型雇佣关系下，青年教师必须以工作绩效（如教学成果、科研成果等）赢得职业生涯发展。事实上，国内高校早就出现了试用期满因为未达到考核业绩指标而离职的现象，还有高校以博士后师资的形式进行考核，博士后出站时达到了考核指标，才能转岗为正式教师。无论形式如何，完成考核业绩指标是考察青年教师的一贯准则的政策不仅司空见惯，还将愈加严格。除此之外，教学能力评价、科研成果考核、职称评聘、职务晋升、生活品质提高、抚育子女、赡养老人、安居置业等来自工作和生活多方面的压力以及高校师资队伍建设和人力资源保障政策尚待完善等，都造成了青年教师心理契约变迁的问题和现象日渐凸显，并进一步引发了工作积极性、工作主动性、组织情感依赖和组织忠诚度下降，工作价值观也随之发生改变。鉴于可雇佣性能力是赢得职业生涯成长的关键之一，周遭环境和心理概念相互冲突之下，只有牢牢把握住并不断提升个体可雇佣性能力，才能永葆职业价值。因此，青年教师更希望获得能够驰骋于职业生涯的可随身携带的胜任力；在本学科专业基础上，扩展学科专业视野和领域，获得更多学习和交流的机会；在融入并建立学校内部人际关系的同时，铺设更广阔的社会关系网络，展开更广泛的学术合作。从国内外研究对于可雇佣性概念的界定来看，可雇佣性是个体具备的能够胜任当前工作，并在失业状况下获得新工作机会进而能够取得职业生涯持续发展的能力。它体现在与职业相关、以学习能力和创造能力为基础的综合能力，综合能力提高就表现为获得更多知识、提升专业能力和人际能力等（De Cuyper 等，2011）。

在将可雇佣性作为构筑高校与青年教师之间的新型关系的基础上，本书尝试提出"高校青年教师可雇佣型心理契约"这一新的概念。如前所述，随着高校与青年教师之间新型关系的建立，可雇佣性逐渐成为两者之间关系维系的重要和基础性元素，青年教师通常希望高校能够提供有利于个人可雇佣性发展的途径，高校则希望拥有高可雇佣性的青年教师，这时可雇佣性就融入高校与青年教师之间的心理契约当中，形成"高校青年教师可雇佣型心理契约"，即青年教师关于高校对个体可雇佣性责任履行的期望和信念。

第三节　高校教学科研发展动力源

自 1988 年联合国教科文组织提出"可持续发展教育"的思想，以及

1992 年联合国环境与发展大会上进一步提出"重建可持续发展教育"的倡议以来,可持续发展教育便成为国际社会和教育组织高度重视的议题。可持续发展教育是一个学习的过程,是让人们学习可持续发展和社会经济变革所需要的价值观念、行为准则,转变行为、生活、工作方式,进而提高将想法转变为现实的能力,高校在其中扮演了举足轻重的角色(胡晓松、钱丽霞,2007)。全球最早开展可持续教育的高校之一的爱丁堡大学在其教育体制中就尤其贯彻了《高等教育的可持续发展》战略,其中,明确了教学、科研在促进高等院校的教育可持续发展中的重要意义和价值。事实上,自洪堡时代以来,教学和科研就作为大学两项重要职能,成为大学发展史中一个永恒的话题。近年来,全球知识大爆炸和知识经济结构调整促使我国高等教育趋向大众化,"结构与形式多样化"的分型态势已然形成。然而,无论大学类型如何分划归属,"教学促进""科研创新"都是大学建设的重中之重,只是在不同时期、不同类型大学建设中的具体内容、表现形式及其相互比重、协调平衡程度不同而已(周南照、赵丽、任友群,2007)。可以说,高校教育可持续发展有赖于教学、科研两个方面发展动能的不断汇聚。根据新的大学教学科研观,在观念层面,教师是教学与科研的行动主体和研究者;在策略层面,教师的发展模式有利于在积淀教学艺术的同时促进科研创新;在制度层面,教师发展制度的完善则能够营造教学、科研的健康环境(Kreber,2005)。因此,教师在高校教学、科研发展过程中发挥着至关重要的驱动作用。青年教师作为高校知识产能的"生力军",则成为高校教学事业、科研事业可持续建设和发展的重要动力源。如今,尽管以往研究已围绕教师发展意蕴与高校教学科研发展之间的相关关系展开讨论,并取得了一些成果,然而对于两者之间预测效应的内生机制研究尚且不足,基于教师个体心理认知的内源性视角,对两者之间驱动机理的探究就更为鲜见。根据社会心理学的基本思想——态度决定行为,只有追溯行为产生的根源,并进一步找到态度生成的机制,才能够预测和把控行为结果。因此,结合新知识经济时代下的我国高校教育改革发展和创新型人才培育的迫切需要,从个体认知导向视角挖掘青年教师价值意蕴的构建和效用机制,对于如何获取我国高校教育事业的可持续发展而言,至关重要。

第四节　本研究的相关理论概述

一　社会交换理论

社会交换理论（social exchange theory）的主要思想是当事人会在获得回报的预期下，涉入并维系与他人的交换关系（Blau, 1968; Gouldner, 1960）。该理论仅限于检验那些从他人处得到回报的行为（Blau, 1964）以及被称为"交易"的过程和被称为"交换"的关系，而这些过程和关系具有双边、交互、互惠（reciprocity）的特征（Emerson, 1976）。该理论假设利己主义者（self-interested parties）与另一方进行交易或者交换是为了实现他（她）所不能实现的结果（Lawler 和 Thye, 1999），一旦双方感知不到交换是互惠的，这些交换将会被立即终止（Blau, 1964）。Homans（1961）指出，利益交换或者给予他人相对更有价值的东西是人类行为的基础。

社会交换理论认为各方都会有其他人想要获得的有价值的事物，交换的标的及其数量由双方共同决定。被交换的标的可以是经济资源也可以是社会资源，或者两者兼而有之。经济资源包括有形项目，例如，货物、货币、资产、信息、咨询、服务等。社会资源包括那些无形的项目，例如，寒暄、慰问、友谊、声望、品牌、信任、合作意愿等。社会交换结果的价值取决于当事人双方的主观认知和感受。然而，根据 Blau（1968）的观点，在社会交换关系中最具价值的结果（例如，社会认可和尊重）可能没有任何物质价值，并且也不能够用价值去衡量（Jeffrey, 2018）。

社会交换和经济交换既有相似之处也有差异之处，其相似之处在于，它们都包含对当前所做贡献的未来收益预期。然而，在经济交换中，投资收益通常更加清晰并且具体，例如，在书面合同中进行明文规定。而在社会交换中，投资收益则不然。经济交换基于短期交易，基于一种关系，在这种关系中双方都相信对方会履行自己的长期义务（Holmes, 1981）。社会交换常常包含交易各方之间的短期不平等或者不对称关系，而经济交换往往更加公平和对称。

社会交换关系具有不确定性，主要体现在不能够明确各方是否会对贡献给予回报。因此，交换关系各方之间所秉持的信任可能存在困难。通常,社会交换演变过程缓慢,最初发生较低价值的交换,然后当建立起较高水平的互信时较大价值的交换才会发生。信任的产生有两种方式:(1) 通过与另一方发生定期的、一致的互惠以获取收益;(2) 通过与另一方逐渐扩大交换关系的范围(Blau,1964)。

社会交换理论的前提是交换关系主体之间形成互斥且穷尽的四条原理性关系归纳:(1) 交换关系导致经济或社会产出(或两者兼具);(2) 成本—收益分析是基于收获的产出,以及比较备选交换关系的潜在成本和收益;(3) 随着时间的推移,得到的收益会增加交换关系中的互信和承诺;(4) 交换规范和期望是从互惠的交换关系中建立和发展起来的(Popper,1959;Rudner,1966)。

学术界将社会交换和经济交换定义为一种选择性行为,尽管不涉及正式的谈判或书面合同,缔约方会自觉对当前或潜在的社会交换进行成本—收益分析。交换关系各方的满意度成为未来交换是否还会发生的主要决定性因素。然而,交换各方并不会孤立地考虑这些因素。相反,一方会依托社交网络支持或扰乱未来的交换关系。例如,如果互惠义务未能得到履行,那么就可能招致诸如非难之类的社会制裁。然而,社会交换理论倾向于将当事人满意视为维持交换的主要影响因素,并将社会制裁视为次要影响因素(Blau,1964)。

互惠原则或者对他人偿还义务是社会交换理论中最著名的交换规则之一,但是如何定义这个概念一直存在争议。例如,互惠原则可以定义为:(1) 互为依存的交换;(2) 文化期望;(3) 人们必须以及应该如何表现的文化规范。Sahlins(1972)创造了一个从"单一"到"广义"的互惠水平的连续统一体。广义互惠是利他主义的,是指无限偿还期,没有明确的等价交换,具有低自利性。平衡互惠是指同时交换等量资源。消极互惠指的是具有高自利倾向的及时和平等的资源交换。其他交换原则例子有个别谈判规范、合理行动、利他主义、群体收益、地位一致性竞争等(Cropanzano 和 Mitchell,2005)。

综上,心理契约研究恰恰是基于社会交换理论衍生并发展而来的,社会交换理论不仅是心理契约问题研究的理论基础,更是为进一步打开心理契约的组织效应问题的"黑箱"提供了一把钥匙。社会交换理论可以为理解组织与员工之间新型关系的构筑提供理论依据,并且为如何解释新型雇佣关系所产生的组织心理与行为结果提供解释线索,从而为心理契约理论发展及其实践应用价值升华奠定基础。

二 前景理论

前景理论（prospect theory）试图解释当存在不确定性和风险时，人们是如何做出决策的。在前景理论提出之前，对各种选择的风险和回报的"期望效用"（expected utility）进行理性计算被认为是人们做出决策的基础。然而，Kahneman 和 Tversky（1992）提供了强有力的证据，说明人们的实际决策过程并不遵循这样的理性计算过程（rational calculations）。

Markowitz（1952）认为，决策中选择的目标就是前景（prospect），即潜在收益或损失。这个概念是 Kahneman 和 Tversky 的前景理论（1979）的基石。

前景理论有四个重要组成部分。第一个组成部分是，当人们面对几种不同的选择时，他们通常会将他们的选择描述为相对于某个参考点的收益或损失。这个参考点是人们用来评价这个选择的目标价值的内部标准。前景理论认为在评估选择时参考点的选取是至关重要的。当某个选项的价值大于参考点时，人们会将该选项归类为正值；而当选项的价值小于参考点时，该选项将被归类为负值。有趣的是，一个特定的选项结果可以被描述为正值或者负值。于是，在一种情况下，一个选项可以被视作正值，但在另一种情况下，相同的选项可以被视作负值（Jeffrey，2018）。

一个被正面描述的选择倾向于降低一个人将最终结果视为价值中性的可能性。然而，被负面描述的选择倾向于增加一个人将最终结果视为价值中性的可能性（Highhouse 和 Paese，1996）。例如，将新政策描述为损失（将导致10%的失业率），往往将人们的期待置于负面领域。然而，将新政策描述为收益（90%的就业结果），往往会使人们的期待处于正面的领域。同样的结果，如果被描述为损失，人们将倾向于承担更多的风险以避免负面结果。

对预期结果的描述方式可以影响随后的风险接受水平，这是令人惊讶的（Mercer，2005）。令人惊讶有两个主要原因：其一，理想情况下，人们应该关注他们的总财富或者总体收益和损失，而不仅是相对于某些任意设定的参考点的财富变化。其二，人们对风险的态度不应该由他们在短时间内是考虑潜在收益还是损失来决定。然而，根据前景理论，人们在做出决策时的确遵循这些规律。

前景理论的第二个组成部分是主观价值函数（subjective value function）（Kahneman 和 Tversky，1979）。根据前景理论，决策选择与决策者的主观价值相关联，它可以被表示为与决策者的中性参考点（reference point）（其主观价值为零）相比的正/负偏差（即收益/损失）。主观价值函数的图像为 S 形：在正域（在参考点之上）为凹向，在负域（在参考点之下）为凸向。

前景理论的第三个组成部分是，个体在面对收益时表现出风险回避（risk aversion）的倾向，在面对损失时显示出风险追求的倾向（Kahneman 和 Tversky，1979）。此外，当不得不在可能有损失的情况下做出选择时，人们倾向于选择有损失可能的情况（存在损失的可能性），而不是有确定损失的情况（损失肯定会发生）。

前景理论的第四个组成部分是，小概率事件通常被高估，而大概率事件通常被低估（Pieger 和 Wang，2006）。人们对小概率事件的高估使得高风险事件的吸引力得以维持（Kahneman 和 Tversky，1979）。

综上，前景理论为解释员工对个体可雇佣性能力发展的追求提供了理论依据。处于动态不确定性的组织环境之中，员工势必面临着不断开发个体可雇佣性能力的迫切要求，如何保持和提高组织内价值甚至本专业的职业价值，成为员工孜孜以求的职业价值取向。恰恰是通过对个体之于组织内的未来身份和角色的主观认知及评价，以及外部风险和机会的综合评判，才使得员工不断审视个体可雇佣性能力，产生强烈的可雇佣性追求的内在动机，而这种内在心理环境的变化也正是员工通过对组织信息的解读所形成的心理图式进而映射的结果。可以说，前景理论在解读员工对个体可雇佣性能力发展的期望的基础上，为如何将可雇佣性元素导入心理契约问题的解惑提供了理论支撑。

三　社会认知理论

社会认知理论（social cognitive theory）的基本出发点是，人类活动是由个体行为、个体认知及其他个体特征、个体所处的外部环境这三种因素交互决定的。以上三种因素之间的相互影响不会同时发生，强度也不尽等同；此外，它们对彼此的影响也不会即刻显现。随着时间的推移，各因素之间的双向作用才会逐渐得以发挥。基于这一理论出发点，人既是环境的塑造者，又是环境作用的产物。

社会认知理论与行为主义视角的分歧在于两者对环境与行为之间关系的看法不同。行为主义忽视了人类的主观能动性，认为人们的行为都是由外部刺激诱发的，即环境决定行为。而 Bandura（1986）认为，不仅环境会引发人们的行为后果，行为也能塑造环境，并将这一过程称为交互决定论。在后来的理论发展中，Bandura 进一步引入个体的心理与认知过程作为第三个要素，形成环境、行为、个体心理与认知过程共同决定人类活动的分析框架。

社会认知理论在以下三个方面与组织管理尤为相关：（1）人们如何通过模仿而发展认知、社会以及行为方面的胜任力；（2）人们如何发展对自己能力的信念，从而有效利用其知识与技能；（3）人们如何通过目标系统发展个体动机。

根据社会认知理论，当人们置身于环境之中时，人们不是他们自身的旁观者，而是自身及其经历的能动者。人格能动性的核心特征包含四点，分别是意向性、前瞻性、自我反应与自我反思。意向性（intentionality）指的是人们对未来行为的主动承诺；前瞻性指的是人们以未来时间视角预期他们前瞻行为的可能后果；自我反应（self-reactiveness）指的是人们审慎地做出计划与选择，把控合理的行为过程，并在执行过程中自我激励与调控；自我反思（self-reflectiveness）指的是人们审视自身的能动性活动以及元认知能力（metacognitive ability）（Bandura，2001）。

根据社会认知理论，人们可以通过观察他人的行为来间接地学习。观察学习由注意、留存、复现和动机四个过程组成。注意过程包括选取行为来观察，准确认知该行为并从中提炼信息。留存过程包括记忆、存储和自我演练所习得的行为。复现过程包括实施新习得的行为，并获取该行为成功或者失败的反馈。动机过程包括各种针对新习得行为的正向激励，例如，过去的强化、预期的强化、外部激励、替代激励和自我激励。动机过程中也会存在一些抑制新习得行为的负向动机因素，例如，过去的惩罚、威胁、预期的惩罚和替代惩罚。正向强化往往比负向强化的效应更强，并且还可能抵消负向强化的作用（Jeffrey，2018）。

鉴于人们并非将他们所习得的都付诸实践，社会认知理论在仅仅获取知识与实施新习得的行为之间做出了明确区分。人们可能会在没有及时激励的情况下实施习得的行为，但是如果不辅以正向强化，人们未来可能就不会继续实施这些行为。大多数被模仿的行为本质上都是非常具体而非抽象的，因为大多数被习得的行为都必须在一个非常具体的情境下被实施。但这并非意味着学习那些在不同情境下可以被应用和被评估的抽象规则是不可能的。

人们的自我效能会以多种方式影响他们的生活（Bandura，1988）。例如，自我效能本身是决定人们如何搜寻与习得新技能的关键因素。更进一步说，高自我效能的个体往往会聚焦于如何掌控当前任务，低自我效能的个体则倾向于关注哪些地方可能出错。自我效能还决定人们在克服困难、完成目标上投入的努力与持久力。自我效能高，人们投入的努力更多，也更加坚持不懈。一般来说，与自我评价更低的人相比，那些自我评价更高的人，自我效能水平也更高。

社会认知理论同样强调人们自我引导与自我激励的能力。人们是倾向于自我引导的，这体现在他们采用内部的绩效标准，监控自己的行为（自我观察），并设置奖励（自我反应）以激励自己持续努力、达成目标。通过自我评估过程，人们保持其行为与评价标准一致；通过自我奖励过程，人们给自己正向强化（褒奖、荣誉、款待）与负向强化（耻辱、羞愧、尴尬）。那些实施了期望的行为并且自我奖励的人往往比只实施行为而不自我奖励的人表现更好。而过度的自我惩罚也会导致过度补偿、消沉（淡漠、烦闷、抑郁）以及逃避（Baumeister，1990；Chatard 和 Selimbegovic，2011）。

社会认知理论考察人们如何掌控他们自己的人生，并且认为人们可以在自我发展、自我适应和自我更新的过程中扮演一个积极的变革能动者（Bandura，1989）。社会认知理论区分了三种能动性（activity）：直接人格能动性（direct personal activity）、代理能动性（proxy activity）和集体能动性（collective activity）（Bandura，2001）。直接人格能动性意味着人们掌控与实现其愿望，妥善应对人生的高峰和低谷；代理能动性意味着人们借用他人的资源、权力、影响力与专业技能，以促进自己的行为；集体能动性意味着与他人同心协力以达成目标（Bandura，1977）。

综上，社会认知理论为理解员工如何在所秉持的心理契约状态下产生一系列组织态度与行为以及对组织效果的影响提供了理论基础。员工恰恰是通过对组织事件、人际关系、工作氛围、非正式组织信息等各个维度信息的考察、认知、加工，形成了对组织信息的主观认知和评价，相应的心理契约状态构筑而成，在某种状态下的心理契约即会产生相应水平的组织态度与行为反应以及进一步对组织结果的效应。社会认知理论为解读"可雇佣性发展动机→心理契约构筑→组织态度与行为→组织结果"的内在作用机理提供了坚实的理论依据。

四 意义建构理论

意义建构理论（sensemaking theory）的基本思想是，意义的建构是一个持续的过程，它主要关注：（1）人们如何注意事件；（2）这些事件意味着什么；（3）人们共同创造出来的关于这些事件的意义如何影响当前和未来的行为。首先，人们必须注意到一组包含某些事件的不寻常或者不同凡响的情况。其次，一旦人们注意到某个事件，他们通常希望知道这个事件对他们意味着什么。当有的事件吸引了人们的关注时，人们期望知道"出什么事了"。最后，创造事件的意义可以影响当前和未来的行为计划，并可以帮助人们保持经历的连续性。Weick（1979）用这样一个问题总结意义建构的主题："在见到我所说的之前，我如何知道我想的是什么。"

根据意义建构理论，组织成员是通过与他人的持续对话来知晓、诠释和理解周边环境的。组织成员共同书写历史，这使得他们能够理解他们身处的世界并集体行动起来（Weick 和 Roberts，1993）。意义建构既要清楚地提出问题，也要对这些问题给出清晰的答案。根据意义建构理论，现实是一种持续的存在，它产生于人们为了创造秩序并理解已经发生和正在发生的事情的事后意义的共同努力（Weick，1993）。

意义建构的过程主要包括三个基本要素：（1）线索；（2）框架；（3）线索和框架的联结（Weick，1995）。框架来自过去的社会化时刻，线索来自当前经历的时刻。线索是来自当前环境的信息，它们触发了人们理解情境的动机。框架是包括规则和价值观的知识结构，它们是理解的指南（Jeffrey，2018）。当人们在框架和线索之间建立起关系时，他们就创造了意义。意义来自过去经验的分类和框架、当前事件的线索和标签，以及框架和线索的联结。单靠框架或线索不能够形成意义，形成意义的是框架之内的线索（Weick，1995）。

Weick（1995）描述了六种类型的框架：（1）意识形态（社会的词汇）；（2）对组织实践进行分类的类别（组织的词汇）；（3）范式（工作的词汇）；（4）行动理论（应对的词汇）；（5）传统（前人的词汇）；（6）故事（次序和经验的词汇）。

七个特征将意义建构与理解、解释或归因区分开来：（1）意义建构以身份的建构为基础（个体的自我身份和组织身份是共同建构的，事件发生时就被赋予了意义）；（2）它是回顾性的（感觉和意义是关于以前的事件，它们影响当前和未来的行为）；（3）它生成于感知到的环境（人们的行动会创造他们的环境，这种创造又影响意义和行动）；（4）它是社会性的，是基于集体行动的；（5）它是一个时间上持续、空间上持续的过程；（6）它使用提取的线索（上下文、语言和词汇都影响线索，并将其聚焦于事件）；（7）合理性比准确性更重要（关于意义的合乎情理的故事是共同创造出来的，但可能不能够准确反映现实）（Weick, 1995）。

意义建构包括共同、交互的扫描、解释、行动和结果等一般过程（Thomas 等，1993）。扫描是搜集可能影响组织的信息的持续过程（Daft 和 Weick，1984；Milliken，1990）。解释是指想办法理解信息的含义，并将信息纳入理解的心理结构中（Taylor 和 Duncan，1987）。结果是指成果的意义建构过程所带来的组织绩效的差异或者变化，特别是绩效的改善（Jeffrey，2018）。

组织代理人可以通过参与"意义发送"（sensegiving）来影响意义建构过程（Maitlis，2005）。意义发送指的是影响他人的意义构建，使之靠近对组织现实的倾向性定义（Gioia 和 Chittipeddi，1991）。当组织代理人介入意义发送时，他们可以将组织的注意力集中在改变对现实的看法的必要性上，或者集中在改变组织现实本身上。当出现模糊的、不可预测的问题时，或者当事件涉及许多相关利益者时，往往就是组织代理人进行意义发送的时间（Maitlis 和 Lawrence，2007）。

Maitlis（2005）基于活力和控制两个标准描述了四种不同形式的组织意义建构。活力是指利益相关者参与意义建构的程度，控制是指组织代理人参与意义建构的程度。四种类型的组织意义建构是：（1）指导性的（高活力和高控制）；（2）限制性的（低活力和高控制）；（3）碎片化的（高活力和低控制）；（4）最低程度的（低活力和低控制）。

综上，意义建构理论为解释员工当面对组织事件和组织信息时采取相应言行的原因，换言之，恰恰是员工在组织内化过程中与组织事件（人或物）发生了触碰，并由此触碰中形成关于组织信息的意义建构，才导致员工的心理环境和心理资源发生变化，相应地产生员工心理契约的变迁，也就是，意义建构促使员工产生对与组织间关系的心理解释，进而形成对与组织间心理契约的缔结、破裂、违背以及相关后置组织效应。

五 相关理论研究述评

随着新知识经济时代步伐的大踏步前进，组织所面临的外部环境发生了翻天覆地的变化，高校作为国家自主创新发展的知识生产者和人才培育者，在推动国家自主创新建设方面发挥着举足轻重的作用。这些内、外部环境的综合变化都势必引起知识员工内在心理环境的更迭。青年教师作为高校创新创造的"主力军"之一，必将面临如何不断提升个体可雇佣性、调整个体心理契约的紧迫形势，加之当前经济结构调整所带来的新型雇佣关系总是将可雇佣性推到风口浪尖，并俨然成为组织与员工之间关系构筑的核心元素，这就为可雇佣性与心理契约的结合创造了契机。因此，不仅心理契约的理论衍生——社会交换理论为本书的青年教师可雇佣型心理契约问题的提出奠定了坚实的理论基础，其他相关学科（跨学科）的理论成果也为本书研究问题的解决提供了有效途径，例如，前景理论——个体可雇佣性诉求的理论根基、社会认知理论——个体对组织信息认知加工的内因形成和转化渠道的理论依据、意义建构理论——个体因组织信息形成对组织环境特征和运行实质的内在心理概念的理论支撑。因此，本书有理由将以上相关理论作为研究问题解惑的理论基础，基于此展开关于我国高校的青年教师可雇佣型心理契约的内容结构和内涵特征、影响青年教师可雇佣型心理契约形成的主要因素与内在作用机理、所产生的组织态度和行为结果、对于高校教学发展和科研发展的驱动机理的理论探索之旅。

综上，可雇佣性研究由来已久，学者们针对可雇佣性与情感承诺、工作倦怠、自我效能、组织满意、情感依附、工作绩效、工作嵌入、创新能力等员工的工作态度和工作行为变量的影响关系及影响作用机制进行了探讨，例如，Cuyper等（2012）运用资源保存理论，探讨了外部可雇佣性通过工作不安全感的中介路径对工作倦怠产生影响的作用机制；Yousaf和Sanders（2012）以巴基斯坦公立大学职员为研究对象，探讨了可雇佣性对情感性组织承诺的影响关系以及工作满意度和自我效能的中介效应。然而，本书认为，当前国内外学者对可雇佣性影响结果的研究仍然存在不足之处（不仅理论探索性研究，而且基于假设命题的定量实证性研究，从而得出能够推动组织或区域建设成效的创新性成果的可雇佣性问题探究，都在不同程度上有待进一步完善）。这主要体现在：研究结果变量的探讨比较单一，例如，单纯探讨了组织承诺的情感性维度或者员工的工作倦怠等；并且，大多数研究将可雇佣性构念进行整体性测量或者仅对可雇佣性内容构型当中的外部可雇佣性维度进行探讨，并没有针对可雇佣性的不同维度进行区分性研究。根据社会认知心理学等相关理论解释，个体对内部可雇佣性的感知、对外部可雇佣性的感知会形成不同的行为反应，将可雇佣性按照维度划分进行区分性研究将能更加准确地明晰内部可雇佣性、外部可雇佣性对个体的工作态度和工作行为所分别产生的影响效应以及其间存在的显著差异性；并且，当前国内可雇佣性研究较多关注大学生等初次就业人群，对企业员工等再就业人群的可雇佣性问题探讨的研究还比较缺乏，而面向教育组织（如大学等教育机构）从业人士的可雇佣性探讨就更显匮乏，与教育组织相关事业建设的关系研讨尚待探究。基于以上分析，本书以新知识经济结构调整和新知识经济时代下的我国高校青年教师为研究对象，探讨处于这种高度动态和不确定性外部环境中的新型组织关系模式下，青年教师如何处理可雇佣性问题，进而得以维系和提升个体职业价值，并基于以可雇佣性维系为典型特征的无边界职业生涯中青年教师自我职业管理的特定属性，解答青年教师个体可雇佣性保值和增值的潜在机会，以期能够提供对具体管理实践问题解答的理论依据。例如，学校是否应该以及如何对青年教师进行可雇佣性保值和增值的人力资本投资？如何看待和应对青年教师的自我职业生涯管理？青年教师对所在学校的忠诚度如何体现？如何促进和保持青年教师与所在学校之间关系的和谐构筑和稳健发展？对这类问题的解答会形成有利于学校教学发展和科研发展可持续性的青年教师可雇佣型心理契约管理机制。

本章小结

本章针对高校青年教师可雇佣型心理契约的组织心理与行为效应的相关问题研究展开了文献回顾与综述，分别围绕可雇佣性的概念、内容和结构、测量方法、前置影响因素和后置效应，心理契约的概念、内容和结构、形成过程、动态发展和组织效应，高校教学发展和科研发展的相关研究结论与成果，本书研究主题的相关理论支撑等进行了系统的文献梳理。通过理论回顾和文献追溯，试图从以往研究中总结有助于阐清"高校青年教师可雇佣型心理契约"这个在当前经济发展新时代下的我国高校与青年教师之间新型关系模式下构筑的新概念的理论支撑，发现以往研究的不足之处，挖掘本书研究主题下值得探索的研究空间，找到本书研究工作的立论基础和经验依据。主要包括以下几个方面：

第一，通过可雇佣性的概念、内容和结构、测量方法、前因机制和后置效应的相关文献、研究结论和成果梳理，找到"可雇佣性是当前经济发展新时代下的新型组织—员工关系构筑的重要前提和基础"的理论渊源，为进一步与心理契约理论相结合，在充实现有理论结构的基础上提出"高校青年教师可雇佣型心理契约"这一新构念的理论建构，奠定了坚实的理论基础。

第二，通过心理契约的概念、内容和结构、形成过程、动态发展和组织效应的相关文献梳理，为可雇佣性理论与心理契约理论的有机结合，提炼关键理论建构的契合点，进而为"高校青年教师可雇佣型心理契约"这一新构念的提出提供可靠的理论依据。特别是通过对心理契约形成过程和动态发展的相关理论和文献回顾，为接下来探索高校青年教师可雇佣型心理契约的形成机理，继而明晰本书研究主题的解析视角，以及所产生的工作态度和工作行为效应、对高校教学发展和科研发展的驱动机理，从而解答本书研究主题的困惑，整理并提出了系统的理论脉络。

第三，通过高校教学发展、科研发展的相关文献、研究结论和成果梳理，找到有助于解答当前经济发展新时代下的我国高校所面临的教学、科研紧迫发展的现实问题的理论支撑，为破解本书研究所关注的如何通过青年教师可雇佣型心理契约的有效管理来实现高校教学事业、科研事业可持续发展的竞争优势的问题提供立论基础。

第四，通过聚焦于社会认知心理学、管理学、经济学、高等教育管理等相关理论，系统梳理了与本书研究主题有关的理论和文献成果，为接下来建构高校青年教师可雇佣型心理契约的内容结构和维度特征以及与之相关的组织心理与行为、组织结果的影响效应模型提供了科学、稳健的理论基础。

综上，本书力图解析当前经济发展新时代下的我国高校青年教师可雇佣型心理契约对高校教学发展和科研发展的驱动机理，为我国高校如何通过青年教师可雇佣型心理契约的有效管理来获取学校教学发展和科研发展的持久动能，提供可靠的理论依据和经验证据。因此，围绕研究主题，本书系统回顾和梳理了以往的研究结论、成果与理论文献，从中挖掘出可雇佣性理论与心理契约理论相结合的科学性和契合性，为"高校青年教师可雇佣型心理契约"这一新概念的提出及其概念界定和内容结构解释奠定理论基础；进而为以"高校青年教师可雇佣型心理契约"这一新的构念作为研究的切入点，通过揭示后置组织态度和行为效应以及所产生的组织效果的途径，为解决高校教学科研可持续发展的内生动力机制问题，提供稳健的理论基础和分析依据。

第三章 高校青年教师可雇佣型心理契约动力机制及结构模型探析

本章基于当前新时代下的中国高校教学科研事业迫切发展的研究情境，结合新形势下的高校与青年教师之间的新型组织—员工关系特征，从管理学、经济学、组织行为学、社会认知心理学、社会统计学、高等教育管理等跨学科的理论视角，尝试将可雇佣性理论和心理契约理论相结合，以社会交换理论、前景理论、社会认知理论、意义建构理论、可雇佣性理论和心理契约理论等作为理论支撑，秉承扎根理论的研究思想，采用探索性案例研究范式和技术路线，深入探索当前高校青年教师可雇佣型心理契约形成的关键动因要素和内在作用机理以及高校青年教师可雇佣型心理契约的内容结构和内涵特征，提出高校青年教师可雇佣型心理契约形成机理的相关理论命题。进而与现有文献结论和理论建构展开比对分析，从而进一步印证个体内在心理认知的解释视角对于本书研究主题解析的科学性、可行性和适用性，也为接下来从高校青年教师可雇佣型心理契约的各个构面深入揭示高校青年教师可雇佣型心理契约的后置组织效应提供坚实的理论基础及经验依据。

第一节 研究目的与方案

一 研究目的

中国经济发展正在经历着前所未有的转型时期，受全球经济结构调整的冲击，市场竞争愈加激烈，复杂多变的外部环境不断挑战社会经济结构变革和运行效能。作为国家自主知识产能和创新驱动发展的"助推器"，高校在社会经济结构变革中发挥着举足轻重的作用，高校的教学发展能力和科研发展能力以及所拥有的相关竞争优势随之被推到动态多变的机遇与挑战面前。面对这种具有高度动态不确定性的环境下日益激烈的社会竞争形势对我国高校教育事业可持续创新和发展的紧迫要求，学术界和教育实践界普遍共识，只有拥有高创新性、高素质的人才资源，才能造就我国高校可持续发展的教育事业。基于此，青年教师作为我国高校自主知识产能和创新优势实现的"主力军"，如何构筑起高校与青年教师之间健康有序的组织关系，如何在这种稳健的组织关系基础上营造高校青年教师可雇佣型心理契约的积极状态，进而又如何通过对高校青年教师可雇佣型心理契约的有效干预和管理来实现学校教学科研事业的可持续发展都理所应当地成为我国高校人才队伍建设的重中之重。

近年来，在我国，尽管一些高校推行了高层次人才引进、职业生涯管理与发展政策，然而从其实践效果来看，这些组织政策的完善仍然有待不断检验和修正，与此同时，考核标准愈加严格却逐渐成为高校人才资源管理和师资队伍建设中的一贯主题。此外，来自工作考核、职称评聘、职务委任、人际关系、社交网络、家庭成员抚育和赡养、生活品质等状态不断提升和优化的多元化压力都迫使青年教师所承载的心理荷载与日俱增。特别是面对经济转型期社会竞争形势愈加激烈，与经济变革随之而来的社会窘态屡见不鲜。例如，2013年广州某高校年轻副教授在提出辞职后不久坠楼辞世，警方初步判断为心理压力过大所致。而一些高校在招募政策中"试用期满须完成科研考核指标，否则试用期满须离职"的文字标识也并不鲜见。事实上，早在2010年开展的中国高校青年教师职业成长与心理健康状况调查研究中就显示，作为近九成拥有博士学位的高知群体和自主创新大军，高校青年教师也是负高压人群，逾70%的受访者直言"来自工作和生活等多方面的压力负荷很大"，青年教师往往自嘲为"工蜂"，并坦陈"不堪重负"，需要一颗"大心脏"。截至目前，我国高校中年龄在40岁以下的青年教师人数已远远超过89万，与全国高校教师总人数之比逾65%。面对日渐庞大的青年教师队伍，如何解决其心理亚健康的问题已迫在眉睫。为了应对这一紧迫问题，党的十九大报告明确提出，要加强和改进思想政治工作，注重人文关怀和心理疏导，培育自尊自信、理性平和、积极向上的社会心态。中组部、中宣部、教育部党组又联合下发文件，要求高校党组织充分认识新时期关注青年教师心理亚健康问题的重要性，强调为青年教师提供心理疏导支持和情感关怀支持，建立青年教师心理健康教育、引导和咨询服务机构，健全青年教师心理亚健康问题的预警体系和干预机制，为高校青年教师提供及时、有效、针对性的心理健康指导与服务。

解决以上问题就需要注意到，在传统高校这一"象牙塔"中静谧安逸的工作和生活状态渐行渐远之际，青年教师越发关注自我职业生涯成长与管理，兼职、跳槽等现象早已屡见不鲜。而与其说高校对青年教师投资是促进青年教师的职业成长，毋宁说更期望从青年教师的人力资本升值中获取有利于学校教育事业可持续创新和发展的教学学术资质，从而促进学校教育事业的创新优势实现。可以说，新时期社会经济结构变革对高校与青年教师之间的主体地位有着极为深远的影响，两者关系呈现出经济性契约导向。这突出表现在：青年教师对高校责任和义务的期望总是基于促进个人可雇佣性能力的动机，高校可雇佣性责任履行也相应成为构筑起与青年教师之间心理契约的重要前提和基础。而社会经济结构变革所伴生的激烈的产品、成果和自主创新能力竞争促使高校对拥有高可雇佣性能力的青年教师的人才需求越发迫切。可以说，只有不断汇聚具备高可雇佣性能力的人力资本，才能通过持续积累的优质教学成果和高水平科研效能的途径来推动学校教育事业的持续创新与稳步发展。

因此，将可雇佣性理论与心理契约理论相融合，"高校青年教师可雇佣型心理契约、相关组织态度与行为以及相关组织结果"成为一系列亟待探索的新的研究课题。通过透析青年教师对高校可雇佣性责任履行的认知和评价来思考如何维系高校与青年教师之间的关系，有利于高校对青年教师可雇佣型心理契约相关问题的探索，进而洞察和干预青年教师的心理健康状态，从而管控青年教师的工作业绩和创新绩效，更能够为获取支撑高校教育事业可持续发展的教学和科研建设动能提供理论依据与实践指导。

综观以往研究，学者们就心理契约的内容结构、内涵特征和动态发展等展开了诸项研讨，尽管研究对象不同（如新入职员工、知识型员工、不同层级管理者、不同性质的实体组织等），却基本上对心理契约的概念界定达成了一定方向性认识，并大体上形成了针对心理契约的组织问题进行审视的广义观和狭义观。其中，从狭义角度审视心理契约的相关组织问题更易于组织管理理论研究和实践环节操作，因此引起了学术界和实务界的广泛关注与实践应用，以狭义角度展开的心理契约的相关问题讨论不断涌现，并取得了一些研究成果。在对心理契约的概念边界进行明晰的同时，关于心理契约内容结构和内涵特征的相关研究也随之展开。迄今为止，主要形成了组织员工心理契约的二维模式、三维模式、四维模式以及多维模式。我国学者特别针对西方理论的本土化践行展开了理论探索和实证性检验，试图建构起符合我国组织环境特征和管理情境的员工心理契约的内容结构模式，识别出与我国组织运行相匹配的员工心理契约的内涵特征。尽管研究情境、研究对象、研究层面、研究问题、研究方法和研究维度等思考角度不尽一致，学者们却基本上形成了我国组织员工心理契约内容的二维模式和三维模式的一致性意见（李原等，2009；朱晓妹和王重鸣，2005；陈加洲等，2004；魏峰等，2015），且以心理契约的二维模式和三维模式为理论基础展开的组织员工心理契约、相关组织态度和组织行为、组织效果研究也取得了一些成果，从理论建构和实证性研究角度进一步印证了关于组织员工心理契约的概念及其内容结构模式的西方理论在我国企业背景下的理论探索和实证性检验的外部效度。另外，以往心理契约研究还显示，针对不同研究问题的讨论除了需要采用相适宜的研究方案以保证研究问题解析的自洽性以外，研究结论必然也有所差异，这就需要因地制宜地深入特定研究情境，通过对现实世界中真实问题和现象背后所隐藏的关键影响因素的考察，提炼出有助于现实谜团破解的科学问题，从而在充实相关理论建构的同时，形成具有理论价值和实践指导意义的行动指南。鉴于此，本章拟秉承扎根理论思想，借鉴质性研究方法所禀赋的对于真实世界的客观反映、有利于对现实问题和现象进行理性思考和审视的优势，力图在解答科学问题的过程中，揭示能够真正反映当前新时代下的我国高校青年教师可雇佣型心理契约的内容结构模式和内涵特征，为接下来解析本书的研究主题构建关键构念的理论基础框架。

二 研究方案

"案例研究"这一议题但凡被提起，就不得不提起 Kathleen Elsenhardt 这位杰出学者。所有学界人士，无论专攻于管理学、组织行为、人力资源管理、战略管理、创业管理抑或管理学科项下的其他专业领域，甚至社会学、教育学、医学等领域，只要涉足案例研究，都或多或少秉承、借鉴和延承了 Kathleen Elsenhardt（1989）发表在 *Academy of Management Review* 上的经典文章 "Building Theories from Case Study Research"。该文不仅仅是发表在全球学术顶级期刊上的首篇以探讨案例研究方法为主旨的论文，内容全面而丰富，而且对如何应用案例研究方法来构建理论提供了实用具体的科学范式和研究行动指南。

Kathleen Elsenhardt（1989）明确提出，尽管案例研究适合于解决新理论的建构、新概念的探索以及从现实生活中提炼出科学问题的严谨的思维训练，然而毫无疑问的是，对于拟研究领域的探索应该立足于以往文献的分析、研究成果的总结和凝练，通过对现有研究成果和实证经验的总结，能够为拟探索课题和领域提供研究线索。因此，即便案例研究按照研究目的和逻辑建构的不同，相应地划分为探索性案例研究、描述性案例研究、解释性案例研究，却依然不能够武断脱离与理论探索的联系。可以说，无论探索性案例研究、描述性案例研究，还是解释性案例研究，其研究的首要目标无外乎都是要形成初始概念。初始概念形成的过程中就需要将理论探索与案例研究相结合，也就是，通过已有研究成果、文献结论的指引，为案例研究的顺利展开提供理论索引，并从理论探索中挖掘最为科学、合理和满足研究自洽性的研究切入点，找到研究问题能够有效加以深入挖掘的理论契合点，从而为案例研究结果的理论价值和实践应用价值凝练以及升华提供强有力的理论基础。案例研究进行之前需要先展开理论探索的另一个目的是，从已有理论建构中透析案例研究的分析单元，判别与确定案例分析和结论推演的标准，尝试从已有研究成果中汲取有利于案例研究展开甚至进一步提取新的构念框架和理论命题的参考依据。可以说，脱离理论探索的案例研究可能会偏离预期研究目标，呈现出混沌研究的局面，阻碍研究工作的顺利展开和有效部署，最终导致案例研究低效甚至无效，严重影响到研究问题解析的科学性和可靠性。

李平和曹仰锋（2012）在针对以往案例研究进行回顾时指出，案例研究旨在于从若干繁杂无序的现实场景中提炼出具有某种规律性或概括性结论的研究方法，借助于遴选分析单元、执行操作流程和导入恰当的分析工具，从复杂多变的研究情境中抽离出能够指导实践活动的新的理论依据和指导经验，其中，如何把握关键事件，并从中探求隐藏在事件背后的事件发生的真正原因可谓案例研究的"魅力"。在案例研究当中，将情境导入研究的主要部分一度引发了特有的技术挑战。其原因主要在于：首先，研究情境纷繁复杂，意味着接下来的研究工作可能存在着较之数据采集和分析更为复杂多元化的控制变量；其次，研究情境的丰富化意味着案例研究不能单纯依靠单一的研究资料和数据信息的收集方法与渠道，多元、多角度、多维度的数据、文本及现场观察等来源的数据集才能够满足充实的案例研究的需要；最后，即便所有的研究变量都是定量的，也需要运用特殊策略来进行研究方案设计、筹划与分析。这些情境因素——与人类学、历史学、准实验、地理学以及调查研究所面临的情况相比较而言——要求案例研究开发出一套相应的严密的技术和实施策略。因此，可以说，案例研究可以被理解为是特别针对没有预设（或者模糊预设）情境下的某种资料收集形式。其中，理论在案例甄选与评估工作中的作用正得到越来越多的重视（Chen，1990；Chen 和 Rossi，1989），相应地，理论在案例研究的设计和应用中也发挥着越来越重要的作用（Yin，2003）。在这一方面，典型的例子体现了理论在解释性案例研究（Yin，1981）以及基于重复设计的多案例研究（Yin，1981）中的重要性。总之，理论对于案例研究的重要性体现在很多方面，有助于：（1）选择需要研究的案例，值得进入研究阶段的案例事件和案例单元，而无论对于单案例设计抑或多案例设计；（2）当进行探索性案例研究时，界定探究的对象；（3）当进行描述性案例研究时，界定究竟什么是完整适当的案例描述；（4）当进行解释性案例研究时，提出竞争性的理论；（5）将理论建构推广到其他案例分析当中，从而提高案例研究的信度和效度，升华案例研究结果的理论价值和实践应用价值。由此可见，"理论"这个词不只包括因果性理论。在案例研究当中，理论意味着根据与文献、政策、策略、技术路线、方法规范等问题或者其他实际来源（substantive source）之间的联系研究的边界，得出最为有效的研究方案设计，而且对以后归纳结论也是极其有必要的（Yin，2003）。

在过去的近 40 年间，中国的管理学研究者们更多地聚焦于理论模型或假设检验的实证性研究，这类研究需要从一个理论开始延展，然而目前大多数理论都是由西方的学者们创立，它们毫无疑问地根植于西方当地的制度、文化环境和历史发展情境当中。诚然，基于西方的理论是一个合理的学习路径和研究发展战略，有助于研究者学习国际上标准化、前沿性的实证研究范式和技术要领，以及如何在全球范围内开展学术交流、沟通学术思想、与国际学术界对话，从而得以汲取专家、学者、同行的宝贵经验和研究心得。然而，在这激荡的近 40 年间，中国社会经济建设发生了翻天覆地的变化，由计划经济发展到社会主义特色的市场经济，进而又发展到转型经济、经济新常态，直至步入新时代，每个时期和阶段内的社会经济形势都对中国本土化特色的管理理论建构提出了新的挑战，以往大量的实证性研究并没有为中国学者理解中国特色的管理现象、解释中国特色的管理问题提供具有洞察力、预见性和前瞻性的见解，也没有出现一个真正的紧扣中国社会经济发展脉搏的独具中国本土特色的管理理论，这就需要我们构建一种能够有效解释中国独特的管理困境、解决中国独特的管理问题的理论建构方法和科学范式。在该领域，案例研究已经被证明是一种行之有效的构建理论的科学范式和研究方法。

鉴此，本书认为，案例研究方法尤其适宜解析当前经济发展新时代下的我国高校青年教师可雇佣型心理契约的概念界定、内容结构模式辨析、对高校教学科研发展的驱动作用的问题，以及在此基础上，我国高校究竟如何从青年教师可雇佣型心理契约的有效干预和管理中获取教育事业可持续发展的竞争优势的相关问题。

进一步，通过回顾现有的案例研究文献发现，探索性案例研究恰恰是解开本书研究问题的有效途径。因此，本书在案例研究设计时特别回顾了探索性案例研究方法对于理论建构的方案设计阐述。Yin（2003）在阐释案例研究设计方法时指出，探索性问题事先需要粗线条地确定研究设计的概貌。首先，研究小组要选定涵盖与研究问题相关的研究领域和范畴内的研究要素。其次，研究小组需要遵循回溯设计（retrospective design）（即使只能以回溯的方式收集数据，也要选择创新常规化已经发生的研究地点，以便能对整个常规化过程进行研究）。最后，研究小组主要关注常规化过程中的实际行为事件，这与注重人们主观感受的其他质性研究方法论有所不同。在案例研究设计中，既要确定将要研究哪些创新之处，也要确定将要采用的概念框架和操作化测量手段。尤其要注意的是，探索性案例研究的关键是运用一种特殊的试验框架来详细描述创新之处生命周期的可供选择的特征。研究小组明白"采纳—实行—常规化"大致构成了整个生命周期，但却尚未形成开展经验研究所需要的具体假设或测量手段。从这个意义上说，基本分析框架也反映了理论的发展，而非仅仅是方法论问题。进而，研究小组在每个试验节点上完成研究工作之后都要修改这个框架。这个重复的过程促使研究小组不断地提出问题，这些问题包括：有无重复信息表明应当取消一项现有的探索性问题？是否出现了新问题，要求建立新的问题结构或研究变量之间的关系结构？现有的问题需要修改吗？为解决这些疑问，研究小组甚至需要有时和有意识地变换访谈的时间、地点抑或内容空间布局。那么，第一个访谈的时间、地点、内容涉及不同的创新点，后面的访谈时间、地点集中在一项或两项创新上，但对每项创新收集更多的数据信息，最后形成了针对一个完整的创新周期轮廓的研究假设和测量工具，从而搭建起研究命题概念框架。在注意到需要创建一个研究框架来解决探索性问题以及对富有启发意义的研究成果和经验的回溯总结之后，规范的案例研究设计需要遵循案例选择和筛选的标准与程序，即确定研究问题→确定分析单位→确定案例选择的标准→进行案例筛选→总结主要经验教训→建构理论命题。

综上所述，本书拟结合当前新时代下的我国高校所面临的教学科研发展和教育竞争优势实现的紧迫形势，围绕新形势下的我国高校与青年教师之间新型关系的构筑以及这种新型组织关系模式下的我国高校青年教师可雇佣型心理契约及其组织态度、行为以及组织结果等效应的科学问题提炼及其关联效应机制展开探索性案例研究。其间，在系统回顾相关文献和研究成果，并对本书研究问题初步形成基本分析框架的基础上，秉承扎根理论思想，结合解决具体研究问题的需要，根据三角验证观，采用开放式访谈、构念积储格技术应用的半结构化访谈、在线问卷调查和现场问卷调查、现场观察和资料查索收集等综合方法，试图从多个角度挖掘多元化一手数据，利用基于计算机技术的内容分析（computer aided content analysis，CACA）、社会学统计方法和度量工具、质性研究方法和分析软件等，对典型一手数据进行汇总、整理、统计和分析，并借助国际心理学领域前沿的元分析技术对心理契约国内外文献进行量化循证综述，从中提炼当前高校青年教师可雇佣型心理契约的形成机理、内容结构的理论建构线索和要素构成模式，进而发展高校青年教师可雇佣型心理契约相关研究范畴的理论价值和实践应用意义。

第二节 研究基础与研究框架

在案例研究设计阶段，需要在熟读文献方面下功夫，要全面掌握现有的理论背景。正如 Kathleen Elsenhardt（1989）所强调，理论构建研究应该尽可能在没有任何构思中的理论建构和正要检验的研究假设的纯粹理想的情况下展开。然而，熟知现有文献仍然十分重要，因为对文献的熟知有助于界定所要研究的科学问题,并为求解问题的答案提出恰如其分的研究方案和科学范式。在针对研究问题如何设计研究方案、选取研究方法方面,近年来,Kathleen Elsenhardt（2007）在推动案例研究方法的过程中不断尝试,其间屡次指出,与过去的文章和理论建构相比,此时的文章和理论论证更加要注重立足于现有理论文献之中,要形成与现有文章和先验理论建构的相当充分和敞开的对话。秉承这种案例研究设计思想,本书研究中着力思考了当前经济发展新时代下的我国高校教学科研发展的大背景环境。处于高度竞争和动态不确定性的外部环境之中,我国高校势必面对需要大力度发展教学事业和科研事业的严峻挑战,青年教师作为高校知识产能和自主创新的"主力军",责无旁贷地肩负着极具创造性和挑战性的工作重任。事实上,目前我国一些高校已将青年教师入职5年内攻坚高水平科研项目以及多出、快出优质科研成果纳入了对青年教师试用期满的关键业绩考核指标,甚至有高校在招募过程中直接告知应征者这一考核指标,且严格规定,试用期满考核业绩不达标者须无条件离职。由此可以想象,面对这种高度动态和竞争性的组织环境,青年教师的心理契约变迁势必愈加凸显,特别是在以可雇佣性能力开发为显著特征的新型员工—组织关系模式下,导入可雇佣性理论来探讨高校青年教师心理契约变迁的问题就显得更加有必要。因此,本书拟围绕高校青年教师可雇佣型心理契约变迁的研究主题,以可雇佣性理论和心理契约理论的结合为研究的切入点,从高校层面、个体层面共同展开"高校青年教师可雇佣型心理契约"这一新的理论构念建构的探索性研究,旨在为展开高校青年教师可雇佣型心理契约的形成机理和内容结构的探索性案例研究提供基础理论分析框架,也为深入辨析并识别高校青年教师可雇佣型心理契约的形成机理、内容结构的关键要素及作用路径提供理论线索。

Rousseau（2001）最早在学术界提出了心理契约形成过程的相关理论建构和观点,特别是指出了在前雇佣阶段、招聘过程、早期社会化和后期职业经历中影响心理契约形成的主要因素和内在机理。Herriot（1992）的心理契约模型在关于心理契约形成过程的讨论中提出,员工个体的心理契约形成主要源于内部因素和外部因素。在内部因素方面,雇佣组织中的管理风格对于员工个体心理契约形成的影响最为显著,而在外部因素方面,源自社会经济环境的诸多因素都使得员工形成一整套自我认知和内在期望的价值观系统。最为重要的是,这些影响因素都促使员工形成对组织信息的主观认知和评价，进而构成针对组织的价值观体系。在许多情况下，这些来自内部和外部环境的因素组合在一起，使得员工形成一整套关于社会规范的价值观体系以及对于组织文化和管理模式的认知系统。

从组织角度理解心理契约形成过程也有许多途径。例如，在工作场所中合作关系的减少造成一种沟通鸿沟，使得员工越来越难以向组织提出建设性意见和想法（Towers，1997）。结果，缺乏合作机会的员工经常缺少足够机会和信息去解释组织管理方面的相关信息或者对组织管理信息提出质疑（Dundon 和 Rollinson，2004；Butler，2005）。相应地，在许多缺少合作氛围的工作场所中，员工能够得到组织信息的主要途径是由组织管理模式搭建的渠道，即组织信息通常由组织选择恰当的沟通渠道，以便能够向员工传递如何避免或者加强潜在的合作模式（Dundon，2002；Gall，2004）。对于许多员工而言，员工能够期望从组织获得何种回报的唯一信息源首先就是由组织管理模式（事实上，即组织代理人）所决定的。

一些案例研究表明了组织管理者是如何通过努力控制组织信息传递从而构筑起组织所期待的员工的价值观和期望系统（Griener，1988；Kunda，1992；Grugulis 等，2000）。例如，在 Grugulis（2000）关于一家咨询公司的管理实践活动的案例研究当中，管理战略通过寻找规范员工注意力的途径来创建组织日常行为规范系统。公司管理者密切关注如何选择合适的员工、发展所期望的员工可雇佣性、传播组织的培训和学习机会以及奖惩措施。公司要求员工的反馈形式和内容与管理者所喜好的组织文化相一致，而这个案例研究也显示，大部分员工采取的反馈形式和内容就是按照管理者所控制的途径，这些受到控制的途径覆盖到员工生活中的大部分内容（包括非工作时间和社会活动）。另外，一些研究结果也表明，部分员工没有按照管理者所期待的价值观体系行事（包括言行方面）。在许多案例中，员工经常通过组建他们自己的小社团（组织内的非正式组织）来彼此沟通信息，或者谋划对策，以全然或部分调整组织管理价值观和期望系统，从而违反管理者所设定的工作规范（McKinlay 和 Taylor，1996；Dundon 和 Rollinson，2004）。

然而，以上分析形式也从工作场所扩展到更广阔的社会经济环境，从而形成员工的价值观和期望系统。一种批判观点是质疑每位员工事实上构建起一种独立的信念系统。认知和理解世界的社会化的构建方式是通过强制性的影响力来实现,例如,我们经常理所当然地或者简单地认为某种事物"本该如此"(Gramsci,1971)。再例如,在许多西方社会中存在着日益攀长的趋势是围绕一种新自由主义范式(一种基于市场规范的促销和合法化)来概定和重构社会经济关系(Clarke 和 Newman,1997;Fournier 和 Grey,2000)。新自由主义范式如此强劲,以至于许多个体都认为以新自由主义范式来思考和行事不再是不可思议的,或者认为新自由主义范式是不可以被挑战的信念系统。这种情况所警示的一种事实是,基于新自由主义的主导理念正在广泛传播,并且相应地构筑起员工个体的价值观系统,进而将员工对于事实的理解解释为事物纯粹自然的、不可思议的甚至具有现代属性(Foucault,1980)。对于大部分财富分配而言,市场产出和社会的水平结构都被认为是理所当然,并且难以被挑战。在大多数心理契约文献中,这种假设都是内隐的(不言自明)。基于以上事实,员工所期望的需求满足和价值观体系事实上是通过组织所提供的与员工之间关系的建构来定义内容和形式。一种主流观点是员工的期望和需求通常就是组织价值观和信念系统所提供的,特别是通过组织信息传递、市场和品牌建设风格〔经常塑造和重塑消费者(员工)的需求和消费观念〕的途径实现员工价值观和信念系统的构筑,这种情况在私营经济中尤为凸显(Alvesson 和 Willmott,1996)。

综上,从以上理论分析和管理实践得出,组织管理模式是构筑员工期望和信念系统的主要影响因素,组织文化、行为规范和管理风格等组织信息都使员工形成的心理契约内容朝着有利于组织管理效率的方向发展,其一部分原因是组织管理者有权力并掌握资源,能够使员工按照组织所期望的状态建构心理契约,另一部分原因是更广泛的外部社会规范和价值系统也趋向于使每个社会子系统(或子单元)按照社会规范要求行事。于是,许多心理契约研究文献看起来预先假定了员工与组织之间的两种交换关系(交易型、关系型),且假定员工按照自己的意愿来构建期望和责任的心理图式,然而,最终研究结果却往往不同于现实情况(即员工所认为的期望和信念系统也就是组织所期望员工履行的责任与义务)。

基于以上分析,可以说,来自组织层面的管理策略与来自员工个体层面的价值观和信念系统是构筑员工与组织之间心理契约的主要影响因素,又结合以往研究成果,员工入职阶段的真实工作预览和入职后逐渐深入的组织社会化可以视作来自组织层面的员工心理契约的主要影响因素，而指引员工职业决策的职业价值观和禀赋了知识型员工独特特征的自我效能堪为来自个体层面的员工心理契约的主要影响因素。因此，结合新时代下的我国高校教学科研发展环境特征，本书提出理论假设：高校青年教师可雇佣型心理契约主要受制于组织、个体两方面因素，其中，组织因素为"拉力"，即高校通过真实工作预览与组织社会化对青年教师施以可雇佣性政策的内化过程，由此不断对青年教师施以可雇佣型心理契约干预，且这些策略所传递的信息又经由青年教师自身的"推力"，即个体基于价值观、个性因素等个人特征，对组织信息进行分析和判断的转化过程，基于此认知评价，形成某种固化信念，描绘有关职业愿景的心理图式，进而形成某种情境下的可雇佣型心理契约感知。

第三节 研究方法与数据来源

一 研究方法

本书的案例研究方案导入了扎根理论方法以及相应的质性研究实践。社会学家 Glaser 和 Strauss 在著作《扎根理论的发现》（*The Discovery of Grounded Theory*, 1967）中首次明确提出扎根理论研究方法，在一个有利的时机，将扎根理论导入方法论研究。《扎根理论的发现》将扎根理论方法视作一套原则和实践，而不是处方或包装好的程序（prescriptions or packages）；扎根理论方法能够将其他方法补充到质性数据分析当中，而不是站在这些方法的对立面；扎根理论为已有的研究基础带来了具有想象力的洞见和富有启发的声音，并激发着可能会产生优秀成果的研究进程，甚至超越现有的研究领域或研究范畴；扎根理论为分析过程提供了一种清晰的方法，特别强调调查过程和研究过程，即项目展开的时间序列（有着清晰的开始标志和结束标志，还有着起点和终点之间的多个标志点），这个时间序列在一个过程中是连接着的，而且动态变化，如此，将单一事件连接成为一个更大整体事件的一部分（即最系统化的过程也可能包含意外），这样，一个具体过程的经验和结果就具有某种程度的不确定性，而无论这种不确定性可能会多么窄小（Charmaz, 2006）。由此，《扎根理论的发现》所阐释的关于理论创建的这些思想指出了在一个新的实质领域进行的研究都有助于完善形式理论,于是产生了扎根理论的相当大一部分研究者和崇尚者,并成为激发"质性革命"的主要力量(Denzin 和 Lincoln,1994)。

由此可见,扎根理论为认知、理解、洞察现实世界提供了一种途径,为深入社会经济生活并顺利走出来,从而凝练出有利于现实实践指引的方式搭建了一个桥梁。换言之,扎根理论使得认识世界和解读世界成为一种可能,特别有助于从抽象的现实世界中提炼出具有某种通用特质和共同特征的总结性规律,这种规律有利于解释现实世界的某种困惑,从而形成指导实践生产生活的清晰的理论价值和实践应用意义。

本书所秉承的扎根理论思想再现了模糊线性形式的扎根理论逻辑,即从回顾文献基础并初步形成研究思路开始,以写作关于整个过程的分析和反思作为结束。这是因为,扎根理论特别强调走入实践、沉入事件发生原因的最底层、逐层分解剥离开能够导致事件发生的内在致因,在这个过程中,需要研究者不断往复于现实与凝练之间,一旦发现困惑、不解、有待发展的探索空间,暂停"脚步",再回到现实世界中,体验并记录下真实场景中可能提炼出真知灼见的信息素材。一些最好的想法往往可能在最后的过程中才会出现,并吸引研究者回到研究现场进行更进一步的观察和调研。这样一来,研究者可能在最初关注某些特定的想法,并完成关于这一想法的一篇研究论文或者一个项目报告,但之后又返回到数据海洋,开始其他领域未完成的分析工作。本书所秉持的扎根理论思想是将扎根理论方法作为构成研究者实践的一门技艺,通过投入现场去深挖现象或问题的实质,找出隐藏在数据信息背后的导致这些现象或问题的根源(Thomas,2017)。

基于扎根理论方法论对于社会科学领域中质性研究方法的推动以及当下质性研究方法的前沿发展动态,本书在汲取扎根理论的哲学思想、借鉴扎根理论方法的实施特色、将扎根理论导入质性研究方法的过程中,设计了如下研究步骤:(1)研究设计。在研究设计阶段,本书主要集中于国内外相关文献回顾和理论探索与演绎当中,力图全面系统地掌握与研究问题相关的现有理论背景和研究成果,为本书研究工作提供坚实的理论支撑。正如 Kathleen Elsenhardt(2007)在案例研究中所界定的研究问题具有两个非常明显的特点,即"矛盾"和"空白"。所谓"矛盾"是指现有的文献分析和理论研究中存在着相互矛盾和互为冲突的观点结论;所谓

"空白"是指现有的文献结论和理论建构中忽略了某些重要的研究变量。根据 Kathleen Elsenhardt（2007）在案例研究范式中所主张的"立足于现有文献和理论挖掘，在对文献进行系统综述当中，尝试摸索和演绎出新的理论建构的有效途径"，本书在研究设计阶段中投入对现有文献结论和理论成果的梳理、归纳和演绎等综述过程当中。（2）案例选择。根据 Kathleen Elsenhardt（2007）在案例研究范式中所倡导的对理论建构的抽样原则，本书对与研究问题相关的具有一定典型性案例进行遴选的案例数严格控制在 4—12 个，对于典型性案例的选择还遵从了"高效/低效""决策快/慢""变革成功/失败"等判别标准。这种将相互对立的案例划分为一组待研究案例群的选择方法有利于充分地对比、分析案例，以便启发全新理论的创构或者原有理论建构的改进，从而起到充实现有理论建构和发展理论的目的。（3）数据来源。在数据来源上，Kathleen Elsenhardt（2007）在所有的采用案例研究方法的文章中均使用了一手数据，并运用多种方式搜集数据。这些方式（已普遍运用到管理学、组织行为学、社会学、心理学等多学科专业门类的文章中）通常包括：访谈、问卷调查、电子邮件、电话、在线聊天平台（如微信、QQ、飞信）等，以及一些档案数据（如内部发文、会议纪要、时事通讯稿、新闻稿、通知公告、多媒体信息中心以及学校官方网站上其他相关新闻稿件）。多源数据源能够提供更加精确、完善、多角度的信息以及更加稳健、有效的理论、观点和研究结果。而且，在论文的研究方法的运用当中，Kathleen Elsenhardt（2007）详细阐述了多元数据的搜集过程和处理分析的注意事项。例如，在研究跨业务单元协作机制时（第 13 章），Kathleen Elsenhardt 写道："主要的数据源是历时 8 个多月的 80 个半结构化访谈以及开放式问卷调查和封闭式问卷调查。我们访谈的对象位于三个层次：每个参与业务单元的总经理、1—3 个公司的高管人员和至少 1 个直接参与协作过程的业务单元的内部工作人员。"（4）数据分析。首先进行案例内分析，在此基础上探索是否具有相关典型案例之间的跨案例分析的可能性，同时，在进行跨案例分析时，还要考虑复制逻辑。例如，本书拟采用综合的、涌现式的研究方式来追踪每个案例高校的显性教学和科研事业的发展过程，案例内分析主要是为发现每个案例高校从教学科研过程中积累了哪些经验，在对每个案例有了一个充分的理解之后就开始尝试跨案例分析。其间，借助图表在案例研究中所发挥的作用去寻找理论建构线索，从涌现的模式中，形成初步的理论构想和假设命题，然后再逐步复制简化，并经反复推敲，系统验证在每个案例中的特定主题。（5）形成假设。这部分研究工作主要包括两个步骤：首先是提炼理论构念，其次是验证涌现出的构念之间的关系是否与各个案例中的证据相一致。而形成假设和理论建构是案例研究当中最为重要的内容，需要通过大量的篇幅来展示，其中还涉及与现有文献研究成果的不断比对、论证、归纳和总结。

综上，本书所采用的案例研究方法严格按照 Kathleen Elsenhardt (2007) 所倡导的案例研究范式来操作，这不仅符合学术严谨性的要求，也与学术意义性的要求相一致。基于此，本书试图将传统的演绎量化的研究范式（重点在理论构念测量和研究假设验证）与质化研究范式（重点在细节描述和洞察见解）联结起来，从而在现实与理论之间不断对话、论证、触碰、撞击的过程中，深入剖析隐藏在现实数据和事实背后的理论线索，形成有助于后续研究主题深度探索、描绘、验证、解释的理论观点。

二 案例选择

案例选择在案例研究中至关重要，直接关系到后续研究进程的有序推进。本书秉承案例研究范式，根据如下标准遴选典型案例开展研究：（1）我国"985"高校、"211"高校和地方高校，即在教学建设和科研建设方面已经取得一定成效的高校。例如，以往有国家或省部级科研或教研项目立项，获得过省级以上科研或教研奖励，科研建设基地、重点实验室（平台）和研究团队已成立一段时间，初步形成了学校特色化的教学、科研建设体系。（2）学校已经在一定程度上形成了人才引进、培育和职业生涯管理机制，特别是在青年教师人才招募、引进、培育以及青年教师师资队伍建设方面已形成了体系化的建设思路和战略部署策略。（3）学校已有相当一部分青年教师的入职时限不少于 1 年，即青年教师对学校的人才政策、教师师资队伍建设、规章制度和行为规范、校园文化建设等形成一定程度的了解，且经历了所供职学校的真实工作预览、组织社会化及其他可雇佣性和人力资源政策，对这些组织策略的知觉和体验已构成一定心理图式。在案例研究设计当中，遴选案例样本的数量也非常重要，直接关乎案例研究的外部效度。相对于案例内数据分析而言，寻找跨案例模式则是提高案例研究效度的有效途径。跨案例模式与案例内分析模式相对应，是源于人类极不擅长于信息处理的事实。人们只根据有限的数据就跳跃式地得出结论，被鲜明生动的数据或者更有影响力的受访对象所牵制，从而造成不假思索地单凭主观偏见而忽视掉负面证据源可能对研究结果产生的效应，心理学研究中的首因效应、近因效应、晕轮效应、投射效应、刻板效应等即为这种情况的典型代表。在这种情况下存在信息认知、加工和处理的偏误，极易使研究人员产生心理认知错觉进而导致判断偏倚，从而影响研究结果的生态效度。因此，跨案例比较的关键就是从多种不同来源的途径去分析数据信息，以便克服诸如以上取样情况下的测量偏差。基于此，本书的案例研究采用多个案例样本，试图通过跨案例对比讨论、相互印证的途径来剖析当前新时代下的我国高校青年教师可雇佣型心理契约的形成机理和内容结构。

本书遴选的4所高校均符合以上案例样本的标准，具备了样本数据多元化来源的特征，且在教学、科研建设工作以及青年教师的招募、引进及培育方面均具有一定典型性。需要说明的是，鉴于所遴选案例样本和受访者对于采访信息保密性的要求，本书研究中隐去了案例学校的具体名称以及受访者的姓名、专业技术职务、行政职务等基本信息，而是以英文字母大写的形式指代某所学校（教学科研单位），并且按照在同一所学校中的受访顺序，对受访者加以编号。所遴选的4所学校（教学科研单位）的背景信息具体介绍如下。

A校（教学科研单位）专业建设成绩显著。拥有教育部特色专业4个、教育部"本科教学工程"专业综合改革试点项目2个、教育部卓越工程师教育培养计划专业5个、国家级精品视频公开课程1门、资源共享课2门，省级"十三五"综合投资规划专业建设项目18个，获国家级、市级教学成果35项，国家级、市级规划教材18部，省级专业综合改革试点2个、卓越计划试点专业14个。

学校注重教学、科研创新平台建设。现有国家级工程实验室1个、教育部重点实验室2个、工程研究中心1个、省级重点实验室7个、省级工程中心9个、省级人文社科基地2个。设有国家级实验教学示范中心1个、省级实验教学示范中心建设单位13个、国家级工程实践教育中心3个、国家级"本科教学工程"大学生校外实践教育基地建设项目1个。学校有一级学科硕士点19个、一级学科博士点5个、一级学科博士后科研流动站2个、省级重点学科13个、重点培育学科1个。

B校（教学科研单位）拥有9个国家级和省部级重点学科，10个一级学科硕士学位授权点、68个二级学科硕士学位授权点、9个工程硕士专业学位授权领域、3个艺术硕士专业学位授权领域、2个翻译硕士专业学位授权领域、1个金融硕士专业学位授权领域。拥有省级超算中心、省级分析测试中心、省级科学院自动化研究所、省级科学院能源研究所、省级科学院新材料研究所、省级科学院生物研究所、省级科学院生态研究所（生物中心）、省级科技发展战略研究所、省级科学院情报研究所、省级科学院海洋仪器仪表研究所、省级科学院激光研究所、省级科学院高新技术产业（中试）基地共12家创新研究机构。其中，国家海洋监测设备工程技术研究中心、国家超级计算中心、生物基础材料与功能制品省部共建国家重点实验室（筹）、国家产业技术创新战略联盟等国家科技平台近20个，省部级平台100多个。

近5年，承担国家级科研项目408项、省部级科研项目1111项，年均科研经费4.68亿元。获得国家级科技奖励5项、省部级奖励130项，获国家授权专利1349项，出版著作295部，在国内外学术刊物上公开发表论文6800余篇。其中，被SCI、EI、ISTP检索收录学术论文2349篇。学校积极开展产学研用合作，成效显著。

学校现在拥有双聘院士5人，合作外籍院士17人，国家"千人计划"入选人员7人，按照高端外国专家政策支持的"外专千人计划"专家3人，国家首席外国专家计划1人，其他国家级、省级各类外国专家计划60人，"长江学者"1人，国家有突出贡献的中青年专家4人，省突出贡献专家33人，"新世纪百千万人才工程"国家级人选4人，国家杰出青年科学基金获得者2人，省级优秀学者岗位特聘专家33人，省级产业领军人才1人，中央联系专家2人，国务院政府特殊津贴专家46人，教育部新世纪优秀人才支持计划3人，科技部中青年科技创新领军人才2人。学校还拥有全国与省级优秀教师、省级教学名师等一大批杰出人才。

C校（教学科研单位）主持国家自然科学基金项目43项、国家哲学社会科学基金项目11项（其中，重大项目1项）、省部级项目148项。与当地政府共建发展研究院、农村发展研究院、马克思主义讲习所等，拥有5个省哲学社会科学研究基地。与省内外400余家企事业单位建立了产学研用合作关系，承接服务地方项目1200余项。获国家高等教育教学成果奖3项，省级高等教育优秀教育教学成果一等奖4项、二等奖 13 项，省级高师院校优秀教学成果一等奖 2 项；获第十届全国统计科学研究优秀成果奖（博士论文奖）1 项，省级科学技术一等奖 2 项，省（部）级科研成果二等奖 7 项、三等奖 12 项、进步奖 4 项。有共享院士 2 人，国家"万人计划"1 人，国家级教学名师 1 人，"长江学者"1 人，省部级岗位科学家 2 人，国家"千人计划"入选者 5 人，省级高等学校钱江学者特聘教授 2 人，全省有突出贡献中青年专家 4 人，省级"千人计划"入选者 3 人，省级"151"人才工程重点资助人员 1 人、第一和第二层次人选 13 人，省级高校中青年学科带头人 23 人。获国务院政府特殊津贴 9 人，全国优秀教师 4 人，全国百名"两课"优秀教师 1 人，获全国曾宪梓教育基金奖 9 人，省级（高校）优秀教师 9 人，省级教学名师 4 人，省级十佳优秀科技工作者 1 人。拥有第 35 届南丁格尔奖获得者 1 人。

D 校（教学科研单位）大力实施人才强校工程，高水平人才引进和培养机制不断完善，引才、聚才的氛围越来越浓郁，人才工作不断实现新突破。近年来，学校已全职引进和培养国家"千人计划"入选者、"长江学者"和国家杰出青年科学基金获得者、国家"万人计划"科技创新领军人才 7 人，并成功引进数百名高水平博士，260 余人具有国家级教学名师、"新世纪百千万人才工程"国家级人选、国务院特殊津贴获得者等省部级以上专家称号。

学校建有包括国家级工程技术研究中心、国家级技术转移示范机构、省部共建国家重点实验室培育基地在内的国家级和省部级科研平台 38 个，已涵盖主干学科领域内所在学院。学校新立项课题 4400 余项，其中，"973"计划、"863"计划、国家科技支撑计划、国家自然科学基金、国家社科基金、国家软科学研究计划等国家级课题 300 余项。

三 数据来源

根据案例研究范式的标准程序和实施步骤，本书在案例方案中秉承案例研究方法论所规定的研究范式，对案例分析单元、取样来源和标准、数据信息收集源以及相关信息收集的渠道和方式等都进行了严格审校与制定，其间，还秉承三角验证观的原则，力图从多个角度搜集样本数据和研究素材，具体如表 3-1 所示，案例学校中受访者的基本信息如表 3-2 所示。根据案例研究范式所倡导的理论与实践需要不断互撞、对话的研究思想，为了保证案例取样数据和研究素材的科学性、稳健性和可靠性，本研究在调研开始前就特别拟订了调研计划和访谈提纲，并在研究团队成员的头脑风暴后确定了最终调研方案，其中，对每项调研材料的收集人员都进行了专门设定，并对调研人员实施了与调研工作密切相关的调研工作培训。另外，为了保证访谈工作的顺利推进，以及促进研究结果的高效度，本研究在访谈开始前就与受访对象达成一致（访谈开始前告知受访对象，出于访谈材料完整性和准确性的考虑，期望以录音来辅助访谈记录。如遇到受访对象不接受录音方式，则不录音，而单纯采用笔录方式做访谈记录）。在做好访谈的各项准备工作后，由两位研究人员共同展开访谈工作，其中一位负责提问，另一位则负责做笔记。需要说明的是，访谈前，本研究已与受访学校中的受调研单位（如二级学院、研究院/所）和受访者进行了沟通，内容涉及访谈大纲、访谈时间和地点、访谈参与人员、访谈记录形式、访谈笔记后期整理以及其他访谈过程的注意事项。在访谈结束后，研究人员在最短时间内整理笔记，并为了保证访谈材料的完整性，特别将整理好的笔记和随访信息等一并与案例高校中受调研单位（如二级学院、研究院/所）的受访者进行再次沟通，以便将访谈内容补充完整。在访谈工作基础上，本研究秉承三角验证观思想，结合组织行为学、社会学、社会认知心理学和社会统计学的研究范式和经验原则，并结合现有学科领域内的经典测量量表，编制本研究所需要的调查问卷，进而通过小样本的预调研前测来检验并确定调查问卷，通过大样本量的正式调研对研究假设模型进行检验。

表 3-1　　　　　　　　案例研究数据来源

来源	方法	数据量	内容	备注
深度访谈	预调研访谈	2人次，约60分钟/人	我国高校青年教师可雇佣型心理契约形成的主要影响因素及作用路径	检验访谈大纲的科学性、可行性、适宜性，主要以面谈、电话约谈方式
	正式调研访谈	13人次，约65分钟/人	我国高校青年教师可雇佣型心理契约形成的主要影响因素及作用路径	事先拟定访谈大纲，并征得受访对象认可后，展开正式访谈，主要以面谈、电话约谈方式
	补充调研访谈	4人次，约45分钟/人	补充正式调研访谈中记录不尽完整和访谈材料需要完善之处	完善访谈记录、实地调查材料

续表

来源	方法	数据量	内容	备注
文档收集	源于调研现场收集到的资料和信息		调研现场收集到的相关各类型文件	
	源于网络检索	学校官方网站的年度总结报告等相关文件	新闻、时事、人物专访、工作安排等受调研单位(学院/研究机构)的相关网络信息	
问卷调查	调查对象填答	预调研有效问卷93份,正式调研有效问卷113份	调查对象对个体可雇佣型心理契约的形成动因和影响路径的主观认知体验及评价	根据社会调查和统计原则展开现场考察、微信、QQ的问卷调查和数据统计处理及分析工作
	问卷星收集数据	预调研有效问卷108份,正式调研有效问卷387份	调查对象对个体可雇佣型心理契约的主观认知及其形成动因和影响路径的主观认知以及相关评价	根据社会调查和统计原则,采用问卷星的在线问卷填答方式

表 3-2　　　　　　　　　受访者基本信息

编号	性别	年龄(岁)	教龄(年)	最终学历	最终学位	访谈时间(分)
A1	男	32	3	研究生	博士	46
A2	男	36	2	研究生	博士博士后	38
B1	男	40	6	研究生	博士	65
B2	女	31	2	研究生	博士	60
B3	男	34	3	研究生	博士博士后	55
B4	男	37	6	研究生	博士	39
C1	男	29	1	研究生	博士	51
C2	女	38	2	研究生	博士后	56
C3	女	36	6	研究生	博士	69
C4	女	29	2	研究生	博士	47
D1	男	33	4	研究生	博士	43
D2	男	32	3	研究生	博士	77

续表

编号	性别	年龄（岁）	教龄（年）	最终学历	最终学位	访谈时间（分）
D3	女	35	4	研究生	博士	52

第四节 案例分析与理论建构

本章节的研究工作主要是围绕当前新时代下的我国高校青年教师可雇佣型心理契约的形成机理、内容结构、内涵特征等相关问题，为了深入洞悉这部分高校青年教师对于当前新时代下的以可雇佣性能力开发为显著特征的新型高校—教师关系的内在心理感知和评价，以及由此产生的个体可雇佣型心理契约变迁的心理图式和知觉体验，以期揭开当前高校青年教师可雇佣型心理契约的内容结构及其形成机理的关键动因机制，本书特别基于当前我国高校所普遍处于的高度动态不确定性的外部环境以及人才与研究成果高度竞争性的情境，采用适宜于探索高校青年教师可雇佣型心理契约问题的基于案例研究的质性研究方法来展开具体研究工作，其中围绕研究目标、研究主题、研究内容和研究维度的具体需要，采用了单案例研究和跨案例研究相结合的技术路线与规范程式。

一 高校与青年教师之间新型关系模式探析

当前高度动态和竞争性的环境下，高校与青年教师之间的关系大不同于以往。之前，但凡谈及高校工作环境，人们便往往将"静谧安静""韬光养晦"这类词汇用于高校的工作、生活和校园环境。然而，随着中国转型经济结构的不断纵深化推进，人才与成果的竞争越来越激烈，能够驾驭不同岗位职能、在不同工作角色之间灵活转换的胜任力素质愈发受到高校和教师们的青睐与推崇。尤其对于青年教师而言，崭新执教生涯的开始、自主教学、教研和科研创新能力的展现以及可持续性创新能力的开发等都亟须能驰骋于高校教师职业生涯的胜任力素质的有序发展，这就对个体可雇佣性能力开发不断提出新的挑战，即青年教师亟须不断提升自身可雇佣性能力，由此对所在高校也给予了个体可雇佣性能力开发的殷切期望。与此同时，处于办学资质和教学研究成果等高度竞争性的迫切形势之下，高校也势必形成了追求拥有高可雇佣性能力人才的期盼，并为了学校教学科研事业的长足发展，相应地实施各具特色、符合自身发展实际的可雇佣性能力培育政策。就是在这种情境下，高校与青年教师之间的关系呈现出显著不同于以往的一种新型模式——以个体可雇佣性能力发展为显著特征的新型的高校—青年教师关系模式。那么，在这种新型关系模式下，青年教师的心理契约必然变迁，最为凸显的就是从个体可雇佣性能力开发的视角来衡量高校责任与义务的履行情况，在此基础上，形成个体自身的心理图式和知觉体验。鉴于此，本书主要从高校和青年教师之间的新型关系模式入手，以青年教师心理契约变迁的突出问题作为研究的切入点，导入可雇佣性理论，将可雇佣性元素融入对青年教师心理契约问题的探索当中，以期揭开高校与青年教师之间新型关系构筑的"黑箱"，找到双方关系联结的纽带——青年教师可雇佣型心理契约的内容结构及其形成的关键动因机理，从而为接下来的研究工作提供坚实的理论依据和实证研究基础。

  根据以上研究思路，本书采用导入了案例研究技术的质性研究方法，遴选我国"985"高校、"211"高校和地方本科高校作为案例学校，在这些高校中选取青年教师，围绕"您认为自己与学校的关系怎样""您认为学校在青年教师可雇佣性能力培育方面责任与义务履行的情况如何"两个问题展开深度访谈。访谈材料与访谈记录的整理是需要大量文本处理和分析的工作，内容分析法则是完成这些文本处理和分析工作的极其有力的途径。内容分析法是一种基于既定规范程序对文本内容进行推测推理的研究方法，采用内容分析法辅助案例研究是本书研究方法上的一个特色。内容分析法是一种对于传播内容进行客观、系统和定量化描述的研究方法，其实质是对传播内容所含信息量及其变化的分析，即由表征的有意义的词句推断出准确意义的过程，其分析过程是层层推理的过程。内容分析法是一种主要以各种文献作为研究对象的研究方法，在很多方面都不同于传统方法。例如，从方法属性看，它虽然被列为社会科学研究方法，但明显受到自然科学研究方法的渗透影响；从方法特点看，它既有独特的个性，又处处显示出交叉性、边缘性、多样性等。从以上定义来看，研究者们基本认同内容分析法具有以下三个关键特性：系统性，即内容或类目的取舍应该依据一致的标准，以避免只有支持研究者假设前提的资料才被纳入研究对象；客观性，即分析必须基于明确制定的规则执行，以确保不同的人可以从相同的文献中得出同样的结果；定量性，即研究中运用统计学方法对类目和分析单元出现的频数进行计量，用数字或图表的方式表述内容分析的结果。内容分析法将非定量的文献材料转化为定量的数据，并依据这些数据对文献内容做出定量分析和做出关于事实的判断与推论。而且，它对组成文献的因素与结构的分析更为细致和程序化。内容分析法的一般过程包括建立研究目标、确定研究总体和选择分析单位、设计分析维度体系、抽样和量化分析材料、进行评判记录和分析推论六个部分。在教育科学研究中，内容分析法可用于多种研究目标的研究工作，主要类型包括趋势分析、现状分析、比较分析、意向分析等。另外，内容分析法以分析单位作为对文本进行量化分析的基本单元。所谓分析单位是指，在内容分析法中描述或解释研究对象时，所使用的最小、最基本单位。当分析单位比较大时，常常需要选择一些与其有关的中、小层次的分析单位来加以描述、说明和解释。选择分析单位与具体的研究目标、研究总体密切相关，并以它们作为确定和选择的基础。鉴于内容分析将单纯的文字以词频、文本或语句为分析单位导入量化分析，因此可以通过信度和效度检验来评价内容分析效果，这同时也为把控整体研究问题解决的成效奠定了坚实的基础。因此，本书采用基于计算机技术的内容分析（computer-aided content analysis，CACA）辅助进行案例研究的访谈记录整理和编码工作。

内容分析法结果表明，访谈对象从个体内在心理认知的视角对所在学校履行可雇佣性责任和义务的期望基本上可以按照交易性交换关系的高、低水平以及关系型交换关系的高、低水平的两两结合形式进行组合，基于组合而成的四个象限所包含元素的内涵特征，可以将四个象限归为四种类型，并将各个类型分别命名为：基于可雇佣性能力的共同发展型、基于可雇佣性能力的相互获利型、基于可雇佣性能力的和睦相处型、基于可雇佣性能力的纯粹利益型（见图3-1）。

在以上分析的基础上，本书进一步对访谈材料和访谈记录进行整理、处理和分析，首先判断每条访谈材料和访谈记录的表意与其所要表达的主旨是否一致。如一致，则按照所要表达的主旨，直接将这条语句归入以上四种类型之一，如不一致，则仔细分析这条语句表意的下一层含义，然后，再按照所提炼的主旨，将这条语句归入以上四种类型之一，本书以频次统计的方式将归类结果列举于表3-3。

	低	交易导向	高
高 关系导向 低	基于可雇佣性能力的共同发展型		基于可雇佣性能力的相互获利型
	基于可雇佣性能力的纯粹利益型		基于可雇佣性能力的和睦相处型

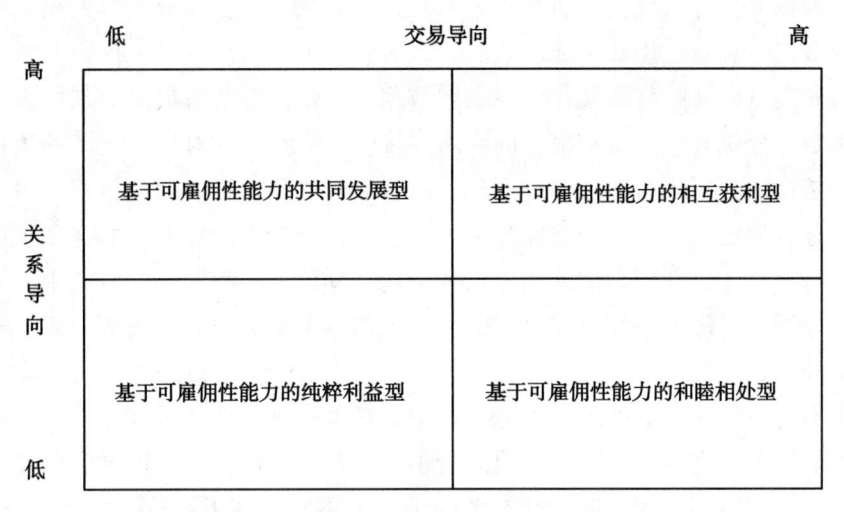

图 3-1　高校与青年教师之间的新型关系模式

基于以上分析，尽管本研究的深度访谈是从青年教师内在心理认知和知觉体验的角度出发，探索青年教师与高校之间的新型关系模式，然而访谈对象对采访问题的心理感知和评价却往往从所在高校履行个体可雇佣性责任和义务的角度形成。另外，本研究发现，青年教师对于所在高校履行个体可雇佣性责任和义务的心理感知与评价同自己对所在高校就青年教师履行可雇佣性责任和义务方面的期望是一致的，而这种期望就是青年教师所认知和理解的高校应该为青年教师履行的可雇佣性责任和义务。因此，从高校和青年教师的双向视角来审视的青年教师可雇佣型心理契约问题就可以从青年教师个体单边的视角出发来探索高校对青年教师所履行的可雇佣性责任和义务的情况，这种研究视角的转化过程如图 3-2 所示。其中，直线表示所连接的两个椭圆体的内容相近似。例如，高校对青年教师应履行的可雇佣性责任和义务的承诺与青年教师对所在高校履行可雇佣性责任和义务的期望相近似，这种期望又与青年教师对所在高校应履行可雇佣性责任和义务的心理认知相近似。考虑到其中内涵特征的重叠性，从原高校—青年教师的双边视角（即基于高校履行可雇佣性责任和义务形成的青年教师可雇佣型心理契约）的审视可转化为从青年教师的单边视角（即基于高校应履行可雇佣性责任和义务的主观认知）的测度。例如，访谈对象认为：

表 3-3　高校与青年教师之间的新型关系类型及其描述

序号	类型	语句内涵	语句表述
1	基于可雇佣性能力的共同发展型	双方都重视个体可雇佣性能力发展对学校和个体双方的重要意义与作用，双方之间的关系在发展这种可雇佣性能力的基础上构筑起来，主要表现为共同开发、共同培育，基于这种互惠互利的可持续发展性	学校资质提升需要吸纳拥有高可雇佣性能力的人才，青年教师要想获得职业生涯发展也必须努力提升自身可雇佣性能力，个人可雇佣性能力发展对于学校和个人而言都同样重要（A2）
2	基于可雇佣性能力的相互获利型	过去从一而终于一家学校的职业观念如今有了很大变化，在供职于某所学校期间就跳槽也很常见，学校政策有时候也很短视，对于青年教师在学校的长足职业生涯规划并未必落实到位	有的学校在招募引进人才方面更多地从待遇人上着手，这样在造成缩短重视职业生涯观念和相应政策，事实上，青年教师刚刚进入学校工作生活生存，开端的短期互获利观念和做法容易形成各种与学校和青年教师之间相互获利的短期行为的心理概念（C2）
3	基于可雇佣性能力的和睦相处型	对应于旨在提高个体可雇佣性能力的纯粹物质获利性培育而言，学校更注重打造青年教师的执教期间的心理健康机制，建设青年教师组织关系的稳健发展，实现个体可雇佣性能力的长期可持续发展	可雇佣能力发展是一个漫长的过程，不能一蹴而就，有的学校在制定师资建设政策和实施过程中就注意到这一点，例如，有的学校通过工程来逐步加强青年教师可雇佣性能力，在此过程中，渐渐培养起青年教师的组织承诺和组织认容归属感（B3）
4	基于可雇佣性能力的纯粹利益型	相对于关系构筑和维系而言，学校更注重个可雇佣性能力提升所带来的教学成果和研究成果的短期附属性的交换关系上	无论哪种组织类型，但凡与员工之间建立合作关系，就是一种单方面特征，直白来讲，组织即关系构筑的主体一方，员工则是被动的一方，特别是处于经济发展的"新常态"下，人才，教学，研究成果等各方面完全趋向于激烈，有的学校在制定政策时就有明显的成果导向，短期性利益取向现象凸显，所造成的人才资源建设隐患堪忧（D3）

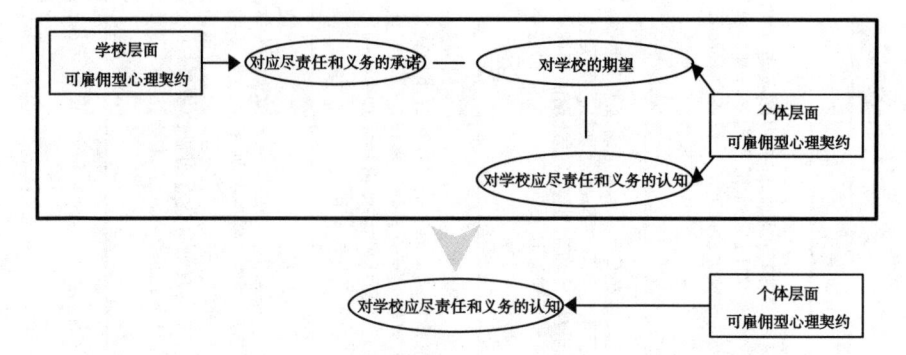

图 3-2　高校青年教师可雇佣型心理契约问题的研究视角转化过程

　　学校对于青年教师的培养要求和目标离不开青年教师个体可雇佣性能力的提升，而当前不断提升个体可雇佣性能力，就是能够在学校立足乃至取得职业发展的前提和基础。(C4)

　　入职条件本身就对个体可雇佣性能力有所要求，攻读博士学位本身就是提升个体可雇佣性能力的过程，同时，提升个体可雇佣性能力的职业观也从此树立。因此，一旦入职，青年教师就理所当然需要不断加强教学、教研、科研等各方面能力，这都是毋庸置疑的。(A2)

　　事实上，博士在求职时从学校的招募公告中或多或少能了解到学校的可雇佣性责任，如学校提供的薪酬待遇、教学环境、科研平台、研究成果转化渠道、研究支持和激励政策等，从另一个角度来讲，这些环境资源条件也是每名博士所追求的职业前景，所以，无论从哪个角度来讲，对于青年教师心理状况的解读就可以从青年教师所在学校的相关政策着手深入理解。(B2)

由此推论，青年教师所认知和理解的高校与青年教师之间的新型关系就是高校对青年教师贯彻的可雇佣性能力发展政策及相关师资队伍建设政策及其管理实践应用的结果，换言之，高校是与青年教师之间关系构筑的主导方，青年教师对于所在学校的可雇佣性责任与义务的理解主要源于学校政策和管理活动的宣导。照此逻辑递推，从青年教师个体层面的单边视角来透析高校与青年教师之间的新型关系就有助于深入认识这种关系的演化发展过程。为了巩固这种基于个体内在心理认知的研究视角对于本书研究问题探索的科学性、可行性，从而增强本书研究结论的自洽性和生态效度，本研究进一步展开深度访谈，旨在通过对影响青年教师可雇佣型心理契约构筑的主要因素及其内在作用机理的探索，进一步佐证从青年教师个体层面的单边视角展开高校教学科研发展动力机制讨论的科学性和稳健性。

二 高校青年教师可雇佣型心理契约动因机理探析

（一）高校青年教师可雇佣型心理契约形成的关键动因

本书秉承扎根理论研究思想，针对当前新时代下的我国高校青年教师可雇佣型心理形成的主要影响因素，面向高校青年教师展开访谈。访谈后由两名研究人员采取背对背方式分别整理访谈记录，以 XMind 3.6.0 软件作为主要分析软件展开访谈记录的编码和分析工作，提取新构念的依据是高频次，且在与所收集的现场材料进行对比时，也发现所提取构念重复多次出现的情况。为说明编码分析结果，表3-4列示了部分主要编码及其数据来源。

表 3-4　　　　　　　　　编码结果举例

一级目录	二级目录	编码结果举例	数据源对比举例
学校层面动因	真实工作预览	招聘简章里写明了不同类型人才的待遇条件，例如，科研启动经费、生活待遇等，以及对应聘者的岗位职责要求等（B4）	学校地处沿海地区，交通方便，气候宜人，汇聚了广博的文化和教育资源（B学校《招聘简章》）
	组织社会化	学校设置了青年教师导师制，往往由拥有多年教龄的资深教师以传帮带的方式指导青年教师开展新的工作（A2）	各级教学科研单位（研究院/所）、各级行政管理部门都要积极配合，共同打造崇实尚能、积极向上、和谐发展的校园文化（A学校《工作报告》）
	可雇佣性政策	学校不仅在教师入职资格上明确了对青年教师可雇佣性能力的要求，入职5年内也制定了明确的可雇佣性能力提升的考核标准和指标（C3）	应届博士划分为A类、B类，A类是指发表5篇以上CSSCI第1作者论文、排名前3位承担过省部级以上科研项目；B类是指发3篇以上CSSCI第1作者论文（C学校《招聘公告》）
	高校环境特征	博士毕业生求职时会兼顾考虑招聘学校的办学资质、教学资源环境、科研平台建设以及生活环境条件等（C1）	省部级重点学科研究基地（实验室）凝聚了良好的科研资源，为科研人员开展科研工作提供了有力的资源保障和支撑（C学校《年度报告》）

续表

一级目录	二级目录	编码结果举例	数据源对比举例
个体层面动因	职业价值观	求职时要考虑职业提升空间和科研工作发展潜力，待遇条件（例如，工资、安家费、住房补贴、科研启动经费等）也都在考虑范围内（D4）	除了工资、五险一金和各项规定内的补贴以外，学校对于教学、教研、科研等业绩优秀的教师还给予额外奖励（D学校《人事制度》）
	自我效能	听说有的老师努力7年，终于拿到了国家社科基金项目，既然有老师能如此坚韧不拔，我们青年教师更不能懈怠（D1）	鼓励各级教学科研单位（院所）、各位教师积极申报国家级课题，树立坚定的科研工作信心和坚持不懈的科研工作态度（学校《年度报告》）
	个体可雇佣性能力发展特征	虽然都拥有博士学位，但是博士学位攻读期间的工作深度、工作程度和工作维度有所不同，所以，入职几年内就能够明显体现出青年教师之间在科研能力上的显著差异（D2）	学校根据青年教师工作表现的不同情况，制定了青年教师导师制，力图不断提升青年教师的可雇佣性素养（D学校《教师发展政策》）

本书按照内容分析法所规定的文本信息量化处理和分析的信度与效度检验规则及经验依据（Miller，2000），对访谈记录的编码效果进行评价。具体分述如下。

首先，对编码结果的内部一致性信度进行检验。编码的信度即指编码结果之间一致性的程度和稳定性程度，符合统计测量要求的信度表明编码结果能够有效支撑研究目的，对于研究目的的实现具有科学性和稳健性。在这方面，Holsti 基于统计测量学技术明确指出了信度的测度方法，即：

$$\begin{cases} K = \dfrac{2M}{N_1 + N_2} \\ R = \dfrac{2K}{1 + K} \end{cases} \quad (3-1)$$

在公式（3-1）中，不同编码人员编码结果相同的分析单元的个数记作 M；不同研究人员对相同构念进行编码的分析单元的个数分别记作 N_1、N_2；不同编码人员分别进行编码的一致性程度的均值记作 K；不同研究人员分别进行编码的一致性的信度记作 R。

本书根据以上信度测度方法，检验了访谈记录文本信息的编码一致性的信度，分析结果见表3-5。其中，一级和二级目录编码一致性的信度均大于 0.6，符合社会统计学对于编码一致性的测试要求（在探索性研究中，信度系数应在 0.5 以上，如达到 0.6 以上，则可判定为理想情况）。因此，本案例研究中内容分析编码一致性的信度具有社会统计学意义。

表 3-5　　　　　　　　　　编码结果的信度检验

一级目录编码结果	二级目录编码结果
青年教师可雇佣型心理契约形成的关键动因要素——高校组织层面（0.752）	真实工作预览（0.791）、组织社会化（0.817）、可雇佣性政策（0.73）、高校环境特征（0.637）
青年教师可雇佣型心理契约形成的关键动因要素——青年教师个体层面（0.738）	职业价值观（0.750）、自我效能（0.724）、个体可雇佣性能力发展特征（0.629）

注：括号中数值是不同编码人员编码结果的一致性和稳健性的信度。

然后，对内容分析编码结果的效度进行检验。内容效度即指检测内容对假定所反映个体内在心理知觉和体验特征的支撑性程度。有学者指出，对于内容效度的测度方法，可以采用内容效度比，即借助如下检测公式：

$$CVR = \frac{ne - \frac{N}{2}}{\frac{N}{2}} \quad (3-2)$$

公式（3-2）中，认为编码内容自洽的专家人数记作 ne，专家人数合计为 N。本书基于案例记录文本信息编码的结果征询了两位相关研究领域的专家（一位是研究方向为组织行为、高等教育管理的教授，另一位是某高校教师发展中心主任），结果得到 479 个内容节点。根据公式（3-2）进行计算，得到的结果为：295 个节点的 $CVR=1$，71 个节点的 $CVR=0$，其余节点的 $CVR=-1$。由内容分析效度检验的经验依据如下：所有专家都认为编码内容具有自洽性，$CVR=1$；所有专家都认为编码内容不具有自洽性，$CVR=-1$；认为编码内容具有自洽性的专家人数与认为编码内容不具有自洽性的专家人数相等，$CVR=0$。因此判定，以上内容分析的编码结果满足统计学上的内容效度检验标准。

接下来，本书进一步立足于学校组织和青年教师个体的两个分析层面，探索高校青年教师可雇佣型心理契约形成的关键驱动因素，并力图从中发现其关键驱动作用机理，研究结果如图 3-3、图 3-4 所示。图 3-3 显示，在内容分析和编码过程中，从学校组织层面共提取了 9 个影响青年教师可雇佣型心理契约形成的关键构念，其中，尤以真实工作预览、组织社会化的内容分析编码频次最为凸显，说明这两个构念是在学校组织层面上影响青年教师可雇佣型心理契约形成的最为关键的构念。图 3-4 则表明，在内容分析和编码过程中，在青年教师个体层面上共提取了 12 个影响青年教师可雇佣型心理契约形成的关键构念，其中，尤以职业价值观、自我效能的编码频次最为凸显，说明这两个构念是在青年教师个体层面上影响青年教师可雇佣型心理契约形成的最为关键的构念。

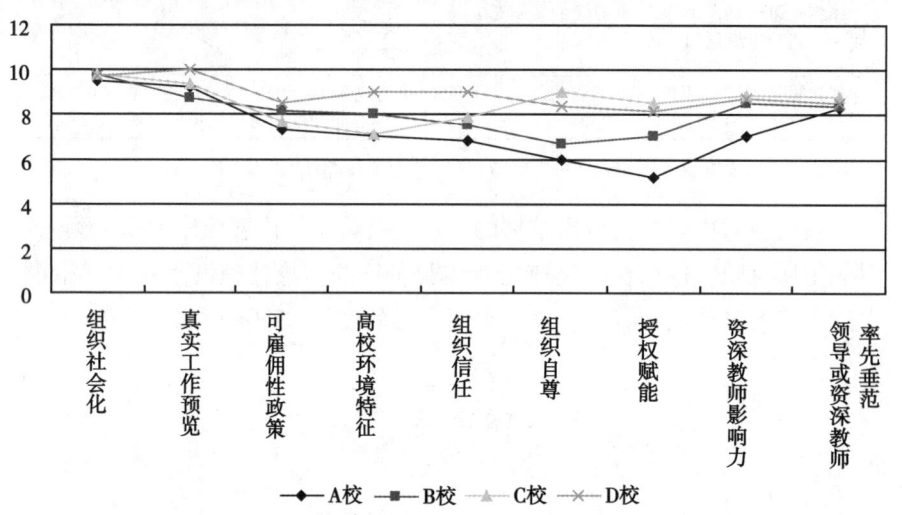

图 3-3　高校青年教师可雇佣型心理契约形成的关键动因编码结果（在学校组织层面上）

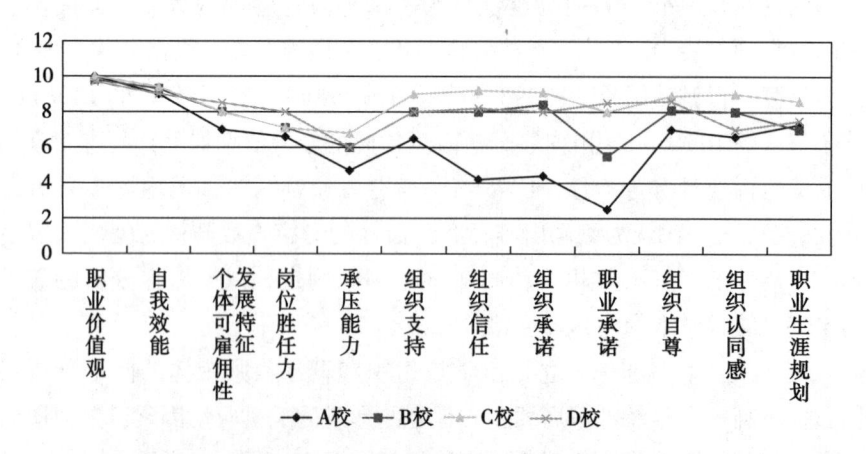

图 3-4　高校青年教师可雇佣型心理契约形成的关键动因编码结果（在青年教师个体层面上）

(二)高校青年教师对个体可雇佣型心理契约形成的关键动因的主观认知

为了考察案例高校的青年教师对于上述文本内容分析和编码工作所提取的影响青年教师可雇佣型心理契约形成的关键动因的心理认知度,本书特别秉承了社会科学研究所倡导的"探索性研究和解释性研究需要相互映衬,且不可分割,才能达到探索性研究的预期效果"的研究思想,围绕以上文本内容分析和编码结果展开问卷调查研究(本书对于测量问卷检验和确定的研究方法、技术标准、规范准则及工作流程详见第四章,此处不再赘述)。

具体而言,首先通过预调研的前测来确定测量问卷对于本研究问题的科学性和适切性。在对访谈记录进行整理以及回顾现有文献的基础上,提炼影响高校青年教师可雇佣型心理契约形成的关键动因要素,基于此编制测量问卷,按照前测问卷的调查方法进行问卷的收集、发放和调查数据的整理分析,共发放问卷120份,回收有效问卷73份,有效问卷回收率为60.8%。然后对所收集的有效问卷数据进行整理和分析,结果显示,所有变量的KMO值、α系数都在0.6以上(见表3-6),信度和效度均满足社会统计学测量的要求,表明本书在这部分研究工作中所编制的测量问卷从社会统计学意义来讲具有测量的有效性,可以用于本书对于本章拟解决研究问题的问卷调研工作。因此,以这些测量问卷作为本书研究的测量工具,展开正式调研工作,从而最终确定测量问卷对应用于本书研究工作的信度和效度。共发放问卷150份,回收有效问卷81份,问卷的有效回收率为54%。数据分析结果显示,所有变量的KMO值、α系数都在0.6以上(见表3-6),说明正式调研结果满足社会统计学测量要求。进一步地,本书对于这部分研究问题解析所要用的测量工具确定,都采用了Likerts 5级标尺,"1"—"5"依次表示问卷测量题项的含义由"非常不一致"至"非常一致"。

表 3-6　　　　　调查问卷的信度和效度检验结果

变量	学校组织层面				变量	青年教师个体层面			
	预调研(N=73)		正式调研(N=81)			预调研(N=73)		正式调研(N=81)	
	KMO值	α系数	KMO值	α系数		KMO值	α系数	KMO值	α系数
真实工作预览	0.701	0.715	0.720	0.719	职业价值观	0.893	0.911	0.897	0.920
组织社会化	0.655	0.683	0.671	0.694	自我效能	0.609	0.748	0.618	0.752

按照社会统计学的基本原则，问卷调查数据的均值可以体现出调查对象对测量变量的主观认知水平的差异程度，问卷调查数据的标准差则可以体现出调查对象对测量变量的主观判别水平的离散程度。据此，本书采用均值、标准差两个测度指标来进一步度量高校青年教师可雇佣型心理契约形成的关键动因要素的主观认知情况。如表3-7所示，从学校组织层面来看，真实工作预览、组织社会化被勾选水平的均值较高、标准差较低，表明就学校方面的组织诱因而言，青年教师对这两个变量的主观认知水平较高、主观判别水平之间的离散程度较低，进而也说明，所遴选的案例学校在对青年教师的招募、引进以及进一步的成长培育管理实践当中，相较之其他组织管理策略而言，对于真实工作预览和组织社会化的相关策略的运用更为侧重；另外，从青年教师个体层面来看，职业价值观、自我效能被勾选水平的均值较高、标准差较低，表明青年教师对这两个变量的自我认知和评价水平较高、自我判别水平之间的离散程度较低，从中也折射出青年教师所禀赋的独特个性特质，即高自我认知性、高职业发展取向、高知识创新创造潜能、独具个性的职业观和自我概念等，这些青年教师所独具的人格特质和个性特征都不同程度地影响青年教师对所在学校可雇佣性政策和组织管理实践活动的心理知觉与体验，从而影响青年教师基于所在高校信息的组织心理资源和心理图式的形成。

表 3-7　高校青年教师对个体可雇佣型心理契约形成的关键动因要素的认知分析

变量		案例 A（N=23）		案例 B（N=18）		案例 C（N=16）		案例 D（N=27）	
		均值	标准差	均值	标准差	均值	标准差	均值	标准差
学校组织层面	真实工作预览	2.818	0.978	2.762	1.055	3.708	0.729	3.638	0.659
	组织社会化	2.703	1.093	2.275	0.433	2.573	0.843	2.650	0.680
青年教师个体层面	职业价值观	2.835	0.674	2.942	0.723	2.610	0.734	2.825	0.717
	自我效能	3.342	1.110	3.860	0.678	3.750	0.792	3.700	0.805

(三)高校青年教师可雇佣型心理契约形成的驱动机理理论建构

1. 高校所施行的真实工作预览和组织社会化对青年教师可雇佣型心理契约形成的直接影响效应

真实工作预览（real job preview，RJP）是西方管理学者在对组织招募管理实践活动进行的长期追踪式研究中发现的，之所以命名为"真实工作预览"，更多是因为组织在不断开展的招募实践活动中发现，为应征者描绘的未来工作场景和职业生涯发展预期越清晰、越贴近应征者真实的胜任力素质水平以及与组织的真实现状和远景越贴切，应征者就越会在自身内心深处形成对拟服务组织的正向组织情感和组织心理依附（Dugoni 和 Ilgen，1981）。已有研究证实，组织对应征者实施了真实工作预览相较之从未实施过真实工作预览而言，会促使应征者（准入职者）形成积极的组织情感依附、工作态度和工作行为倾向（Eisenhardt，1989）。还有研究显示，对应征者的真实工作预览有助于降低应征者不切实际的职业期望、组织预期，减少甚至规避未来工作不满意情况的发生（Dugoni 和 Ilgen，1981）。可以说，真实工作预览的确会起到调节组织中员工期望和心理图式的效果，而这种调节效应主要就是通过对员工个体内在的心理环境、心理资源等心理图式整体性的干预继而实现的。这些状况均在本书的案例研究中得到了充分展现。

A 学校的 2016 年度报告中写道："吸纳高素质、高水平、高创新创造性人才是当前学校教师队伍建设及学校能够赢得未来各项事业建设发展的重中之重，要多元化、多角度、多渠道、不拘一格地吸纳有助于学校教学研究等建设工作协调和教育事业可持续发展的各学科专业人才，特别是高精尖学科、前沿学科、重点学科、学科发展急需的领军人才、高水平专业人才。对于所吸纳的各学科专业人才，学校将相应采取有针对性的管理政策，最优化地提供有利于人才开展教学研究工作所需要的各项环境资源、设施配套和条件支持。"事实上，这所学校自建校以来，一直精耕细作，以新时代下的新工科人才培育工程为牵引，文理艺术经管等全方位发展，如今，已形成全学科专业门类综合发展的地方重点建设高校，设立了一级学科硕士学位授予点、博士学位授予点和博士后流动站。

另外，访谈对象也表示："在面试、试讲时，就直接接触到了学校的校园气象文化、教师精神面貌，并且学院的面试人员也会介绍关于学校教学、科研等工作开展以及生活环境和待遇条件等相关信息，这些都在不同程度上影响青年教师对于自己的当前可雇佣性价值和未来进一步提升价值的思考，面试、试讲的环节恰恰成为青年教师认识学校及其组织政策的心理纽带。"

因此，本书提出研究假设 H1：高校所施行的真实工作预览对青年教师可雇佣型心理契约具有显著的直接正向影响。

组织社会化是任何一名员工在所任职的组织中都必须经历的职业化能力和职业素养的塑造过程，通过组织社会化，员工会由最初刚入职状态的对组织的表浅认知和体验逐步深入组织环境、工作氛围、组织政治生活、人际关系、社交网络等方方面面，从而逐渐内化为"组织人"，由于这种组织管理活动对员工组织身份和工作状态的强大影响力，事实上，任何组织都毫无选择地面临着如何实行有益于组织策略建设的组织社会化打造的严峻挑战。有研究显示，周围的同事和工作联系者是对新入职者实行组织社会化的最为直接的渠道（Rousseau，2001）。还有研究发现，新入职者往往会不经意地观察周围工作环境、工作语言、同事言行举止，而其直接隶属或间接隶属的组织领导的言行举止、工作和行政指令等也通常是新入职者获得正式工作信息甚至有时候是非正式工作信息的主要途径（McKnight 等，1998）。这些信息源、信息载体以及所传播着的各类型信息都通过员工个体内在的心理编码过程对组织信息进行分析、加工和处理，从而在员工内心世界形成有关这些组织信息的心理图式描绘。这些情况在本书的案例研究中都有所显现。

D 学校《"十三五"科研发展规划》表明：学校继续大力度支持科研发展事业，已有的重点科研和实验基地建设将继续全力为学校科研事业发展提供更加强有力的支撑平台，学校也将从基础设施配套、人员配置、时间调配、资源分配、资金调拨等各个方面为青年教师科研能力成长提供大力支持，对于成功申报了国家级课题、省部级课题的青年教师，还将给予相应的科研奖励和科研配套支持。调研中，青年教师 D1 谈道：

> 学校设立了优秀青年学者支持计划，刚入职的拥有博士学位的青年教师都积极申报这项计划项目，现在，一部分青年教师的研究计划已经获批立项，这可谓青年教师在开启新的工作旅程中挖到的第一桶金，为青年教师在新的工作环境中展开科研工作奠定了良好的基础，也为青年教师更进一步推动自己的科研事业提供了坚实的研究资源

储备。

另外，访谈对象也谈道：

学校设立了《青年教师导师制》《新员工岗前培训》《新员工拓展训练》《"青椒"论坛》《青年教师座谈会》《课程说课分析研讨活动》等专门针对青年教师的高校教师职业素质培养的一系列育成计划，这些都从不同角度促进了青年教师对所在学校政策的理解，从而更快、更深入地真正发展成长为扎根于一线教学科研岗位的合格的高校教师。

因此，本书提出研究假设 H2：高校所施行的组织社会化对青年教师可雇佣型心理契约具有显著的直接正向影响。

2. 高校所施行的组织社会化在高校所施行的真实工作预览与青年教师可雇佣型心理契约之间的中介效应

在案例研究中发现，高校所实施的组织社会化除了会影响到青年教师可雇佣型心理契约以外，还在高校所实施的真实工作预览与青年教师可雇佣型心理契约之间发挥着中介效应。综观以往研究文献能够发现，组织社会化对员工的工作态度和工作行为具有预测力，而真实工作预览所产生的员工对组织的内在心理图式也受限于组织社会化进程（Feldman 和 Brett，1983）。如上所述，组织社会化是组织所施行的对员工进行组织文化宣导、组织氛围渗透以及组织行为规范贯彻等一系列组织的正式和非正式信息的传播过程。其间，员工通过自我认知、心理体验和评价判别系统对组织信息与个体心理概念和先前心理图式与体验进行不断对比和印照，所形成的内在心理感知和知觉体验就形成了对于这种比照结果的心理图式（Feldman，1981）。这种情况在本书的案例研究中有明显的体现。

B 学校在青年教师科研能力成长方面制定了很多组织支持性配套政策，事实上，在招聘简章中，学校就已明确说明了对于优秀青年教师和拥有科研潜力的青年教师这两种不同人才的科研支持力度与资源配套条件。入职后的组织支持性政策，又在青年教师发表出优秀成果、申报立项了国家级和省部级等重点课题之后，相应地给予科研工作支持条件和工作奖励。调查中发现，很多青年教师入职后都积极申报国家级、省部级等各类型纵向课题，对于重要课题的申请已成为青年教师每年工作中的重要议程，除了完成教学任务以外，申报国家级、省部级等重要课题已然成为每年工作中不可或缺的重要一部分。截至目前，入职3年内大约60%的青年教师都成功立项了省部级以上课题，20%左右的青年教师还成功立项了国家级课题。可以说，学校对于青年教师的职业培养不仅在于"招募"这一个工作时点，更是将培养力度投放到青年教师职业生涯成长的全过程当中，而青年教师就是在这样系统性的职业培养政策的引导下，才逐步由内部动机到工作态度进而到工作行为及其绩效等各个方面成长起来的。

因此，本书提出研究假设H3：高校所施行的组织社会化在高校所施行的真实工作预览与青年教师可雇佣型心理契约之间发挥中介作用。

3. 青年教师的职业价值观和自我效能对青年教师可雇佣型心理契约的直接影响效应

职业价值观是个体价值观系统中的一个子集，它是有关个体对于职业选择、职业决策、职业愿景等与自身职业相关的诸个要素的集合，直接影响个体对职业的预期、职业态度、职业胜任力以及职业效果等（Crow和Glascock，1995；Haueter等，2003）。已有研究发现，价值观是个体对于为人行事与对待人和事的态度表现以及行为模式的理想状态。照此递推，那么职业价值观就可以引申为个体对于职业理想和职业愿景的心理预期。综观以往研究，社会心理学已经就此展开讨论，并提出，职业价值观是个体对先验职业的总结和回顾，并进一步形成的对于未来职业期望和愿景的心理概念。可以说，价值观影响个体工作态度和工作行为的研究假设已经被证实。那么，结合本书的研究情境，本书有充分理由可以推导出，职业价值观对于当前高校青年教师可雇佣型心理契约具有直接影响力。

因此，本书提出研究假设H4：青年教师所拥有的职业价值观对青年教师可雇佣型心理契约具有显著的直接正向影响。

另外，随着当前新时代下的竞争形势日趋激烈，能支撑不断自我成长的可雇佣性能力亟待开发，这就需要个体具备一种高自我效能，而自我效能保持在较高水平的个体又往往具备较强的组织心理资源。以往研究发现，自我效能是心理契约知觉、加工与认知系统的预测因素（Bandura，1977）。具备高自我效能的个体往往能够产生超乎个体在一般情况下所不能够发挥的作用。换言之,当明确了预期目标时,个体通常能竭尽全力付出,以达成目标,特别是当遭遇挫折时,个体往往能从内心萌生一种自主意识,即自己有能力完成目标,即便克服困难需要个体付出超乎寻常的努力,也在所不辞地努力冲锋。这种信念是支撑个体完成既定目标的坚定的信念和思想准绳,尤其当受挫时,是否能达成目标,与个体所具备的这种信念存在着很密切的关系,且以往很多实践情况是,即便当下个体可能不完全具备完成某种目标的现实能力,但是由于这种坚定信念的支撑,个体会竭尽所能地倾力甚至超乎常规地跳跃性投入,最终达成了既定目标。由此可推知,拥有自我效能的青年教师,由于刚步入新的校园工作环境,工作身份和角色都发生了不同于学生时代的很大的转变,同时还面对着教学工作和科研工作整体都需要提升高度的压力,特别是处于当前高校所面临着的高度动态和不确定性的外部竞争环境,就更需要竭尽全力地努力投入工作。在这种情况下,青年教师的心理环境和心理资源都发生着极大改变,与所在学校之间心理契约的构筑也在不断发生着波动,特别是基于个体可雇佣性能力发展动机之下,对所在学校可雇佣性责任的认知和评价必将发生迁移,而自我效能对于心理环境的预测力恰恰是能否按原定目标实现个体可雇佣性能力增值和保值的主要影响源,影响着青年教师对所在学校构筑的可雇佣型心理契约的内容结构。

因此,本书提出研究假设 H5:青年教师所拥有的自我效能对青年教师可雇佣型心理契约具有显著的直接正向影响。

综上所述,本书提出高校青年教师可雇佣型心理契约形成的关键动因机理理论分析框架,如图 3-5 所示。

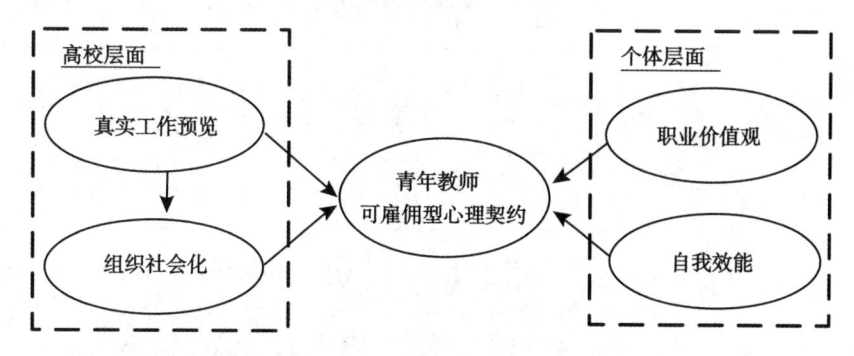

图 3-5　高校青年教师可雇佣型心理契约形成的动因机理理论分析框架

三 高校青年教师可雇佣型心理契约结构模型探析

(一) 高校青年教师可雇佣型心理契约维度结构内容

这部分研究方案基本同于高校青年教师可雇佣型心理契约形成机理探究,即秉承扎根理论思想,借助内容分析法整理访谈材料和调查数据,通过"初始编码→聚焦编码"的过程,以语句为单位,逐步凝练研究问题,提炼出能够切实支撑和反映研究问题的关键构念。具体而言,这部分案例研究工作共访谈了 13 位研究对象,在首先说明本研究的目的和意义、研究主题、研究的主要内容、访谈操作流程、关键术语界定以及需要受访者配合的其他各个方面,且确认受访者明确了以上信息之后,访谈工作就此展开。13 位受访者分别谈论了当前高校青年教师可雇佣型心理契约所包含的主要内容。聚焦编码分析后,发现基本上可以将这些访谈记录划分为三大类别:为个体可雇佣性能力提升提供物质支持类,例如,教学教研科研工作奖励、教学教育科研工作资源和条件供给等;为个体可雇佣性能力提升提供组织环境支持类,例如,教学教研科研团队建设、教学教研科研氛围营造等;为个体可雇佣性能力提升提供发展机会类,例如,国内学术活动交流机会、国内外访学研修机会等。具体编码结果及其对照举例如表 3-8 所示。

表 3-8   编码结果及其对照举例

一级目录	二级目录	编码示例	对照示例
高校青年教师可雇佣型心理契约	为个体可雇佣性能力提升提供发展机会	青年教师是学校教学和研究事业发展的生力军,研究能力提升就需要不断学习,多参加学术交流活动是非常有意义的提高个体研究能力的有效途径(D3)	暑假期间鼓励老师们积极参加各类型学术交流活动,努力积累研究素材和研究资源,为明年申报国家级课题提前做好准备(D 学校《暑假放假前教工大会记录》)
	为个体可雇佣性能力提升提供组织环境支持	教师教学能力和研究能力的提升不是一蹴而就的,需要不断积累教学和研究实力,同时也需要一个健全稳健的支撑性平台的大力支持(B2)	学校设置了优秀青年学者支持计划,是为了鼓励优秀青年教师快速成长,争取尽快成长为各个学科专业的骨干教师(B 学校《人文社科科研工作发展报告》)
	为个体可雇佣性能力提升提供物质支持	对于成功申报国家级、省部级等重要、重点、重大类型课题的老师,学校、学院等各级机构都会给予相应课题配套资助和立项奖励(A2)	对于成功申报了国家级、省部级课题的老师,学校将给予相应的不同程度的立项奖励(A 学校《科研量化及发展管理制度》)

按照文本的内容分析原则,本书采用以上信度和效度检验法对这部分内容分析结果的科学性和可靠性进行检验,由公式(3-1)计算,两位编码人员分别进行编码的一致性信度如表3-9所示,所有编码的 R 值都在0.6 以上,满足社会统计学的测量要求(在探索性研究中,信度在0.5 以上即可认为编码结果的信度可以接受,如信度达到0.6 以上,则编码结果的信度较好)。因此,可以认为,本书研究对于高校青年教师可雇佣型心理契约维度结构内容的编码一致性信度满足社会统计学分析的基本要求,本书研究的编码和分析结果可以用于接下来对本书研究主题的进一步实证性讨论。

表3-9　　　　　　　　　编码结果一致性的信度

一级编码目录	二级编码目录
高校青年教师可雇佣型心理契约(0.737)	为个体可雇佣性能力提升提供发展机会(0.793)
	为个体可雇佣性能力提升提供组织环境支持(0.714)
	为个体可雇佣性能力提升提供物质支持(0.605)

注:括号中数字表示不同研究者编码的一致性信度。

然后,本书对以上文本内容分析的编码结果进行了效度检验。对两位编码人员分别进行编码的结果效度进行检验之后发现,895 个编码节点中,共提炼出有效节点413 个。按照公式(3-2)计算,结果显示,243个节点的 $CVR=1$,152 个节点的 $CVR=0$,其余节点的 $CVR=-1$,满足社会统计学分析测量的要求($CVR=1$ 表明,所有专家都认为编码内容适切; $CVR<0$ 表明,判定编码内容适切的专家人数不足专家总人数的一半; $CVR=-1$ 表明,所有专家都判定编码内容不适切)。因此,本书对于高校青年教师可雇佣型心理契约维度结构内容的编码结果达到了社会统计学所要求的效度鉴别标准。

为了验证以上文本内容分析及编码提炼所得出的高校青年教师可雇佣型心理契约的三维结构内容,本书进一步对以上访谈记录的编码结果进行聚类分析,结果如表3-10 所示。高校青年教师可雇佣型心理契约的维度结构内容包括三个构面:基于个体可雇佣性能力提升的发展机会型要素、基于个体可雇佣性能力提升的组织环境支持型要素、基于个体可雇佣性能力提升的物质支持型要素。为了保证所构建的维度结构模型与现实管理实践具有高贴切性,又鉴于扎根理论所主张的"理论演绎研究不可以与实地探索性研究生硬分隔，从而避免武断脱离实践所造成的理论建构不足够稳健"的研究思想，本书就以这三个能够显著表征维度结构内容特征的构念命名为高校青年教师可雇佣型心理契约的三个维度。本书的维度命名除了建立在理论演绎与实地探索紧密结合的基础上以外，还考虑到与现有理论文献及相关研究领域的理论延承性。例如，朱晓妹和王重鸣（2005）通过对我国组织知识型员工的实证性研究就提出了由物质激励、职业生涯、组织支持共三个维度反映的知识型员工心理契约内容结构。尽管这一研究结论与本书所提炼的高校青年教师可雇佣型心理契约的维度结构内容略有差异，然而，从两个研究结论的内涵特征来看，依然在一定程度上反映出知识型员工共有的人格特质和职业取向特征，进而证明，本书的研究结论具有科学性和可靠性，能够为接下来解析本书的研究主题提供稳健的理论基础和经验依据。

表 3-10　高校青年教师可雇佣型心理契约的维度结构内容聚类分析

聚类名称	所提炼要素的名称	
基于个体可雇佣性能力提升的发展机会	个体可雇佣性能力发展前景	个体职业价值的实现
	个体可雇佣性能力现状	有助于个体可雇佣性能力发展的工作氛围
	对青年教师个体的可雇佣性成长关怀和相关的生活关怀	可雇佣性能力管理效能
	个体可雇佣性发展政策的规范性	……
基于个体可雇佣性能力提升的组织环境支持	科研设施	疗养机会
	同事支持	人际关系
	感恩心理	工作—生活平衡性
	科研条件（例如，地点、时间、人员）	上下级沟通畅通性
	国内外访学、学术交流机会	个人可雇佣性—工作岗位职责的匹配性
	工作压力适度	组织支持的公平性
	与国内外专家、学者展开学术交流的机会	工作安全性
	……	
基于个体可雇佣性能力提升的物质支持	教研科研奖励	教研科研绩效
	薪酬待遇公平	教学绩效
	组织的物质激励风格	其他组织—个体交易性政策
	教学奖励	……

(二) 高校青年教师可雇佣型心理契约结构模型的理论建构

为了将以上探索性研究所提炼的高校青年教师可雇佣型心理契约维度结构内容的理论命题发展成为能够切实投入实证性研究的研究假设，本书秉承案例研究所倡导的"理论分析与证据材料应能够相互印证、复现和对话"的研究思想，针对以上探索性研究结果进行了理论比对，以期在提高以上案例分析结果的建构效度的基础上，建构高校青年教师可雇佣型心理契约维度结构的研究模型。

自20世纪末开始，随着全球竞争和知识经济的高速发展，全球雇佣关系发生了翻天覆地的变化，传统的员工对所服务组织的从一而终式的雇佣模式逐渐瓦解，转而代之，员工注重自我职业管理、崇尚自我职业实现的职业生涯发展观念和职业成长取向日渐占据了职业决策（无论初次就业抑或再次择业的职业决策）的主流。与此同时，个体的心理契约变迁问题日臻凸显，与之相关的研究内容随之发展成为全球组织行为学关注的焦点。在该研究领域发展的过程中，心理契约内容结构一直是各个学派所聚焦的重要内容，迄今为止，已得出了心理契约的单维、二维、三维和多维结构的研究结果。例如，Mirvis 和 Kanter（1992）、Tsui 等（1997）在各自研究领域内，结合各自研究兴趣和研究动机，从不同角度和维度展开了员工心理契约内容结构研究，得出交易型心理契约和关系型心理契约的二维结构模式。在我国支持心理契约二维结构的研究中尤以陈加洲等（2004）的组织员工心理契约内容结构讨论最为典型。他们在 Rousseau（2001）提出的以交易、关系为两个主轴线索的雇佣关系模式的基础上，针对我国贵州地区广大企业员工展开了心理契约调查，结果表明，当时的我国企业员工的心理契约由交易性成分和关系性成分组成。即便二维结构模式看似逻辑自洽、实践可操作性较强，却依然招致学术界的不同维度的质疑。例如，如何在两种维度之间清晰地划界？两种维度究竟是一个连续体的两极抑或分属于相互对立的两种截然不同的类属？如若无法清晰划分界限，那么又是否存在其他元素制约或者延伸心理契约的内容结构？带着一系列疑问，学术界逐渐将研究视角转向对纯粹的心理契约内容特征和属性的探讨上。Rousseau 和 Tijoriwala（1998）以心理契约二维观为基础，通过理论探索和实证性研究相结合的方式提出了心理契约的三维结构，即交易型维度、关系型维度、团队成员型维度，分别从要素构成的角度指明了心理契约三个维度所包含的要素内容及其特征。Coyle - Shapiro 和

Kessler（2000）基于因素分析法展开了面向英国本土经理人员和一般员工两个层面的研究，结果发现，即便是来自不同取样的数据历经了方差分析、同质性检验、探索性因子分析、主成分分析等诸项考察后，也都显著地展现了心理契约的三维结构：交易型心理契约、关系型心理契约、培训型心理契约。Lee 和 Tinsley（1999）以我国香港地区员工和美国本土地区员工为两组样本展开对比分析，同样得出了员工心理契约的三维结构模式，即关系型维度、交易型维度、团队成员型维度。李原和郭德俊（2002）的实证性研究证实了中国员工心理契约的三维模式，即人际型心理契约、规范型心理契约、发展型心理契约。朱晓妹和王重鸣（2005）特别针对我国知识型员工的心理契约内容结构展开讨论，鉴于研究中融入了组织对知识型员工的特定管理策略特征以及知识型员工所独具的个性特质和工作特征，研究结果呈现出鲜明的禀赋了知识型员工心理环境管理的特色，即我国知识型员工心理契约由三个维度构成，从组织视角来讲，组织需承担发展机会型责任、环境支持型责任、物质激励型责任，从知识型员工视角来讲，知识型员工需承担规范遵循型责任、创业导向型责任、组织认同型责任。

鉴于心理契约的三维结构囊括了从组织角度和员工角度不同侧面的分析，形成的研究成果容纳了组织与员工缔结的心理契约的主要元素，且即便在研究维度不同的情况下，都得出了心理契约可以由三个内容构面加以解释的普遍性结论，基于三维内容结构开发的测试量具又极具操作性能，因此，心理契约的三维结构获得广大学术界和实务界的支持。我国学者在结合本土组织管理特征的心理契约相关问题研究中也证明，我国员工心理契约的三维构型尤其适合于当前中国转型经济情境下的组织管理理论与实践问题的探索。由此，进一步印证了本书在以上案例分析中所提炼的理论命题。事实上，在案例调研过程中，大部分青年教师受访者的确是往往从这三个维度特征来讨论个体可雇佣型心理契约的相关问题。例如，青年教师 A2 提及：

> 青年教师通常肩负着科研攻关的重任，有必要多参加学术交流活动，与相关学科专业的专家、学者、同行展开广泛交流，学校也应为此提供相关支持和保障措施，例如，出差住宿标准不要太低，外出不比在家里，衣食住行不如家里方便、舒服，会影响专心投入科研的效

果，至少会增加青年教师由于出行不便、路途奔波、饮食无规律等而无形中增加的生活甚至心理负担。

青年教师 B1 谈道：

> 目前学校争创"双一流"建设，对于教学质量、研究成果的要求明显高于从前，青年教师刚刚进入学校，之前积累的成果正处于释放阶段，面对当前教学能力亟待提升和被认可、科研成果需要"多出、快出、出好"等工作压力，以及生活安顿、抚育子女、赡养老人等生活压力，职称职务晋升、职业价值提升和有待被认可的职业成长压力等，大多数青年教师通常处于加班加点的工作状态。特别明显的是，不了解高校教师工作性质的人都以为寒暑假是教师特别专享的一种福利，但事实是，但凡对于面对着并需要努力攻坚而期望实现个人可雇佣性价值的高校教师而言，寒暑假恰恰是能够静下心来搞备课、研究工作的绝佳时间，真正的休息只能是忙里偷闲。所以，在已积累的研究基础和个人能力基础上继续加强个人价值的状态甚至已经成为一种工作并生活着的新常态。

青年教师 D2 坦言：

> 有时候出差目的地（学术交流地点、会场等）周边的住宿费偏高，为了到目的地的出行方便，我就宁可自己支付超出学校经费预算的那部分（因为学校经费配套不足以支付单间客房的住宿费，与陌生人合住又不够安全），也要住在距离出差目的地比较近的地方，因为开会时间可能直至晚上 9 点才结束，住宿地点远，就很不方便。

因此，本书提出研究假设 H6：高校青年教师可雇佣型心理契约的内容结构包含三个维度：基于个体可雇佣性能力提升的发展机会型、基于个体可雇佣性能力提升的组织环境支持型、基于个体可雇佣性能力提升的物质支持型。

本章小结

本章将管理学、组织行为学、社会认知心理学、经济学、社会统计学等研究思想、理论观点相结合，基于当前新时代下的新型组织—员工关系模式，尝试融合可雇佣性理论和心理契约理论，并以社会交换理论、社会认知理论、前景理论、意义建构理论等跨学科的理论为理论支撑，通过探索性案例研究方法对高校青年教师可雇佣型心理契约形成的关键动因及内在作用机理以及高校青年教师可雇佣型心理契约的维度结构内容展开了探索性研究，主要研究工作包括如下方面。

第一，遵从探索性跨案例研究方法的技术路线和规范程式，并秉承扎根理论的思想，遴选4家高校及其青年教师，通过深度访谈、现场材料收集、问卷调查和现场观察相结合的调查途径，凭借内容分析法对所调查的材料、访谈记录等材料数据进行整理和分析，归纳并得出高校青年教师可雇佣型心理契约形成的关键动因要素及其内在作用机理的理论命题，并进一步与现有文献理论进行对比论证，以期形成能够切实导入定量实证性研究的研究假设模型，从而为从理论演绎与实证归纳相结合的角度来考证本书所秉持的从青年教师个体单边的狭义立论视角来审视青年教师可雇佣型心理契约对所在高校教学科研发展的驱动机理的研究问题，提供了科学、稳健的理论基础和实证分析依据。

第二，通过探索性跨案例研究的方法收集调查材料和数据信息，凭借内容分析法进行多元化调查数据材料的汇总、整理和分析、论证，从而提出高校青年教师可雇佣型心理契约的维度结构的理论命题，并进一步与现有文献理论进行对比论证，从而印证所提炼的高校青年教师可雇佣型心理契约的三维结构模式的科学性和可靠性，为从各个构面深入揭示高校青年教师可雇佣型心理契约的后置组织效应提供理论线索。

第四章 高校青年教师可雇佣型心理契约动力机制及结构模型的实证研究

本书基于当前新时代下的我国高校教学事业和科研事业迫切发展的研究情境，结合新形势下的新型组织—员工关系特征，对前文研究所提出的高校青年教师可雇佣型心理契约形成的关键动因机理以及高校青年教师可雇佣型心理契约的维度结构内容的理论模型进行检验。本书秉承探索性研究和定量实证性研究需要紧密结合的理论建构思想，通过定量实证性研究对探索性研究所提炼的研究结果展开进一步检验和论证。按照实证性研究范式，本书采用"预调研—正式调研"的研究方法，借助 SPSS 17.0 和 SmartPLS 2.0 结构方程模型分析软件，分别进行了测量工具的前测以及研究模型的假设检验，从而得出本书研究主题解析的逻辑起点——高校青年教师可雇佣型心理契约形成的关键动因机理以及高校青年教师可雇佣型心理契约的维度结构内容的研究结论，不仅为接下来进一步深入探究本书的研究主题提供了科学且稳健的研究视角，还为从各个构面出发，深入剖析高校青年教师可雇佣型心理契约的后置组织效应，提供了坚实的理论基础和经验依据。

第一节 研究方法与分析工具

一项研究的理论价值和实践应用价值的保证对其研究结果的自洽性与外部效度检验提出了挑战，这就需要根据研究目的、研究内容、研究维度、研究问题、研究设计来选取相匹配的研究方法。在定量实证性研究范式中，结合不同的研究情境，针对相关研究方法与分析工具都进行了相应阐述。基于此，为了保证本书研究问题讨论的科学性、可靠性以及相关研究结果的有效性和外部效度，有必要针对本书在这部分所采用的研究方法、分析工具和判定准则等进行详细说明，具体阐述见下文。

一 中介效应检验

(一) 中介效应的概念

中介效应一直是社会学、管理学、教育学、心理学等诸多学科专业所关注的焦点。事实上，在真实世界中，任意两个事物之间的关联结构往往难以通过简单的直接影响关系进行诠释，其间，总是多多少少存在着其他的第三方、第四方甚至更多方面因素的影响，那么，如果需要真正揭示这两种事物之间的关联结构，就有必要考察此两者之间的各种间接影响因素发挥作用的可能性程度，中介效应就是其中的一种非常凸显的间接影响。一言以概之，如果存在两个变量 X 和 Y，凡是 X 影响 Y，并且 X 是通过一个中间变量 M 的途径对 Y 产生影响的，那么 M 就是 X 和 Y 之间的中介变量。一般而言，中介变量可以用来诠释各类社会现象，在社会科学研究中发挥着非常重要的作用。社会科学研究将中介变量大致划分为两大类别：完全中介（full mediation）、部分中介（partial mediation）。其中，完全中介是指 X 和 Y 之间存在因果关系，这种因果关系是通过 M 来实现的；部分中介是指 X 和 Y 之间存在因果关系，这种因果关系的产生来自两条途径的共同作用，即 $X—M—Y$ 和 $X—Y$。X、Y 和 M 三者之间的关系结构可以用路径图简单地表示为图 4-1。其中，$c=0$ 表征 M 在 X 和 Y 之间发挥着完全中介作用；$c>0$ 表征 M 在 X 和 Y 之间发挥着部分中介作用。

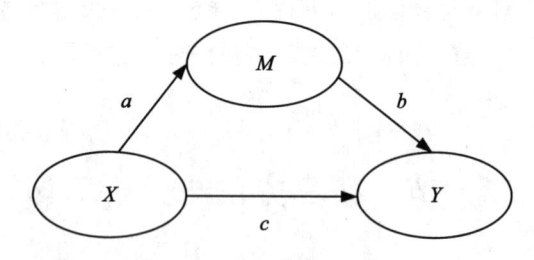

图 4-1 中介作用模型

(二) 中介效应的测量

在社会学、管理学、教育学、心理学等诸学科领域的中介效应检验方面存在着一种困惑，即同一个统计结果可以从多种途径获取，多种算法、模型也都可能产生同一种统计结果。Stone Romero 和 Rosopa（2004）以及 Law 等（2005）在针对统计效果的验证中发现，即便模型、算法、矩阵结构等有所差异,然而只要运算和统计原理相同,所达成的数组逻辑关系都完全一致,最终所形成的统计分析结果也必然相同。恰恰是由于这种现象存在,可以想象,如果单纯从数理关系上推导间接效应,就可能被数据本身所迷惑。数理分析必须建立在理论探索和充分建构的基础上,单纯由数理统计得出的结论也必须与理论分析进行对比论证,才能够求证研究结果的效度。例如,当找到了几个研究变量之间的关系能满足几个回归方程中的中介效应检验的要求时,就得出中介效应的结论。产生这种问题的根源在于,没有充分理解以上中介效应和中介变量概念的界定。Judd 和 Kenny (1981) 在学术界最早提出了用回归的方法检验中介效应,并指出,需要找到自变量引起因变量以及自变量引起中介变量的证据,并且同时需要验证中介变量和因变量的关系,这就需要通过上述几个回归方程的检验步骤来实现。由此可见,中介效应的含义是指自变量对因变量的影响是通过中介变量来实现的,即上文所强调的在探讨中介效应的问题时首先需要建立"因果关系"的重要性的原因。换言之,建立这些变量之间的因果关系是排除其他等同模型的唯一方法。因此,首先就一定要有理论基础,成熟理论建构的作用有助于建立科学、稳健的因果关系,相比根据逻辑推理随意建立的因果关系而言,就会更为可靠。其次需要采用社会统计学检验的方法来审视数据结构是否与研究假设模型相匹配。总之,在研究设计中不能仅仅从数据统计分析和检验的结果来推导理论建构的真伪性,而是应该首先建构理论,然后运用社会统计学的分析工具来检验理论建构的合法性,即,社会统计学的分析方法只能用来检验所假设的研究模型,却不能够用来反推理论模型。这种研究思想迎合了"探索性研究和实证性研究需要紧密结合,才能构建科学、稳健,且经得起推敲的、拥有一定外部效度的理论模型"的研究理念。

迄今为止,在社会学、管理学、教育学、心理学等诸学科所采用的中介作用校验方法通常有四种:逐步检验法(causal steps approach)、系数乘积检验法(product of coefficients approach)、差异系数检验法(coefficient of variation)和自助法再抽样检验法(Bootstrapping)。其中,逐步检验法是 Baron 和 Kenny 于 1986 年首次提出的,这种方法应用的基本理念是采用最小二乘回归估计(ordinary least square regressions,OLS)或者结构方程模型(structural equation model,SEM)来测量假定中介变量影响的路径系数及其显著性水平,尤其适合于研究模型中包含有限个假定中介变量的情况。系数乘积检验法通过研究模型中假定间接影响路径的估计标准误差（standard error，SE）的显著性水平来判定中介效应。差异系数检验法适用于研究模型中样本正态性分布或者系数差异均处于探索阶段的情况下对于特定间接效应的判定。尽管目前一些学者通过统计分析研究发现了一致性结论，即相对于逐步检验法而言，差异系数检验法和系数乘积检验法在假定中介作用检验方面更具功效，分析结果体现出更高的信度和效度，然而，专门致力于统计学数理逻辑研究的学者们依然提出了更具理论意义和实践推广价值的检验方法，即 Bootstrapping 法。Bootstrapping 法对样本容量正态性、样本规模均无严格量化要求，而是采用数据集中迭代抽样 1000 次以上来估计假定间接效应的路径系数的估计值及其显著性水平。以上四种方法相比较而言，Bootstrapping 法通过数据集重复迭代来实现重复抽样功能，弱化了样本量非标准正态分布可能导致的测量偏倚，同时实现了对研究模型中假定中介作用的准确预测。鉴于 SmartPLS 2.0 结构方程模型分析软件在应用 Bootstrapping 法进行假定间接效应估计上的突出功效，SmartPLS 2.0 结构方程模型分析软件与 Bootstrapping 法相结合的检验策略受到相关学术界的广泛推崇。鉴于 SmartPLS 2.0 结构方程模型分析软件是中介作用测试的一款非常行之有效的功能性分析软件，Chin（2010）明确指出了 SmartPLS 2.0 结构方程模型分析软件在 Bootstrapping 方法应用上的独特功效，并提出了利用 Bootstrapping 法进行中介效应检验的步骤，即：（1）基于 Bootstrapping 法对假定中介效应模型迭代抽样至少 500 次以上（出于中介效应检验可靠性的考虑，1000 次以上是较理想的迭代次数），估计出潜变量间的间接效应的路径系数及其显著性水平；（2）基于 Bootstrapping 法，采用最小偏差置信区间和最大非零效应，估计影响潜变量的路径系数及其显著性水平。基于此，本书采用 SmartPLS 2.0 结构方程模型分析软件对假定中介效应模型进行检验。采用这种检验方法和这款分析软件的主要原因可以概括为如下两个方面：一方面，自助法再抽样检验法特别适用于解决本书研究问题所涉及的多个中介变量对于因变量解释的问题；另一方面，该分析软件能够执行自助法再抽样检验法所需要的对样本数据进行迭代抽样的分析工作。

二 研究工具选定

科学研究的过程是一个涉及许多活动，包含许多技术流程的不断循环往复的过程，既可起始于理论基础，也可终止于理论建构。在科学研究的过程中，假设研究者从现实世界中提炼了具有研究价值的科学问题，并且通过文献综述，找到了拟研究问题所预期的理论价值和实践应用价值，基于研究问题提出了理论命题和研究假设模型。那么，研究假设模型的检验工作就亟待展开。假设检验的研究过程是首先通过逻辑推理和演绎的方法，由此，理论命题（或理论模型）被转化为研究假设（或研究模型）。接下来，需要明确研究模型中的因变量和自变量。因变量是社会学研究中最令人感兴趣的变量，一个研究问题的解决往往就是找出如何解释因变量的途径，反之，因变量的确定通常决定了研究问题的方向。而自变量能否恰当找到，也决定了研究模型搭建的效果。换言之，如果说因变量是构建研究模型的必要条件，那么自变量则是研究模型构建的充分必要条件。研究模型中不仅包含自变量和因变量，求解某个研究问题还需要解释如何影响因变量的诸个因素及其内在作用机理，如此，需要进行研究假设检验，这就需要进行研究方案的设计，主要包括：收集资料和数据、选定研究工具（如分析软件、测量量表）、选取调查样本等。然后，根据研究问题的需要，借助分析软件对研究假设进行检验，得出理论命题之证实或者证伪的判定，从而形成新的理论发展。在此过程中，需要在现有理论分析的基础上，通过逻辑严谨的研究方法论形成对假定研究模型的检验、修正、拒绝的判断。而假设检验部分当属研究模型验证过程当中尤为重要的一个分析环节，这个环节中的关键工作是数据分析，它通常是采用社会统计学所阐述的量化统计分析的方法，并且以实证性概括来检验研究假设的问题，这样其研究结果才能形成接受假设或者拒绝假设的判定（陈晓萍等，2012）。那么在这个数理推理的过程中，选取适宜的研究工具就是数据分析工作的重中之重。研究目的、研究主题、研究内容、研究维度、研究对象和研究方案设计是研究工具遴选的主要决定性因素，有效遴选的研究工具有助于提高和保证研究结果的外部效度。在组织管理研究领域中，应用SPSS数据统计分析软件进行测量工具前测与正式调研的研究假设检验等数据处理和分析工作已相当普遍，除了基本数据整理、处理和分析以外，SPSS数据统计分析软件在两个变量之间的相关关系分析、线性回归模型分析等关联结构检验方面也颇具优势。然而，不容忽视的是，SPSS数据统计分析软件对于处理多个变量组成的研究模型结构的问题却显得束手无策。相对而言，结构方程模型分析软件则可以处理由多个变量组成的复杂模型的数据分析的问题。本书在前章的探索性研究中建构了由多个构面组成的高校青年教师可雇佣型心理契约形成的动因机理及其多维构型的理论命题和研究模型,那么对于这种多维变量的相关研究模型的数理关系探讨就尤其适宜于采用结构方程模型分析软件。因此,本书采用结构方程模型分析软件对高校青年教师可雇佣型心理契约形成的动因机理及高校青年教师可雇佣型心理契约的维度结构展开实证性研究。

社会统计学指出,在针对研究假设进行检验的过程中,需要围绕研究目的、研究问题和研究内容的具体需要来选取分析工具与测试量具,这样与研究问题解决相匹配的研究方法、调查材料、调研工具才有益于形成高信度和效度的研究结果。综观以往社会学、管理学研究,针对研究模型解释的统计分析软件通常集中在 SPSS 和结构方程模型。相比 SPSS 在探索性因子分析、主成分分析、聚类分析、方差分析、描述性统计分析、回归分析等关于数据特征、共同性、因果关系判断的优势而言,结构方程模型尤其在非参数数据的论证方面具有独到之处,并且能够解决研究模型包含多个变量和逻辑关系的情况。鉴于本书所讨论的研究问题涉及多个自变量、因变量以及之间的多个中介变量的关系结构的判断,因此,尤为适宜采用结构方程模型分析技术来解释多个变量所构成的复杂模型的内在作用机理问题。

(一) PLS 结构方程模型技术

结构方程模型 (sturctural equation modeling, SEM) 与基于统计学分析的 SPSS 相对应,是解决非参数估计模型的颇具优势的一款统计分析技术。结构方程模型主要分析原理是将研究假设模型转换为导入了测量变量、潜变量、误差变量、控制变量的结构方程模型,通过因素分析与路径分析相结合的途径,求解测量变量对于所属潜变量的反映效果、潜变量之间的内在关系结构,进而估计假定自变量对于假定因变量的影响效应,其中包括了直接效应、间接效应和交互效应 (吴明隆, 2010)。

在 SEM 分析软件中,以往通常被学术界研究者和研究机构 (院/所) 研究人员所推崇使用的是 LISREL、AMOS 和 EQS (Steiger, 1988; McDonald 和 Moon-Ho, 2002),近年来,鉴于利用偏最小二乘平方法编写的结构方程模型 (structural equation modeling with partial least squares, PLS) 分析软件的低样本规模、不要求样本总体呈正态性分布、能够解决多个变量组成的复杂模型的求解问题等实践应用优势,其越来越受到学术界和实务界相关研究人员的广泛关注与热切追捧（Chin，2010）。

综观以往社会科学研究、组织心理与行为研究、组织管理研究，基于协方差思想的结构方程模型（covariance - based structural equation modeling，CBSEM）分析方法几乎占据了利用结构方程模型技术来求解跨学科专业问题的主流，学术界的研究者抑或研究机构的研究人员都习惯性地采用协方差分析技术建构结构方程模型，进而以这种基于协方差分析算法的结构方程模型对变量之间的逻辑关系结构进行估算。这种习惯性做法更多的是出于"师带徒"式学习宣贯的延承，单纯地按照既往的统计一致性原则进行结构方程模型建构及其研究问题解决的实际操作，难免造成未经历切实地结合特定研究情境抑或未针对研究问题、研究对象、研究维度和研究内容等研究工作要素进行深入细致的理解，从而不可避免地导致在研究工具和研究方法选用上的盲目性。理论上，秉承协方差计算思想的结构方程模型仅能够对含有少量的或者包含中度复杂因果关系的结构模型进行运算，特别是对于多维构型的潜变量所构成的复杂因果关系的结构模型则显得功效不足，而这种基于协方差运算的结构方程模型技术通常关注对所建构的研究模型的所有协方差参数（如卡方值、自由度、各个拟合指数等）的估计值是否具有社会统计学的分析意义，并对样本量提出了需要大规模的要求。与之相对应，秉承偏最小二乘算法的结构方程模型技术就并非仅仅关注研究模型的协方差参数值，而是更加强调研究模型中的因变量的解释方差，这种设计原理和运算法使得基于偏最小二乘算法的结构方程模型技术尤其在解决多组自变量和多组因变量之间的协同逻辑关系结构的问题方面拥有了以往基于协方差算法的结构方程模型技术所不具备的独特优势（Vatanasaksakul，2007）。与秉承协方差运算思想的结构方程模型技术更为显著不同的是，基于偏最小二乘算法的结构方程模型技术不仅能够检验所建构的理论模型的外部效度，这种独具优势的结构方程模型技术还能够应用到基于弱理论支撑且在特定研究情境下搭建的理论模型的探索性研究情况（Wang Yue，2004）。通过结构方程建模中的 PLS 和 CB-SEM 的比较可知，这两种算法存在如下显著不同：（1）分布假设不同。PLS 为了处理缺乏理论知识的复杂算法问题，采取"软"的方法，这样就避免了 CBSEM 严格的"硬"的假设。而无论模型的复杂程度抑或样本规模的大小，PLS 均可实现"瞬时评价"（instant estimation），得到渐进性正确评价，也即 PLS 对于样本的正态分布性并无特别硬性的要求，与此相对，CBSEM 建模时假设潜变量之间关系结构的联合分布呈现多元正态规律。(2) 准确性取向不同。在调查样本量很大，且研究模型中投射于潜变量的测量题项较多的情况下，PLS 算法对于非参数数据检验结果而言是基本一致的，因此，PLS 和 CBSEM 对于同一参数的运算都在一致性的范围之内。两种结构方程模型建构和运算的差别不可能，也不应该很大。(3) 假设检验不妥。基于 Stone 和 Geisser (1974) 的交互验证法 (cross-validation)，PLS 结构方程建模实现对潜变量之间因果预测关系的验证。CBSEM 结构方程建模则采用似然比检验方法，来考察观测矩阵和理论矩阵的拟合程度。

那么，基于偏最小二乘算法 (PLS) 的结构方程模型的运算思想又究竟该如何理解？具体而言，PLS 是秉承最小二乘回归计算方法，根据研究问题所设定的假定结构模型，将用于求解研究问题的一系列线性回归模型组合在一起，进而形成的结构方程模型 (Wold, 1982)，其中，采用最小二乘回归估计算法旨在得出自变量对因变量或者观察变量的解释方差的最佳成分值 (Chin, 1998, 2010)。与 CBSEM 的各个潜变量的协方差参数各自赋值有所不同的是，PLS 在运算时对所有潜变量的估计值是确定的。这是因为，PLS 对研究模型估计的意义旨在使观测变量、因变量或者潜变量之间的影响作用路径系数最小化，运算中不存在不确定性因素的问题。

综上，研究工具、分析技术和研究方法的选取需要结合特定的研究情境、研究问题、研究对象、研究维度和研究内容等研究要素来进行抉择，针对本书所探讨的拥有多维构型的高校青年教师可雇佣型心理契约的内容结构、形成机理和组织心理与行为效应的相关问题，就尤其适宜采用秉承了最小二乘算法的结构方程模型分析技术。为了进一步阐清本书采用这项技术的原因，从而提高本书研究结论的科学性和稳健性，下文对 CBSEM 和 PLS 的主要特性进行对比。如表 4-1 所示，如果研究目的是针对变量之间的因果关系进行验证，而现实当中样本分布呈现的是欠正态分布的状态，况且样本总体规模也不足够大（即未达到基于协方差算法的结构方程模型的分析要求）时，那么 PLS 的运算和分析效果就优于 CBSEM。表 4-1 的主要特性对比分析进一步表明，针对本书研究情境所处于的动态不确定性环境下的人才、成果、教学工程建设实力和科研平台塑造实力的高度竞争的研究情境，特别是高校青年教师可雇佣型心理契约变迁所涉及研究问题的探讨需要明晰这种多维构型的新型心理契约形成的动因机理及其多维构型的内容结构和维度特征，这些复杂因素交织在一起，并且所需要的一手调查数据又往往难以规律性获取，从而实现样本数据的正态分布，而理想的大样本规模和数据信息也往往牵涉跨地区、跨时间、跨空间、跨维度等多种因素，无形中增加了调研工作的难度，因此，为了便于研究问题的探讨，并同时保证研究结果的外部效度，PLS 是相对于 CBSEM 而言更适用于本书研究问题解析的研究工具。

表 4-1　　　　　　　CBSEM 和 PLS 的主要特性对比

对比内容	PLS	CBSEM
研究目的	检验模型的预测力	检验参数的似合度
研究方法	基于方差	基于协方差
研究假设	预测指标规范（非参数性）	多元正态分布和独立的观测（参数性）
参数估计	参数不随指标和样本增加而改变	恒定
潜变量	参数估计的确定性	参数估计的不确定性
潜变量与其测量指标之间的识别关系	可构建为反映型或形成型模型	仅可构建为反映型模型
研究意义	适用于预测的准确性	适用于参数的准确性
模型的复杂度	较复杂的模型（如模型含 100 个构念和 1000 个指标）	中等及其以下复杂程度的模型（如模型含指标数不足 100 个）
样本量	最少可允许样本量 30—100 个	最少可允许样本量 200—800 个

（二）反映型指标与形成型指标

潜变量构成模式可以划分为两类：由反映型指标构成和由形成型指标构成。上文所阐述的 CBSEM 仅能解决由反映型指标构成的潜变量之间结构关系的分析问题。相对而言，PLS 除了能够解决以上的由反映型指标构成的潜变量之间结构关系的分析问题以外，还能够解决由形成型指标构成的潜变量之间结构关系的逻辑问题。鉴于本书研究问题所涉及的高校青年教师可雇佣型心理契约在组织行为管理领域通常通过青年教师个体的工作态度和工作行为得以反映，使得这一新型心理契约变量呈现出显著的反映型指标特性，因此，为了明晰本书研究问题解析所涉及的关键变量的理论边界和概念界定，下文将着力于对反映型指标概念的界定和外延边界的特征加以阐释。反映型指标对于所属潜变量的潜在概念相同。如图 4-2 所示，反映型指标对于所隶属的潜变量的变化方向一致，不同的反映型指标之间具有不同程度的相关关系。反映型指标对于所隶属的潜变量的解释方差以载荷值（loading）来标度，各个载荷值表征了各个反映型指标对于所隶属的潜变量的贡献性。表现为高载荷值的反映型指标说明这一指标对于所隶属的潜变量构成成分的共享解释方差呈现出强相关性。

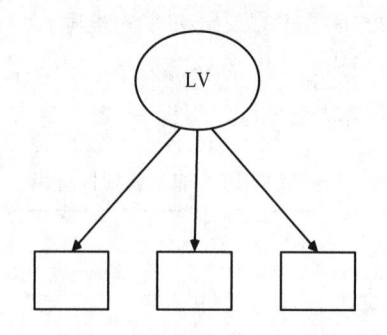

图 4-2　反映型指标与潜变量的关系

（三）PLS 结构方程模型检验

如上文所述，与 CBSEM 有所不同，基于偏最小二乘回归的结构方程模型（PLS）针对研究模型的估测采用的是预测导向的计算方法，在此基础上，PLS 结构方程模型估测步骤相继需要包括对于研究模型的测量模型估测和对于研究模型的结构模型估测。对于研究模型的测量模型估测是指通过基于偏最小二乘回归算法的 PLS 结构方程模型来检验研究模型的信度效度，这种检验过程主要是通过对观察指标的载荷值、对于潜变量的权重分配、结构模型的组合信度、平均方程抽取量和交叉载荷值的度量以及与社会统计学标准进行对比论证和分析讨论来实现的。对于研究模型的结构模型估测是指基于偏最小二乘回归算法的 PLS 结构方程模型来估计研究模型中潜变量的 R^2、潜变量之间的影响作用路径系数以及 Bootstrapping 法的运算值，从而对研究模型的解释力进行数理统计、分析和阐释。

1. 测量模型检验

针对由反映型观察指标所构成的结构模型，PLS 结构方程模型通过对反映型测量指标构成的结构模型进行测量模型估计来评价这一结构模型的信度效度。其中，度量指标主要包括：测量指标对于所隶属的潜变量的载荷值、基于重复抽样所度量的载荷值的显著性水平、潜变量的聚合效度和区分效度。具体评价方法如下。

首先，Chin（2010）指出，基于 PLS 结构方程模型技术搭建的结构模型中，各个反映型指标对所隶属的潜变量的解释力可以通过度量每个反映型指标对于所隶属的潜变量的载荷值来衡量，也即载荷值能够度量出反映型指标对所隶属的潜变量的解释力，当载荷值大于等于 0.7 时，表明反映型指标对所隶属的潜变量的解释力大于等于 50%，另外，每个反映型指标的载荷值对所隶属的潜变量的解释方差成正比。据此，本书采用反映型指标对所隶属的潜变量的载荷值来考察结构模型构建的质量。

其次，对于由反映型指标建构的结构模型，需要检验其聚合效度。聚合效度是内部一致性系数中的一种，就基于 PLS 结构方程模型技术建构的测量模型而言，通常采用组合信度来度量。基于最小二乘算法的组合信度采用 Bootstrapping 法进行测算，其考察范围近似于克隆巴赫系数（Cronbach's alpha）信度，判别标准为：组合信度大于等于 0.7，表明反映型指标建构的结构模型的聚合效度满足社会统计学所规定的测量要求。

最后，对于由反映型指标建构的结构模型，还有必要检验这种结构模型的区分效度。区分效度是指同一结构模型中的某个潜变量与其他潜变量在发生逻辑关联时相互之间"排除异己"的程度。基于最小二乘算法的结构方程模型技术采用平均方差抽取量（average variance extracted，AVE）和交叉载荷（crossing loadings，CL）这两项指标来判断两两潜变量之间的区分效度。具体而言，平均方差抽取量通常用来判断潜变量的区分效度和内部一致性信度，判断标准为：如果平均方差抽取量大于等于 0.5，表明潜变量的信度满足社会统计学所规定的分析要求，也即结构模型的逻辑关系对于潜变量的解释力大于等于 50%；另外，如果潜变量的平均方差抽取量的平方根大于这一潜变量与其他潜变量之间的相关系数（Fornell 和 Larcker，1981），也表明潜变量的内部一致性信度满足社会统计学所规定的分析要求。在组织心理与行为研究和组织管理研究中，需要同时采用这两个判别原则。除此之外，为了更为科学、稳健和严谨，有些研究人员还采用交叉载荷（CL）进一步判断结构模型的区分效度。交叉载荷的判别原则是考查潜变量的成分分值与非自身的反映型指标之间的相关系数。换言之，如果每个反映型指标对所隶属的潜变量的载荷值均大于每个反映型指标在其他潜变量上投射的载荷值，则可以判定交叉载荷满足社会统计学所规定的分析要求。

2. 结构模型检验

首先检验结构模型中每个内生变量的 R^2。R^2 表征内生潜变量能够被结构模型中所有与自身具有关联结构的外生潜变量所预测的解释方差。鉴于采用 PLS 结构方程模型作为建构思想搭建的结构模型的检验是考察模型建构的预测意义，而非求解结构模型的协方差参数的达标性能，通过一系列回归方程组来获取内生潜变量的解释方差，因此，对于结构模型中内生潜变量的 R^2 值的测度就非常有必要。

然后检验结构模型中潜变量之间影响关系的路径系数。路径系数是指结构模型中外生潜变量对于内生潜变量发生作用的统计学意义上的程度。基于 PLS 结构方程模型技术对结构模型的路径系数检验与 SPSS 回归分析中路径系数的检验原理有相似之处，有所不同的是，鉴于结构模型中潜变量之间的路径系数是借助 Bootstrapping 法进行显著性水平监测和标准化后的赋值，因此所检测到的潜变量之间影响关系的路径系数可用来作为潜变量之间影响力的相对程度的对比分析和讨论。

需要说明的是，在基于 PLS 结构方程模型技术进行研究模型的结构模型估计之中，采用了 Bootstrapping 法进行反复千次抽样的测量。此法在 PLS 结构方程模型中是专门用来监测潜变量之间影响效应的路径系数及其统计学意义上的显著性的一种非参数性估计方法，所采用的运算过程主要是通过从原始调查数据集合中进行反复随机抽样（如 1000 次重复样本抽样），进而生成相应的子样本。运算过程中创建了 N 个子样本，可以获取 PLS 结构方程模型中每个参数的 N 个估计值。对于运算得出的路径系数的判别标准执行如下规定：以 T 值来判断路径系数在统计学意义上的显著性水平，T>1.645 表明 P<0.05，路径系数在 0.05 水平上达到统计学所规定的显著性水平；T>1.96 表明 P<0.01，路径系数在 0.01 水平上达到统计学所规定的显著性水平。

第二节　问卷设计与小样本测试

明确了本书需要选用问卷调查的研究方法之后，接下来的研究工作就是要设计调查问卷，这主要包括两个方面的研究决策：一是问卷中究竟需要包括哪些问题；二是究竟应该如何设计拟调查问题的措辞（即问题题项的语言表述）。在社会统计学中，这些工作采用小样本的前测来完成。前测工作的主要目的就是通过小规模初始问卷调查来收集数据，进而对初始问卷进行信度和效度检验，以此来判断初始问卷中问项的书写格式、语言表述、撰写风格、提问方式和语气等能否充分反映拟测量研究变量的内容、变量设计是否足够科学合理，以便满足研究主题解析之研究假设（或研究模型）检验的需要。

一 问卷设计

基于本书前文的探索性研究所建构的高校青年教师可雇佣型心理契约形成的动因机理理论模型以及高校青年教师可雇佣型心理契约的维度结构理论模型，确定本书的研究变量为：青年教师可雇佣型心理契约、高校的真实工作预览、高校的组织社会化、青年教师的职业价值观和自我效能感。鉴于本书的研究目的旨在验证本书前文所提出的高校青年教师可雇佣型心理契约形成的动因机理理论模型以及高校青年教师可雇佣型心理契约的维度结构理论模型，又考虑到问卷调查法对于本书研究问题所处在的研究情境的适宜性、科学性和可行性，因此，本书拟采用问卷调查法对以上研究变量之间的逻辑关系结构进行检验，从而验证本书前文的探索性研究所提出的理论模型的真伪性。

问卷调查法是面向管理学、心理学、社会学、组织行为学或其他相关学科的最为常用，也是非常重要的一种研究方法，调查问卷设计的科学性和有效性对于保证问卷调查法所取得的研究结果的信度和效度而言至关重要，因此，本书秉承社会调查研究的思想理念和基本原则，按照调查问卷设计的规范、流程和步骤（见图4-3）（马庆国，2004），开展调查问卷的设计和编制。主要包括如下工作内容。

第一步，梳理文献、理论和研究成果，结合本书的研究问题，初步确定调查问卷需要设计的初始测量题项。一般而言，调查问卷题项的设计、开发和编制是"站在巨人的肩膀上"，即从文献中获取调查问卷题项的设计、开发和编制的思路，然而，出于创新性和创造性研究意义的考虑，在调查问卷题项的设计、开发和编制过程中又需要导入新的理论构件。因此，首先，本书在检索和梳理文献以及借鉴以往研究结果的基础上，检查以往研究结果中的理论构件的定义与本书拟设计调查问卷题项的定义是否一致，同时判断以往研究中所设计和编制的调查问卷题项的措辞、表述、风格等可否直接为本书所套用抑或有哪些需要修改以便形成能够贴切地适合本书的研究情境、研究对象、研究维度和研究内容的调查问卷。其中，尤其需要注意本书所设计、开发和编制的调查问卷的题项不要与其他理论

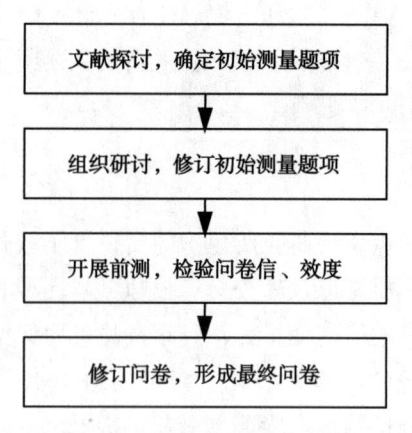

```
┌─────────────────────────────┐
│  文献探讨，确定初始测量题项  │
└─────────────┬───────────────┘
              ▼
┌─────────────────────────────┐
│  组织研讨，修订初始测量题项  │
└─────────────┬───────────────┘
              ▼
┌─────────────────────────────┐
│  开展前测，检验问卷信、效度  │
└─────────────┬───────────────┘
              ▼
┌─────────────────────────────┐
│   修订问卷，形成最终问卷     │
└─────────────────────────────┘
```

图 4-3　调查问卷设计步骤

构件的测度项语义过于相似，以防产生语义混淆，从而可能对调查对象造成视听干扰，这个步骤涉及诸多选择、编写、修改和完善步骤的工作。鉴此，为了更加切合研究情境，找到能够与研究对象相匹配、真实反映研究问题的调查问卷的测量题项，本书对相关国内外文献、理论构件和研究成果等进行了系统回顾、梳理和分析，特别是对于文献中所采用的调查问卷进行了有针对性的收集、整理、汇总和分析，其间，尤其注重调查问卷的信度和效度对研究结论的科学性、可行性和稳健性的意义，从而最终得到本书调查问卷设计的参考问题题库。需要说明的是，在现有文献、理论基础和研究结果回顾的过程中，本书兼顾了国际上相关学科专业的前沿发展对于调查问卷设计和应用的相关测量题项的汇总以及西方理论成果对于中国人文、地理环境以及组织管理情境的适应性转化，特别安排了将原版英文表述和编写的调查问卷翻译为中文，又在咨询资深专业翻译人员的译文意见之后，对翻译措辞不够妥当（例如，翻译语义不符合语境、语言表达不够确切、语气表露不够客观、拟测量内容与研究内容不够贴切、拟测量尺度与研究维度不尽匹配、拟反映的问题或现象相对于研究对象的针对性不够强等）的测量问题题项进行了逐字逐句的斟酌、推敲、修改和纠偏，以便保证本书所设计开发的初始调查问卷的测量题项对于本书拟测研究变量具有足够充分的解释力和反映度。

第二步，组织开展调查问卷的设计、开发和编制工作的专题研讨，甄选和修正调查问卷的初始测量题项。鉴于本书所设计的调查问卷主要针对高校青年教师的心理图式、心理概念等心理环境特征进行探讨，这些心理环境特征涉及当前新时代下的我国高校与青年教师之间的新型关系模式，在这种新型关系模式下的个体心理环境无疑是一种新的理论构件，极其有必要进行深入、细致的探索性研究，以便使所设计、开发和编制的调查问卷题项能够更好地切合本书的研究情境，从而能够为剖析本书的研究问题提供行之有效的测量工具。一个新的理论构件的探索可以通过有针对性地面向一些调查对象进行征询并且组织焦点小组讨论（focus group discussion）的途径来实现，因此，本书在这部分调查问卷的设计过程中采用了焦点小组讨论的方法，以便求得对初始调查问卷测量题项的科学和可靠的改善意见与建议，从而明晰拟调查问卷中各个测量题项的精准解释及其设计含义。具体而言，首先由笔者带领并组织两名齐鲁工业大学组织行为和人力资源管理研究方向的在读硕士研究生，一起针对正在设计、开发和编写的调查问卷测量题项的文字格式、语句表述、措辞语义、题项数量、作答形式、问卷风格、提问语气等主要外显的调查问卷内容以及与研究问题直接相关的拟开发问卷的主要测量部分进行集体讨论，旨在发现原初始调查问卷中测量题项的不妥之处，以便初步改善调查形式、内容和问卷设计；其次咨询两名资深专业人员（一名组织行为学和高等教育管理研究方向的博士生导师、一名"211"高校的教师发展研究中心的负责人），进一步就调查问卷的测量题项进行沟通、商榷和交流，以期更好地修正和完善调查问卷，从便于问卷调查、问卷填答、问卷理解、样本数据收集、统计和分析等实用性、可行性、应用性的角度，获取宝贵的修改意见和建议，从而形成本书所需要的科学和稳健的调查问卷。

值得注意的是，在问卷调查过程中，需要考虑社会称许性偏差的问题。社会称许性是一种心理倾向，一般来讲，人们有获得赞赏和接受的需要，并且相信采取本地域文化上可以被接受、认可和赞许的行为，就能够满足这种需要（韩振华、任剑峰，2002）。由于社会生活中的个体普遍具有这种社会称许性倾向，因此，在基于自陈式填答方式的问卷调查过程中，问卷调查的质量就往往会受限于社会称许性偏差问题，从而影响问卷调查的效果（王重鸣、刘学方，2007）。为了消除这种负面效应，本书除了在初始调查问卷的测量题项设计过程中，针对文献梳理、理论分析和演绎、研究假设模型的构建、调查内容摸索以及初始调查问卷的设计和编写等方面进行了详尽、细致、深入和系统的推导论证以外，还充分结合当前新时代下的我国组织与员工之间新型关系的可雇佣性特征，以及高校所处于的动态不确定性环境下的人才、成果、教学质量工程建设、科研平台塑造等竞争环境中的高校青年教师心理资源特质,对调查问卷的语义表述、填答方式、措辞逻辑、问卷设计风格、提问方式等都进行了精心设计和筹划,旨在尽量弱化社会称许性偏差可能对研究过程和结果造成的测量偏误,以期提高调查问卷测量的功效。

第三步,利用初始调查问卷进行小规模前测,以检验调查问卷的信度和效度是否满足社会统计学的测量要求。根据社会统计学的调查原则,经过信度和效度检验,并经由统计分析后证明了,只有满足社会统计学的分析要求的调查问卷,才能够应用于大规模样本的问卷调查,问卷调查的质量很大程度上取决于调查问卷设计开发的信度和效度。鉴此,本书拟将针对调查问卷进行校正题项后总相关系数分析(corrected item-total correlation,CITC)、探索性因子分析,以期修正调查问卷中测量题项的语义表述、项目数量、调查主旨内容、问卷风格等调查问卷构成要素,以使调查问卷能够真正反映拟测研究变量的内容结构和内涵特征,从而最终实现对研究变量实施科学测量的目的。

第四步,根据前测情况,修订初始调查问卷,进而形成可供本书研究主题解析所采用的正式调查问卷。在心理测量实验中,有两种测量偏误经常发生,严重影响实验结果的信度和效度,即天花板效应和地板效应。其中,天花板效应是指调查问卷的测量题项极易回答,且从填答结果来看,不同测试对象的答案出现了得分较高的情况,从而影响研究结果的有效性。与之相对应,地板效应则是测量题项难以回答,且从填答结果来看,出现了不同调查对象的评价分值普遍偏低的情况,从而导致研究结果低效。为了规避这种测量偏误对问卷调查质量的负面影响,本书在初始问卷设计的过程中就对设计流程进行了严格规划和控制,在文献梳理、回顾和分析时又特别注重对于信度和效度均表现较好的测量量表的收集整理;考虑到对于学科专业发展具有一定推动意义的测量量表多采用英文来表述的实际情况,本书特别咨询了相关专业的资深翻译人员(例如,组织行为学和人力资源管理研究方向的专任高校教师,具有较丰富的译著经验,熟练掌握组织管理研究测量量表的翻译和回译工作),对测量量表的翻译和回译程序及质量都进行了严格把关,同时,对初步形成的测量题项还征求了资深专业人员(相关研究领域的博士生导师、"211"高校教师发展研究中心负责人)的意见和建议,力图通过仔细斟酌每条测量题项的语义表述、措辞逻辑、填答方式、题项数量等关键测量环节，进而提升调查问卷对于拟测变量内容结构和内涵特征的反映性；在进行以上控制步骤之后，通过小规模样本的预调研对问卷题项进行了校正题项后总相关系数分析（CITC），进一步净化调查问卷的测量题项，最大可能地提高调查问卷测量的信度和效度，然后又对测量题项进行了随机排列和数据分布，从而最终形成接下来本书研究假设（或研究模型）检验所需要使用的正式调查问卷。

二 变量测度

本书基于当前新时代下的我国高校与青年教师之间的新型关系模式，以高校青年教师为研究对象，寻求解决高校青年教师可雇佣型心理契约形成的关键动因机理以及高校青年教师可雇佣型心理契约的维度结构究竟如何阐释和理解的问题。基于此，本书围绕青年教师可雇佣型心理契约、高校的真实工作预览策略、高校的组织社会化策略、青年教师的职业价值观和自我效能5个变量，采用自陈式测量方法，以Likerts 5级尺度为测量标度，其中，1—5分别表示"完全不符合""比较不符合""不清楚""比较符合""完全符合"。

（一）高校青年教师可雇佣型心理契约

高校青年教师可雇佣型心理契约是本书关注的主要研究变量，无论解析其组织效应，抑或审视其组织效应机制的边界条件等，都需要首先阐清青年教师可雇佣型心理契约形成的关键动因机理，以便在当前高度动态和不确定性的环境下开展高校的组织管理研究时，精准找到这一新构念的独特的解释视角。另外，还需要阐明高校青年教师可雇佣型心理契约的内涵特征和维度结构，以便能够深入其各个构面，以各个构面作为本书的高校组织心理与行为效应研究的切入点，逐层剖析这一新构念的组织效应。鉴于高校青年教师可雇佣型心理契约的内涵特征和维度结构的阐明无疑是以上所有研究工作的首要前提和重要基础，因此，有必要构建这一新构念的测量工具，以便通过对拟测研究变量的有效度量，阐清"高校青年教师可雇佣型心理契约"这一新构念的内涵特征和维度结构。

综观以往研究，关于心理契约问题的探讨可谓由来已久。Rousseau（1989）在学术界最早提出了心理契约测量量表，在此基础上，一些研究者结合特定研究情境和各自研究兴趣，提出了专门针对具体研究问题的心理契约的维度结构，并且开发出相应的测量量表。Hui 等（2004）提出了包含交易型心理契约、关系型心理契约和平衡型心理契约的三维结构模式及其测量量表；李原等（2002）背靠中国文化情境的实证性研究首次提出了我国员工心理契约的三维结构模式（即规范责任、人际责任、发展责任），据此开发了我国员工心理契约测量量表；与之显著不同的是，朱晓妹和王重鸣（2005）提出了我国知识员工心理契约的三维结构模式（即物质激励、发展机会、环境支持）以及相应的测试量具；有所不同的是，陈加洲等（2004）基于中国企业组织管理情境的实证性研究得出了员工心理契约由现实型心理契约和发展型心理契约两个维度构成，陈加洲等（2004）开发的测量量表从两个构面反映了当时我国企业组织员工的心理契约特质。尽管各个学派结合各自研究情境和具体研究问题所提炼的心理契约内容结构的研究成果不尽一致，所开发的测量量表也相应有所差异，然而，总体而言，针对我国员工心理契约研究多支持三维构面观，且测量工具往往多从三个面向反映具体研究情境下的员工心理契约问题。本书在前述的探索性研究中所提出的高校青年教师可雇佣型心理契约维度结构恰恰与国内学者的论断不谋而合。受此启发，在以往研究的基础上，本书拟采用三维构面观作为我国高校青年教师可雇佣型心理契约维度结构的测量量表开发的理论依据和经验证据。

　　从可雇佣性视角解读我国高校青年教师的新型心理契约的内涵要素和维度结构究竟怎样，不仅是对心理契约理论版图的有益补充，更是知识经济时代下优化我国高校高层次人才和师资队伍建设、提高教学质量工程建设和科研创新效能的迫切需要。全球知识经济结构调整对知识更新和科技创新的迫切要求预示着我国高等教育必须更加灵活地适应社会变革和经济转型升级的需求，而增强高等教育的时代先进性及体制建设柔性的有效途径之一就是提升青年教师的可雇佣性能力，高校和青年教师都对此负有责任。对高校而言，需要在学校内部倡导一种可雇佣性发展的文化和价值观取向，培养青年教师的可雇佣性素养，使青年教师能够灵活适应不同岗位职能的角色，在跨学科专业领域内游刃有余。而青年教师责无旁贷需要加强自学习能力，以满足工作对知识、专业等胜任力不断提高的要求，从中获取有赖于个人价值保值和增值的可雇佣性能力。由此，可以说，在无边界职业生涯时代，高校人力资源管理中尤以青年教师心理契约的变化最为凸显。回顾我国高校的传统人事关系，教师一旦入职便可享受终身就业（职业）保障；而在当前的新型雇佣关系模式下，青年教师必须以工作绩效表现来赢得职业生涯。事实上，国内高校早就出现了试用期满因为没有达到科研业绩考核指标而被迫离职的现象，还有高校以博士后师资的形式进行试用期考核，达到了考核指标，才能够转为正式教师（即所谓"转正"）。总之，无论采用以上哪种形式，"完成考核业绩指标是考查青年教师的工作表现的准绳"的政策不仅越来越司空见惯，其考核标准甚至出现了愈加严格之势。除此之外，教学科研考核、职称评聘晋升、生活品质提高、抚育子女、赡养老人等来自工作和生活的多重压力以及高校人力资源保障政策尚待完善等，也都导致青年教师心理契约变迁问题和现象日渐凸显，并进一步引发工作积极性和组织忠诚度下降，工作价值观也随之发生着改变。鉴于个体的可雇佣性能力是赢得职业生涯的关键致因之一，外部环境和内心冲突之下，只有牢牢把握住并且不断提升个体的可雇佣性能力，才能永葆自身职业价值发展。因此，经济发展新时代下，高校青年教师更希望获得能够驰骋于职业生涯的可携带的胜任力；在立足于本学科专业的基础上，不断扩展学术视野和学科范围，更多地获得学习、培训、交流和合作的机会；在融入并建立学校内部人际关系网络的同时，铺设有利于个人职业生涯发展的更广泛的社会关系网络，展开更切实、更广泛的研究合作。从国内外文献、理论建构和研究成果对于可雇佣性的界定来看，可雇佣性是个体具备的能够胜任当前岗位职能，并能够在失业的状况下重新获得新的工作机会的能力。它体现在与职业相关的、以学习能力为基础的综合能力方面，综合能力提高就表现为获得更多知识、提升专业能力、发展人际能力等（De Cuyper 等，2011）。

鉴于此，在将个体可雇佣性能力开发作为构筑高校与青年教师之间的新型关系的基础上，本书尝试提出"高校青年教师可雇佣型心理契约"这一新的概念。如本书前文所述，随着高校与青年教师之间新型关系模式的建立，个体可雇佣性能力开发逐渐成为两者间关系维系的重要元素。换言之，青年教师通常希望高校能提供有利于个体可雇佣性能力发展的有效途径，高校则寄希望于拥有高可雇佣性能力的青年教师，这时个体可雇佣性能力开发就融入高校与青年教师之间的心理契约当中，形成了"高校青年教师可雇佣型心理契约"这一新的理论构念，即青年教师关于高校在个体可雇佣性能力发展方面的责任履行的期望与信念。

综上，结合当前中国经济发展新时代下的动态不确定环境，尤其是高校所普遍面临的成果、人才、教学质量、科研平台等高度竞争的形势，本书采用三维构面观来设计高校青年教师可雇佣型心理契约的维度结构，并力图通过对相关经典测量量表的汇总、整理、翻译和回译、借鉴、焦点小组讨论、专家和同行的征询等程序，对测量量表题项进行斟酌、修改和完善，从而形成初始调查问卷（见表4-2）。

表4-2　　　高校青年教师可雇佣型心理契约的测量题项

变量因子	题项编号	题项内容
为个体可雇佣性能力提升提供发展机会	EPC1	学校提供较丰富的职业发展机会
	EPC2	学校提供与国内外同行进行交流和学习的机会
	EPC3	所从事的工作具有挑战性
	EPC4	工作中，能够得到上级领导的指导、支持和鼓励
	EPC5	学校提供职务（专业技术职务职级、行政职务职级）晋升的机会
	EPC6	学校/学院（或所在单位）提供能充分施展自身才能的空间
为个体可雇佣性能力提升提供组织环境支持	EPC7	学校/学院（或所在单位）的相关领导和我的沟通交流畅通，我提出的想法、建议或意见能及时收到反馈
	EPC8	学校/学院（或所在单位）的相关领导能公平地对待我
	EPC9	学校/学院（或所在单位）的相关领导肯定我为工作投入的努力和做出的贡献
	EPC10	学校/学院（或所在单位）的相关领导关心我的职业成长和个人生活
	EPC11	学校/学院（或所在单位）提供有利于教学和学术交流及合作的氛围
	EPC12	学校/学院（或所在单位）给予我应有的信任和尊重
	EPC13	学校/学院（或所在单位）提供了教学和科研资源充分的环境条件
为个体可雇佣性能力提升提供物质支持	EPC14	学校提供的薪酬具有吸引力
	EPC15	学校提供住房公积金、住房补贴、社会保险、医疗保险以及安家费、科研启动经费及其他有利于福利待遇保障的相关保险和补贴
	EPC16	学校提供稳定的工作保障
	EPC17	我在工作（如教学、科研、教研等方面）中有自主权
	EPC18	学校按照工作业绩（教学、科研、教研、社会服务等业绩）公平地发放工资、奖金和奖励

(二) 真实工作预览

迄今为止，真实工作预览研究在我国正方兴未艾，整体而言，大部分研究依然处于理论分析和演绎阶段，结合特定组织环境特征，面向其某类员工群体的理论模型建构以及与之相关的实证性讨论并不多见，针对我国高校青年教师的真实工作预览研究就更为匮乏，然而，值得注意的是，西方管理学界关于真实工作预览相关问题的讨论已逐步从理论探索期过渡到理论命题的验证阶段 (Mello, 2002; McShane 和 Von Glinow, 2003)，特别是在组织行为学和组织管理研究中，真实工作预览研究更是从单纯的概念界定、内涵外延明晰发展为对个体工作态度和工作行为的衍生效应以及对组织效果的关联机制作用。尽管以往研究中学者们基于各自研究情境且针对具体研究问题和研究维度的探讨与研究成果不尽一致，然而却基本上达成了"组织的真实工作预览对于员工的职业抉择、组织态度和行为具有研究价值，并将进一步影响组织效果"的共识 (Rynes, 1990)。随着当今知识经济时代下的新型员工—组织关系模式的打造，这种以个体可雇佣性能力的可持续开发作为显著特征的新型组织关系模式使组织心理与行为模式发生了显著不同于以往研究成果的巨大变化，真实工作预览作为组织招募管理实践的重要策略之一，所带来的派生效应、涟漪反应和连锁机制与日俱增，并呈现出明显地差别于以往组织招募效果的独特优势。为了解析真实工作预览策略及其组织效应中已经发生和潜在蕴含着的、即将迸发的种种变化，一些研究者采用了自陈式问卷调查的方式进行心理测验，即通过询问员工对组织反应的各种信息来获取员工对组织所实行的真实工作预览的心理认知和评价程度，进而以心理感知度作为研究的切入点，探索员工接下来可能发生的心理体验以及工作态度和行为结果，从而得以推断对组织效果的影响。以往实证性研究已经证实了，这种情景模拟实验方法有助于探测组织真实工作预览的实质和效果，能够为组织管理实践提供有效的理论支撑和经验证据。因此，本书亦采用此法，通过询问高校青年教师对于组织真实工作预览的心理认知度来测度员工在经历真实工作预览后所发生的相关心理体验和心理反射。需要说明的是，为了规避社会称许性偏差、地板效应和天花板效应等测量偏误对问卷调查效果的负面影响 (Barr 和 Hitt, 1986)，本书严格遵循预调研程序，在现有经典的测量工具基础上进行汇总、整理、翻译和回译等量具的开发与编制工作 (Singer 和 Bruhns, 1991)，并结合我国高校教学发展和科研发展以及青年教师师资队伍建设的研究情境，对初始测量题项进行了修正和改善。为了进一步提高调查问卷题项对拟测量变量内容的反映性能，本书还特别咨询了相关学科专业领域的资深专家（高等教育管理、组织行为学和人力资源管理研究方向的博士生导师、"211"高校人力资源部负责人），对调查问卷的测量题项进行了精修和完善，从而形成可作为本书研究问题解析所需要的初始调查问卷，如表4-3所示。

表4-3　　　　　　　　　真实工作预览的测量题项

变量因子	题项编号	题项内容
来自组织的支持	RJP1	学校/学院（或所在单位）提供许多职务（专业技术职务职级、行政职务职级）晋升的机会
	RJP2	我在学校/学院（或所在单位）内有职务（专业技术职务职级、行政职务职级）发展的机会
	RJP3	学校/学院（或所在单位）提供施展自我才能的空间
	RJP4	我在工作（在教学、科研、教研等方面）中有自主权
	RJP5	我在工作（在教学、科研、教研等方面）上要承担一定责任
	RJP6	我可以自主调整自己的工作（在教学、科研、教研等方面）时间表或工作计划
	RJP7	我能够在学校/学院（或所在单位）内建立自己的职业生涯
	RJP8	我会因良好的工作业绩（教学、科研、教研、社会服务等业绩）获得奖励
	RJP9	学校/学院（或所在单位）为青年教师提供一些福利措施
	RJP10	我能够自主决定自己的休假时间
	RJP11	我的付出与所得基本相符
组织提供的工作环境	RJP12	学校/学院（或所在单位）为青年教师提供了良好的工作环境
	RJP13	学校/学院（或所在单位）及其相关领导关心青年教师的生活状况
	RJP14	其他同事与我友好相处
	RJP15	其他同事会应我的需要而提供相关帮助和支持

（三）组织社会化

研究发现，进入工作场所后的新员工除了通过真实工作预览的途径了解组织信息以外，以后更多情况下是通过上级领导、同僚、指导老师（有的组织为新入职的青年教师设置了"师带徒""传帮带"的指导政策和措施）以及教工大会、年度总结大会、课题组交流活动、月（周）例会、校园文娱活动、读书节、节日游园活动、春季运动会、"三八"妇女节活动、"六一"儿童节活动、党建生活会等正式和非正式的形式洞察到组织的多元化信息（Allen 和 Meyer，1990），相对于真实工作预览在初入职阶段的引导而言，组织社会化是新员工得以逐渐成长为资深员工的必由之路（Van Maanen 和 Schein，1979）。一些全球化或国际组织已经认识到这一点，将组织社会化列入组织管理实践，并作为组织管理决策的重要参考依据和实践指南。鉴于组织社会化过程对于员工心理资源以及组织效果的理论和现实意义，学术界将组织社会化纳入组织管理研究范畴，通过专门的理论探索性研究和定量实证性研究的验证，提出了"组织社会化"这一术语——随着员工在组织社会化过程中的不断深入，员工对组织信息的认知、消化和吸收所形成的心理概念相应变迁，这种心理状态变化的过程即为组织社会化（Van Maanen 和 Schein，1979）。组织社会化概念的明晰有力地推动了组织管理研究的发展，组织社会化测量量表开发堪属该研究领域中最为突出的贡献之一。例如，Jones（1986）针对员工由正式组织的组织社会化所形成的内心体验的测度，开发了面向员工、借助自陈式测量技术的 7 个测度题项的测试量具。由于对组织管理活动的理论价值和实践应用价值，Jones（1986）所开发的量表得到了学术界和实务界的广泛推崇，量表的测量内容和关键术语也被诸多研究者所借鉴。具体到本书的研究问题，结合当前我国高校所面临的高度动态和竞争性的外部环境以及新形势下高校与青年教师之间的新型关系模式，按照本书前述的初始问卷设计的规范流程和方法，对现有文献和研究成果的测量量表进行了有针对性的修编，力图保证调查问卷的测量题项对拟测研究变量具有高反映性能，确保调查问卷的信度和效度。由此，最终形成的初始调查问卷的测量题项如表 4-4 所示。

表 4-4　　　　　　　　　　组织社会化的测量题项

变量因子	题项编号	题项内容
青年教师培育规范	OS1	我接受过青年教师培训，这是专门为青年教师设计的与教学、科研、教研等与新进教师工作开展有关的技能和知识的专题培训
	OS2	直到我彻底熟悉教学、科研、教研等新进教师相关工作开展的各项流程和方法后，才开展本职工作
	OS3	我对于大部分关于新进教师相关工作开展的注意事项和工作要求是通过非正式渠道或者工作开展过程中的在职培训获得

续表

变量因子	题项编号	题项内容
青年教师职业规划	OS4	对于工作岗位、职务职级的变动或调整,学校/学院（或所在单位）有明文规定
	OS5	学校/学院（或所在单位）依据工作绩效考评（教学业绩、科研业绩、教研业绩、社会服务业绩等）来调整职务职级、工作岗位等
	OS6	学校/学院（或所在单位）对青年教师有清晰的职业生涯发展规划

（四）职业价值观

职业价值观是基于传统的工作价值观的概念提出的。综观以往研究，学者们对于工作价值观的探讨屡见不鲜，工作价值观已经成为个体职业生涯观培育、职业抉择、职业能力培养、职业品牌经营、职业形象塑造等个人生涯锻造的重要前提和基础。相应地，关于工作价值观也已经从理论探索期逐步过渡到以假设命题的定量实证性检验为研究论证主题的理论建构阶段。工作价值观的测量量表则成为诸项实证性研究的重要基础性工具。在以往研究关于职业价值观的测试量具中，颇为经典的要属工作价值观测量量表（work values inventory, WVI）、工作价值观调查问卷（survey of work values, SWV）、工作倾向性调查问卷（work aspect preference scale, WAPS）以及明尼苏达量表（minnesota importance questionnaire, MIQ）（Weiss，1970）。这些测量工具对个体工作价值观的测度各有侧重，分别试图从不同角度反映拟测量情境下的个体工作价值观。可以说，尽管所关注的测量角度有所不同，然而从普遍意义来讲，均为学术界提供了个体工作价值观度量的有效测量工具，对个体心理环境考察乃至所牵涉的组织心理与行为研究、组织管理研究等都极具理论价值和现实应用意义。例如，明尼苏达量表（MIQ）可以对个体工作价值观所产生的组织心理与行为以及组织效果进行有效测度，在组织行为研究领域，特别是在个体心理实验环节当中，明尼苏达量表（MIQ）都是研究者们最为普遍的首选测试量具。随着组织管理研究的蓬勃发展，尤其是新知识经济时代下的组织行为日益呈现出不同于以往组织行为实践活动的显著变化，对个体工作价值观的审视也被赋予了新的内容。Super 等（1995）认为传统的明尼苏达量表（MIQ）实质上是针对个体工作价值观测试量表的信度和效度进行检测和评估的工具，在组织效果的应用方面依然有待进一步开发。Lofquist 等

(1978)进一步发展了这个观点,他们结合组织心理与行为研究、组织管理研究当中对于新变量界定的探索性研究指出,采用明尼苏达量表(MIQ)考察个体所秉持的工作价值观时,应该结合特定的研究情境、研究问题、研究维度和研究主题,且需要格外关注各个测量题项对于拟测变量的内涵特征的反映属性,进而在传统明尼苏达量表(MIQ)的基础上进行修订,并且在这个量表基础上,提出了便于研究变量操作化的短式测量量表。相对于传统明尼苏达量表(MIQ)而言,这种短式量表更具明显的可操作性,因此,被学术界所广泛应用于个体工作价值观的测度(Keller Lauren,1992)。通过文献回顾、理论分析和研究成果梳理,工作价值观被界定为个体对自身职业前景和工作远景的一种心理预期和信念,在组织管理领域中,工作价值观的内容涵盖了个体对组织态度、对组织的心理环境等各个方面,是个体对与职业和工作状况有关的心理概念的总和(Keller Lauren,1992)。那么,本书所探讨的职业价值观恰恰是高校青年教师对于个体执业情景和工作状态的期望与信念,从内涵意义上讲,融会了职业价值观概念的特征,可以理解为是青年教师职业价值观之于具体工作场所的对完成职业决策和职业行为的内在价值观体系。因此,本书在设计职业价值观量表时借鉴了工作价值观的测量思想和测量方法,以短式明尼苏达量表为依据,按照初始调查问卷设计的规范和流程,设计、编写了各个测量题项,以求最大限度满足本书对高校青年教师的职业价值观测度的需要。所形成的初始调查问卷的测量题项如表4-5所示。

表 4-5　　　　　　　　职业价值观的测量题项

变量因子	题项编号	题项内容
职业激励	WV1	我能够时常做不同的事情
	WV2	我为良好地完成工作而感到自豪
	WV3	我能够自主尝试一些不同的工作
	WV4	我的工作并非日常或重复性
	WV5	我每天都可以从事一些不同的工作内容
	WV6	多数时间,我可以做一些事情
	WV7	我对自己的工作计划负责
	WV8	我在工作上有自主权

续表

变量因子	题项编号	题项内容
职业发展	WV9	我的工作成绩优秀
	WV10	我总在不断成长
	WV11	我能够靠自己的能力做一些事
	WV12	我希望工作适合个人能力的发挥
	WV13	我希望能有很高的职务（专业技术职务或行政管理职务）
	WV14	我能把握住良好的工作机会
职业氛围	WV15	我可以为其他同事做些什么
	WV16	我具有帮助其他同事的能力
	WV17	我能够指导其他同事的工作
	WV18	我能够和同事发展成为良好、紧密的伙伴关系
	WV19	我和同事们友好相处

（五）自我效能

Bandura（1977）最早在学术研究中提出了个体自我效能的概念，它是指个体对通过自身实力的途径从事某种行为并且对这种行为所产生的效果的一种主观判断或内在信念，这种判定和信念往往显著地表现为个体对完成某种行为以及对所达成目的的自信心、内驱力、笃定的信念、自我创造创新意识以及高主观能动性。"自我效能"这一术语的界定为学术界理解个体在组织活动中的态度和行为以及所带来的组织结果注入了一缕"清风"和"新鲜血液"，围绕自我效能的理论性探索和实证性讨论接踵而至。自我效能量表的研制则更是为自我效能相关问题研究领域的实证性探讨提供了坚实、稳健的理论基础和实证依据。在自我效能概念界定及其边界划分清晰的基础上，Bandura（1977）又指出，自我效能尤为针对在特定应激条件下个体所产生的心理知觉、心理体验、心理资本、心理属性等心理环境因素进行了诠释，尤其能够解释处于工作或生活等困境中的个体如何才能开展逆袭，进而又究竟怎样达成计划目标的动态心理发展过程。借此，Bandura（1977）认为，对自我效能的考查应注重于这一概念的内容、维度和程度。换言之，持有高内容、多维度和强程度自我效能的个体通常具有高自主能动性、高自我激励能力、高坚韧品质、高坚持不懈的意志力，特别是在逆境中，这些独特品质体现得更加淋漓尽致，成为自我驱动进而成就个人目标的强大内驱力；反之，持有低内容、简单维度和弱势程度的自我效能者当遇到挫折时往往表现为显著的低自我激励能力，例如，听之任之、怨天尤人、消极怠工、不问世事，甚至自暴自弃、自甘闲置。当前的"宅家""自闭"等情况屡见不鲜。以上无论高自我效能抑或低自我效能的事件，都从不同角度说明，拥有不同程度的自我效能，对于个体自我成长的不同程度的重要作用。基于此，他主张从三个角度测量自我效能内容：第一个角度是数量，即自我效能的程度或水平值；第二个角度是强度，即对于能够依靠个体自身的能力来实现计划目标的这种自身综合实力强度的判断；第三个角度是预测程度，即对于通过自身能力达成既定计划目标与理想的计划目标之间呈现正相关的程度。在Bandura（1977）的自我效能考查理念基础上，一些研究者结合各自研究情境和研究兴趣，开发了与特定的研究问题解决相匹配的自我效能的测试量具。Schwarzer和Aristi（1997）结合西方组织管理研究情境，进一步发展出更适合组织管理研究和实践应用指导的一般自我效能量表（general self-efficacy scale，GSES）。我国的张建新和Schwarzer（1995）以中国香港地区为研究背景，在对香港地区高校大学生组织行为问题的研究中提出了专门适用于香港地区的高校大学生自我效能测量的量表。鉴于Bandura（1997）的自我效能量表对于学术界开展相关研究的高可借鉴价值，以及其他学者在这一量表应用基础上进行改良和修订的意见与建议，本书特别结合本研究情境和我国高校青年教师所独具的个性特质，对Bandura（1997）的自我效能测试量具进行了收集、翻译、回译和整理，并通过咨询资深专业研究人员进行了必要的调整、修订和编写，最终形成了可供本书研究使用的初始调查问卷，其测量题项如表4-6所示。

表4-6　　　　　　　　自我效能的测量题项

变量因子	题项编号	题项内容
合作沟通	SE1	我能够与其他同事合作，合作过程中能清楚地向同事表达自己的建议或意见
	SE2	我能设身处地为其他同事着想，和持异己意见的同事合作、协商或共同解决工作以及人际问题

续表

变量因子	题项编号	题项内容
自我激励	SE3	无论工作怎样困难，我都能竭尽全力克服困难、完成工作
	SE4	我能集中精力，努力实现工作计划和目标
	SE5	我总是愿意追求自己感兴趣且有挑战性的事物，并能全身心投入其目标达成的过程中
	SE6	为了自身职业生涯的发展，我愿意参加与之相关的学习、培训、交流和访学等各类活动
	SE7	无论在哪种工作或社交场所中，我都能恰当地展现自己，塑造良好的个人表现和个人形象

三 小样本测试

（一）概述

初始问卷形成后，需要通过小样本的预调研途径来检验调查问卷的信度和效度以及测量量表对拟测研究变量的确切反映性，在保证对拟测研究变量的科学和稳健的解释力基础上，进一步纠正净化和提炼研究变量的维度结构，从而实现研究变量对现实世界中真实构念的一致性解释力以及测试量表对拟测研究变量的高度反映性。采用小样本规模的预调研内容主要包括如下四个方面：（1）明确问卷调查目的；（2）明确问卷对拟调查的研究对象和研究问题的社会意义与学术价值；（3）明确科学、可行的调查方法；（4）保证调查效果能够达成。基于此，考虑到本书的研究对象为新时代下我国高校青年教师，且鉴于：（1）青年教师的心理契约变迁已经成为全国各地高校在青年教师招募引进、青年教师师资队伍建设、青年教师职业素质培育工程和青年教师职业发展机制打造中亟待解决和不断完善的问题；（2）据我国教育部高等教育司的相关统计分析数据和研究资料显示，青年教师的心理契约变迁问题在"985"高校、"211"高校和地方本科高校中尤为凸显；（3）新知识经济时代下的人才、成果、教学工程、科研平台等方面因素的竞争日趋激烈，身处其中的我国高校势必面临青年教师的职业能力快速培育的问题，与此同时，高校与青年教师之间的关系模式也发生着显著不同于以往研究成果和管理实践活动的变化，以个体可雇佣性能力发展为典型特征的新型组织关系模式已然成为当前我国高校进行青年教师师资队伍管理的重要基础，相应地，青年教师的心理契约融合了个体可雇佣性发展的内涵，这就为可雇佣性理论与心理契约理论相结合，进而提出"高校青年教师可雇佣型心理契约"这一新的概念奠定了理论基础，并为这一新的理论构念的实践测量提供了科学性和可行性。基于此，本书针对高校青年教师可雇佣型心理契约及其相关的组织效应问题，面向我国"985"、"211"和地方高校的青年教师发放预调查问卷，力图通过对在青年教师招募、引进、培育、师资队伍建设等各方面积累了一定经验的高校行政管理人员以及经历过高校相关师资政策并对政策形成了一定心得体会的青年教师进行小规模的问卷调查前测，来检验本书前文所设计的各个测量量表对拟测研究变量的反映性以及对于真实世界中所提炼的科学问题进行考察的科学性与可行性。

本书的预调查问卷于2017年3—4月进行发放和回收，主要发放对象为京津、河北、济南、泰安、大连、上海、武汉、南京、广州等地"985"高校、"211"高校和地方本科高校的人力资源部（副）处长和（副）科长、教师发展研究中心（副）主任、部分二级学院（副）院长及其他行政管理人员以及高校教龄在5年以内的青年教师，共发放问卷120份。问卷发放对象大多数是研究团队成员所熟悉的人员，且在发放过程中特别说明了问卷填答方式、所涉及的专业术语、问卷调查目的和研究主题，以及其他问卷填答时需要注意的事项，并对问卷填答质量和填答时间要求进行了强调和反复叮咛，即便是委托填答对象代为发放的问卷，也都是填答对象所熟知的人员，这些填答人员都是高学历（硕士以上学历），对文案工作已经形成了一定语义理解、表达和创作能力，工作态度比较认真，从未出现过工作事故，而且事实上，从问卷回收后数据统计反馈的情况来看，仅有个别少数问卷存在漏填、重复填答、误填、单选题勾选了两个以上答案、规律性答案、笔迹不清、填答不完整等现象，被判定为无效问卷，这些无效问卷数据并未纳入本书研究范畴，这样一来，本次问卷调查总体上回收了有效问卷97份，有效问卷回收率为80.8%。

数据收集过程结束后，接下来需要用统计分析软件对所收集的样本数据进行录入、处理和统计分析，并根据数据的统计分析结果，对理论模型进行再思考、修正和拟合。根据社会统计学的分析原则，在对数据进行统计分析之前，有必要初步考察样本数据的质量。本书采用SPSS 17.0（PASW Statistics 17.0）对所收集的问卷数据进行评估。通过基于样本特征和数据特征的统计分析，各个测量题项填答数据的Shapiro-Wilk正态性检验的显著性水平接近于零（P<0.05），偏度绝对值（skewness）小于3、峰度绝对值（kurtosis）小于10，这表明尽管数据非正态分布，但是数据分布的偏度和峰度均达到了邱皓政所提出的相关判别标准，因此表明，预调研数据能够进一步用于接下来的纠正项目总相关系数分析（CITC）、探索性因子分析、信度和效度检验等数据统计与分析工作。

　　测度项设计的基本目的是测量调查对象在一个理论变量上的真实值。因此，测度项的质量可以通过几个标准来衡量：效度标准，是用来回答"一个测度项反映了理论变量吗"；信度（reliability）标准，是用来回答"一个调查对象能否对一个测度项做出可靠的回答，多个调查对象对一个测度项的理解是否一致"，问卷题项的文字表述风格也牵制调查结果的效度和信度。换言之，效度（validity）指一个或一组测度项可以真实地反映一个理论构件。在社会学统计中，效度往往被称作构件效度（construct validity），一般而言，社会学研究问题的数据分析结果需要考察内容效度、区分效度、收敛效度（又称聚合效度）和外度效度（又称建构效度）。效度的第一个要求是测度项在语义上需要针对一个理论构件。效度是"问了应该问的问题、问对了应该问的问题"，它首先需要保证的是测度项语义内容上的正确性。而信度是"把应该问的问题问好"，反映了调查对象对于每个测度项回答的真实可靠性。信度是效度的必要但不充分条件。信度与效度并非平等概念，信度是效度的一部分。在社会学统计中，信度衡量采用克隆巴赫系数，克隆巴赫系数大于0.7表明量表对拟测研究变量的解释力满足统计分析要求（Nunnally，1978）。需要说明的是，对于新开发的测量量表而言，往往出现量表整体信度较低的情况，对于这种情况，已有经典理论原则指出，如果信度衡量的目的是考察新开发的测量量表的品质，那么0.5<克隆巴赫系数<0.6是可以接受（允许接受）的统计范围值（吴明隆，2010），这一新开发的测量量表可以用于接下来对研究假设验证的实质性讨论（徐云杰，2011）。预调研实质上就是要通过检验量表测量的信度和效度来评估调查问卷的科学性与可行性，保证测量工具对于拟测量内容和测量维度的真实性与反映性，进而为理论模型验证提供坚实、科学和可靠的理论基础依据与实证性研究证据。

　　那么在以上预调研过程的有效问卷数据收集整理之后，接下来就需要对这些问卷的样本数据进行处理、统计和分析，从而检验量表测量的信度和效度。按照社会统计学的分析理论和基本原则，本书采用探索性因子分析（exploratory factor analysis，EFA）与验证性因子分析（confirmatory factor analysis，CFA）相结合的方法针对测量量表的信度和效度进行检验与修正。需要说明的是，在展开这两项分析工作之前，有必要首先对测量量表进行纠正题项总相关系数分析（CITC 分析）的纯化处理。纯化处理（CITC 分析）是对测量量表的拟测量因子进行精确提炼和纯度净化的有效途径，一般设置于探索性因子分析之前，通过检验量表中每个测量题项与所属变量的 CITC 值的方法，剔除量表中的垃圾题项（即与拟测研究变量的内涵特征存在弱相关性的测量题项）（Churchill 和 Gilbert，1979）。CITC 值即测量题项能否反映拟测变量的程度。量表纯化检验中经常出现如下情况，相关的判别标准和操作方法是：如果测量题项的 CITC 小于 0.5，除非存在可以接受的足够充分和合理的理由能够证明测量题项需要予以保留的科学性和可行性，否则，就要剔除这一测量题项；如果测量题项的 CITC 值大于 0.5，进一步信度分析中又发现，当剔除这一测量题项后，量表信度整体有所改善，就表明，剔除这一测量题项具有统计分析意义上的合理性。

基于 CITC 值测定并纯化后的测量量表再导入探索性因子分析，以便进一步剔除非纯净性因子和测度题项。需要说明的是，在紧接着执行探索性因子分析之前，作为测量量表的区分效度检验的前期准备工作，还需要针对测量量表所收集的样本数据进行 KMO（Kaiser-Meyer-Olykin Measure of Sampling Adequacy）测试和 Bartlett 球体检验（Bartlett Test of Sphericity）（马庆国，2002）。当 KMO 值测试和 Bartlett 球体检验满足社会统计学意义上的分析要求时，测量量表所收集的数据才可以继续执行探索性因子分析，否则，就要终止接下来的数据分析（即数据分析工作到此为止，样本数据不具有进一步统计分析的理论价值和实践应用价值）。其中，KMO 值的判定标准是：KMO>0.9，极其适宜；0.8<KMO<0.9，很适宜；0.7<KMO<0.8，适宜；0.6<KMO<0.7，适宜性弱于前者；0.5<KMO<0.6，尚可接受；KMO<0.5，不适宜。当 KMO 值测试结果表明，量表所收集的数据符合社会统计学意义上的分析要求时，还需要同时考察 Bartlett 球体检验结果，如果 Bartlett 球体检验结果的显著性概率小于等于社会统计学所规定的显著性水平，则量表数据可以继续用于探索性因子分析。

根据社会统计学关于社会调查数据的分析原则,在运用 SPSS 统计分析软件进行探索性因子分析时,应该以特征值大于 1 作为因子提取的标准,同时采用主成分分析和最大方差旋转法。为了确保量表测量的区分效度,对于数据分析结果的判定准则和处理方法规定如下:(1)分析结果中出现单个测量题项独立组成一个因子,要剔除该题项。(2)分析结果中出现某个测量题项横跨了多个因子或者某个测量题项的因子载荷小于 0.5,除非存在客观充分的理论依据以证明该题项应予保留,否则要剔除之。而如若保留因子载荷小于 0.5 的测量题项,则需要在大样本规模的数据分析中加以着重讨论和说明保留该因子的充分理由。(3)分析结果中出现某个测量题项对应的提取因子与原初始量表设计中的维度划分有所不同,则有必要在因子分析结果基础上,结合量表编制的理论依据、研究情境和研究内容等,重新斟酌量表中测量题项对所属维度的划分,一旦明晰了量表维度的划分结构后,需要据此修正维度命名,以保证量表测量题项和因子对于拟测变量的真实反映性(Lederer 等,2000)。需要说明的是,在以上分析和判定过程中,每当剔除测量题项时,都要对量表的克隆巴赫系数进行重新检测。测量题项剔除合理的判定标准是:当重新检测量表的克隆巴赫系数时,发现系数上升,同时量表的内容效度达到统计分析要求,则可以判定测量题项剔除合理。经过以上收敛效度和区分效度的检验过程之后,还需要利用克隆巴赫系数对量表重新进行信度评估,若克隆巴赫系数大于 0.6,则表明量表信度较好,可以应用于理论假设验证的研究。

　　本书按照以上问卷设计、问卷调查和数据分析原则针对初始量表数据进行纯化处理、信度和效度测试。如图 4-4 所示,首先,利用调查数据对量表的测量题项进行纠正题项总相关系数分析(CITC 分析)测量值的纯粹化处理,将 CITC 值低于 0.5 的测量题项全部剔除,通过这种清理垃圾题项的途径来提升测量量表的收敛效度,剔除不符合统计分析要求的垃圾题项之后,重新采用克隆巴赫系数对量表剩余题项进行信度检验,进一步印证题项剔除的科学性和合理性;其次,利用调查数据对测量量表题项执行 KMO 值测试和 Bartlett 球体检验,在确定了这两个指标满足社会统计学所规定的分析要求之后,再执行探索性因子分析;然后,正式进行探索性因子分析,按照探索性因子分析的经验法则和判定标准,剔除因子载荷值低于 0.5、横跨 2 个以上因子且因子载荷大于

0.5 的测量题项，进一步提取合理因子，提升测量量表的区分效度；随后，对经由以上收敛效度和区分效度检验及纯粹净化提炼后的测量量表再次进行信度检验，采用克隆巴赫系数大于 0.6 的判别标准，达到这一标准的测量量表才可以判定为信度较好，可以应用到基于理论模型转化的研究模型的验证性研究当中。

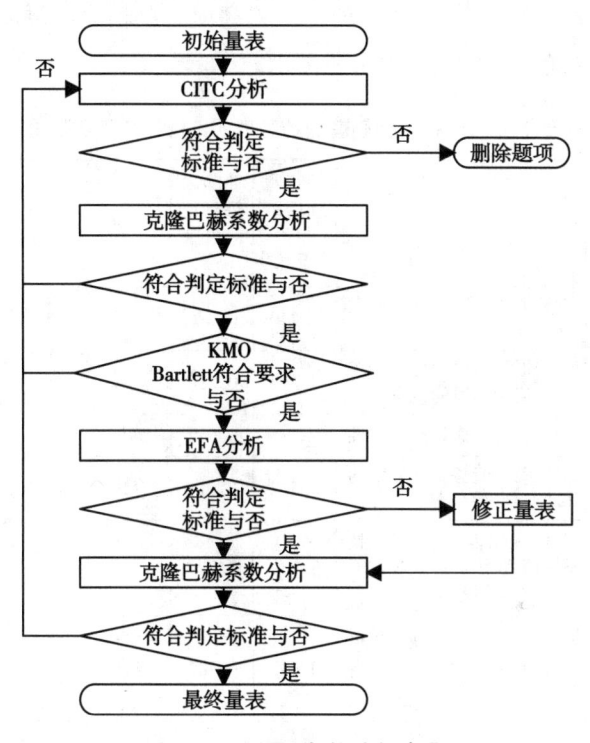

图 4-4　预调研数据分析步骤

（二）信度和效度分析

基于以上分析步骤和检验原则，本书针对各个研究变量所收集的测量量表的样本数据展开修正题项的总相关系数纯化处理（CITC 分析）、信度和效度检验、探索性因子分析，从而全面保证测量量表的收敛效度、区分效度、内容效度和建构效度等，最终保证测量量表应用范围的科学性和可行性，为接下来的理论模型验证提供科学、稳健的测量工具。

1. 高校青年教师可雇佣型心理契约量表的信度和效度分析

由表 4-7 可知，"为个体可雇佣性能力提升提供发展机会"因子中的 EPC2 和 EPC3、"为个体可雇佣性能力提升提供组织环境支持"因子中的

EPC12 和 EPC13，以及"为个体可雇佣性能力提升提供物质支持"因子中的 EPC15 和 EPC16 的 CITC 都低于 0.5，剔除了 EPC2、EPC3、EPC12、EPC13、EPC15、EPC16 之后，各个维度和量表整体的克隆巴赫系数均有所改善，说明这些测量题项的剔除是合理的，并且剔除以上测量题项之后剩余测量题项的 CITC 都大于 0.5，各个维度和测量量表整体的克隆巴赫系数均逾 0.7，因此可以认为，经由修正题项的总相关系数纯化后的测量量表满足社会统计学所规定的分析要求。

表 4-7 高校青年教师可雇佣型心理契约量表的 CITC 分析和信度分析

因子	题项编号	题项内容	校正题项后总相关系数	删除题项后克隆巴赫系数	评价	各因子克隆巴赫系数	量表克隆巴赫系数
为个体可雇佣性能力提升提供发展机会	EPC1	学校提供较丰富的职业发展机会	0.740	0.770	合理	$\alpha_1 = 0.736$ $\alpha_2 = 0.824$	$\alpha_1 = 0.831$ $\alpha_2 = 0.864$
	EPC2	学校提供与国内外同行进行交流和学习的机会	*0.149*	0.630	*删除*		
	EPC3	所从事的工作具有挑战性	*0.341*	0.672	*删除*		
	EPC4	工作中，能够得到上级的指导、支持和鼓励	0.532	0.714	合理		
	EPC5	学校提供职务（专业技术职务职级、行政职务职级）晋升的机会	0.751	0.774	合理		
	EPC6	学校/学院（或所在单位）提供能充分施展自身才能的空间	0.645	0.704	合理		
为个体可雇佣性能力提升提供组织环境支持	EPC7	学校/学院（或所在单位）的相关领导和我的沟通交流畅通，我提出的想法、建议或意见能及时收到反馈	0.640	0.732	合理	$\alpha_1 = 0.814$ $\alpha_2 = 0.828$	
	EPC8	学校/学院（或所在单位）的相关领导能公平地对待我	0.681	0.731	合理		
	EPC9	学校/学院（或所在单位）的相关领导肯定我为工作投入的努力和做出的贡献	0.649	0.722	合理		

续表

因子	题项编号	题项内容	校正题项后总相关系数	删除题项后克隆巴赫系数	评价	各因子克隆巴赫系数	量表克隆巴赫系数
为个体可雇佣性能力提升提供组织环境支持	EPC10	学校/学院（或所在单位）相关领导关心我的职业成长和个人生活	0.652	0.743	合理	$\alpha_1 = 0.814$ $\alpha_2 = 0.828$	
	EPC11	学校/学院（或所在单位）提供有利于教学和学术交流的氛围	0.509	0.748	合理		
	EPC12	学校/学院（或所在单位）给予我应有的信任和尊重	*0.244*	0.701	*删除*		
	EPC13	学校/学院（所在单位）提供教学和科研资源丰富的环境条件	*0.297*	0.714	*删除*		
为个体可雇佣性能力提升提供物质支持	EPC14	学校提供的薪酬具有吸引力	0.511	0.638	合理	$\alpha_1 = 0.622$ $\alpha_2 = 0.740$	
	EPC15	学校提供住房公积金、住房补贴、社会保险、医疗保险以及安家费、科研启动经费及其他有利于福利待遇保障的相关保险和补贴	*0.349*	0.605	*删除*		
	EPC16	学校提供稳定的工作保障	*0.189*	0.552	*删除*		
	EPC17	我在工作（在教学、科研、教研等方面）中有自主权	0.563	0.594	合理		
	EPC18	学校按照工作业绩（教学、科研、教研、社会服务等业绩）公平地发放工资和奖金	0.513	0.698	合理		

　　探索性因子分析旨在检验和提升量表测量的区分效度，其执行的重要前提和基础是拟测研究变量的各个测量指标之间存在着非正交性关系。在此基础上，本书结合前述探索性因子分析的基本原则和判别准则，首先利用量表数据对量表题项进行 KMO 值和 Bartlett 球体检验，以便对以上剔除了垃圾题项后的剩余题项一起进行因子分析的科学性和可行性的判定。KMO 值和 Bartlett 球体检验结果表明，KMO = 0.776 > 0.7，Bartlett 球体检验 Chi-Square = 1471.175，自由度 = 55，显著性概率 = 0.000，因此，可以

判定，量表能够进行探索性因子分析。其次，本书采用特征值大于 1 作为萃取标准来提取共同因子，选用主成分分析及最大方差旋转法对剩余量表题项进行探索性因子分析。分析结果如表 4-8 所示，共萃取了 3 个特征值大于 1 的共同因子，对应初始量表设计的 3 个构面，累计方差解释为 69.2%，阴影部分为载荷大于 0.5 的因子。因此，可以判定，量表的区分效度满足社会统计学意义上的分析要求，量表区分效度较好。

表 4-8　　　　　　　　　　探索性因子分析

维度	题项编号	因子 1	因子 2	因子 3
为个体可雇佣性能力提升提供发展机会	EPC1	0.788	-0.131	-0.420
	EPC4	0.731	-0.022	-0.107
	EPC5	0.804	-0.335	-0.130
	EPC6	0.701	-0.141	0.105
为个体可雇佣性能力提升提供组织环境支持	EPC7	0.380	0.699	0.140
	EPC8	0.137	0.672	0.297
	EPC9	-0.159	0.771	0.110
	EPC10	-0.405	0.765	0.271
	EPC11	0.166	0.619	0.314
为个体可雇佣性能力提升提供物质支持	EPC14	0.228	0.173	0.517
	EPC17	0.305	0.174	0.554
	EPC18	0.241	0.241	0.503

接下来重新检验量表整体的克隆巴赫系数，以全面保证量表测量的信度。如表 4-9 所示，经以上检验步骤修正后的高校青年教师可雇佣型心理契约量表各个因子的信度都在 0.7 以上，表明量表及各个因子的内部一致性满足统计分析要求。换言之，本书所设计的高校青年教师可雇佣型心理契约量表具有社会统计学意义上的分析价值，能够用于本书接下来关于理论模型验证的研究。

表 4-9　最终形成的高校青年教师可雇佣型心理契约量表的信度分析

测量变量	克隆巴赫系数
为个体可雇佣性能力提升提供发展机会	0.779
为个体可雇佣性能力提升提供组织环境支持	0.853

续表

测量变量	克隆巴赫系数
为个体可雇佣性能力提升提供物质支持	0.708

2. 真实工作预览量表的信度和效度分析

由表 4-10 可知,"来自组织的支持""组织提供的工作环境"两个因子中均存在 CITC 低于 0.5 的测量题项,予以剔除后,两个因子和量表整体的克隆巴赫系数提升,表明这些测量题项确定为垃圾题项,剔除是合理的,同时发现,剔除垃圾题项后的剩余测量题项的 CITC 都在 0.5 以上,两个因子和量表整体的克隆巴赫系数均逾 0.6。本书所设计的真实工作预览量表是在汲取现有文献思想、研究成果和经典量表精髓的基础上,专门针对当前我国高校与青年教师之间新型关系模式下的青年教师招募、引进、职业能力培育以及所形成的个体内在心理体验所开发的测量量表,并非没有与本书的研究情境相结合,且为单纯的成熟量表的直接转化应用,另外,对于新开发的量表工具的预调研而言,如果量表的克隆巴赫系数为 0.5—0.6,则有理由说明量表具有社会统计学分析意义上的有效性。基于此,可以判定,本书所设计编写的真实工作预览量表可以用于接下来的本书研究主题的解析。

探索性因子分析旨在检验和提升量表测量的区分效度,其执行的重要前提和基础是拟测研究变量的各个测量指标之间存在着非正交性的关系。在此基础上,本书结合前述的探索性因子分析的基本原则,首先利用量表所收集的数据对量表剩余测量题项进行 KMO 值和 Bartlett 球体检验,以便对以上剔除了垃圾题项后的剩余测量题项一起进行共同因子分析的科学性和可行性的判定。KMO 值和 Bartlett 球体检验结果表明,KMO = 0.713 > 0.7,Bartlett 球体检验 Chi-Square = 816.046,自由度 = 105,显著性概率 = 0.000,因此,可以判定,剔除了垃圾题项后的测量量表可以进行接下来的探索性因子分析。其次,本书采用特征值大于 1 作为萃取标准提取共同因子,选用主成分分析及最大方差旋转法对量表剩余题项进行探索性因子分析。分析结果如表 4-11 所示,共萃取了 2 个特征值大于 1 的因子,对应初始量表设计的 2 个构面,累计方差解释为 59.07%,阴影部分为载荷大于 0.5 的因子。基于此,可以判定,量表的区分效度满足社会统计学意义上的分析要求,量表区分效度较好。

表 4-10　　　　真实工作预览量表的 CITC 分析和信度分析

因子	题项编号	题项内容	校正题项后总相关系数	删除题项后克隆巴赫系数	评价	各因子克隆巴赫系数	量表克隆巴赫系数
来自组织的支持	RJP1	学校/学院（或所在单位）提供许多职务（专业技术职务职级、行政职务职级）晋升的机会	0.511	0.673	合理	a_1 = 0.608 a_2 = 0.645	a_1 = 0.636 a_2 = 0.728
	RJP2	我在学校/学院（或所在单位）内有职务（专业技术职务职级、行政职务职级）发展的机会	0.552	0.610	合理		
	RJP3	学校/学院（或所在单位）提供施展自我才能的空间	0.524	0.594	合理		
	RJP4	我在工作（在教学、科研、教研等方面）中有自主权	0.304	0.534	删除		
	RJP5	我在工作（在教学、科研、教研等方面）上要承担一定责任	0.316	0.602	删除		
	RJP6	我可以自主调整自己的工作（在教学、科研、教研等方面）时间表或工作计划	0.075	0.633	删除		
	RJP7	我能够在学校/学院（或所在单位）内建立自己的职业生涯	0.206	0.672	删除		
	RJP8	我会因良好的工作业绩（教学、科研、教研、社会服务等业绩）获得奖励	0.177	0.680	删除		
	RJP9	学校/学院（或所在单位）为青年教师提供一些福利措施	0.300	0.608	删除		
	RJP10	我能自主决定自己的休假时间	0.240	0.600	删除		
	RJP11	我的付出与所得基本相符	0.101	0.611	删除		

续表

因子	题项编号	题项内容	校正题项后总相关系数	删除题项后克隆巴赫系数	评价	各因子克隆巴赫系数	量表克隆巴赫系数
组织提供的工作环境	RJP12	学校/学院（或所在单位）为青年教师提供了良好的工作环境	0.543	0.704	合理	$\alpha_1 = 0.612$ $\alpha_2 = 0.693$	
	RJP13	学校/学院（或所在单位）及领导关心青年教师的生活状况	0.577	0.594	合理		
	RJP14	其他同事与我友好相处	0.652	0.698	合理		
	RJP15	其他同事会应我需要而提供相关帮助和支持	*0.348*	0.633	*删除*		

表 4-11 　　　　　　　　　　　　探索性因子分析

维度	题项编号	因子1	因子2
来自组织的支持	RJP1	0.744	-0.031
	RJP2	0.531	-0.207
	RJP3	0.809	0.208
组织提供的工作环境	RJP12	-0.133	0.804
	RJP13	0.023	0.550
	RJP14	0.161	0.723

接下来重新检验量表整体的克隆巴赫系数，以便能够全面保证量表测量的信度。如表 4-12 所示，经以上检验步骤修正后的真实工作预览量表各个因子的信度都在 0.6 以上，表明量表及各个因子的内部一致性满足社会统计学所规定的分析要求。换言之，本书所设计的真实工作预览量表具有社会统计学所规定的分析意义，能够用于本书接下来关于理论模型验证的研究。

表 4-12　　　　　最终形成的真实工作预览量表的信度分析

测量变量	克隆巴赫系数
来自组织的支持	0.611
组织提供的工作环境	0.684

3. 组织社会化量表的信度和效度分析

由表 4-13 可知，所有测量题项的 CITC 都在 0.5 以上，各个因子和量表整体的克隆巴赫系数也均逾 0.6，满足社会问卷调查对于量表信度的检验标准，因此，可认为本书所设计的组织社会化量表的收敛效度具有社会统计学意义上的有效性。

表 4-13　　组织社会化量表的 CITC 分析和信度分析

因子	题项编号	题项内容	校正题项后总相关系数	删除题项后克隆巴赫系数	评价	各因子克隆巴赫系数	量表克隆巴赫系数
青年教师培育规范	OS1	我接受过青年教师培训，这是专门为青年教师设计的与教学、科研、教研等与新进教师工作开展有关的技能和知识的专题培训	0.504	0.611	合理	α=0.657	α=0.677
	OS2	直到我彻底熟悉教学、科研、教研等新进教师相关工作开展的各项流程和方法后，才开展本职工作	0.538	0.599	合理		
	OS3	我对于大部分关于新进教师相关工作开展的注意事项和工作要求是通过非正式渠道或者工作开展过程中的在职培训获得	0.506	0.696	合理		
青年教师职业规划	OS4	对于工作岗位、职务职级的变动或调整，学校/学院（或所在单位）有明文规定	0.514	0.599	合理	α=0.602	
	OS5	学校/学院（或所在单位）依据工作绩效考评（教学业绩、科研业绩、教研业绩、社会服务业绩等）来调整职务职级、工作岗位等	0.507	0.572	合理		
	OS6	学校/学院（或所在单位）对青年教师有清晰的职业生涯发展规划	0.564	0.581	合理		

需要说明的是，尽管各个因子和量表的克隆巴赫系数都在 0.6 以上，没有达到 0.7 的阈值标准，然而，鉴于本书所设计的组织社会化量

表是在汲取现有文献思想、研究成果和经典的量表精髓的基础上，专门针对当前我国高校与青年教师之间的新型关系模式下的高校组织社会化政策实行情况以及青年教师基于所在学校的组织社会化所形成的心理感知和内在体验进而开发编写的测量量表，并非没有结合本书特定研究情境的考虑，单纯地直接套用成熟的西方量表，对于在东方文化情境下新开发量表的预调研而言，如果量表整体的克隆巴赫系数是 0.5—0.6，则可以认为，量表具有社会统计学所要求的分析意义，因此，本书所设计的组织社会化量表的信度系数可以接受。接下来，本书结合前述探索性因子分析的基本原则，首先利用基于量表收集的样本数据对量表进行 KMO 值和 Bartlett 球体检验。KMO 值和 Bartlett 球体检验结果表明，KMO = 0.633 > 0.6，Bartlett 球体检验 Chi-Square = 239.821，自由度 = 15，显著性概率 = 0.000，因此，可以认为，量表能够用于探索性因子分析。然后，本书以特征值大于 1 作为萃取标准进而提取共同因子，选用主成分分析及最大方差旋转法对量表的测量题项进行探索性因子分析。分析结果如表 4-14 所示，共萃取出了 2 个特征值大于 1 的因子，对应初始量表设计的 2 个构面，累计方差解释为 54.034%，阴影部分为载荷大于 0.5 的因子。基于此，可以认为，量表的区分效度满足社会统计学所规定的分析要求，量表的区分效度较好。

表 4-14　　　　　　　　　探索性因子分析

维度	题项编号	因子 1	因子 2
青年教师培育规范	OS1	0.701	0.046
	OS2	0.776	-0.077
	OS3	0.628	0.398
青年教师职业规划	OS4	-0.018	0.707
	OS5	0.380	0.711
	OS6	0.138	0.740

接下来重新检验量表测量题项整体的克隆巴赫系数，以便全面保证量表测量的信度。如表 4-15 所示，经过以上检验步骤修正后的组织社会化量表的各个共同因子的信度都在 0.6 以上，表明量表及各个共同因子的内部一致性满足社会统计学所规定的分析要求。换言之，本书所设计的组织

社会化量表具有社会统计学所规定的分析意义，能够用于本书对于理论模型验证的研究。

表4-15　　　　　最终形成的组织社会化量表的信度分析

测量变量	克隆巴赫系数
青年教师培育规范	0.622
青年教师职业规划	0.641

4. 职业价值观量表的信度和效度分析

由表4-16可知，职业价值观量表的各个因子中均不同程度地包含了若干测量题项的CITC低于0.5的情况，按照上述初始量表题项的CITC净化方法和萃取原则，对CITC低于0.5的垃圾题项予以剔除，之后再次做CITC分析检验发现，剩余题项的CITC都大于0.5，且各个因子和量表整体的克隆巴赫系数均逾0.7，满足社会统计学所规定的测量要求。因此，这一量表可以继续进入接下来的相关信度和效度检验步骤。

表4-16　　　　　职业价值观量表的CITC分析和信度分析

因子	题项编号	题项内容	校正题项后总相关系数	删除题项后克隆巴赫系数	评价	各因子克隆巴赫系数	量表克隆巴赫系数
职业激励	WV1	我能够时常做不同的事情	0.713	0.648	合理	$\alpha_1 = 0.714$ $\alpha_2 = 0.836$	$\alpha_1 = 0.822$ $\alpha_2 = 0.890$
	WV2	我为良好地完成工作而感到自豪	0.531	0.704	合理		
	WV3	我能够自主尝试一些不同的工作	0.677	0.661	合理		
	WV4	我的工作并非日常或重复性	0.729	0.677	合理		
	WV5	我每天都可以从事一些不同的工作内容	0.683	0.691	合理		
	WV6	多数时间，我可以做一些事情	0.674	0.707	合理		
	WV7	我对自己的工作计划负责	-0.033	0.7032	删除		
	WV8	我在工作上有自主权	-0.073	0.702	删除		

续表

因子	题项编号	题项内容	校正题项后总相关系数	删除题项后克隆巴赫系数	评价	各因子克隆巴赫系数	量表克隆巴赫系数
职业发展	WV9	我的工作成绩优秀	0.511	0.602	合理	$\alpha_1 = 0.611$ $\alpha_2 = 0.744$	$\alpha_1 = 0.822$ $\alpha_2 = 0.890$
	WV10	我总在不断成长	0.574	0.502	合理		
	WV11	我能够靠自己的能力做一些事	0.529	0.583	合理		
	WV12	我希望工作适合个人能力的发挥	_0.042_	0.590	_删除_		
	WV13	我希望能有很高的职务（专业技术职务或行政管理职务）	_0.122_	0.612	_删除_		
	WV14	我能把握住良好的工作机会	_0.304_	0.648	_删除_		
职业氛围	WV15	我可以为其他同事做些什么	0.638	0.625	合理	$\alpha_1 = 0.691$ $\alpha_2 = 0.715$	
	WV16	我有帮助其他同事的能力	0.622	0.693	合理		
	WV17	我能指导其他同事的工作	_0.292_	0.661	_删除_		
	WV18	我能够和同事发展成为良好、紧密的伙伴关系	0.528	0.692	合理		
	WV19	我和同事们友好相处	_0.184_	0.667	_删除_		

在探索性因子分析阶段，本书结合前述的检验原则，首先利用量表所收集数据对量表测量题项进行 KMO 值和 Bartlett 球体检验，以便对以上剔除了垃圾题项后的剩余题项一起进行因子分析的科学性和可行性判定。KMO 值和 Bartlett 球体检验结果表明，KMO = 0.884 > 0.7，Bartlett 球体检验 Chi-Square = 1090.193，自由度 = 66，显著性概率 = 0.000，因此，可以判定，这一量表可以进行探索性因子分析。其次，本书以特征值大于 1 作为萃取标准提取因子，选用主成分分析及最大方差旋转法对量表的测量题项进行探索性因子分析。分析结果如表 4-17 所示，共萃取了 3 个特征值大于 1 的共同因子，对应初始量表设计的 3 个构面，累计方差解释为 58.642%，阴影部分为载荷大于 0.5 的因子。同时还发现，"WV18"横跨了共同因子 1 和共同因子 3，且在 2 个共同因子上的载荷都在 0.5 以上，违背了量表测量区分效度的检验原则，应剔除之。除此之外，其他各个测量题项都满足社会统计学所要求的区分效度的检验原则。

表 4-17　　　　　　　　　探索性因子分析

维度	题项编号	因子 1	因子 2	因子 3
职业激励	WV1	0.803	0.181	0.283
	WV2	0.577	0.047	0.033
	WV3	0.704	0.174	0.317
	WV4	0.663	0.194	0.344
	WV5	0.811	0.165	0.129
	WV6	0.693	0.380	0.195
职业发展	WV9	0.148	0.833	0.139
	WV10	0.271	0.819	0.161
	WV11	0.328	0.544	0.238
职业氛围	WV15	0.231	0.144	0.841
	WV16	0.291	0.212	0.863
	WV18	*0.518*	0.251	*0.509*

接下来重新检验量表整体的克隆巴赫系数，从而全面保证量表测量的信度。如表 4-18 所示，经以上检验步骤修正后的职业价值观量表的各个因子的信度都达到了 0.7 的检验标准，表明量表及各个因子的内部一致性满足社会统计学所规定的分析要求。换言之，本书所设计的职业价值观量表具有社会统计学所要求的分析意义，能够用于本书对于理论模型验证的研究。

表 4-18　　　　最终形成的职业价值观量表的信度分析

测量变量	克隆巴赫系数
职业激励	0.796
职业发展	0.733
职业氛围	0.851

5. 自我效能量表的信度和效度分析

由表 4-19，自我效能量表的"自我激励"因子中包含了题项的 CITC 低于 0.5 的情况，按照上述初始量表的净化原则，应该剔除这些题项，后经重新针对量表测量题项的 CITC 测试发现，各个因子和量表整体的克隆巴赫系数均逾 0.6，且较之未剔除垃圾题项之前有所优化，进一步证明了剔除垃圾题项的科学性和合理性，同时，各个因子和量表整体克隆巴赫系数都满足社会统计学的分析要求也表明，这一量表可以继续接下来的相关信度和效度检验。

表 4-19　　自我效能量表的 CITC 分析和信度分析

因子	题项编号	题项内容	校正题项后总相关系数	删除题项后克隆巴赫系数	评价	各因子克隆巴赫系数	量表克隆巴赫系数
合作沟通	SE1	我能够与其他同事合作，合作过程中能清楚地向同事表达自己的建议或意见	0.630	0.710	合理	α = 0.704	α₁ = 0.711 α₂ = 0.750
	SE2	我能设身处地为其他同事着想，和持异己意见的同事合作、协商或共同解决工作以及人际问题	0.541	0.711	合理		
自我激励	SE3	无论工作怎样困难，我都能竭尽全力克服困难、完成工作	0.550	0.669	合理	α₁ = 0.648 α₂ = 0.697	
	SE4	我能集中精力，努力实现工作计划和目标	0.563	0.601	合理		
	SE5	我总是愿意追求自己感兴趣且有挑战性的事物，并能全身心投入其目标达成的过程中	0.510	0.633	合理		
	SE6	为了自身职业生涯的发展，我愿意参加与之相关的学习、培训、交流和访学等各类活动	_0.442_	0.691	_删除_		
	SE7	无论在哪种工作或社交场所中，我都能恰当地展现自己，塑造良好的个人表现和个人形象	_0.070_	0.560	_删除_		

在探索性因子分析阶段，本书结合前述的检验原则，首先利用量表数据对量表进行 KMO 值和 Bartlett 球体检验，以便对以上剔除了垃圾题项后的剩余题项组合进行因子分析的科学性和可行性判定。KMO 值和 Bartlett 球体检验结果表明，KMO = 0.610 > 0.6（趋近 0.7），Bartlett 球体检验 Chi-Square = 344.057，自由度 = 10，显著性概率 = 0.000，因此，可以认为，量表剩余题项可以进行探索性因子分析。其次，本书以特征值大于 1 作为

萃取标准来提取共同因子，选用主成分分析及最大方差旋转法对量表剩余测量题项进行探索性因子分析。分析结果如表 4-20 所示，共萃取了 2 个特征值大于 1 的共同因子，对应初始量表设计的 2 个构面，累计方差解释为 57.11%，阴影部分为载荷大于 0.5 的因子。因此，可以认为，这一量表的区分效度满足社会统计学所规定的分析要求。

表 4-20 探索性因子分析

维度	题项编号	因子 1	因子 2
合作沟通	SE1	0.113	0.902
	SE2	0.145	0.890
自我激励	SE3	0.742	-0.190
	SE4	0.764	0.133
	SE5	0.705	0.199

接下来重新检验量表整体的克隆巴赫系数，以便全面保证量表测量的信度。如表 4-21 所示，经过以上检验步骤修正校准后的自我效能量表的各个因子的信度都基本上达到了 0.7 的检验标准。鉴于对于新开发量表，量表及其各个因子的克隆巴赫系数是 0.5—0.6 就足以证明，量表在社会统计学意义上是可以接受的，因此，可以认为，本书所设计的自我效能量表的内部一致性满足社会统计学的分析要求，能够用于本书接下来关于理论模型验证的研究。

表 4-21 最终形成的自我效能量表的信度分析

测量变量	克隆巴赫系数
合作沟通	0.799
自我激励	0.704

（三）最终问卷的形成

本书严格秉承调查问卷设计、预调研的方法、程序、规范和判定原则，以当前新时代下的我国高校与青年教师之间的新型关系模式为背景，围绕高校青年教师可雇佣型心理契约形成的关键动因机理以及高校青年教师可雇佣型心理契约的内容结构展开了相关研究变量的测量量表开发及其调查问卷的设计和编制。其间，本书对各个关键设计环节的质量进行了严格把控，主要控制内容包括：系统梳理和回顾了经典文献、研究成果和量表工具，为本书的量表开发工作积累了科学、稳健的理论基础；组织焦点小组讨论，本专业研究人员共同商榷测量量表题项和调查问卷设计编写形式，并咨询相关学科专业领域的专家、同行，征询专业意见与建议，从而控制量表题项设计的内容效度；以小样本规模开展预调研前测，严格按照量表测量方法和数据分析检验的规范和判定标准，对量表的各个因子和测量题项展开纠正题项后总相关系数分析的净化处理以便剔除无效的垃圾题项，并对剔除垃圾题项之后的量表工具重新进行信度测试，以便保证量表整体的内部一致性；进而以 KMO 和 Bartlett 球体检验作为探索性因子分析的启动阈值，为量表信度和效度测试做好准备；在探索性因子分析过程中，从信度和效度考察的角度进一步萃取因子和反映题项，剔除无效的垃圾题项，以便提升量表整体及其各个公因子的收敛效度、区分效度和建构效度，从而形成可供本书后续的理论模型验证所需要的正式测量工具，所有测量题项都进行了随机排序，以尽量规避和消除社会调查中容易出现的社会称许性偏差、天花板效应（ceiling effect）、地板效应（floor effect）和首因效应。本书关于调查问卷的设计与编制不仅充实了可雇佣性理论、心理契约理论、真实工作预览理论、组织社会化理论、工作价值观理论、自我效能理论、高等教育管理理论等相关学科领域的理论建构，更为高校系统有效利用以上测量工具来进行青年教师招募引进、师资队伍建设、职业能力培育及发展工程塑造等提供了稳健的实践应用指南。

第三节　正式调研与假设检验

一　正式调研过程

（一）样本选择与分析准备

本书所研究的主要内容是基于经济发展新时代下的我国高校教学科研发展的动态发展情境，结合高校与青年教师之间的新型关系模式特征，尝试将可雇佣性理论与心理契约理论相结合，探索我国高校青年教师可雇佣型心理契约形成的关键动因机理以及高校青年教师可雇佣型心理契约的维度结构与内涵特征。鉴于高校所处于的高度动态和不确定的外部环境及这一环境下的人才、成果、教学质量工程、科研平台优势等方面竞争日益激烈的形势，以及青年教师所独具的高知识、高创新、高自我意识、高职业价值取向、高成就感、高组织敏感度等个体特质，本书在调查问卷的发放和回收过程中特别关注了样本学校以及学校中调查对象的遴选。例如，考虑到本书所涉及的研究问题在"985"高校、"211"高校和地方本科高校中尤为凸显，况且近年来，这些高校所面临的教学事业和科研事业快速发展的急迫形势也促使学校在青年教师招募、职业素质培育和职业生涯发展方面进行了大力度投入，优厚的引进待遇和条件、重点科研平台（科研基地、实验室）建设、"师带徒"式青年教师培育机制、破格提升计划、优秀青年学者培养计划等屡见不鲜，诸如此类政策的出台和实施也已在不同程度上对青年教师的心理资源和心理概念等心理环境因素构成影响，青年教师对所在学校的心理知觉和内在体验随之显著不同于以往，青年教师的心理契约变迁问题也愈加显现，而以个体可雇佣性能力发展作为显著特征的心理契约构建已然成为青年教师对所在学校的心理图式和内在体验的主要组成部分。因此，本书在问卷调查过程中特别注重面向"985"高校、"211"高校和地方本科高校，调查对象则专门针对这些样本学校所划定的青年教师。具体而言，对于样本学校和调查对象的选取，本书严格依照如下标准操作：（1）调查对象来自我国"985"高校、"211"高校或地方本科高校；（2）调查对象是所在学校规定的青年教师［鉴于有的学校以新入职5年内的新进博士（博士后）认定为青年教师，有的学校以新入职3年内的新进博士（博士后）认定为青年教师，有的学校以实际高校教龄在5年或者3年以内为标准来划定是否为青年教师，另有学校存在其他认定标准，因此，本书所指的青年教师以样本学校政策规定为准］。

  本书的问卷调查数据均属于一手数据，在社会调查过程当中，一手数据收集的效果难免会受到数据采集与处理方法以及数据收集、加工、处理和分析过程中的诸项环境因素的影响。为了最大限度地弱化问卷调研过程中的研究工作偏差所导致的研究结果的低效能，研究团队成员特别关注把控研究过程的规范性和严谨性，通过自己的熟人、朋友、同学、导师、亲戚、舍友等关系多方联系调查对象，且即便委托他人代发问卷和回收问卷，也特别向受委托对象明确说明了问卷填答要求、注意事项、回收时间和要求并且对问卷填答的质量进行了反复叮咛，收集和发放每份纸质问卷时，都将问卷提前放置在单独的一个信封内，信封口附有双面胶，以便调查对象能够私密地填答问卷，在填答好问卷后，将之放回信封内并紧跟着粘贴上信封盖，通过这种方式来加强对问卷调查环节的匿名性把控，使得调查对象能够放心填答，从而保证问卷填答的质量。诚然，每一种研究方法都多少难免存在些许调查偏误之处，即便尽力控制住调查过程的每个步骤和流程节点，也难以完全将其中的调查偏误化解为零。因此，除了对调查过程和关键流程节点实施了严格把控与督导之外，根据社会调查理论与方法中的强调，本书还采用了与研究内容、研究主题、研究维度和研究对象相匹配的统计分析技术和方法来削减测量偏误的问题，一般来讲，能够控制在社会统计学所允许的测量和分析范围内的细小偏误不会对整体调查和研究结果构成严重影响，可以忽略不计。也就是说，在这种情况下，可以认为，问卷调查和数据分析结果具有社会统计学意义上的研究价值。为此，本书专门针对高校青年教师可雇佣型心理契约的内容结构、形成致因、组织心理与行为效应等相关问题调查的特殊性，选用了行之有效的统计分析技术和方法。

一般而言，社会调查研究中收集的数据需要通过信度分析和效度分析来清理无效数据与垃圾数据，以便保证导入正式研究工作的样本数据具有社会统计学所规定的分析可靠性，只有这样严格地控制样本数据和研究过程的质量，才能确保理论模型验证的建构效度。特别是对于源自实地现场的一手数据而言，必要的信度和效度检验更是研究质量保证的极为有力的途径。那么，究竟应该如何控制调查数据的信度和效度？本书严格秉承社会调查分析的理论、原则和判定标准，在调查数据的整理、处理和分析过程中进行了严密的信度和效度控制。首先，在信度把控方面，基于现有文献结论和理论建构支撑来获取以往研究中的经典测试量表工具，结合本书研究的特定情境、研究内容、研究问题和研究对象等关键研究要素，既"站在'巨人'的肩膀上"汲取经验，又融入本研究的理论建构思想，对本书研究所需要的调查问卷加以恰当的修订和开发，将两者进行有机的融合后，导入本书研究问题的理论构件；将研究团队成员讨论一致的量表雏形提交焦点小组讨论，通过本学科专业领域内专业人士的共同商榷和探讨，力图获得更能够反映拟测研究变量内涵的量表工具；进而征询资深学界专家、同行和有着丰富实践经验的实务界人员的建议与意见，争取进一步完善测试量表工具，使之更能够贴切地反映现实世界中的真实构件；在以上量表测量的内部一致性控制的基础上，本书还凭借社会统计学的分析技术，采用 SPSS 统计分析软件对问卷调查数据进行统计、处理和分析，以社会统计学所规定的判定准则和经验依据作为评价标准，对量表测量的信度进行检验。其次，在效度把控方面，研究人员首先进行了自检，即明确理论构件的定义（内涵）和适用范围（外延），在这一过程中，研究人员特别关注了如下注意事项：（1）除非是出于理论上建构设计的考虑，否则应该尽量保证存在着因果关联的研究变量都是针对同一现象或问题；（2）态度与意向在研究对象上必须一致；（3）明确要求调查对象报告自我态度；（4）把一个测度项放到与它的构件定义最为接近的其他构件的测度项中，检验这个测度项是否可以"蒙混过关"（即这个测度项与其之前或之后的测度项是否都表述了同一个意旨，如果确实是都表达了相同的意旨，那么这个测度项就存在问题，必须予以剔除，从而避免对测试量具整体可靠性的干扰）。然后，研究人员针对量表设计与调查对象进行了焦点小组讨论，焦点小组成员选自目标群体中的成员，以此来保证量表设计内容和意义与调查内容保持一致。除此之外，研究人员也采用了社会统计学所规定的分析手段对量表进行了效度检验，例如，针对经由纠正题项总相关系数分析（CITC 分析）净化后的量表结构进行 KMO 和 Bartlett 球体检验，以此阈值作为探索性因子分析可以进行的先决条件，在先决条件满足的情况下，采用探索性因子分析来萃取公共因子、删除无效的共同因子和测量题项，从而提高量表结构整体的建构效度。综上所述，通过探索性研究的量表设计和问卷数据调查的实证性检验相结合的方法，针对本书所开发量表的信度和效度进行了全面系统的把控，旨在形成本书研究变量测度的测量工具，为本书的理论模型检验提供具有科学性和稳健性的研究工具。

秉承以上研究设计和社会统计分析思想，本书将预调研所形成的正式量表应用于研究假设检验。社会统计学理论指出，对于正式调查数据的研究假设检验一般应先针对测量量表结构实施验证性因子分析（confirmatory factor analysis，CFA），以保证导入研究假设检验的量表结构能够贴切地反映拟测量的研究变量。验证性因子分析的强项就在于允许明确描述一个理论模型中的诸项细节要素。事实上，在社会调查分析中通常存在着测量误差，研究者需要使用多个测量题项。当使用多个测量题项后，就会产生测量题项的"质量"问题，针对测量量表的效度检验就是鉴别这一"质量"问题，以保证量表结构具有能够满足研究问题解决的科学性和可靠性。具体而言，效度检验就是要看一个测量题项是否在其所隶属的因子上投射了足够显著的载荷,同时在与己不相关的因子上没有落下显著的载荷。如果测量量表中的每个测量题项都具有这种评价结果,那么可以判定,量表结构整体在社会统计学意义上的效度较好。对于其中测量误差的衡量可以通过检验一个测量工具中是否存在共同方法偏差(即测量题项之间是否存在"子因子")的途径来实现。这些测试过程中都要求明确描述测量题项、因子、残差之间的关系结构。对这种关系的描述又可称为测量模型(measurement model)。对测量模型的质量检验是展开研究假设检验之前必要的步骤。在一个测量模型中最基本的关系是测量题项与因子的对应关系,且研究假设中就假定了这种关系是已知的,但需要检验结果加以证实。验证性因子分析就能够解决这个需要被证实的问题。为了检验测量题项的外部效度,必须如同在探索性因子分析中一样,求解因子载荷及相应的残差,并通过计算各项拟合指数且在统计标准范围进行对比分析,从而实现对测量模型质量的评估。

综观以往研究,研究者们通常采用结构方程模型(stucture equation model,SEM)来进行验证性因子分析和研究假设检验。迄今为止,结构方程模型技术广泛应用于社会学、管理学、心理学、系统控制学等跨学科专业领域,从相关文献回顾来看,普遍采用的结构方程模型技术大体分为两大类,且分别秉承了两种结构方程模型分析思想,它们是:基于协方差结构分析的结构方程模型估计(covariance-based structure evaluation model,CBSEM)和基于偏最小二乘算法(partial least squares,PLS)的结构方程模型估计。(1)基于协方差结构分析的结构方程模型估计(CB-SEM)中有两个基本的模型:测量模型(measured model)与结构模型(structural model)。基于协方差结构分析的结构方程模型估计(CBSEM)对这两个模型的解释是:①测量模型由潜在变量(latent variable)与观察变量(oberved variable,又称测量变量)组成,就数学意义而言,测量模型是一组观察变量的线性函数,观察变量有时又称为潜在变量的外显变量(manifest variables,也称显性变量)或者测量指标(measured indicators)或指标变量。所谓观察变量是量表或问卷等测量工具所得的数据,潜在变量是观察变量间所形成的特质或抽象概念,此特质或抽象概念无法直接测量,而要由观察变量测得的数据资料来反映。在结构方程模型中,观察变量通常以长方形或者方形符号来表示,而潜在变量又称无法观察变量(unobserved variables),或称为构念(construct),通常以椭圆形或圆形符号来表示。②结构模型即为潜在变量间因果关系的说明，作为原因的潜在变量即称为外因潜在变量（或称为潜在自变量、外衍潜在变量），作为结果的潜在变量即称为内因潜在变量（或称为潜在依变量、内衍潜在变量），外因潜在变量对内因潜在变量的解释变异会受到其他变量的影响，这种影响变量称为干扰潜在变量，又称为结构模型中的干扰因素或者残差值。结构模型又可称为因果模型、潜在变量模型（latent variable models）、线性结构关系（linear structural relationships）。在结构方程模型分析中，只有测量模型而无结构模型的回归关系，即为验证性因素分析；相反，只有结构模型而无测量模型，则潜在变量间因果关系的探讨，相当于传统的路径分析（或称为路径分析）（path anaylsis），其中的差别在于结构模型探讨潜在变量间的因果关系，而路径分析直接探讨观察变量间的因果关系。综上，结构方程模型与传统的复回归分析不同，结构方程模型除了同时处理多组回归方程式的估计以外，更重要的是变量间的处理更具有弹性。在回归分析模型中，变量仅区分为自变量（预测变量）与依变量（效标变量），这些变量均为无误差的观察变量（测量变量），然而在结构方程模型中，变量间的关系除了具有测量模型关系以外，还可以利用潜在变量来进行观察值的残差估计，因此，在结构方程模型中，残差的概念远较传统的回归分析复杂。需要说明的是，在回归分析中，依变量被自变量解释后的残差被假设与自变量间的关系是相互独立的，但在结构方程模型分析中，残差项是允许与变量之间有关联的（邱皓政，2005）。(2) 基于偏最小二乘算法（partial least squares，PLS）的结构方程模型估计区别于基于协方差结构分析的结构方程模型估计的明显不同是，既可以解决构成型构件的问题，又能够解决反映型构件问题的结构方程的主要统计方法。与以上基于协方差的求解方法（covariance-based solution）不同的是，PLS被称为基于成分的求解方法（component-based solution）。基于PLS算法的结构方程模型分析具有如下主要特点：①分析过程中产生了因子值，这是基于协方差的求解方法所不具备的；②这种分析方法既可以用于构成性测度项，也可以用于反映性测度项，或者同时具有两类测度项的模型；③不严格要求样本规模足够大，以满足正态性分布，相对于CBSEM而言，对样本容量的要求更为灵活；④在解决构成性构件搭建的结构模型问题时，要求至少与一个其他构件相连，以便进行测度项的权重估计；⑤支持Bootstrapping执行样本1000次以上重复迭代的多元回归分析，能够在最大程度上收集内在潜变量的测量信息。因为 PLS 所得到的因子值是对测度项中信息最大限度的综合，是一个"主成分"，所以 PLS 又叫作基于成分的结构方程（component-based SEM）。由此，学术界形成了对 PLS 的评价，主要包括如下方面：(1) PLS 适合于预测；(2) PLS 要求进入结构方程模型分析的样本量小于 CBSEM（基于协方差算法的结构方程模型）所要求的样本量；(3) PLS 适合初期的理论模型评估。需要说明的是，即使说 PLS 对样本规模的要求较小，样本量也必须在 150 以上，才能保证 PLS 的统计效能具有社会统计学所规定的分析意义。可以说，PLS 不做全局的拟合，没有基于 x^2 的那一套拟合指标；PLS 是基于预测的，每一个因变量的 R^2 反映了这个模型的局部拟合程度。PLS 对于迭代的求解通常用 Bootstrapping 法来解决，Bootstrapping 法是通过每个子样本对整个样本进行有放回性的、固定样本量的随机抽样，这些子样本所得到的参数估计就形成了一个分布，这个分布可以用来对参数进行研究假设的检验。

鉴于以上两种分析思想指引下的结构方程模型技术的对比讨论，考虑到本书研究内容、研究维度所涉及的问卷调查的社会资源条件和高校青年教师所独具的个性特质，基于偏最小二乘算法的结构方程模型更适宜于解决本书的研究问题。又鉴于测度模型检验之后就是关系模型的检验，PLS 的分析软件有多种（如 LV PLS 1.8、PL-GUI 2.0.1、VisualPLS 1.04、SmartPLS 2.0）。本书选用 SmartPLS 分析软件，这是因为 SmartPLS 是自由软件，操作界面友好、人性化、简单直观，分析结果便于输出转换和编辑格式，程序维护性较好，可以从该软件的官方网站直接下载，更为重要的是，这款分析软件支持反映型测度项的结构方程模型估计，这恰恰与本书探索性研究中构建的理论模型以及所形成的结构模型相吻合。

综上，本书除了在问卷设计阶段中对测量量表的效度和信度进行了严格的把控以外，鉴于研究假设检验对测量工具的科学性和可靠性的要求，本书还专门采用了大样本规模的调查，力图利用大规模样本的正式调研来收集可供研究模型的信度效度验证和逻辑关系结构检验的有效样本。也就是说，采用基于 PLS 算法的 SmartPLS 2.0 结构方程模型分析软件，针对测度项所反映的潜变量之间的逻辑关系结构分别进行测度模型的验证性因子分析和结构模型的假定关系检验。需要说明的是，本书的研究变量均属于反映型，因此，本书所采用的 PLS 结构方程模型分析方法遵循反映型变量的运算规则。

(二) 数据收集过程

按照社会统计学的基本理论和操作规则，本书围绕研究问题展开问卷调查工作。鉴于高校所处于的高创新、高知识结构及人才、成果、教学质量工程、科研平台打造等方面高度竞争性的管理情境，以及高校青年教师所禀赋的高知识、高创新、高自主创新性、高职业价值取向、高自我效能和高组织敏感度等个性特质，本书的问卷发放主要采用电子邮件、纸质邮寄、现场发放、微信、QQ、飞信、问卷星等形式。无论哪种发放形式，都在发放问卷的过程中特别关注了问卷调查与填答过程的质量和匿名性。例如，电子邮件发放问卷形式是专门面向研究团队成员所熟知的同学、导师、同行、同事、舍友等，并且不仅于邮件发出前就先联系好调查对象，向调查对象说明调查目的和内容、关键术语、问卷填答注意事项和回收时间、匿名性以及填答质量等，在邮件中还写明了以上内容，力图通过这种重复强调调查问卷填答质量等主要问卷填答注意事项的途径传递问卷调查的科学性和严谨性，最大限度地保证调查研究的质量和时效性。纸质邮寄发放问卷形式与电子邮件发放形式基本相似，所不同的是，将打印好填答注意事项、填答匿名性和填答质量强调描述等的纸质问卷放入事先准备好的信封内，信封口粘有双面胶，以便使调查对象填好问卷放回信封后马上粘贴上信封盖。这种形式能够较好地保护调查过程和结果的私密性，提高问卷填答的匿名性，从而有利于调查质量。与以上两种形式有所不同，现场发放问卷是在借助与样本学校和调查对象直接接触的机会（例如，学术交流活动、开会期间的茶歇时间、访谈期间等）向调查对象进行问卷发放，这种发放形式可以直观地向调查对象说明问卷填答注意事项、填答质量的重要性、问卷题项的关键术语和措辞解释等，以便于调查对象理解问卷内容、题项语义和问卷调查的目的，有助于提高问卷填答的质量和时效性。微信、QQ、飞信发放问卷的形式借助无线聊天平台，将事先设计好的问卷按照线上问卷发布模板编辑为相应的填答风格，通过朋友圈、熟悉的好友列表、朋友或熟人转发等途径发布问卷。问卷星依靠专业的在线问卷发放和数据收集平台，按照在线平台的问卷模板编写好问卷，通过在线问卷平台的强大的外部扩散性、大规模数据收集性、简单高效填答的性能和后台大数据库编辑处理功能来发布问卷。

(三) 描述性统计分析

在以上问卷调查过程中，本书共面向 17 家高校及其青年教师发放问卷，这些高校均属于我国大陆地区的"985"高校、"211"高校和地方本科高校，填答问卷者包括这些学校的人力资源部、教师发展研究中心、二级学院（研究/院所）单位的正/副负责人以及各个学校所认定的青年教师（鉴于不同学校对青年教师的认定标准不尽一致，因此，本书依据样本学校的认定标准来选取调查对象）。本书共发放调查问卷600余份，删除填答不够准确或不够完整、填答问卷重复、单选题上勾选了2个以上选项、3个以上题项答案重复等无效填答信息的问卷，剩余有效问卷496份，有效问卷回收率79.5%，样本规模满足基于PLS的结构方程模型分析要求和计算原则，有效样本数据能够导入SmartPLS 2.0结构方程模型分析软件。具体而言，有效样本结构如下：样本学校分布在天津、河北、山东、南京、上海、福建、武汉、广州等地；男性调查对象（238人，占样本总体的48%）少于女性调查对象（258人，占样本总体的52%）；均为硕士以上学历，其中，博士（博士后）占总样本的76.8%，硕士占总样本的23.3%；行政管理人员占总样本的10.9%，一线教师占总样本的89.1%；25—30岁年龄段的调查对象占总样本的22.8%，31—35岁年龄段的调查对象占总样本的49.2%；36—40岁年龄段的调查对象占总样本的18.5%；41—45岁年龄段的调查对象占总样本的7.3%；46岁以上年龄段的调查对象占总样本的2.2%；高校教龄≤3的调查对象408人，占总样本的82.3%，4≤高校教龄≤5的调查对象65人，占总样本的13.1%，6≤高校教龄的调查对象23人，占总样本的4.6%；未婚者219人，占总样本的44.2%，已婚者277人，占总样本的55.8%；来自"985"高校的调查对象43人，占总样本的8.7%；来自"211"高校的调查对象106人，占总样本的21.4%；来自地方本科高校的调查对象347人，占总样本的70%（见表4-22）。

表4-22　　　　　　　　正式调查的样本结构（N=496）

人口学特征	分类变量	频次	百分比（%）	累计百分比（%）
性别	男	238	48.0	48.0
	女	258	52.0	100.0
学历	硕士	115	23.2	23.2
	博士（博士后）	381	76.8	100.0

续表

人口学特征	分类变量	频次	百分比（%）	累计百分比（%）
岗位	行政管理	54	10.9	10.9
	教学科研	442	89.1	100.0
年龄	25≤年龄≤30	113	22.8	22.8
	31≤年龄≤35	244	49.2	72.0
	36≤年龄≤40	92	18.5	90.5
	41≤年龄≤45	36	7.3	97.8
	年龄≥46	11	2.2	100.0
高校教龄	高校教龄≤3	408	82.3	82.3
	4≤高校教龄≤5	65	13.1	95.4
	高校教龄≥6	23	4.6	100.0
婚姻	未婚	219	44.2	44.2
	已婚	277	55.8	100.0
学校类型	"985"高校	43	8.7	8.7
	"211"高校	106	21.4	30.0
	地方本科高校	347	70.0	100.0

如表4-22所示，本次问卷调查的有效样本规模和样本分布结构在一定程度上能够真实地体现当前新时代下的我国高校青年教师群体的结构特征。另外，样本中，男性、博士（博士后）、从事一线教学科研岗位工作者居多，这与我国博士（博士后）毕业生数量、结构、就业情况及职业发展趋势基本吻合；年龄是25—40岁的人数居多，从本次调查情况来看，无论科研型、教研型、教学型等各类型高校，对青年教师的认定基本都以高校教龄为标准，例如，以3年高校教龄为划定界限、以5年高校教龄为划定界限等，而处于这些从事高校教职阶段的教师的年龄也大体上是25—40岁；就受访学校类型而言，尽管各类型学校的样本数量不尽一致，然而根据社会统计学的基本理论和分析原则，不能采用绝对样本量作为判断不同类型高校青年教师样本总体选择倾向性的依据，毕竟，鉴于本书研究调查资源和调查条件的限制，有些高校样本量大抑或其他高校样本量小并不能绝对地代表这种类型学校的总体样本选择倾向性，而应该以百分比（即相对指标）作为不同类型学校总体样本选择倾向性的参考依据。因此，总体来看，本书研究的样本数据来源严格遵从了社会统计学的基本理

论和分析原则，有效样本情况满足本书对研究问题解决的需要，所收集的有效样本数据可以用于接下来对正式问卷调查所获得的有效样本数据的特征分析、验证性因子分析以及研究假设检验。

（四）数据特征统计分析

本书正式问卷调查的数据特征分析主要包括：各测量题项及所隶属潜变量的最大值、最小值、均值和标准差。分析结果显示，样本数据间的标准差较小，说明问卷题项填答的离散程度较小，即没有出现选项填答极端高值或者极端低值的非正常现象，并且从样本数据的最大值、最小值和均值来看，也没有出现明显的非合理情况。因此，可以判定，问卷调查所获得的样本数据特征满足本书对研究问题统计分析的要求。

二 数据质量评估

（一）无应答偏差检验

无应答偏差（non-response bias, NRB）是指没有回收以及即便有回收然而填答内容却不够完整，是非抽样误差的一个主要来源，乃抽样调查中最常发生的一种误差。造成无应答偏差有两种典型情况，一种是无能力答卷，例如，调查对象是年老体衰者，不能够执笔或者头脑反应不清晰，难以理解调查问卷的内容；另一种是故意不作答，例如，调查对象由于时间或地点不允许不愿意答卷，或者不在原先确定好的填答地点，或者由于被调查者反感而拒绝填答问卷等。填答时因粗心所导致的偏差源于两种情况：一种是因被调查者不合作，拒绝接受调查。在这种情况下，如果仅用回答者的数据对样本总体情况进行推算，就会导致有偏估计。另一种是由于调查设计不够缜密，造成调查对象集中在某个群体，对研究问题解惑具有代表性的取样却没有纳入调查范围，样本数据的空间分布存在漏洞，从而导致调查偏误。为了解决无应答偏差问题，社会统计学给出了两种主要方法可供选取：一种是扩展取样空间，这可以增大样本规模，从而提高调查对象的覆盖面。然而，这种方法是以牺牲估计量方差作为代价的，有时也不能恰当解决无应答偏差问题。相比扩展取样空间的方法而言，另一种方法——提升问卷填答有效性更为可取，填答效率提高不仅可以解决无应答偏差问题，还不会影响估计量方差效果，从而使研究者收获所期望的效果。基于此，考虑到本书问卷共发放600余份，剔除了无效问卷之后，实际回收有效问卷496份，其中就存在无应答问卷，因此，有必要对样本数据实施无应答偏差检验。本书以问卷发放后 60 天为划分依据，将回收的所有问卷划分为"60 天以内回收的组别"和"60 天以上回收的组别"两个分组，基于性别、高校教龄、年龄等个体的描述性统计特征针对这两个分组的样本数据进行 t 检验，分析结果显示，在以上描述性统计特征上，两个分组数据的均值不存在显著的差异性（P>0.05），因此可以判定，本书在这次问卷调查中的无应答偏差问题并不严重，有效样本数据可以用于验证性因子分析和研究模型的假设校验。

（二）共同方法偏差检验

共同方法偏差（common method bias，CMB）是一种系统误差，通常出现在心理学实验中。造成共同方法偏差的主要原因是样本数据源于同样的被试、相同的取样环境、测量语境相同属性、被试心理属性导致自变量与因变量之间发生共变性。为了克服共同方法偏差给调查结果带来的偏误，社会统计学给出了几种解决办法：（1）从调查程序上加以设置。例如，控制问卷填答的自陈式情况，使自变量、因变量等调研内容的取样来源呈现为多源渠道，消除社会称许性、内在一致性动机、波动情绪、缄默所造成的测量偏误；从不同空间、地域、时限、环境来取样，注意抽样分隔性；注意调查对象心理环境的变化，规避不良心理属性对调查效果的影响；注意调查过程的匿名性。（2）从统计分析上加以控制。例如，采用 Harman 单因素检验，即检查是否存在单一因子解释了大部分变异；采用方差变异来源作为协变量的偏相关法，如设置标签变量进行相关性检验；基于结构方程模型技术的潜在误差变异控制；MTMM 模型，多质多法模型；相关独特性模型（DeLone 和 McLean，2003；Adam 等，2007）。结合研究情境、研究问题、研究维度和研究对象的特征，本书亦采用了程序控制和统计控制两种途径来控制共同方法偏差。在程序控制方面，本书系统回顾和梳理了现有文献、理论及研究成果，围绕研究问题组织了焦点小组讨论，并咨询了本学科专业领域的专家、同行，组织了初始问卷的预调研，并且在调研过程中严格控制问卷调查的匿名性，向调查对象说明了填答要求和关键术语，强调了问卷填答质量的重要性和时效性、随机排列题项，旨在通过这种严谨控制程序来提高问卷收集数据的可靠性，以便能减小共同方法偏差问题。另外，考虑到本书问卷调查采用了心理学实验当中较为常见的自陈式问卷填答技术，而这种技术是容易产生共同方法偏差的，因此，本书还从统计分析的途径着手控制这种共同方法偏差问题。在操作过程中，本书采用了标记变量法（marker-variable）（Lindell 和 Whitney，2001）（以调查对象的高校教龄作为标记变量）。检验结果表明，在剔除了标记变量的前、后，研究变量之间的相关系数并未存在显著性差异（P<0.05），根据 Lindell 和 Whitney（2001）提出的经验原则可以判定，本书问卷调查的共同方法偏差较小，不会对本书研究工作构成严重影响，因此，可以忽略，不予考虑。

三 结构方程模型评估

基于对社会统计学的基本理论和分析规则的回顾以及上述统计分析理论和原则，本书运用 SmartPLS 2.0 结构方程模型分析软件对研究假设相继进行了测度模型和结构模型的评价，在对研究变量量表的信度和效度进行考查，以便检验量表是否能够真实反映出拟测研究变量的心理属性的基础上，对基于研究变量之间关系结构所搭建的结构模型进行结构方程模型验证，从而检验前文提出的研究假设。

（一）测度模型评估

本书的研究变量均为反映型，根据 PLS 结构方程模型分析思想，PLS 能够处理反映型变量之间的关联结构证实或证伪的问题。而在展开变量之间结构模型的检测之前，则需要先对研究变量的建构效果进行评测，这个评测分析可以通过测度模型评估技术来实现。其中主要需要考察的指标包括：测度指标对潜变量的载荷（loading）、潜变量的组合信度（composite reliability）、潜变量的聚合效度（convergent validity）以及潜变量之间的区分效度（discriminant validity）。满足了各项考查指标的判别标准，测度模型的建构质量就可以被认为具有社会统计学所要求的分析意义。据此，本书展开以下分析。

1. 指标载荷分析

基于偏最小二乘算法建构的研究变量之间的结构方程模型当中，各个反映型测度指标对于所属潜变量的预测力可以通过反映型测度指标在所隶属的潜变量上的载荷值来衡量。对此，PLS 的结构方程模型分析法指出：反映型测度指标在所隶属的潜变量上的载荷值在 0.7 以上，表明反映型测度指标对所隶属的潜变量的预测力超过 50%；此外，对于显著性水平的判定经验是：T>1.96，表明 P<0.05；T>2.58，表明 P<0.01；T>3.29，表明 P<0.001；T>3.93，表明 P<0.0001。本书对于研究变量之间建构的

测度模型的运算结果如表 4-23 所示。其中，测度指标 RJP1 在潜变量"真实工作预览"上的载荷值（0.705）、测度指标 OS1 在潜变量"组织社会化"上的载荷值（0.706）都接近于 0.707，并且都达到社会统计学所要求的显著性水平；同时，其他测度指标在所隶属的潜变量上的载荷值均满足社会统计的测量要求，并且均达到社会统计学所要求的显著性水平。根据 Chin（2010）所指出的对于 PLS 结构方程模型估计的经验准则，当仅有 2 个反映型指标对潜变量构成解释效力时，如果反映型指标在潜变量上的载荷值约为 0.6，则这 2 个反映型指标对潜变量的解释力所建构的结构方程模型亦符合基于 PLS 的结构方程模型的运算条件。据此，本书研究结果中，尽管测度指标 RJP1 在潜变量"真实工作预览"上的载荷值（0.605）、测度指标 OS1 在潜变量"组织社会化"上的载荷值（0.606）均小于 0.7 的经验标准，但鉴于"真实工作预览""组织社会化"这 2 个变量分别仅包含了 2 个反映型测度指标，因此，可以认为，真实工作预览和组织社会化的测度模型均符合基于 PLS 的结构方程模型的运算条件，也即本书的测度模型具有社会统计学所要求的统计分析结果的有效性。

表 4-23　　反映型测度指标在所属潜变量上的载荷值

潜变量	反映型测度指标 （reflective indicator）	指标载荷 （loading）	显著性水平	T 值	显著性概率 P （双尾）
高校青年教师可雇佣型心理契约	为个体可雇佣性能力提升提供发展机会	0.931	****	50.338	0.0000
	为个体可雇佣性能力提升提供组织环境支持	0.794	****	10.543	0.0000
	为个体可雇佣性能力提升提供物质支持	0.731	****	9.108	0.0000
真实工作预览	RJP1	<u>0.605</u>	***	3.331	0.0005
	RJP2	0.799	***	3.275	0.0006
组织社会化	OS1	<u>0.606</u>	****	4.437	0.0000
	OS2	0.804	***	3.351	0.0005
职业价值观	WV1	0.881	****	20.150	0.0000
	WV2	0.824	****	16.257	0.0000
	WV3	0.767	****	11.681	0.0000
自我效能	SE1	0.874	****	6.991	0.0000
	SE2	0.811	****	7.979	0.0000

注：N=496；* 表示 P<0.05，** 表示 P<0.01，*** 表示 P<0.001，**** 表示 P<0.0001。

2. 组合信度分析

接下来，本书对测度模型中潜变量的组合信度（composite reliability，CR）进行评估。组合信度是继指标载荷值以外的另一个判断测度指标对所属潜变量解释的有效性以及潜变量的调查数据之统计意义的衡量工具。基于偏最小二乘算法的结构方程模型的分析思想认为，潜变量的组合信度应该在 0.7 以上，才可以判定潜变量的组合信度满足社会统计学所规定的测量要求。本书对研究模型之测度模型的 PLS 运算结果如表 4-24 所示，其中，各个潜变量的组合信度均逾 0.7，符合以上统计测量标准。

3. 聚合效度分析

聚合效度是度量潜变量下反映型测度指标之间彼此相关性程度的统计指标，是衡量研究变量所构建的测度模型的建构效度的有效判别标准。根据 PLS 的结构方程模型的分析思想，同一潜变量下的各个反映型测度指标之间应该保持高相关关系，并且通常以平均方差抽取量（average variance extracted，AVE）作为衡量指标，其判别标准为：AVE 大于 0.5 时，潜变量的聚合效度满足统计学所规定的分析要求。基于此，本书采用 SmartPLS 2.0 结构方程模型分析软件对潜变量的 AVE 进行运算，结果如表 4-24 所示。其中，各个潜变量的 AVE 均在 0.5 以上，因此，可以判定，各个反映型测度指标在所隶属的潜变量上保持着较高的相关关系，各个反映型测度指标对于所隶属潜变量的聚合效度都达到了以上统计分析标准。

表 4-24　反映型测度指标的组合信度和平均方差抽取量

潜变量	组合信度（CR）	平均方差抽取量（AVE）
高校青年教师可雇佣型心理契约	0.712	0.649
真实工作预览	0.144	0.650
组织社会化	0.815	0.633
职业价值观	0.823	0.678
自我效能	0.746	0.651

4. 区分效度分析

PLS 结构方程模型分析技术在对测度模型进行评估时还要考察两项关键指标——区分效度和交叉载荷。区分效度是衡量潜变量之间差异性程度的关键统计指标。基于偏最小二乘算法的结构方程模型采用平均方差抽取量（AVE）的平方根和交叉载荷两项指标来衡量测度模型的区分效度。

其中，交叉载荷是基于潜变量与反映其他潜变量的测量指标之间的相关系数来获知的。PLS结构方程模型分析技术对测度模型区分效度的判别标准为：潜变量的AVE平方根应该大于潜变量之间相关系数的平方；测度指标与所反映的潜变量之间的相关系数应该大于这个测度指标与其他潜变量之间的相关系数。根据以上评判规则，本书展开了研究变量之间所构建的测度模型的评估，结果如表4-25、表4-26所示。其中，各个潜变量的AVE平方根都大于与其他潜变量之间的相关系数，各个测度指标在所隶属的潜变量上的载荷值也都大于在其他潜变量上的载荷值，因此，可以判定，研究变量之间所构建的测度模型具有较好的区分效度。

表4-25　　　　　　　　　潜变量之间的相关性矩阵

	WV	EPC	RJP	OS	SE
职业价值观（WV）	0.803				
高校青年教师可雇佣型心理契约（EPC）	0.251	0.861			
真实工作预览（RJP）	0.067	0.152	0.819		
组织社会化（OS）	-0.148	0.177	0.147	0.810	
自我效能（SE）	0.332	0.220	0.038	-0.116	0.846

注：对角线上的数值是潜变量的AVE平方根，应该大于非对角线上的各个潜变量之间的相关系数，才能保证测度模型的区分效度满足统计分析要求。

表4-26　　　　　　　　反映型测度指标的交叉载荷

反映型测度指标	交叉载荷（crossing loading）				
	职业价值观	高校青年教师可雇佣型心理契约	真实工作预览	组织社会化	自我效能
WV因子一	0.833	0.227	-0.040	-0.026	0.301
WV因子二	0.804	0.331	0.155	0.115	0.324
WV因子三	0.716	0.309	0.061	-0.041	0.203
EPC因子一	0.443	0.911	0.116	0.251	0.328
EPC因子二	0.151	0.814	0.201	0.195	0.231
EPC因子三	0.170	0.733	0.141	0.149	0.058
RJP因子一	-0.014	0.144	0.851	0.014	0.083
RJP因子二	0.218	0.110	0.820	0.176	-0.044
OS因子一	-0.223	0.037	0.215	0.815	-0.290

续表

反映型测度指标	交叉载荷 (crossing loading)				
	职业价值观	高校青年教师可雇佣型心理契约	真实工作预览	组织社会化	自我效能
OS 因子二	-0.170	0.218	0.036	0.761	-0.131
SE 因子一	0.215	0.263	0.166	-0.033	0.811
SE 因子二	0.436	0.281	-0.055	-0.239	0.830

注：对角线上的数值是反映型测度指标在所隶属的潜变量上的载荷值，应该大于非对角线上反映型测度指标在其他潜变量上的载荷值，才能保证测度模型的区分效度满足统计分析要求。

(二) 理论假设检验

本书运用 SmartPLS 2.0 结构方程模型分析软件对当前新时代下的我国高校的青年教师可雇佣型心理契约动因机制的主效应模型进行了检验，检验内容主要包括：研究变量之间的直接效应、中介效应和控制变量作用的路径系数以及共同对因变量构成预测效应的程度（以 R^2 来表示）。根据 PLS 结构方程模型的分析思想，对于结构模型中影响作用路径系数的衡量，需要测度路径系数的显著性水平，也即只有达到统计学意义上的显著性水平的影响作用路径系数，才能表明研究变量之间存在着显著的解释力。根据这个检验规则，本书按照 PLS 结构方程模型的分析思想，采用 Bootstrapping 法在结构模型的运算过程中进行了总体样本的重复抽样运算。

以上分析结果如图 4-5 所示。

接下来，采用 SPSS 17.0 软件对高校青年教师可雇佣型心理契约构成模式的理论模型进行检验。具体分述如下。

另外，为了检验高校青年教师可雇佣型心理契约的维度结构的理论模型，本书相继采用了 SPSS 17.0 统计分析软件和 SmartPLS 2.0 结构方程模型分析软件对研究模型展开了探索性因子分析和验证性因子分析，旨在通过先期探索和后续验证的两种论证相结合角度的对比分析，来充分检验本书所建构的研究假设。具体分析内容如下。

1. 高校青年教师可雇佣型心理契约的维度结构分析

(1) 理论模型的提出。

本书在之前的探索性研究中秉承扎根理论思想，采用内容分析法和聚

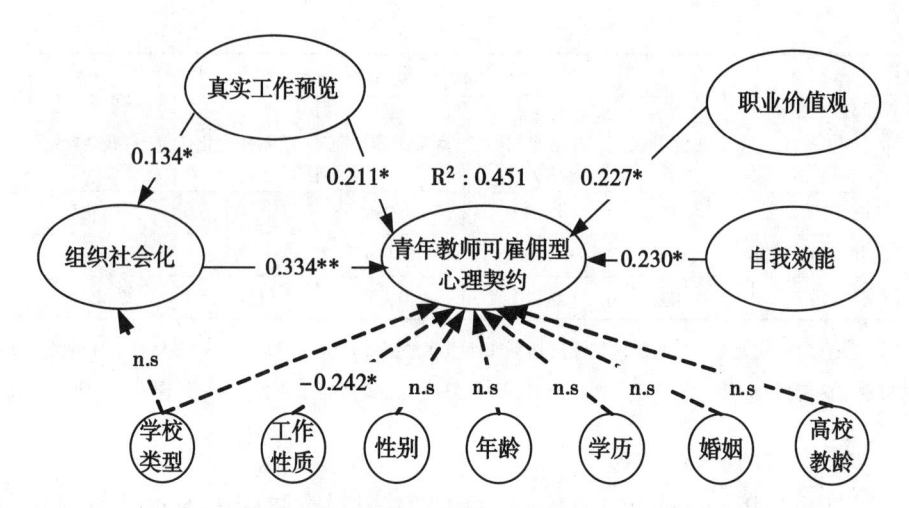

图 4-5　高校青年教师可雇佣型心理契约动因机制主效应的结构模型检验结果

类分析法对访谈记录等调查材料进行了深入挖掘和聚类因子提炼，提出当前新时代下的我国高校青年教师可雇佣型心理契约的三维结构模型（包含"为个体可雇佣性能力提升提供发展机会、为个体可雇佣性能力提升提供组织环境支持、为个体可雇佣性能力提升提供物质支持"三个维度）。基于此，结合现有文献的理论分析，本书假定了我国高校青年教师可雇佣型心理契约三维结构的理论模型。根据理论建构思想，探索性分析结果需要规范的验证性分析步骤的证实，才能验证理论模型建构的科学性和稳健性。为此，本书通过对国内外文献梳理、理论基础和研究成果的系统回顾发现，在知识型员工心理契约内容结构的研究结果中，研究者们更多支持的是二维论和三维论，并将各自所秉持的观点运用到了所从事的研究工作当中，解决了理论探索抑或实证性问题的争论。而在心理契约研究领域中，自从心理契约的单维度结构提出以来，二维论、三维论也的确在心理契约内容结构研究领域的发展脉络中扮演了极其重要的角色。值得注意的是，我国学者更多地支持三维论，例如，李原等（2009）、朱晓妹和王重鸣（2005）、魏峰等（2015）、郝喜玲等（2012）等。可以说，以往研究结果一直主要围绕二维论和三维论存在着分歧。因此，为了进一步验证本书上文探索性研究中提出的高校青年教师可雇佣型心理契约的三维结构理论模型，本书以相对应的高校青年教师可雇佣型心理契约二维结构模型作为竞争性模型，采用 SPSS 17.0 分析软件，借助主成分分析和最大方差旋转运算来限定萃取共同因子,分析结果如表 4-27 所示。通过指定选取特征值大于 1 的因子,强行萃取了 2 个因子及其测度指标(见表 4-27 中的阴影部分),2 个因子对拟测研究变量的方差解释变异量分别为 33.381% 和 25.092%,方差解释变异量总体为 60.614%。接下来,以萃取的 2 个因子及其测度题项构建结构方程模型,与本书探索性研究中提出的基于高校青年教师可雇佣型心理契约的三维结构模式的结构方程模型进行竞争性对比分析。

表 4-27　　　　　　　二维竞争性模型的探索性因子分析

测度题项	因子 1	因子 2
EPC1	0.370	0.047
EPC2	0.102	0.366
EPC3	0.324	0.411
EPC4	0.744	0.352
EPC5	0.358	0.633
EPC6	0.405	0.790
EPC7	0.681	0.220
EPC8	0.109	0.722
EPC9	0.733	0.066
EPC10	0.133	0.229
EPC11	0.229	0.268
EPC12	0.801	0.143
EPC13	0.143	0.350
EPC14	0.756	0.366
EPC15	0.841	0.330
EPC16	0.308	0.075
EPC17	0.105	0.738
EPC18	0.558	0.472

(2)模型的评价与比较。

本书采用 SmartPLS 2.0 结构方程模型分析软件针对以上强制萃取的

二维结构的结构方程模型和本书前文探索性研究中提出的三维结构的结构方程模型进行竞争性对比分析。基于偏最小二乘算法的结构方程模型分析法则指出，在对研究变量之间搭建的结构模型进行检验之前，需要先对研究变量的测度模型进行评估，也即只有在确定测度模型的各项信度和效度指标均满足社会统计学所限定的分析要求之后，才可以进一步展开对研究变量之间关联结构的讨论。据此，本书先以各个测度题项对所属潜变量的载荷值、建构效度、聚合效度和区分效度作为考察依据，借助 SmartPLS 2.0 结构方程模型分析软件对测度模型进行偏最小二乘法运算，旨在通过检测以上各个考察指标是否满足社会统计学所限定的分析要求，继而判断高校青年教师可雇佣型心理契约的二维结构方程模型和三维结构方程模型的竞争性分析结果。

  高校青年教师可雇佣型心理契约二维结构方程模型的测度模型评估结果如表4-28至表4-29所示，因子1对所隶属的潜变量"高校青年教师可雇佣型心理契约"的载荷（0.544）低于社会统计学所限定的判定阈值（0.707），表明因子1对潜变量"高校青年教师可雇佣型心理契约"的解释方差不足50%，不满足统计分析要求；另外，二维结构方程模型的测度模型中各个测度指标的 AVE 值（0.533）低于三维结构方程模型的测度模型中各个测度指标的 AVE 值（0.649），表明二维结构模型中各个测度指标对所属潜变量的聚合效度次于三维结构模型（AVE 越大，测度指标对所隶属的潜变量的聚合性越好）。与二维结构方程模型的测度模型评估结果相对应，高校青年教师可雇佣型心理契约三维结构方程模型的测度模型评估结果如表4-23至表4-26所示，各个测度指标对所属潜变量的载荷值均超过0.7，各个测度指标对所属潜变量的组合信度均超过0.7，各个测度指标在所隶属的潜变量上的聚合效度均超过0.5，其聚合效度的运算结果也均满足社会统计学所限定的分析要求（潜变量的 AVE 平方根均高于潜变量之间的相关系数平方；反映型指标在所隶属的潜变量上的载荷值均高于非对角线上反映型指标在其他潜变量上的载荷值）。由此可见，高校青年教师可雇佣型心理契约的三维结构方程模型的测度模型评估结果显著优于高校青年教师可雇佣型心理契约的二维结构方程模型的测度模型评估结果。换言之，三维结构模型更具稳健的科学合理性。

表 4-28　反映型测度指标对于所隶属的潜变量的载荷值

潜变量	反映型测度指标	指标载荷	显著性水平	T 值	显著性概率 P（双尾）
高校青年教师可雇佣型心理契约	EPC1	0.544	**	2.335	0.0070
	EPC2	0.704	****	9.006	0.0000
真实工作预览	RJP1	0.710	***	3.033	0.0008
	RJP2	0.722	**	2.490	0.0020
组织社会化	OS1	0.714	**	2.644	0.0041
	OS2	0.910	****	6.657	0.0000
职业价值观	WV1	0.733	****	8.431	0.0000
	WV2	0.745	****	6.001	0.0000
	WV3	0.724	**	2.919	0.0010
自我效能	SE1	0.707	**	3.046	0.0040
	SE2	0.814	****	5.984	0.0000

注：N=496；* 表示 P<0.05，** 表示 P<0.01，*** 表示 P<0.001，**** 表示 P<0.0001。

表 4-29　反映型测度指标的组合信度和平均方差抽取量

潜变量	组合信度（CR）	平均方差抽取量（AVE）
高校青年教师可雇佣型心理契约	0.722	0.533
真实工作预览	0.7104	0.561
组织社会化	0.769	0.546
职业价值观	0.731	0.517
自我效能	0.729	0.579

（3）研究假设的检验结论。

基于以上分析，可以得出结论，当前新时代下的我国高校青年教师可雇佣型心理契约包含三个维度：为个体可雇佣性能力提升提供发展机会、为个体可雇佣性能力提升提供组织环境支持、为个体可雇佣性能力提升提供物质支持。因此，研究假设 H6 得到了支持。

2. 高校青年教师可雇佣型心理契约的前置因素分析

如图 4-5 所示，高校青年教师可雇佣型心理契约的 R^2 值为 0.451，即所有外生变量（理论模型中的前置因素）能够解释内生变量（高校青年教师可雇佣型心理契约）方差变异的 45.1%。研究还发现，真实工作预览、组织社会化、职业价值观和自我效能分别对高校青年教师可雇佣型心理契约发挥着显著的预测力（$\beta=0.211$，$P<0.05$；$\beta=0.334$，$P<0.01$；$\beta=0.227$，$P<0.05$；$\beta=0.230$，$P<0.05$），如表4-30所示。因此，研究假设 H1、H2、H4、H5 都得到了支持。

表4-30　高校青年教师可雇佣型心理契约的前置因素分析结果

影响路径	影响作用路径系数	显著性水平	T值	显著性概率P（单尾）	研究假设	检验结果
真实工作预览→高校青年教师可雇佣型心理契约	0.211	*	2.116	0.030	H1	支持
组织社会化→高校青年教师可雇佣型心理契约	0.334	**	2.240	0.009	H2	支持
职业价值观→高校青年教师可雇佣型心理契约	0.227	*	2.306	0.046	H4	支持
自我效能→高校青年教师可雇佣型心理契约	0.230	*	2.221	0.024	H5	支持

注：$N=496$；* 表示 $P<0.05$，** 表示 $P<0.01$。

3. 控制变量影响分析

在组织管理研究、组织心理与行为研究、社会学研究和心理学实验当中，因变量除了受到自变量影响以外，还受限于控制变量。控制变量意旨除了自变量之外，一切可能使因变量发生变化的变量。这类变量是应该加以控制的，如果不加以控制，也会造成因变量的变化，即自变量和一些未加控制的因素共同造成了因变量的变化，从而引起在判断自变量方面的混淆。因此，只有将自变量以外的一切可能引起因变量变化的变量控制住，才能够真正弄清实验中的因果关系，保证实验效果。基于此，明晰了本书研究模型所包含的控制变量主要有性别、年龄、高校教龄、学历、婚姻、工作性质、学校类型等。其中，鉴于组织社会化是学校组织层面上贯穿于青年教师个体职业生涯实施的一项管理策略，很大程度上受限于学校的类型，因此，在本书的研究模型中，将学校类型划归入组织社会化的控制变量。以上控制变量的测量方法如表4-31所示。

表 4-31　　　　　　　　　　控制变量的测量方法

控制变量	测量方法
性别	1=男，2=女
年龄	按照年龄赋值：1="25≤年龄≤30"，2="31≤年龄≤35"，3="36≤年龄≤40"，4="41≤年龄≤45"，5="46≤年龄≤50"，6="51≤年龄"
高校教龄	按照在高校的实际从教年限赋值：1="高校教龄≤3"，2="4≤高校教龄≤5"，3="6≤高校教龄"
学历	按照最终学历赋值：1=博士（博士后），2=硕士，3=本科
婚姻	按照婚姻状况赋值：1=未婚，2=已婚
工作性质	按照工作性质赋值：1=行政管理，2=教学科研
学校类型	按照学校类型赋值：1="985"高校，2="211"高校，3=地方本科高校

基于偏最小乘算法的结构方程模型对研究模型中控制变量影响的运算结果如表 4-32 所示，除了工作性质对高校青年教师可雇佣型心理契约的影响力达到社会统计学所限定的显著性水平（$\beta=-0.221$，$P<0.05$）以外，其他控制变量对高校青年教师可雇佣型心理契约的影响力均没有达到社会统计学所限定的显著性水平。工作性质对高校青年教师可雇佣型心理契约的显著的负向影响力反映了行政管理岗教师和教学科研岗教师在个体可雇佣型心理契约状况方面的显著区别。也就是说，相对于教学科研岗教师而言，行政管理岗教师更易形成消极的可雇佣型心理契约图式。这种情况恰恰折射出，较之教学科研岗教师而言，行政管理岗教师涉及更多的行政管理事务性工作，例如，行政管理岗教师一般都适用于坐班制，而教学科研岗教师则通常不坐班，弹性工作制更便于自由管理时间，以便自行安排进修、学习、培训、考察、交流、申报课题、创作论文或著作成果等，从而便于积累研究成果，因此，行政管理岗教师相比教学科研岗教师而言，更易于产生负面的内在心理认知和心理图式。

表 4-32　　　　　　　　　　控制变量影响的分析结果

内生变量	控制变量	路径系数	T 值	显著性概率 P（双尾）	显著性水平
青年教师可雇佣型心理契约	性别	0.141	0.513	0.7714	n.s
	年龄	0.041	0.880	0.5104	n.s
	高校教龄	0.085	0.604	0.7352	n.s
	学历	-0.393	1.534	0.4849	n.s
	婚姻	-0.609	1.153	0.5891	n.s

续表

内生变量	控制变量	路径系数	T值	显著性概率P（双尾）	显著性水平
	工作性质	-0.242	1.890	0.0393	*
组织社会化	学校类型	-0.388	1.535	0.3010	n.s

注：N=496；* 表示 P<0.05，n.s 表示不显著。

4. 中介效应检验

本书通过对社会统计学文献和研究成果的梳理，总结出中介效应的检验方法和判定标准，即判定某个变量是否在其他研究变量之间发挥中介作用的前提条件如下：①自变量和因变量之间没有导入假定的中介变量时，自变量对因变量影响显著；②自变量和因变量之间导入了假定的中介变量后，自变量对因变量影响显著；③自变量和因变量之间导入假定的中介变量后，中介变量对因变量影响显著；④自变量和因变量之间导入假定的中介变量后，自变量对因变量影响的效应值相比未导入假定的中介变量前有所下降或者变为不显著。

根据以上中介效应的评判标准，本书针对上文假定的研究模型设计了如下检验步骤（检验结果见表4-33）。

表4-33　高校组织社会化在真实工作预览和青年教师可雇佣型心理契约之间的中介作用分析

影响路径	没有导入假定的中介变量 自变量—因变量	导入假定的中介变量 自变量—中介变量	导入假定的中介变量 中介变量—因变量	导入假定的中介变量 自变量—因变量	间接效应的显著性概率（P）	理论假设	检验结果
真实工作预览—组织社会化—青年教师可雇佣型心理契约	0.447**	0.134*	0.334**	0.211*	0.039	H3	部分中介作用

注：N=496；* 表示 P<0.05，** 表示 P<0.01。

（1）当自变量与因变量之间没有导入假定中介变量时，检验自变量对因变量影响作用的路径系数是否达到社会统计学所限定的显著性水平。

基于没有导入假定中介变量的自变量和因变量之间关系结构的结构方

程模型，采用 SmartPLS 2.0 结构方程模型软件对这一模型加以分析。PLS 结构方程模型运算结果显示，高校的真实工作预览对青年教师可雇佣型心理契约的影响作用路径达到了社会统计学所限定的显著性水平（$\beta = 0.447$，$P<0.01$）。

（2）当自变量与因变量之间导入假定中介变量时，检验自变量对因变量、中介变量对因变量，以及自变量对中介变量影响作用的路径系数是否达到社会统计学所限定的显著性水平。

基于研究模型，采用 SmartPLS 2.0 结构方程模型软件进行研究变量之间的结构方程模型估计，结果显示，导入了假定中介变量——组织社会化时，真实工作预览对组织社会化影响作用的路径系数达到统计学所限定的显著性水平（$\beta=0.134$，$P<0.05$），组织社会化对可雇佣型心理契约影响作用的路径系数达到社会统计学所限定的显著性水平（$\beta=0.334$，$P<0.01$），真实工作预览对可雇佣型心理契约影响作用的路径系数也达到社会统计学所限定的显著性水平，同时发现，这一路径系数相比没有导入假定的中介变量——组织社会化时有所下降，即由没有导入组织社会化时的 0.447（$P<0.01$）降至导入了组织社会化后的 0.211（$P<0.05$）。

（3）当自变量与因变量之间导入了假定中介变量时，检验自变量和因变量之间的间接效应是否达到社会统计学所限定的显著性水平，从而判断中介效应是否存在。

基于以上分析结果，当自变量和因变量之间导入了假定的中介变量——组织社会化时，真实工作预览对组织社会化影响作用的路径系数（0.211）和组织社会化对可雇佣型心理契约影响作用的路径系数（0.334）之积为 0.070。根据 William 和 MacKinnon（2008）的间接效应的显著性检验法则，采用 Bootstrapping 法计算真实工作预览和可雇佣型心理契约之间间接效应的显著性概率，结果为 $P = 0.039<0.05$。因此，导入假定的中介变量——组织社会化时，真实工作预览对可雇佣型心理契约的间接效应达到社会统计学所限定的显著性水平，可以判定，中介效应存在。

（4）检验中介效应的性质（即判定中介效应究竟为完全中介效应抑或部分中介效应）。

由以上第（2）步检验结果，当导入了假定中介变量——组织社会化时，真实工作预览对可雇佣型心理契约影响作用的路径系数相比没有导入这一假定的中介变量之前有所降低，但是依然保持在社会统计学意义上的显著性水平（P<0.05），因此，可以判定，组织社会化在真实工作预览和可雇佣型心理契约之间起到部分中介作用。

（5）检测中介效应的影响力。

根据 Cohen 的中介效应影响力检测公式，即影响程度 $f^2 = (R_{incl}^2 - R_{excl}^2)/(1 - R_{incl}^2)$（$R_{incl}^2$ 即指在导入了假定中介变量的研究模型中对于因变量的解释力；R_{excl}^2 即指在没有导入假定中介变量的研究模型中对于因变量的解释力。如 $f^2 > 0.02$，中介效应属弱影响力；如 $f^2 > 0.15$，中介效应属中度影响力；如 $f^2 > 0.35$，中介效应属强影响力），采用 SmartPLS 2.0 结构方程模型软件分别对导入了假定中介变量（即组织社会化）的研究模型加以评测，结果显示，$R_{incl}^2 = 0.451$、$R_{excl}^2 = 0.387$，进一步计算得出，$f^2 = 0.117$（$f^2 > 0.02$）。因此，可以判定，组织社会化（即预先假定的中介变量）对于真实工作预览和可雇佣型心理契约之间关系的中介效应属弱影响力。

综上，高校所实施的组织社会化在高校所实施的真实工作预览和青年教师可雇佣型心理契约之间起部分中介作用，这种中介效应对于青年教师可雇佣型心理契约产生弱影响力，研究假设 H3 得到了支持。

（三）结论与讨论

（1）研究结果显示，高校青年教师可雇佣型心理契约的内容结构由如下三个维度来反映：为个体可雇佣性能力提升提供组织环境支持型、为个体可雇佣性能力提升提供物质支持型、为个体可雇佣性能力提升提供发展机会型。研究结果与心理契约研究领域的现行主流观点相一致。从以往研究来看，国外代表性研究成果 Rousseau（2001）、Ronbinson 等（1996），以及我国的李原和孙健敏（2009）、朱晓妹和王重鸣（2005）均结合各自研究兴趣对个体的组织心理契约内容结构问题展开了讨论，尽管研究结果不尽一致，却都支持心理契约的三维结构模式。值得一提的是，朱晓妹和王重鸣（2005）背靠我国文化情境，在对企业知识员工心理契约相关问题的研讨中首次提出了知识员工对组织责任的心理图式可以由物质激励、发展机会和环境支持三个面向来反映。本书的研究内容是专门针对当前新时代下的我国高校青年教师，以我国高校青年教师可雇佣型心理契约的内容结构为研究的切入点，旨在剖析当前高校青年教师可雇佣型内容结构的独特特征,从而进一步为解析青年教师可雇佣型心理契约对学校的组织效应提供理论依据。鉴于高校青年教师就是服务和供职于高校的高知识型员工,因此,本书关于高校青年教师可雇佣型心理契约的三维结构模式的研究结果与以往心理契约内容结构的主流研究结论大体一致的理论逻辑恰恰符合心理契约研究领域的理论建构思想,本书研究结果具有理论建构的科学性和自洽性。进一步地,本书的研究结果从实践操作层面上表明,高校要实现教学和科研等各项学校建设事业的可持续创新与发展,就势必要加强青年教师师资队伍管理,而注重青年教师可雇佣型心理契约的有效管理进而加强对青年教师心理资源和心理环境的健康引导和干预,已然成为当下师资队伍建设的关键一环。这就需要从高校青年教师可雇佣型心理契约的三个维度着手,围绕青年教师个体可雇性能力开发的内在动机,构筑青年教师可雇佣型心理契约的维度结构,从而维系青年教师与所在高校之间的稳健的关系基础,这是促进高校教学与科研等各项事业长足发展的重要前提和基础保障。

(2) 研究结果显示,高校青年教师可雇佣型心理契约的形成主要受限于高校组织层面上所实施的真实工作预览和组织社会化的组织政策以及青年教师个体层面上的职业价值观和自我效能。由此可见,致使青年教师产生对所在学校的主观认知、心理知觉和内在评价的关键动因一部分源于高校在招募引人阶段所实施的真实工作预览策略,而青年教师入职后更不容小窥,在之后相当长一段时间的组织内化进程中,高校所实施的组织社会化策略对青年教师的心理环境营造也具有极其重要的影响。事实上,青年教师对所在学校的认识和理解就起始于所服务学校的招募引人阶段,通过学校所展示的岗位胜任力要求、岗位职责及薪酬、福利待遇、校园文化价值取向、制度规范、学校建设状况、发展理念、发展潜力和远景规划等,能够形成对未来个体工作展望的大致轮廓,当与青年教师内心期望相匹配时,对拟供职学校的心理归属感初步形成。然而,仅凭这种处于萌芽状态的心理归属感还不足以支撑持久的工作积极性。为此,目前一些高校格外注重对入职后的青年教师的组织内化培育。也就是说,通过展开一系列组织社会化策略 [例如,各级例会、党建生活会(活动)、节日社交活动、办公局域网资讯、校园在线交互平台、校刊、学校社交媒体平台等媒介],深化新进青年教师对所在学校的校情校史、文化、价值理念、政策、规范、制度、重大事件、社交网络、硬件设施等组织环境的认知和理解，加强青年教师对所在学校的心理认同、归属感和情感依附。在以上积极心理概念形成的过程中，基于个体可雇佣性能力发展动机的青年教师才可能逐渐形成对所在学校的高可雇佣型心理契约。另外，青年教师个体的职业价值观和自我效能也是青年教师可雇佣型心理契约构筑的关键动因。青年教师作为高知识体系、高创新、高创造性行为的知识员工，其工作性质、工作能力和所属行业特征决定了青年教师对个体可雇佣性能力不断开发的不懈追求的心理属性和特征，在这种心理环境条件下，青年教师的个体职业价值观势必充盈了对自身职业价值提升的心理诉求，而通过效忠和贡献于所在学校继而得以获取个体职业生涯发展恰恰是个体职业价值提升的必由之路，由此可见，职业价值观塑造对青年教师可雇佣型心理契约构筑具有重要意义。此外，一般而言，高校青年教师通常不仅抱有实现个人价值并不断提升个人价值内涵的强烈的心理诉求，还往往拥有高自我效能、高心理概念，这些心理属性也会促使青年教师产生对自己职业生涯发展的迫切期望。因此，由以上逻辑可以递推，高自我效能对青年教师可雇佣型心理契约形成具有显著的驱动作用。

（3）研究结果显示，高校所实施的组织社会化策略在高校的真实工作预览策略和青年教师可雇佣型心理契约之间起到了部分中介作用。基于以上分析，真实工作预览、组织社会化是源自高校组织层面上的青年教师可雇佣型心理契约形成的两个关键动因。两者都旨在深化青年教师关于所在学校的认识和理解，培养青年教师的组织归属感和情感依附。可以说，真实工作预览、组织社会化对于青年教师关于所在学校的心理图式构筑和心理概念归属都具有极其重要的解释力。从组织策略的效力发挥角度来看，真实工作预览是高校在招募和引进青年教师阶段中所描绘勾勒的有关组织发展远景和工作发展愿景的轮廓性蓝图，组织社会化是高校在青年教师入职后的组织内化进程中持续实施的各型青年教师管理策略的有机集合。真实工作预览、组织社会化的组合利用了青年教师个体认知系统形成的顺序集。换言之，真实工作预览是建立青年教师对所在学校的积极心理图式和心理资源的初步策略，组织社会化则是为了夯实和深化这种正向心理概念的纵向追踪性策略，组织社会化除了具有对青年教师个体认知系统形成的强解释力以外，还能够进一步坚实和促进真实工作预览对于青年教师个体关于所在学校可雇佣性责任的心理图式的构筑。

综合以上分析，本书尝试将可雇佣性理论与心理契约理论相结合，提出了"高校青年教师可雇佣型心理契约"这一新的理论构念。在对于现有文献回顾、理论梳理和研究成果综述的基础上，本书展开了当前我国高校教学和科研建设情境下的探索性研究以及假设命题的定量实证性研究，发现以青年教师个体为研究视角有利于深入解析当前我国高校青年教师可雇佣型心理契约的内容结构、内涵特征、形成机理以及进一步阐释对所在学校的组织态度与行为效应的问题，所取得的研究结论也更具理论价值和实践应用价值。另外，本书的研究结论在证实了学校在主导青年教师可雇佣型心理契约构筑的重要意义的同时，还为学校如何通过有效管理青年教师可雇佣型心理契约从而得以获取学校的教学优势和科研优势的问题提供了有力的解决途径，即重视学校所实施的真实工作预览、组织社会化策略以及青年教师个体层面上的职业价值观、自我效能对于青年教师心理图式的显著的预测力，在充分理解这种预测效应的基础上，循循善诱地加强青年教师职业素质培育工程和青年教师师资队伍建设。特别是需要关注学校所实施的组织社会化策略在学校所实施的真实工作预览与青年教师可雇佣型心理契约之间的部分中介效应机制，在管理活动中可以通过组织社会化策略来弥补和调整真实工作预览策略对青年教师可雇佣型心理契约产生的影响，从而促进青年教师构筑起对学校组织策略和对自我职业管理的正向心理图式。

本章小结

本章采用探索性研究和定量实证性研究相结合的研究方法，主要探讨了当前经济发展新时代下的我国高校青年教师可雇佣型心理契约的动因机制以及维度结构的问题。研究内容主要包括我国高校青年教师可雇佣型心理契约形成的前置因素以及动因机制模型、我国高校青年教师可雇佣型心理契约的内涵特征以及维度结构模型。为解析之，研究工作主要包括研究方案设计、测量量表开发、调查问卷设计、预调研、正式调研以及研究结果分析与讨论等。本章提出的研究假设的检验结果参见表4-34，最终取得的研究结论总结如下。

表 4-34　　　　　　　　　　　研究假设检验结果

序号	假设	结论
H1	真实工作预览对青年教师可雇佣型心理契约具有显著直接正向影响	支持
H2	组织社会化对青年教师可雇佣型心理契约具有显著直接正向影响	支持
H3	组织社会化在真实工作预览与青年教师可雇佣型心理契约之间起中介作用	部分中介
H4	职业价值观对青年教师可雇佣型心理契约具有显著直接正向影响	支持
H5	自我效能对青年教师可雇佣型心理契约具有显著直接正向影响	支持
H6	青年教师可雇佣型心理契约的内容结构包含三个维度：基于为个体可雇佣性能力提升提供发展机会型可雇佣型心理契约、基于为个体可雇佣性能力提升提供组织环境支持型可雇佣型心理契约、基于为个体可雇佣性能力提升提供物质支持型可雇佣型心理契约	支持

第一，围绕研究问题，对研究方案进行了有针对性的设计，并遴选出适宜研究问题的解决以及研究方案落实的研究方法。主要包括：鉴于本书研究问题所涉及的研究变量均属反映型，以及在一定限定条件下的研究资源致使调查数据正态性的分布不足够充盈，因此，特别选用了基于偏最小二乘算法的结构方程模型技术，并且秉承这一分析思想，采用 SmartPLS 2.0 结构方程模型分析软件来处理研究变量之间的结构方程模型的运算问题；根据 Baron 和 Kenny（1986）的中介效应检验方法以及 Chin（2010）提出的 PLS 结构方程模型关于中介作用机制的验证方法，本书特别建构了与研究问题相匹配的中介作用机制模型，相应设计了中介效应的检验方案。

第二，在国内外文献回顾、理论分析和研究成果总结的基础上，结合本书的特定研究情境，开发了适于本书研究问题解决的量表工具以及调查问卷。需要说明的是，本书在量表工具和调查问卷的设计方面严格秉承了测量量表开发的规范流程。例如，对现有文献和经典量表进行了系统梳理，针对初始测度题项拟定的问题专门组织了焦点小组讨论，围绕初始测量量表设计征询了相关专家的意见和建议，初始问卷建构，利用预调研来测试初始问卷的科学性和可行性（包括量表净化、信度和效度检验等），通过正式调研进一步验证调查问卷的科学性和稳健性（综合运用了 KMO 测试和 Bartlett 球体检验、探索性因子分析和验证性因子分析，从而全面检验量表测量的信度和效度，科学评价量表对理论构件的反映性能等）。

第三，基于所选取的研究设计、研究方法，本书围绕研究问题，对具有一定代表性的"985"高校、"211"高校和地方本科高校的相关行政管理人员、青年教师展开了问卷调查，共发放问卷600余份，实际回收有效问卷496份，通过SPSS 17.0统计分析软件对调查数据的数据特征分析、描述性统计分析、KMO测试、Bartlett球体检验、探索性因子分析等步骤，基本上确定了可供本书研究工作（正式调研）使用的测量量表，进而运用SmartPLS 2.0结构方程模型分析软件对研究变量之间搭建的测度模型和结构模型展开评估，在进一步验证量表建构的信度和效度以便形成本书所适宜采用的正式问卷之后，对研究模型进行检验，从而最终得出我国高校青年教师可雇佣型心理契约动因主效应机制的研究结论，即学校层面上的真实工作预览和组织社会化以及个体层面上的职业价值观和自我效能对于青年教师可雇佣型心理契约具有显著的直接正向影响，组织社会化在真实工作预览与青年教师可雇佣型心理契约之间起到部分中介作用，以及这种中介作用所表现出的弱程度的解释效力。

第四，本章的研究结论不仅是对本书前文探索性研究所提出的当前经济发展新时代下的我国高校青年教师可雇佣型心理契约的动因机制理论模型、维度结构理论模型的检验，研究结论更是从实证主义视角验证了本书所提出的高校青年教师可雇佣型心理契约的动因主效应机制及维度结构的理论价值与实践应用价值，为我国高校如何通过青年教师可雇佣型心理契约的有效管理来获取学校的教学建设优势和科研建设优势提供了极其有力的途径。处于办学资质和成效、人才、成果等高度竞争的环境之中，高校的教学建设和科研建设势必面临着不断提高创新能力的必然选择，青年教师作为高校创新的主力军，随之成为高校教学建设和科研建设的中坚力量，追求高可雇佣性发展的青年教师也相应成为高校人才引进、培育、教师师资队伍建设的重中之重，青年教师的职业发展状况势必影响高校教学建设和科研建设的效果。本书恰恰抓住了高度动态和不确定性环境下的高校青年教师心理契约变迁的问题和现象，基于当前高校与青年教师之间新型关系的可雇佣性取向特征，将可雇佣性理论与心理契约理论相结合，提出了"高校青年教师可雇佣型心理契约"这一新的理论构念，并且以这一新的理论构念的阐清作为本书研究逻辑的切入点，深入探索这一新的理论构念研究的理论价值和实践应用价值。研究结论除了明晰这一新的理论构念的研究价值以外，还阐明了采用青年教师心理机制作为研究视角，对高校教学建设和科研建设以及高校整体组织效果研究的科学性、可行性和稳健性，具体到本书的研究工作，则是为接下来从青年教师可雇佣型心理契约的各个维度层面出发，深入探究高校教学效果和科研效果提供了坚实的理论依据与稳健的经验证据。

第五章　青年教师可雇佣型心理契约对高校教学科研发展驱动机理解析

本章的研究内容主要包括两个方面，首先，秉承系统循证思想，对国内外心理契约相关研究文献进行回顾和梳理，采用量化文献综述的方法对现有文献和研究成果的优势、不足以及具有一定研究价值且有待进一步开启的研究空间展开研讨，从中找到本章研究的切入点，形成我国高校青年教师可雇佣型心理契约的组织心理与行为效应研究的基本理论分析框架，并从文献分析和定量研究相结合的角度为接下来辨析青年教师可雇佣型心理契约对高校教学发展和科研发展的驱动机理提供逻辑线索和研究框架。然后，基于当前经济发展新时代下的我国高校与青年教师之间的新型关系模式，以及高校所面临的高度动态和竞争性的教学发展与科研发展环境特征，采用探索性案例研究设计，遵循数据收集、处理和分析的三角取证与互证原则，通过对深度访谈记录、调查材料等案例学校实地数据收集的内容分析，提出本章研究问题的理论命题，并与国内外文献研究成果进行对比论证，探讨理论命题转化为研究假设的真伪性，从而形成青年教师可雇佣型心理契约对高校教学科研发展的驱动机理理论模型。

第一节　基于元分析的我国高校青年教师心理契约组织效应研究

一　研究方法

（一）研究方法概述

元分析（meta-analysis，MA）是一种综合性的定量研究方法和技术。20世纪80年代初，出版了大量有关各种版本的元分析的概念、方法和统计理论的长篇评述（Glass 等，1981；Hedges 和 Olkin，1995；Rosenthal，1984；Wolf，1986），这些文献提供的实用性的和方法论的指导连同开创性工作所激发的兴趣一起，共同导致了针对元分析的应用和评论的攀升。元分析在社会科学领域，特别是在教育学与心理学领域迅速传播，在健康科学领域更是流行起来，并逐渐制度化，成为把临床实验研究的结果结合起来的首选方法（Chalmers 等，1987；Olkin，1992）。直至 Russell Sage Foundation 赞助下的 *Handbook of Research Synthesis*（Cooper 和 Hedges，1994）出版，基于元分析的方法论呈现出版高峰，自此，社会科学领域内的元分析研究也成为跨学科研究领域内研究者们进行文献循证综述的借鉴。

Glass（1978）指出，元分析是专门面向定量实证性研究文献和项目报告的研究方法，取代直接通过一手数据的统计分析，元分析更强调针对研究报告（或研究结果）的再分析，且尽可能多地容纳不同质量的研究项目，从中得出一个具有普遍意义的综合性结论。元分析要求分析结果具有可复制性和递推性，不仅应尽可能多地检验搜集来的研究样本，观察是否可以由样本来凸显某种单项研究显现不出的潜藏规律，还应清楚地描述研究人员如何发现这些研究项目以及如何对这些项目进行数理统计分析，以便其他研究者能对元分析结果进行评价。

元分析过程通常采用 Q 检验的方法来实现，Q 检验方法的计算公式为：$Q = \sum k_i = W_i (Y_i - Y)^2$。其中，Q 值服从自由度 $df = K - 1$ 的 χ^2 分布。因此，可以用卡方检验来确定所纳入的研究结果之间可能存在的异质性的情况。

元分析技术的应用软件主要有 Meta-analysis、Meta-DiSc、Meta-DiSc MetaWin 等。其中，Meta-analysis 应用界面开发人性化，使用方便快捷，处理分析结果简明直观，操作界面人性化、友好，易于分析人员掌握，且 Meta-analysis 软件的获取和更新均可以获得专业公司网站的免费支持，因此，比较适合学术界研究者采用。

在元分析技术的扩展应用方面，Glass 等（1981）、Rosenthal 和 DiMatteo（2001）、Hunter 和 Schmidt（2004）等都分别开展了不同程度的理论探索、定量研究等尝试活动，通过将元分析技术应用于各自学科、研究领域以及各自所感兴趣的某个研究问题的解决上，极大地推动了元分析技术在除了心理学以外的其他学科领域（例如，管理学、社会学、统计学、大数据库建设、高等教育学科等）发展的脚步，使元分析技术成为除了定性、主观的文献分析以外的公认的能够科学、客观、系统地评价某个学科专业领域研究的成熟度、进展情况和未来发展趋势的定量化循证类文献综述评价技术。

可以说，元分析可以成为跨研究评判结果的一件有力工具，然而，恰恰是因为元分析所具有的以上独特性能，这种研究方法自提出以来，也在不同程度上受到了来自某些领域的源于不同维度的挑战：（1）评估被评论的研究的质量。研究报告的发表源的质量参差不齐，这就需要元分析的编码者具有专业的相关统计分析技术和学术造诣，能够在良莠不齐的出版源之间游走自如地鉴别值得纳入元分析的研究项目。例如，在一家非同级别评审标准的期刊上发表的文章应该与在一家需要相同级别评审的期刊上发表的文章一视同仁吗？遗憾的是对这个问题没有简单的答案。那么，应该以什么维度来对研究加权评价呢？对此也毫无一致性意见。需以非同级评审的维度虽然是可以的，但是要注意标准不统一可能导致的鉴别尺度不够精准的问题，从而会影响元分析的效应值结果。（2）用不同的方法合并与比较研究。针对元分析的常见批评是难以理解怎么可能对材料、量具以及评价方法都广泛不同的诸个研究项目进行比较。这个问题通称为"苹果与橘子之争"（Glass，1978）。针对元分析的这种批评虽然常见，却显得无效。比较不同的研究结果与在一个普通实验里对于异质性被试进行平均化处理是截然不同的。如果愿意接受对于被试进行平均化操作，那么也就能接受对异质性研究进行平均化处理。关键问题如果说是在异质性研究之间进行平均化处理应该与否，而毋宁说是不同的研究方法是否会带来不同的效应规模。当某一被试变量成为研究项目中的一个问题时，经常会"胶着"在这个被试变量上，以明确这个变量是如何与出现的差异呈现相关联的。同样，如果研究方法之间的差异显得与研究结果有关联，那么在一项元分析里，也要停下来，先考察清楚研究方法论和元分析适用性能的自洽性。（3）元分析的结果不同于传统文献述评的结果吗？传统的文献述评所产生的结果是不是与元分析的结果存在着质的不同？一些学者直接比较了传统文献述评与元分析的研究结果，并发现，使用元分析的参与者比使用传统文献述评方法的参与者更有可能得出研究变量之间关系结构的结论，且从统计学意义来讲，元分析相较之传统文献述评更能够发现研究变量之间的数理逻辑关联，元分析评判研究会降低Ⅱ型决策错误。最后，值得关注的是，使用元分析本身要求的统计学技术与对传统实验数据进行统计分析的研究策略是一样的。当得到一个实验结果时，元分析不会只打量数据本身，考察是否存在什么模式或关系结构。与之相反，在大多数情况下，元分析运用统计分析来评判关系结构是否存在。同样地，与其只关注诸个研究项目去猜测可能存在的若干关系，倒不如将一项统计分析置于不同研究的结果，从而检验是否存在具有理论解释意义的关系结构。

综合元分析所秉持的优势、劣势，Glass（1978）提出，元分析依然是一种专门面向定量实证性研究文献和项目报告的研究方法，取代直接通过一手数据的统计分析，元分析更强调针对研究报告（或研究结果）的再分析，且尽可能多地容纳不同质量的研究项目，从中得出一个具有普遍意义的综合性结论。元分析要求分析结果具有可复制性和递推性，不仅应该尽可能多地检验搜集来的研究样本，观察是否可以由样本来凸显出某种单项研究显现不出的潜藏规律，还应该清楚地描述研究人员是如何发现这些研究项目以及如何对这些项目进行数理统计分析的，以便其他研究者能够对此元分析结果进行评价。

基于以上概括性介绍和描绘可见，元分析已经成为心理学领域中的重要研究方法和技术手段。鉴于这种方法能够以量化的途径实现对所探究问题的客观性描绘，而避免了由于主观评价所造成的针对研究结果的考察偏倚，因此不仅应用于心理学研究范畴，还跳出了心理学研究领域，逐渐发展成为经济学、管理学、组织行为、社会学等跨学科研究当中的"利器"，并且逐渐发展成为社会科学、管理科学等跨学科领域内的一种实用数据的再分析方法。

通过以上对元分析研究文献的相关回顾，元分析在文献综述方面颇具独到之处。相较之传统定性的文献综述，元分析能够通过对相关研究领域内实证性研究结果的汇总、整理、统计和分析，进而洞察到相关研究领域内研究的成熟程度和有待进一步探索及挖掘的研究空间。正是因为元分析技术所具有的对某个研究领域内文献、理论建构和研究成果所能够进行定量循证的技术手段，使得这项技术已不仅仅应用于心理学领域。如今，管理学、社会学、组织行为学、高等教育等其他学科领域也都不同程度地采用了这项技术，以便能系统梳理和回顾本学科领域内的研究进展，并试图在此基础上进一步挖掘可供继续探索的研究空间。而在元分析技术的扩展应用方面，元分析技术已成为除了定性、主观的文献分析以外的公认的能够科学、客观、系统地评价某个学科专业领域研究的成熟度、进展情况和未来发展趋势的定量化循证类文献综述评价技术。

迄今为止，尽管研究者们在各自学科专业领域内，结合各自研究兴趣，分别将元分析技术应用于不同研究领域的量化文献综述，然而却基本上都秉承了 Glass 等（1981）、Rosenthal 和 DiMatteo（2001）、Hunter 和 Schmidt（2004）的元分析思想。其中，Hunter 和 Schmidt（2004）的元分析方法采用了 Pearson 相关系数（pearson correlation coefficient）和效应值（effect size）等关键指标的分析技术，操作方法更为简便、直观、人性化、交互友好，并且受到了管理科学研究领域和社会科学研究领域中诸多研究者们的青睐。因此，本书在元分析中亦采用 Hunter 和 Schmidt（2004）对于元分析方法的应用原则、判别准则作为分析依据。

鉴于本书元分析的相关文献归属于管理科学、组织心理与行为科学等领域，因此，为了更加清晰地明确本章应用元分析技术进行相关文献、研究成果的量化综述的科学性、可行性和可靠性，有必要针对这些研究领域内采用元分析技术进行研究项目回溯的研究工作进行回顾，以便从中找到有利于本书元分析的研究启示。

综观以往研究，Glass（1976）最早提出了关于应用元分析进行量化文献回顾和综述的研究规程与判别依据，之后，尽管研究者们基于不同学科专业背景，并针对不同研究问题开展了利用元分析的相关议题研究，然而从应用效果来看，都取得了一定研究成效，这在一定程度上推动了元分析技术的蓬勃发展，即不仅应用于最初的心理科学领域，在管理科学、社会科学、统计科学、高等教育以及相关的交叉学科专业甚至边缘学科专业的研究领域内，都出现了元分析应用于文献循证量化综述和研讨的研究观点与成果，而所积累的研究工作基础也在相当大程度上推动着元分析技术日益改进及完善。元分析技术在我国学术界的应用也正方兴未艾。例如，魏江等（2012）基于元分析技术的应用范畴和功效性的思考，面向全球顶级管理学期刊库展开了管理学研究领域内元分析应用文献的系统回顾。通过检索 *AMJ*、*SMJ* 和 *ASQ* 等 13 种国外管理学科权威期刊以及《管理世界》《科学学研究》《科研管理》等国内管理学科 A 类期刊发现，1980—2011 年，这些期刊中刊载的元分析应用类型文献总计 94 篇，统计分析结果如表 5-1 所示（魏江等，2012）。

表 5-1　管理学科专业研究领域内元分析应用文献的期刊源

学术期刊	刊载元分析应用文献数（篇）
Academy of Management Journal	20
Academy of Management Review	2
Administrative Science Quarterly	1
Entrepreneurship Theory and Practice	3
Journal of Business Research	13
Journal of International Business Studies	7
JouRNal of Management	12
Journal of Management Studies	9
Management Science	2
Organization Science	1
Organization Studies	5
Journal of Management Issues	3
Strategic Management Journal	6
《管理世界》	1
《科学学研究》	3
《科研管理》	6
总计	94

由以上统计分析可见，全球管理科学、组织心理与行为科学研究领域内的元分析应用文献篇数日渐增多，从 20 世纪 80 年代开始到 2000 年，应用元分析技术的研究文献数量逐渐增加到 45 篇，并且还继续呈现出迅猛增长的趋势。这表明，元分析技术已深得管理科学界、组织心理与行为科学界的研究者们所普遍接受，量化循证的文献梳理、回顾和综述的研究思想、技术手段和方法也已逐步深入管理科学、组织心理与行为科学等跨学科专业的研究领域，并对管理科学、组织心理与行为科学等跨学科专业文献、理论建构、研究观点和结论的分析工作，发挥着越来越重要的作用。相应地，学术期刊作为推动学科专业的前沿研究动态和发展趋势、传播创新性研究观点和成果、普及前沿研究方法和技术手段的有效途径，也正在张开"怀抱"，以吐故纳新的姿态，不断吸纳着有助于推动管理学科、组织心理与行为学科等跨学科专业建设和发展的元分析应用文献，这些都促使元分析技术——这项曾经主推于心理科学研究领域的量化实证性

文献分析技术能够嫁接到管理科学、组织心理与行为科学等跨学科专业的研究领域当中，在推动管理学科、组织心理与行为科学等跨学科专业研究进展的同时，也获得了元分析技术本身的不断升级、优化和完善。值得注意的是，在现有的诸多跨学科研究项目当中，以组织心理与行为科学的元分析应用成果尤为突出，不仅在应用数量方面，在应用效果上也呈现出骄人的成效。如今，元分析技术又有所突破，在管理学科、组织心理与行为学科等跨学科专业的研究领域当中已逐步扩展到了技术创新、知识员工管理、技术经济、创新与创业管理、跨文化管理、知识共享、分享经济等新兴学科，并且研究层面也不只是局限于个体微观层面的探讨，而是随着相关学科专业下的研究项目的纵深化，由个体微观层面研讨逐步扩展到团队、企业的中观层面以及组织环境范畴的宏观层面，另外，在研究方法方面，也开始格外注重分层数据、多维度数据、多源渠道数据整合在一个元分析处理过程中的效度问题。

（二）研究背景阐述

如上所述，元分析技术自20世纪中叶以来就已经在心理科学领域崭露头角，且由于这项技术在文献综述方面所禀赋的科学、客观、量化、系统循证等独特优势，其应用范围又逐渐扩展到管理科学、社会科学、组织心理与行为科学以及其他交叉学科、边缘学科专业研究领域。然而，正如管理科学领域所一直倡导的西方理论在某个地域开展研究的本土化必须结合当地研究情境和研究问题背景的考量才可以应用，因此作为西方学术界的"舶来之品"，元分析技术就极其有必要基于中国本土研究情境，以及结合具体研究问题解决的特定背景的实地考证，才能够实现因地制宜地应用和转化的效果（徐淑英、张志学，2011）。

那么就本章研究而言，青年教师可雇佣型心理契约及其组织心理与行为效应的问题已经成为处于当前动态不确定性环境变迁之中的我国高校组织所不可回避且有必要加以高度关注和亟待破解的重要议题，针对这一议题的有效干预将有助于我国高校获取教学科研等各项教育事业建设和可持续创新发展的动力。论及我国高校青年教师可雇佣型心理契约的问题就首先需要阐清我国高校青年教师心理契约变迁的问题。正如本书前文在探索性研究中所阐明的，基于当前中国经济发展新时代下的新型雇佣关系模式，高校和青年教师之间的关系呈现出显著不同于以往的突出特征，即追求个体可雇佣性开发成为高校和青年教师双方共同追求的目标。本书研究主题就是以这一目标的实现作为研究的切入点，尝试将可雇佣性理论与心理契约理论相结合，提出"我国高校青年教师可雇佣型心理契约"这一新的概念，并将可雇佣性元素融入心理契约内涵之中，通过探索性研究和实证性研究相结合的论证，建构了"我国高校青年教师可雇佣型心理契约"这一颇具科学性和稳健性的理论构念。值得注意的是，该理论构念的维度结构是以我国高校青年教师心理契约的内容结构为理论基础的，而我国高校青年教师心理契约的内涵特征离不开这些青年教师的心理契约的内容要素。因此，对我国高校青年教师可雇佣型心理契约的相关问题的探讨就需要回归到其理论建构的根源——我国高校青年教师心理契约的内容结构、内涵特征、形成机理以及所产生的组织心理与行为效应。换言之，阐清我国高校青年教师的心理契约的相关问题就是解决我国高校青年教师可雇佣型心理契约的相关问题的必由之路。

心理契约问题研究由来已久。随着知识经济结构转型和新知识经济时代的大踏步前进，组织与员工之间的关系不断发生着巨变，传统的以员工对组织从一而终来换取组织提供给员工终身就业保障的雇佣模式逐渐被员工遵从自我职业管理的职业生涯价值观所替代。也就是说，以忠诚于组织来换取终身工作安全越来越不合时宜，取而代之的是，员工更乐于忠诚于自我职业生涯管理和规划。在这种情况下，员工的心理契约变迁问题愈加凸显，成为组织效能管理过程中必须加以干预的要项。这种动态不确定性和高度竞争性的环境下发生的员工心理契约变迁的相关问题相应引起了学术界与实务界的广泛关注。与此同时，如何使组织通过有效管理员工的心理契约进而得以实现组织目标，也成为学者们开展研究和管理者们从事管理活动时所高度关注的焦点问题。Rousseau（1989）最早在学术界提出心理契约的概念，并指出了心理契约对于组织效果实现的重要意义。之后，一些学者基于不同的研究情境，针对不同的研究问题展开心理契约相关问题的探讨，并取得了一些研究成果。总体而言，尽管学者们结合各自研究领域和研究兴趣所开展的心理契约研究维度、研究主题、研究方法等各有不同，所秉持的研究观点和结果等也不尽一致，然而对于"心理契约是关乎组织效果实现的重要驱动源，积极的员工心理契约有利于组织效果，反之，消极的员工心理契约阻碍组织效果达成"这一观点却达成了基本共识。例如，有研究发现，心理契约反映了组织与员工之间关系的品质，健康心理契约的构筑投射到员工的工作态度和行为表现上通常是高工作满意感、高工作投入、高组织公民行为、高绩效、高建言、高组织忠诚、高组织信任、高组织情感依赖、高知识分享、高出勤、高工作嵌入（工作卷入）等；反之，心理契约变迁所导致的员工工作态度和工作行为则往往表现在消极的态度和行为变量上，例如，低满意感、工作倦怠、反生产性行为、高离职倾向、低组织忠诚、低人际信任、低组织情感依赖、低组织归属感、犬儒主义、消极怠工等。在此基础上，一些学者针对具体的组织生产运营情境，围绕员工心理契约的组织效应问题展开了一系列研究变量之间的整合性研究，并且研究成果颇丰。其中，颇具代表性的有心理契约违背的动态机制模型、心理契约违背的食言模型、心理契约形成的动因机制模型（Parks 和 Kidder，1994）等。我国学者在吸收国外理论、研究观点和成果结论的基础上，背靠中国本土组织管理情境，展开了有针对性的心理契约的相关问题研究（李原、孙健敏，2009）。例如，李原等（2006）展开了西方心理契约理论的中国本土化探究，通过实证性研究方法提出了我国组织员工心理契约的三维结构以及所产生的一般性工作态度和工作行为结果。朱晓妹和王重鸣（2005）提出了我国员工心理契约的内容维度，并且特别指出了其研究结果不同于以往国内外研究之处，对我国员工心理契约研究指出了颇具理论价值和实践意义的有待探讨的研究空间。陈加洲等（2004）开展的我国员工心理契约研究有别于以往国内研究，突出体现在其研究结果得出了我国员工心理契约的二维结构模式。彭川宇（2008）专门针对我国企业知识型员工心理契约的相关问题展开研讨，得出了我国企业知识型员工心理契约的内容维度、内涵特征以及对组织效应的心理与行为反应机制。魏峰等（2008）结合我国企业管理人员的工作特征，进行了这部分员工心理契约违背组织效应的讨论，建构了管理人员心理契约违背对其个体退出、建言、忠诚、漠视行为模型的影响作用内在机理模型。整体来看，对于我国员工心理契约的内容维度研究成果而言，除了陈加洲等（2004）支持心理契约的二维结构模式以外，其他国内学者大多认同于心理契约的三维构型模式；而对于员工心理契约的组织效应而言，与国外学者的研究结论基本一致，即普遍支持"积极心理契约的正向组织效果、消极心理契约的负面组织结果的影响反应机制"这组研究观点和结论。那么面对诸多国内外心理契约相关问题研究的文献，究竟应该如何进行文献综述，才能科学、客观、系统地得出心理契约领域的研究进展、发展趋势、前沿动态、研究的不足之处，从而从中挖掘出富有研究价值的有待进一步探索的研究空间？目前，国内文献综述方面多采用的是定性方法，张翼等（2009）在针对国外文献综述性研究的述评中曾提出，定性的文献综述方法存在因研究者人格特征差异所必然导致的研究偏倚、因为没有特别针对实证性文献进行研究变量研究重要性权重的修正所造成的研究偏误，对此，他们专门引用了国外心理科学、管理科学和社会科学等领域正方兴未艾的一种研究方法——元分析技术在量化文献梳理、回顾和综述方面的突出优势，并指出这种文献分析技术有助于科学、严谨、系统地梳理某研究领域的研究成果，客观地考量该研究领域的进展情况和未来发展趋势，挖掘出值得进一步探索的研究空间。因此，可以说，基于定量分析视角，针对国内心理契约相关问题的研究文献进行总结和回溯，有助于准确把握国内心理契约研究进展、与国外相关研究项目的异同点、揭示未来有待探索的研究空间，这种秉承量化和系统循证思想的文献综述技术将理论分析和实证性研究有机地整合起来，在科学、系统地回顾以往研究贡献的同时，为更加深入地摸索某个研究领域的"闪光点"或者打开某个研究领域内的"黑箱"，提供了坚实和稳健的理论依据。

（三）文献收集取样

元分析操作规程明确指出，纳入元分析的文献首先要与所探讨的问题紧密相关，这就要求在文献检索之前，明确知晓研究问题的关键词，基于关键词展开文献检索；其次要尽量收集完整与研究问题相关的所有文献，这就要求对文献数据库具有相当熟练的检索、查询和阅读能力，且检索范围要覆盖拟研究学科领域内的所有主要文献资料库来源。本章按照元分析操作规程，首先围绕研究问题的关键词，对相关研究领域的文献数据库展开检索和梳理，将与本章研究问题紧密相关的文献进行汇总和整理，过程中尽可能穷尽所有相关文献资源，其中不仅包括了已经发表的学术论文（例如，学术期刊论文、优秀博士学位论文、优秀硕士学位论文、重要国际国内学术会议论文等），还通过学术交流、学术考察活动、学术会议等渠道收集到未发表的学术论文，旨在于尽量削减因文献资源不足所导致的取样偏差（Rosenthal，1991）。需要说明的是，对于心理契约的组织效应研究范畴而言，国外的文献综述性研究已相对饱满，其中不仅包括定性文献综述，也不乏专门针对定量实证性研究项目报告的元分析综述文献。相对而言，国内在心理契约研究领域的综述性讨论则主要以定性文献综述为主，对于定量循证性研究尚且不足。因此，本章专门针对国内心理契约的学术文献展开元分析。具体而言，本章以"心理契约"为关键词输入中国知网（CNKI）进行题名检索，检索范围主要包括中国学术期刊全文数据库（主要参考《中文社会科学引文索引（CSSCI）来源期刊和收录集刊目录》《北京大学核心期刊目录》）、中国优秀硕博士学位论文库（截至2017年6月30日）、中国重要学术会议论文库（截至2017年6月30日）等数据库来源。如上所述，为了避免元分析过程的取样偏差，本章对检索时间基本上采用了模糊处理的方式，并未精确到具体的某年、某月、某日，以便能够尽量覆盖到国内学术界对于心理契约研究领域的实证性研究观点、结论和成果，尽量避免因为取样不完整所导致的项目测量偏误问题。

基于以上元分析操作的规程，本章对于国内心理契约研究领域学术文献的检索标准主要有：（1）文献研究项目中采用了定量实证性研究方法。（2）文献研究项目中报告了研究变量所采用的测量量表，例如，心理契约的测量量表、心理契约所产生的组织效应变量的测量量表等。（3）文献研究项目中报告了心理契约与其他研究变量［例如，组织犬儒主义、组织认同、团队认同、离职（倾向）、组织忠诚、建言、漠视、缄默、沉默等组织反应变量］之间的 Pearson 相关系数 r 抑或其他可以转换为 Pearson 相关系数 r 的统计指标。（4）文献研究项目的取样来源在所有导入元分析的文献材料中保持唯一性和排他性，即在导入元分析的文献材料中不存在任意两篇文献采用了相同的取样来源。例如，魏峰等（2008）关于心理契约违背内容维度的研究项目与魏峰等（2006）基于本土管理情境下展开的企业管理人员心理契约违背对退出、建言、忠诚、漠视行为模型影响机制的研究项目采用了同一组样本源，在导入本章元分析时以先发表的文献为准，而后发表的文献则没有导入元分析。（5）根据导入元分析的文献研究项目报告需要遵循概念一致性的判别原则，以规避由于文献研究项目报告的测量变量与元分析内容存在差异性所带来的元分析结果的处理偏差（Hunter 和 Schmidt，1990），本研究在检索文献的过程中，通过阅读摘要、正文以及搜索研究变量的测量量表等方式来确认拟导入元分析的研究项目报告的研究变量与本章研究问题的关键词是否存在概念上的一致性，从而最大限度地降低元分析测量的偏差。

按照以上学术文献检索的标准，本章首先围绕研究问题提炼出关键词，以关键词进入中国知网（CNKI）的中国学术期刊全文数据库（主要参考《中文社会科学引文索引（CSSCI）来源期刊和收录集刊目录》《北京大学核心期刊目录》）、中国优秀硕博士学位论文库（截至 2017 年 6 月 30 日）、中国重要学术会议论文库（截至 2017 年 6 月 30 日）题名检索范围，进而通读所下载文献的摘要（对于仅通过阅读摘要却难以明确划分是否满足元分析要求的文献以及研究成果的判别标准的文献来源，进一步通过全文下载并仔细阅读正文的途径来确定该文献或研究成果可否纳入元分析范畴），仅保留可以纳入元分析的定量实证性研究文献，剔除所有与本章研究问题毫无关联的文献和定性研究文献（例如，纯粹定性研究的案例研究文献、理论分析性文献、定性综述性文献和科技知识普及性文献等）。

（四）研究文献编码

接下来，本研究针对检索并汇总整理后的文献进行统一编码。根据元分析对于文献研究项目的编码唯一性原则，如果基于同一组样本来源的研究项目多次报告了研究结果，则元分析编码值取自这些多次报告结果的简单算术平均值；而如果基于不同样本来源的研究项目多次报告了研究结果，则元分析编码值取自每一次报告结果。基于以上原则，本研究利用所提取的文献编码值来编制编码表，其工作内容主要包括：（1）开展研究项目的研究人员；（2）研究项目以学术文献形式呈现的最终发表时间；（3）文献所涉及每个研究项目的有效样本规模；（4）文献所涉及研究项目中研究变量的名称；（5）文献所涉及研究项目中报告的研究变量之间的相关系数；（6）文献所涉及研究项目中报告的研究变量的内部一致性系数。

基于以上文献编码原则以及所编制的编码表，由两名编码人员（本书作者和另一位研究团队成员）对筛选出的满足元分析标准的文献进行如下编码工作：（1）基于编码表的内容，对所有筛选出的文献进行统一编码。（2）对编码结果进行内部一致性信度检验，从而保证元分析结果的科学性和稳健性。检验结果表明，所有编码的组内相关系数（intraclass correlation coefficient，ICC）均大于 0.8，即编码的内部一致性信度较好。（3）两位编码人员的编码结果存在着一定分歧意见，因此，两位编码人员围绕本章研究问题，基于元分析的技术原则和判别准则，重新审视了所筛选的文献资源和研究项目，特别针对分歧意见之处展开讨论，旨在统一判断标准、消除意见分歧、达成元分析结果的共识，从而进一步提高元分析结果的一致性信度和外部效度。

二 文献与结论

（一）文献的描述性分析

通过文献检索、筛选和编码过程，总计得到152篇可供于元分析的文献（研究项目报告），其中，所包含的量化实证性研究项目不仅包括心理契约的内容结构，还涉及了心理契约的组织心理与行为效应以及所引发的组织效果等一系列反应机制。需要说明的是，一方面，从现有文献研究成果来看，以往研究更多支持从个体微观层面视角来审视心理契约的相关问题，且从个体微观层面视角得出的研究结果占据了当前研究的主流；另一方面，本书前文通过探索性案例研究和定量验证性研究相结合的研究方案已经证实，基于青年教师个体微观层面视角来考察青年教师心理契约的相关问题有利于对我国高校的组织心理与行为效应以及高校的教学科研发展结果的研究工作开展，且研究结论对于当前我国高校教学发展建设和科研发展建设而言具有显著的理论意义和实践应用价值。除此之外，为了克服元分析取样标准不一致所导致的分析误差，本章针对从中国知网（CNKI）的文献数据库中筛选的相关文献仅以个体微观层面视角作为元分析量化统计指标遴选的依据，对于从组织和个体双边视角展开的研究项目则仅摘取其中的个体微观层面分析数据和研究结果，纳入本章的元分析当中。

本章元分析的描述性统计结果如表5-2所示，总计72篇文献纳入元分析，其中包含59个独立样本量，研究项目中报告心理契约的组织反应变量主要包括：工作满意度13个、组织承诺13个、工作绩效9个、组织公民行为9个、离职（含退出）21个、建言8个、忠诚10个、漠视5个、组织认同11个；报告了调查对象的性别、年龄、教育背景、工龄、工作性质（行政管理岗或教学科研岗）等人口统计特征的研究项目个数分别为25个、25个、22个、18个、16个。另外，需要说明的是，在个体心理契约所产生的工作态度和工作行为文献的研究结果中，除了主要包括工作满意度、组织承诺、工作绩效、组织公民行为、离职（含退出）、建言、忠诚、漠视、组织认同以外，在文献检索、梳理和查阅中还发现，个体心理契约的工作态度和工作行为反应变量中还涉及组织信任（4项研究）、工作卷入（2项研究）、工作倦怠（2项研究）、反生产行为或者反工作行为（3项研究）等，考虑到这些研究变量的研究项目数极为有限，难以支撑元分析结果，因此，未予纳入本章的元分析讨论。

表5-2　　　　　　　　　元分析的描述性统计结果

关系	K	N	n 范围	n 均值	r 范围
心理契约—工作满意度	13	4725	46—1022	386	0.13—0.64
心理契约—组织承诺	13	4280	46—1022	305	0.20—0.63
心理契约—工作绩效	9	3279	160—675	364	0.03—0.50
心理契约—离职（含退出）	21	6148	46—1022	330	−0.03—−0.57
心理契约—组织公民行为	9	2514	112—621	280	0.18—0.75
心理契约—建言	8	2418	56—637	371	0.03—0.40
心理契约—忠诚	10	3374	76—942	352	0.03—0.70
心理契约—漠视	5	2281	86—917	307	−0.03—−0.30
心理契约—组织认同	11	3592	68—1042	374	0.15—0.61

注：K为效应值；N为所有研究项目中有效样本量总计；n范围为独立样本中的有效样本量范围；n均值为独立样本中有效样本量的均值；r范围为独立样本中研究变量之间的Pearson相关系数r的范围。

由以上元分析的描述性统计结果可见，首先，21个独立样本单元报告了心理契约和离职（含退出）之间的Pearson相关系数r，13个独立样本单元报告了心理契约和工作满意度之间的Pearson相关系数r，13个独立样本单元报告了心理契约和组织承诺之间的Pearson相关系数r，9个独立样本单元报告了心理契约和工作绩效之间的Pearson相关系数r，9个独立样本单元报告了心理契约和组织公民行为之间的Pearson相关系数r，8个独立样本单元报告了心理契约和建言之间的Pearson相关系数r，10个独立样本单元报告了心理契约和忠诚之间的Pearson相关系数r，5个独立样本单元报告了心理契约和漠视之间的Pearson相关系数r，11个独立样本单元报告了心理契约和组织认同之间的Pearson相关系数r。可以说，截至目前，国内研究对个体心理契约与组织心理与行为效应以及进一步对组织结果的反应变量之间的关注程度依次为离职（退出）、工作满意度、组织承诺、组织认同、组织忠诚、工作绩效、组织公民行为、建言、漠视。其中，尤以对个人心理契约与其离职（退出）、工作满意度、组织承诺、组织忠诚、组织认同之间的关注度最为突出（研究项目分别统计的合计数均超过10项）。另外，在文献检索、提取和筛选过程中，本研究注意到国外心理契约研究领域内正在风生水起的"组织犬儒主义"这一新的组织—员工关系的解释变量与个体心理契约之间关系的研究成果日益增多，一些学者明确指出，个体心理契约会通过个体组织犬儒主义的途径作用于组织效果，然而国内心理契约研究领域内涉足组织犬儒主义的研究项目为数不多（仅4项）。鉴于研究项目数有限，不足以支撑元分析及其研究结果，因此，没有纳入本章的元分析讨论。但不可否认的是，国外研究成果依然为本书提供了饶有价值的研究启发。国内相关文献数较少，恰恰是元分析原理的优势所在，即通过对定量实证性研究文献和研究项目的循证检索，挖掘出以往心理契约相关问题研究的进展和成熟程度，以及尚有待开发的研究空间。从这个意义上讲，基于本土文化情境的个体心理契约与组织犬儒主义之间影响关系的探讨恰恰是有待进一步探索的未知领域，其间，就可能蕴含着颇具理论价值和实践应用价值的研究发现。总之，除了本章元分析得出的个体心理契约与离职（含退出）、工作满意度、组织承诺、组织忠诚、组织认同之间的高相关关系，相对而言，与工作绩效、组织公民行为、建言、漠视之间的次相关关系以外，本章元分析还挖掘出尚待开发的颇具理论意义和实践应用价值的研究空间（例如，个体心理契约与组织犬儒主义的关系以及进一步所导致的组织反应等），较好地发挥了元分析对于某个研究领域发展概况的描述性统计分析作用。

其次，就文献和研究项目报告的有效样本量统计而言，个体心理契约与不同反映变量之间的有效样本总计量存在着一定差异。其中，有效样本量统计数最小的研究项目报告了个体心理契约与工作满意度、组织承诺、离职（含退出）之间的样本量为46个；有效样本量统计数最大的研究项目报告了个体心理契约与工作满意度、组织承诺、离职（含退出）、组织认同之间的样本量为1042个。再从独立样本统计所显示的个体心理契约与各个组织反应变量之间的相关关系来看，各个研究项目的独立样本中有效样本量的均值范围变动较小（280—386个），其中，除了个体心理契约与组织公民行为之间相关关系研究项目的独立样本有效样本量均值较小（280个）以外，个体心理契约与其他组织反应变量之间的相关关系研究项目的独立样本有效样本量均逾300个。另外，由于研究项目所报告的独立样本中研究变量之间的Pearson相关系数r的范围、独立样本中有效样本量的均值存在着一定差异，所有研究项目中有效样本量总计也表现出差异性（2514—6148个）。

最后，从研究项目报告的独立样本内研究变量之间的 Pearson 相关系数 r 来看，个体心理契约除了与离职（含退出）、漠视呈现为显著的负相关关系以外，与其他组织反应变量之间的相关关系均为正向。因此，尽管西方和东方文化之间存在显著差异，然而个体心理契约的组织反应结果却相差无几，换言之，基本上都呈现出"积极心理契约内容和水平的正向组织反应结果，以及消极心理契约内容和水平的负向组织反应结果"的研究结论在方向上的趋同性。而对于研究变量之间的 Pearson 相关系数 r 的异动空间而言，各个研究项目报告的独立有效样本之间的差异性较小。对此分析，本章元分析的取样来源主要是针对国内心理契约研究领域内的实证性文献，所筛选出符合元分析标准的研究项目所包含的独立有效样本规模较小（独立有效样本规模最大的仅为 21 个），这可能是导致个体心理契约与组织反应变量之间的 Pearson 相关系数 r 的异动空间较小的主要原因。

（二）变量间的相关性分析

如前所述，本章基于 Hunter 和 Schmidt（2004）的元分析方法，采用 Comprehensive Meta Analysis 2.0 软件对国内心理契约研究领域内的定量实证性研究文献和研究报告（研究项目）进行了元分析。主要操作步骤如下所示。

（1）为了消除不同研究项目因为报告结果不同所造成的有效样本统计之间的差异性，需要对所筛选的定量实证性文献（研究报告）中研究项目的相关系数是否为符合元分析的 Pearson 相关系数 r 进行甄别，如果不符合，就需要通过公式（5-1）对研究项目中的相关反映系数执行 *Fisher's Z* 转换：

$$Fisher's\ Z = 0.5 \times \ln\left(\frac{1+r}{1-r}\right) \quad (5\text{-}1)$$

（2）按照公式（5-2）、公式（5-3）、公式（5-4）对不同研究项目的测量精度进行衡量，从而计算不同研究项目中有效样本统计的标准差：

$$SE_Z = \frac{1}{\sqrt{N-3}} \quad (5\text{-}2)$$

$$SE_r = (1 - r^2) \times SE_Z \quad (5\text{-}3)$$

$$SE_\rho = (1 - \rho^2) \times SE_Z \quad (5\text{-}4)$$

（3）鉴于元分析通常面临着抽屉效应的挑战，即元分析所能够检索和筛选出的文献往往是研究结果较为显著从而更易于发表的那些研究成果，然而，不可否认，在学术研究中，经常会发现，相较之不显著的那些研究结果，显著的研究结果更易于发表，这就导致了没有发表的研究结果也可能影响元分析结果，却因为未发表、未检索到，从而造成元分析结果的偏倚。因此，本章按照 Hunter 和 Schmidt（2004）的元分析方法，采用失效安全系数（fail-safe number，FN）来估计，对于修正后的研究变量之间的 Pearson 相关系数 r 的均值较低情况下研究结果没有达到统计学意义上的显著性的研究报告数。测算结果如表 5-3 所示。

表 5-3　　　　　　　　研究变量之间相关关系的元分析结果

	k	N	r	SE_r	ρ	SE_ρ	95% C.I. Lower	95% C.I. Upper	Df (Q)	FN
工作满意度	13	4725	5.201 ****	0.714	0.501 ****	0.015	0.530	0.473	12	649
组织承诺	13	4280	0.389 ****	0.057	0.488 ****	0.016	0.519	0.458	12	552
工作绩效	9	3279	0.279 ****	0.051	0.239 ****	0.018	0.273	0.204	8	260
离职（含退出）	21	6148	-0.250 ****	0.061	-0.304 ****	0.014	-0.277	-0.332	14	807
组织公民行为	9	2514	0.335 ****	0.057	0.353 ****	0.020	0.392	0.314	8	160
建言	8	2418	0.361 ****	0.072	0.281 ****	0.018	0.327	0.280	9	290
忠诚	10	3374	0.338 ****	0.069	0.304 ****	0.012	0.312	0.308	8	316
漠视	5	2281	-0.399 ****	0.714	0.338 ****	0.038	0.402	0.304	7	301
组织认同	11	3592	0.349 ****	0.051	0.348 ****	0.042	0.448	0.301	9	312

注：k 为效应值；N 为所有研究项目中有效样本量总计；r 为未加权的 Pearson 相关系数的均值；SE_r 为未加权的 Pearson 相关系数的标准差；ρ 为加权后的 Pearson 相关系数的均值；SE_ρ 为加权后的 Pearson 相关系数的标准差；FN 为安全失效系数；**** 表示 P<0.0001。

由表 5-3 可知，个体心理契约与工作态度变量的相关系数大于个体心理契约与工作行为变量的相关系数。具体而言，个体心理契约与工作满意度呈显著的正相关关系（$\rho=0.501$，Z=34.323，P<0.0001），个体心理契约与组织承诺呈显著的正相关关系（$\rho=0.488$，Z=28.417，P<0.0001），个体心理契约与工作绩效呈显著的正相关关系（$\rho=0.239$，Z=13.61，P<0.0001），个体心理契约与离职（含退出）呈显著的负相关关系（$\rho=-0.304$，Z=-23.426，P<0.0001），个体心理契约与组织公民行为呈显著的正相关关系（$\rho=0.353$，Z=15.288，P<0.0001），个体心理契约与建言呈显著的正相关关系（$\rho=0.361$，Z=17.418，P<0.0001），

个体心理契约与忠诚呈显著的正相关关系（$\rho = 0.338$，$Z = 21.008$，$P < 0.0001$），个体心理契约与漠视呈显著的负相关关系（$\rho = -0.399$，$Z = -23.117$，$P < 0.0001$），个体心理契约与组织认同呈显著的正相关关系（$\rho = 0.349$，$Z = 27.007$，$P < 0.0001$）。以上相关关系计算结果中，置信区间均不包括 0，研究变量之间的相关系数稳定，说明经修正的各个研究项目中个体心理契约与组织反应变量之间的相关系数均保持在 $P < 0.0001$（双尾）的水平上显著。另外，研究还发现，个体心理契约与工作满意度之间的相关关系最强（$|\rho| > 0.5$），个体心理契约与组织承诺之间的相关关系次之（$0.5 > |\rho| > 0.4$），个体心理契约与工作绩效之间的相关关系最弱（$|\rho| < 0.3$）。因此，可以判定，个体心理契约与工作满意度、组织承诺之间的相关关系归属于大效应值，与离职（含退出）、组织公民行为之间的相关关系归属于中效应值，而与工作绩效之间的相关关系归属于小效应值（若变量之间的效应值接近 0.5，则变量之间的相关关系归属于大效应值；如果变量之间的效应值接近 0.3，则变量之间的相关关系归属于中效应值；如果变量之间的效应值接近 0.1，则变量之间的相关关系归属于小效应值）（Rosenthal，1991）。

另外，基于本章元分析中所有研究项目报告计算出的失效安全系数均在判定原则的临界值以上［失效安全系数应为研究项目中研究变量之间效应值的 2 倍以上，研究结果的发表偏误问题才可以忽略（Rosenthal，1991）］，可以判定，所有研究项目中各个独立有效样本中研究变量之间的相关系数具有稳健的外部效度，研究结果的发表偏误不会对本章元分析结果造成严重的影响。

三　研究启示

基于以上元分析，个体心理契约对组织反应变量在个体工作态度和工作行为结果上的反映大体上与国外文献、结论和研究结果相一致。心理契约理论的渊源是社会交换理论，Rousseau（1989）最早在学术界提出了"心理契约"的概念，并对这一概念加以界定时就明确指出了，心理契约是员工—组织关系的有效"反映器"，充当了员工与组织之间心理联结的桥梁。之后，研究者们从各自角度、结合具体研究情境，从各自兴趣出发，针对个体心理契约的相关问题展开讨论，并发现，高水平心理契约所对应的积极组织结果以及低水平心理契约与消极组织结果的对应关系。在西方理论的基础上，我国的研究者将心理契约理论应用于解释国内组织与员工之间的关系。李原等（2002）不仅提出了我国企业员工心理契约的三维结构模型，还指出了个体心理契约履行的不同程度所带来的不同的组织结果，并借此对我国企业如何认识员工的心理契约以及如何通过调节员工的心理契约继而获取企业效果，给出了有针对性的策略和建议。朱晓妹和王重鸣（2005）证实了企业知识型员工心理契约的三维结构模式。陈加洲等（2004）则提出了我国员工心理契约的二维结构模式。尽管国内研究者们的研究观点和结论存在着一定差异，然而，基本上在"高心理契约—积极工作态度和工作行为结果—高组织绩效；低心理契约—消极工作态度和工作行为结果—低组织绩效"方面达成了在趋同方向上的认识。另外，综观国内外研究成果，心理契约问题研究与社会认知心理学理论存在紧密的相关关系，即根据社会认知心理学理论，个体的行为结果受限于个体自身的态度（倾向性），而个体态度（倾向性）则来源于个体自身内在的意识和动机。本章的元分析结果恰恰与以往研究观点和结论不谋而合。个体心理契约与工作满意度、组织承诺等工作态度变量的相关系数的绝对值普遍大于个体心理契约与工作绩效、组织公民行为等工作行为变量的相关系数的绝对值。这也从另一个角度表明，本章的元分析结果具有科学、稳健的理论价值和实践指导意义。此外，值得注意的是，一些在国外心理契约研究中得到证实的组织反应变量（例如，组织犬儒主义等）却在本章的元分析中未予以充分展示。正如本书上文所述，目前国内文献和研究报告中对于这些变量（例如，组织犬儒主义等）尚处于理论探索阶段，针对具体研究情境下的定量实证性研究尚且不足，导致符合元分析标准且能够纳入元分析程序的相关文献和研究报告极为有限，并不足以支撑元分析结果，在一定程度上影响了个体心理契约与这些变量之间的元分析。这转而也从另一个角度反映出元分析的优势，即在表明某个领域研究进展的同时，也能够透析某个领域内亟待开发的研究空间。换言之，元分析之所以区别于传统的定性文献综述，受到学术界及实务界研究人员青睐的主要原因之一就是，元分析特别针对定量实证性文献设计了颇具科学性、客观性、系统性的量化分析途径，这种量化分析是严格秉承科学循证思想对采用了实证性研究方法的文献所进行的系统梳理、回顾和综述，能够通过对研究变量之间效应值、相关系数等测评指标以及抽屈效应、发表偏误问题等的估计，尽可能削弱不同研究项目报告之间的统计偏误，从而抽离出某个研究领域的热点和盲区，揭示有待进一步探索的研究空间以及颇具理论价值和实践应用价值的未来研究趋势和发展方向。受此启发，本章元分析结果既为本书接下来探索青年教师可雇佣型心理契约对高校教学发展和科研发展的驱动机理提供了关键作用路径的研究线索（例如，工作满意度、组织承诺、组织认同、忠诚等变量在心理契约的组织性反应机制中所发挥的逻辑阶梯作用），又为揭示这一驱动机理中新的理论构念及其变量操作性转化，以及在青年教师可雇佣型心理契约与高校教学发展、科研发展之间关系的影响效应（例如，"组织犬儒主义"这一新知识经济时代下专门用于解释组织—员工关系模式的新型特征的变量，到底如何在个体心理契约与组织效果之间架立起影响力传播的通道）提供了研究启示。

第二节　基于元分析的我国高校青年教师可雇佣型心理契约对高校教学科研发展的驱动机理探析

一　我国高校青年教师可雇佣型心理契约对高校教学科研发展的驱动机理内容分析

（一）研究方法的选择

基于以上元分析，我国员工所秉持的高水平心理契约与员工的工作态度和工作行为结果呈正相关关系，而员工所秉持的低水平心理契约则与员工的工作态度和工作行为结果呈负相关关系。且综观国外文献、研究成果，学者们普遍证实了员工的心理契约与员工的工作满意度、组织承诺、组织忠诚等工作态度反映变量以及与工作绩效、组织公民行为、离职（含退出）、建言、漠视、缄默（沉默）等工作行为变量之间的显著相关性。本章通过对国内心理契约相关文献的元分析也得出了与国外研究结果相一致的观点。这表明，员工的心理契约与员工的工作态度和工作行为变量之间的关系已引起了国内外学者的广泛关注，且从国内外研究来看，这种关系所带来的组织结果也已纳入组织管理研究范畴，成为学者们探讨组织效能获取问题的焦点。处于经济结构转型调整和经济发展新时代下的我国高校，势必面临着高度动态和竞争性的环境，在这种情况下，高校与青年教师之间的关系显著不同于以往，最为凸显的是，呈现出以个体可雇佣性发展为明显特征，高校与青年教师都对个体可雇佣性发展抱以热切期望，特别是对于青年教师而言，取得职业生涯价值增值和维系的有效途径之一就是个体可雇佣性的可持续发展，这就为可雇佣性理论与心理契约理论的融合创造了理论建构契机。正如本书前文探索性研究和定量实证性研究所证实的，青年教师可雇佣型心理契约已然成为高校教学建设发展和科研建设发展中必须加以浓重考虑的关键致因。那么，以往心理契约研究观点和结果是否依然适用于当前我国高校青年教师可雇佣型心理契约的相关问题解析？青年教师可雇佣型心理契约对于高校教学发展和科研发展的驱动机理究竟如何？这种驱动机理当中到底蕴含了怎样的直接效应、间接效应，以及主效应又该如何？基于以往研究观点和成果，本书认为，当青年教师拥有高水平的可雇佣型心理契约时，也会相应地产生积极的工作态度和工作行为；反之，青年教师所拥有的低水平的可雇佣型心理契约则是青年教师的消极工作态度和工作行为之所以产生的关键动因。且正如以往研究得出的这种关系对于组织效果的影响效应，积极的组织关系将促进正向意义的高校教学发展和科研发展成效，而消极的组织关系则易造成负面意义的高校教学发展和科研发展结果。另外，鉴于当前我国高校所处的高度动态和不确定性的外部环境，这种影响作用机制中还可能存在着不同于以往研究观点和成果的间接效应，所形成的主效应机制也随之可能区别于以往研究观点和成果。因此，针对这种动态不确定性环境下的高校与青年教师之间的新型关系模式，以及这种新型关系模式下的"青年教师可雇佣型心理契约"这一新的理论构念所必将产生的不同于以往研究成果的组织效应的问题，极其有必要采用与这种高度动态不确定性的研究情境相匹配的研究方法来加以解惑。

近年来，案例研究方法在组织管理研究中的应用正处于方兴未艾之势，案例研究方法在探索新的理论建构、验证现有理论建构的实地运用效果、解释理论建构的实践运用以及描述典型事件背后所隐藏的理论价值和实践指导意义方面颇具功效，特别是案例研究为研究者提供了一种能够探测到发生在实地场景内典型的工作事件、人际社交关系以及人与事交织在一起所（可能）产生的问题背后的实质性原因。本章就是专门针对当前中国步入新时代这一前所未有的特定历史时期中高校与青年教师之间新型关系模式下所发生的"青年教师可雇佣型心理契约"这一新的理论建构以及进一步对高校教学发展建设和科研发展建设所产生的一系列组织效应机制的探索，探索性案例研究方法恰恰能够解决特定历史条件下的新的理论建构以及理论分析框架的合理性问题。通过探索性案例研究方法对典型工作事件、现场观察、实地材料和数据的收集，以及反复迭代性思考、调查、汇总、整理、统计、分析等步骤，有助于研究者突破最初的研究命题，更大程度地扎根于实地研究情景的最深处，甚至能够找到不同于最初研究视角的更多元化角度、多重研究维度，继而探索研究问题的发生背景和实质性原因，从而找到研究问题解析的有效途径。因此，本章拟采用探索性案例研究方法对青年教师可雇佣型心理契约对于高校教学发展和科研发展的驱动机理理论模型进行研究，旨在于通过对案例单位的实地考察、调研、文本和数据收集及内容分析等途径，洞察调查对象对所研究问题的主观认知、内心知觉和心理体验，在青年教师可雇佣型心理契约理论建构的基础上，挖掘高校究竟如何通过青年教师可雇佣型心理契约的有效管理继而实现学校教学发展建设和科研发展建设的优势，从而基于理论命题提出研究假设，搭建起便于后续进一步实证性检验的研究模型。

具体而言，本章秉承了探索性案例研究方法的设计思想和规程，遴选了4所在教学建设和科研建设方面已具备一定基础并积累了一定发展经验的高校作为案例学校，围绕本章的研究问题，按照案例学校对青年教师的界定来选取调查对象，通过开展深度访谈、问卷调查、现场考察和材料收集等途径，采集所需要的案例研究数据，对于文本材料和访谈记录，则特别运用了 Nvivo 9.0 软件进行质性研究以及计算机技术辅助内容分析（computer-aided content analysis，CACA）进行文本数据的内容分析，力图借助内容节点和关系节点的提取，找到本章研究问题解决的关键理论构念及其之间的逻辑结构。鉴于本书第三章已针对探索性案例研究设计方法、操作流程以及质性研究设计理念、原则和计算机技术辅助内容分析（CACA）进行了系统阐述，并考虑到本书篇幅精简、内容精练、翔实得当等创作主旨，本章将不再赘述与前文内容重复之处，相关具体内容参见本书第三章第三节。

（二）青年教师可雇佣型心理契约对于高校教学发展和科研发展的驱动机理识别

为了识别青年教师可雇佣型心理契约对于高校教学发展和科研发展的驱动机理，本章在 4 所案例学校中选取了 13 名青年教师展开深度访谈。需要说明的是，访谈前，先将访谈提纲、关键术语定义、访谈注意事项、访谈流程和方式等送呈案例学校联系人，在说明访谈要点的同时，特别针对青年教师的界定范围与案例学校进行了沟通交流，最终选取的访谈对象是紧密围绕本章研究问题对青年教师的理解，并按照案例学校对青年教师的界定范围进行样本抽取的，访谈对象的人口统计特征参见表 3-3。另外，在访谈开始时，向访谈对象说明，为了尽量保证访谈记录的完整性、减少记录要项缺失，需要在访谈过程中进行全程录音，然后在征得访谈对象同意的前提下开始录音（如果遇到访谈对象不同意录音的情况，则不录音，而仅是采用计算机录入笔记的方式进行文本记录）。访谈进程由两位研究人员推动，其中一位主要负责提问和与访谈对象交流，另一位主要负责记录和录音。访谈结束后，仍然由这两位研究人员整理访谈记录，并采取背对背的形式，分别对访谈记录进行 CACA 内容分析、编码以及内容节点和关系节点的提炼。其间，整体案例研究过程都秉承了扎根理论的思想，除了在现场考察调研、深度访谈和内容分析等过程中严格贯彻了"初始命题—深入现场—提炼命题—产生新命题—进一步修正初始命题"的反复迭代的研究流程以外，编码过程中还执行了"初始编码—聚焦编码—主轴编码"的研究理念，试图从现场考察调研、材料收集、访谈记录的内容分析中提炼青年教师可雇佣型心理契约对于高校教学发展和科研发展影响的关键路径及关键节点要素，从而从复杂多变、高度动态的实际工作场景中抽离出本章研究问题解析的研究线索以及关键构念之间的逻辑关系结构。对于关键作用路径及关键节点要素提取的基本原则是，现场调查材料和访谈记录中出现的高频词，且在与相关证明性文本内容进行对照时，不存在明显的差异性，借此来提高探索性案例研究中内容分析编码的内部一致性信度和外部效度。表 5-4 展示了青年教师可雇佣型心理契约对于高校教学发展和科研发展的驱动机理编码及其调研内容对照示例。

表 5-4　青年教师可雇佣型心理契约对于高校教学发展和科研发展的驱动机理编码及其调研内容对照示例

一级目录	二级目录	三级目录	编码示例	对照示例
工作满意度	工作环境	工作地点	工作地点直接影响工作效率，一般新进的教师中，外地人较多，家不在本地，所以，购房多会选择距离学校较近的地点（D3）	学校为家在外地的教师提供入职前3年内的住房补贴，主要用于购置房屋、租房，解决外地来源的新进教师的住房问题（D学校人事制度）
		工作时间	一般来讲，任课教师不需要坐班，弹性工作时间可以说是一种福利，也可以说是为提高工作效率的一种方式，老师们对弹性工作时间都表示很欢迎，对青年教师而言，弹性工作时间有利于他们更好地自我管理时间，多出、出好科研成果（A1）	一线教学岗位任职教师可以采用非坐班制，各个教学单位根据教学任务合理安排教师们的作息时间（A学校人事制度）
		工作设施	工作设施对于提高教学业绩和科研业绩来讲是必需的，学校应该为教学和科研工作的顺利开展提供优良的工作设施和配套条件（C1）	学校在教学楼的每层上都配备直饮水机，用于方便师生课间饮水休息。（C学校官网勤务通知）
		科研平台	科研平台建设是科研工作长足发展的有效途径之一，学校要求各级科研单位都要积极推进科研平台建设优势学科、跨专业等科研平台，从而利于科研人员成长，学校科研工作发展。（B1）	各位老师按照自己的研究方向填写《科研平台（团队）加入申请表》，以便学院更好地、系统地开展科研工作（B学校某二级学院微信群通知）
	校园文化	价值观	积极进取、努力业绩、遭遇挫折不屈不挠……这些价值观的品质表现在校园里很多公告栏、通知栏都能见到，它们通过正向引导途径深入教师们的心田，是搞好教学科研建设的"发动机"（C1）	新学期开始，学校开展最美校园文化建设，各级教学科研单位要积极宣导，促进正向教学和科研等各项校园工作价值观的有益建设（C学校官网通知）

第五章 青年教师可雇佣型心理契约对高校教学科研发展驱动机理解析

续表

一级目录	二级目录	三级目录	编码示例	对照示例
工作满意度	校园文化	领导和管理风格	领导和管理风格对于青年教师成长至关重要，例如，有的领导善用激励方法，将个体可雇佣性发展融入青年教师自身成长，使青年教师在努力科研，提升自我职业平台的同时，不断增强了团队融入感和对单位的心理归属感，教学能力、科研业绩慢慢地也会有所提升（D2）	《懂得人的院长》讲述了一位坚持激励政策支持一线科研人员的院长，在短短3年内，使全院实现了国家级课题立项为零的突破，且科研业绩在全校各个二级学院中稳步提升（凤凰网对D科研业绩在全校各个二级学院中稳步提升的新闻报道）
	工作胜任	岗—责匹配	青年教师的主要岗位职责就是教学、科研。教学方面，要争取快速拿到提升2门课程的讲授能力；科研方面，要争取速拿到国家级课题立项，这两方面能力的提升青年能够极大地促进青年教师的可雇佣性和心理契约，且除了有利于个人发展以外，还能促进学校资质提升（D3）	"德融课堂"评选结束，对于评选上的德融好教师，要戒骄戒躁，继续在本职岗位上发挥教学科研带头作用，同时鼓励其他教师积极向德融好教师学习，努力提升自己的教学科研能力，尽快成长为本岗位上的德融好教师（D学校网站新闻）
	薪资福利	薪资水平	薪酬待遇是每位老师都很关心的，青年教师也不例外，人职时，待遇问题就必须谈妥的，一旦人职，就表示接受了所提供职单位的薪资待遇水平，优厚的薪资待遇水平往往是吸引人才的条件，能够提高对学校建设的归属感，并提高工作业绩，促进学校建设（C2）	为了促进学校人才引进和教师队伍建设，进而有利于学校教学科研等各项工作的顺利推进，对于新入职的拥有博士学位的教师，将享受副教授级工资待遇（C学校教师招聘启事）
		福利水平	福利是国家规定的、单位应该提供的，除了工资以外的额外福利条件，例如，社会保险、住房公积金这种基本福利就是每个学校都给提供的，另外，住房补贴也是一项很重要的福利，许多学校给新进教师所需多这项福利来满足好个人家庭建设（B2）	学校给人职3年以内的青年教师提供住房补贴，以利于青年教师在异地顺利展开新的工作，安置好异地个人家庭生活（B学校通知）

续表

一级目录	二级目录	三级目录	编码示例	对照示例
工作满意度	职业成长	专业技术职务晋升	专业技术职务晋升可以说是青年教师职业生涯中为之奋斗的目标，"助教一讲师一副教授一教授"这条专业技术职务线上的任何一个节点都标志着青年教师奋斗的历程，专业技术职务晋升伴随着个体心理属性的提升，从而才可能带来工作业绩，乃至单位的业绩（D2）	拥有博士学位的青年教师工作满2年以上，可以申报高一级专业技术职务，任副教授现职满5年以上，可以申报再高一级专业技术职务（D学校人事规定）
		专业技能提升	很多情况下，拥有一定专业技术职务者，未必表示其专业技能就比没有拥有这一专业技术职务者的专业技能高很多。例如，新进学校的青年教师2年内能申请下来国家级课题，而即便任职多年的副教授，教授可能2年内也未必能申请下来国家级课题，所以说，专业技术职务晋升追求专业技能晋升直接影响了青年教师除一个重要的心理诉求，进而牵涉其所在单位业绩，以及青年教师的另一个重要的心理诉求，进而牵涉其所在单位业绩（B1）	各级单位要积极组织申报学校青年教师教学"比武"大赛，获胜者将被推荐参加全省青年教师教学基本功比赛，以及全国青年教师教学基本功比赛。这是提升青年教师专业技能的良好机会，将有利于青年教师自身成长，以及学校整体水平能力提升（B学校官网通知）
	学习培训	学术交流活动	参加国内外学术会议、访学等学术水平，提升学术视野，学校对此所提供的平台和资源会使青年教师增强对学校的心理依附感，长此以往，就有可能提升教学、科研能力，从而使学校教学、科研资质得到长足发展（A3）	入职5年以内的青年教师要至少安排1次国内外访学，青年教师本人做好访学记录，学校将按相关人事制度执行访学期间的薪资福利待遇（A学校人事处官网通知）

续表

一级目录	二级目录	三级目录	编码示例	对照示例
工作满意度	学习培训	在职学习	在职学习机会很重要，例如，在职进入博士后工作站，但目前很多学校都要求脱产做博士后工作，所以，如果学校给以保留公职，允许脱产一段时间（如1年）改读博士后，那么将非常有利于青年教师职业能力提升，从而提升其心理归属感，创造出更好的业绩成果，这对于学校建设而言，也极为有利（C2）	鼓励青年教师申请国内外博士后工作机会，特别是对于进入全球TOP100强的高校或科研机构的博士后工作人员，学校将结合实际工作情况，给予与之配套的人事保障资源（C学校文件）
		规章制度	学校对于青年教师引进、培育、职业生涯规划等各个环节都有规章制度，有章可循能使青年教师有的放矢地开展工作，清楚地知道自己努力的目标是什么，有利于健康心理建设的储备，也有利于学校各项建设事业发展（B2）	入职5年以内的青年教师要由所在二级教学科研单位指定指导教师，指导教师定期开展对青年教师培养工作，通过教学科研等辅助工作，带领青年教师尽快融入学科团队，进入工作角色（B学校文件）
	管理规范	劳动关系	劳动关系必须明确，入职时一般谈清楚，入职后照章执行，学校的劳动关系基本都比较稳定，青年教师一般把精力全身心投入工作即可（A1）	劳动关系的相关规定参见官网内人事处网页下的对应栏目，相关表单等到下载专区查阅，管理制度、相关通知（A学校官网通知）
		工作流程	尽管不同学校的工作流程多少会有所差别，但学校所属的高等教育行业基本上都贯彻着相类似的工作流程，流程清晰才能有序开展工作，有助于他们开展工作，树立年轻教师良好的工作心态，多出成绩，出好成绩，也才有利于学校可持续发展（C1）	各个行政管理单位的相关工作流程可查阅学校官网的相关组织机构栏，每个栏目下对应相关行政管理工作流程（C学校新入职教师工作手册）

续表

一级目录	二级目录	三级目录	编码示例	对照示例
工作满意度	工作氛围	团队建设	进入某教学、科研团队是青年教师职业成长的途径之一，每位青年教师都应本着自己的专业特长、研究方向，有针对性地进入某团队，融入团队将个人心理资源建设和职业能力培养，这也是学校获取发展优势的有效途径（D2）	入职5年以内的青年教师结合自己专业、研究方向，拟未来发展方向等填报《科研团队申请表》，以促进学院科研平台建设及青年教师个人成长考虑（D学校某二级学院新学期开学季青年教师微信群发布的通知）
		人际关系	众所周知，良好的人际关系是紧张忙碌的人际环境中工作和生活，积极的人际关系是取得成绩的重要基础和前提保障。事实上，人际关系顺畅不仅有于成绩创造，还能营造健康的心理环境。心理愉悦才可能创造成绩，心情健康是一切工作和生活的最根本基石、心情愉悦才可能创造成绩，也才可能进一步促进单位各项工作有序开展（A1）	按流程自愿申报、评委评选、群众评议、名单公示等评选定，最终评选出新一届学校五好家庭，希望各位教职员工都积极学习教导其家庭生活建设经验，营造学校大学生生活的健康工作环境（A校某二级学院公告）
		科研实力	科研是青年教师首要的任务目标，青年教师科研事业的支持力度影响着青年教师科研工作的达成，因此，学校的科研实力是青年教师一直关心的议题（B2）	祝贺我院青年教师在今年国家社会科学基金、国家自然科学基金申报工作中创造出佳绩，为学校科研事业发展做出了贡献（B校某二级学院微信公众号喜报）
组织承诺	规范承诺		青年教师都是接受过高等教育的，对人、对事的判断基本都具备一定理性，所以，即便工作中遇到一些挫折，一般也会按单位规定办事，较少将情绪带到工作当中，更不太会做出损坏单位的事（A3）	所有教职员工都能够按学校规定将车辆停放在车辆停放区域，即便有老师出现停车区域与工作区域较远的情况，也都按规定停放在了指定区域内，以便于学校统一对机动车进行管理（A校官网新闻）

续表

一级目录	二级目录	三级目录	编码示例	对照示例
组织承诺	情感承诺		学校的工作稳定性有目共睹，青年教师一旦选择了进入某所学校任教，基本上大部分组织卷入的价值度过，所以慢慢地，随着学校价值观标认同，基于学校的自豪感以及对学校的利益自愿做出个人牺牲和贡献的情况会越来越多，越来越趋于自己的本能想法和行为（B2）	在这次教学评估中，我院青年教师表现出了非常好的职业素养，不仅严格执行坐班制，主动放弃休息时间，来学院加班、值班，还主动配合学院完成教学评估工作，为学校做出了贡献（B学校顺利完成教学评估工作，为学校做出了贡献（B学校某二级学院月度教工大会上院长发言）
	辞职		青年教师的辞职现象倒不多见，如出现，多数是因为心理预期没有得到满足，对单位的心理归属感极低（D1）	学校指定了资深教师作为青年教师的引导者，帮助青年教师增加组织归属感，减少对组织的心理离职意愿（D学校某二级学院周例会上党委书记发言）
离职（含退出）	寻找新工作机会		主动寻找新工作机会的现象在青年教师队伍中不能说绝对没有，但可以说，在青年教师队伍中，即便出现了，也不多见，因为青年教师本身进入学校时间短，对学校还不十分了解，加之主要精力在投入讲好课、创造科研成绩，但主动寻找新工作的精力可能并不很充足，但凡出现了主动寻找新工作机会的想法，多半是由于对单位的心理归属感下降，如孩子上学、夫妻两地分居，解决大户口迁移等短时间内难以解决的问题所致。无论如何，主动寻找新工作机会都是无益于单位建设发展的情况（D1）	学校指定的青年教师的引导者也可谓青年教师的领路人，就是要促进青年教师的心理归属感，减少其内心的困惑，一旦青年教师产生了主动寻找新的工作机会的想法，再进行晚留学院的说劝和劝导，可能为时已晚，这样无益于学院建设发展（D学校某二级学院周例会上党委书记发言）

续表

一级目录	二级目录	三级目录	编码示例	对照示例
忠诚	组织忠诚		忠诚于组织有很多表现形式，例如，一直供职于一家学校；当工作任务紧迫时，主动牺牲个人利益并尽自己所能做出贡献等。这些在青年教师队伍中不乏表现，当然，忠诚需要时间来检验，但组织忠诚作为一种肯定性心理属性，有利于个人职业成长和单位绩效（D1）	我们总是在讲忠诚，忠诚既是一种态度，又是一种行为，不能仅停留在口头上，更要体现在实际行动中，例如，是否能对工作和对同事始终如一地主动付出，是否能在工作、单位遇到困难时，舍弃个人利益伸手相助等，都从实处体现出忠诚的内涵（D学校官网上面向全体教职员工的新年贺词）
	职业忠诚		教师这种职业比较特殊，青年教师虽然是新进学校的教师，但只要选择了"教师"这个行业，最起码的忠诚于职业是责无旁贷的，这种对职业的油然而生的心理依附感往往能督促自己勇于探索，积极提升创造力，这也恰恰是学校发展所需要的一种活力之源（B3）	职业忠诚就是忠诚于所从事的职业，体现在教师的本职工作当中，例如，努力提升教学质量，提高职业素养，带出好的学生，提升科研能力，创造优秀科研成绩等，从中不仅能提升个人综合职业实力，还是学校综合办学实力提升的有效保障（B学校官网刊载的下一年度学校发展规划纲要）
漠视	低工作投入		工作不够投入可以视作工作的一种表现形式，就是说，教学不够认真，不备课或备课不充分就去授课，不努力攻坚科研项目和成果，这种行为体现出负面心理属性，极不利于单位绩效（C3）	工作不用心，不努力，不虚心，不主动奉献等都是其不利于个人职业发展以及学校各项发展的反生产性行为，各级单位应着力于及时发现，恰当引导以及积极树立健康的心理属性，以利于学校整体综合建设（C学校官网刊载的校级办公会上的书记评话）

第五章 青年教师可雇佣型心理契约对高校教学科研发展驱动机理解析 | 209

续表

一级目录	二级目录	三级目录	编码示例	对照示例
漠视	对于工作事件和人际环境表现冷漠		漠视行为应该就是指对工作场所发生的事件不关心，对如何搞好团队建设和周边人际环境不存在，这种情况在青年教师队伍中不能说肯定不存在，但一般来说青年教师进校时间短，这个阶段他们更多思考的可能就是如何备好课、教好课，创造科研业绩，若对工作事件和人际关系都不关心，那么大家都不知道，其实工作业绩发展，对单位表现也就是非常不利的（A1）	作为教师，应格尽职守，思考如何教好课，带好学生，提升教学基本功，搞好课程建设、多出好的教学及科研成果等。反之，不关心单位发生的任何事件、人际环境营造等，只会造成职业发展受阻，这是严重影响单位工作建设的消极行为表现（A学校某二级学院官网刊载的学院年终致辞）
	考勤问题		对工作有情绪会出现考勤上的问题，例如，教工例会缺勤，迟到或早退，出现这种现象说明无视组织纪律，对个人职业发展很有影响，目前，我们学院的青年教师在这方面表现尚好，没出现此类情况（D1）	各级领导干部要严格执行学校考勤制度，以身作则，给教职员工无分做好表率作用（D学校官网刊载的校长办公会上的书记发言）
	工作出错		工作出错是对工作不关心，不用心，不努力的一种表现，若现一次错误，尚且能用初犯来解释，若真正做到对工作认真负责，那么很少会再出现第二次，第三次甚至更多次工作出错，职业素养还需要锻炼和培养，即便如此，目前的学生一职业素养还需要锻炼和培养，即便如此，目前的学生看，青年教师中工作出错的现象并不多见，接受过高等教育的青年教师们大多能够严格自律，少出错，不出错，因为一旦出错，例如，出现教学事故等，将严重影响教育青年教师业绩发展了（B3）	不按时监考，找学生替监考，不执行学校规章制度的行为严重以为戒，要予以通报批评，以便为个员工应引以为戒，共同维护好的工作环境和资源，促进学校良好的工作环境发展，以便学校各项工作有序开展（B学校办公网发布的通知）

续表

一级目录	二级目录	三级目录	编码示例	对照示例
组织犬儒主义	对领导或单位不信任		对领导或单位不信任是一种对所在组织的犬儒主义情感的表现形式，从青年教师队伍来看，这种现象并不多见，作为新进学校的心理体验，一般来讲，心理情感中更多充斥的是这种青定性质的心理特征，只有保持这种青定向积极的心理特征，才可能有所职业发展，也可能得到领导和单位的认可（A1）	信任是基础，就像人与人交往之间的互信一样，教师与学校之间也应相互信任，做到了互信，才有利于个人职业发展以及学校发展（A学校官网刊载的年终总结报告）
	对领导或单位持消极情绪		对领导或单位秉持消极情绪是极不利于个人职业提升和单位工作开展的，青年教师想可雇佣性追求积极向上的人群，为了提升个人可雇佣性，也应该保持正向积极工作开展所需要的（D3）	各级单位中青年教师的指导教师要积极开展业务能力提升和健康思想引导工作，促进青年教师在学校各项工作中的快速成长，这是学校教学和科研各项工作开展的重要基础（D学校官网刊载的校长新年致辞）
	对领导的不利言行		对领导或单位的不利言行应属于对大组织的犬儒主义情感中最恶劣的表现形式，目前，青年教师队伍中倒是很少出现这种情况，即便可能会有这种倾向，其指导教师也有责任提前发现，预警并引导其尽快出成绩，转而尽快出成绩、出好成绩（D3）	对领导或单位的不利言行是坚决不利于个人职业成长以及单位各项事业建设的，各级单位要认真做好青年教师培养工作，通过业务开展来锻炼技能，引导健康新校长（D学校官网刊载的校长新年致辞）
团队认同	团队目标认同		拥有良好的可雇佣型心理契约的团队目标的认同感，并会主动为团队目标实现而付诸努力（A1）	各个教学团队、科研团队都要制定清晰的工作目标，并鼓励团队成员努力攻坚，争取早日实现目标（A学校某二级学院新年工作计划）
	团队建设认同		如果一个团队中的老师们拥有良好的可雇佣型心理契约，说明这个团队建设取得了一定成效，老师们普遍形成了对团队建设的认同感（A1）	团队建设不能放松，要常抓不懈，科研等各项上台阶的基础保障，团队建设是学校教师职业发展的重要资源平台（A学校某二级学院新年工作计划）

续表

一级目录	二级目录	三级目录	编码示例	对照示例
团队认同	团队归属感		培养团队归属感是每位青年教师都该努力做的，高团队归属感不仅有助于个人形成正向心理优势，这种正向心理属性还有助于青年教师发挥个人优势，早出成绩、多出成绩、出好成绩（D3）	团队归属感是学生时代所提倡培养的有助于学生个体成长的话题，而今，对于青年教师而言，也应该培养所在单位的归属感，这有助于教学、科研、工作等单位各级各类团队对所在单位青年教师职业发展，也是促进各级单位事业建设的基石（D学校某二级单位公众号的一篇推送文章）
	个人利益与集体利益挂钩		青年教师基本上都能做到将个人利益与集体利益挂钩，努力工作，搞好教学，多快好地拿出科研业绩，而所在单位青年教师工作开展实力提升，各方面利益优化，也会给个人利益与集体利益带来顺畅，两者相辅相成，也即个人利益与集体利益挂钩能够促进个人共同成长（B2）	加强青年教师培育建设，深化融入团队的积极意识，树立个人利益与集体利益相结合的团队价值观（B学校某二级学院微信公众号的一篇推送文章）
建言	建言献策		对单位或上级领导建言听起来简单易行，实则不然，建言献策从古至今都能够真正奏效的就不多见，当然，如果对所在单位一定非常性的心态，青年教师给学校注入了新鲜血液，恰当举之举也实属必然，他们的建言献策能为学校建设起到好的作用（A2）	鼓励每位教师为学校建设积极建言献策，尤其是当前学校正处在争创"双一流"的紧迫形势之中，希望每位同仁贡献自己的力量，为学校早日步入"双一流"行业贡献自己的力量（A学校官网刊载的面向全体教职员工的新年致辞）
	排忧解难		青年教师高程度的可雇佣性拥有的心理契约是一种切实体现，拥有这种积极成果，多出成果，能使学校和个人获得双赢（A1）	指导老师要起到带头作用，鼓励所指导的青年教师积极为单位排忧解难，青年教师的高能力是解决单位难问题的有利途径（A学校某二级学院教师微信群辟文）

续表

一级目录	二级目录	三级目录	编码示例	对照示例
自我效能	自信		一般来讲，心怀高水平的可雇佣型心理契约的青年教师会努力期望提升个体可雇佣性能力，对于本身就具备高知识、高创新能力也具有高自我效能，通常也会体现高自我效能以及所在单位绩效产生极大的促进效应（D2）	青年教师年龄困难到符合要求，要积极申报国家级青年项目，不申报就永远没机会，申报了不成再不断完善，才能争取到成功立项的必胜信心，哪怕失败了要要勇，败败还要要、直至成功体工大会上分管科研副院长的发言（D学校某二级学院科研副院长的发言）
	迎难而上		青年教师年轻气盛，正是出好成绩、出大成绩的绝好时期，这个阶段里，要迎难而上，无论工作中遇到多大困难，都不该丧失信心，拥有了这种积极进取的工作和行为结果，才会形成正向的工作心理状态和行为结果，也才能从所在学校的各项事业做出的贡献中求得自身提升（B1）	工作中遇到困难是常事，老教师们任学校待得久，见惯，坚持住，别懈怠，总有突破的时候，青年教师进校晚，也要担心道难而上，不畏惧，不退缩切莫马拉松心态。青年教师的职业道路还很长，要替千跑马拉松的工作成绩，才能从取得的工作业绩当中不断提升自己（B学校某二级学院公众号推送文章）
敬业度			尊重教师职业，并为之不断努力进取，特别是当遭遇久申课题不立项，发表论文难度大以及更大的职业瓶颈时，就着实体现出对教师职业的敬业度，这种恪尽职守，一种正向工作心态，是不断获取创新能力的源泉（C3）	做敬业是青年教师培养工作中尤其要加以强调和关注的，教师这个职业要求以身作则、立业树人，海人不倦，其中就要求教师首先保持对所从事职业的高敬业度，这是立己，利校立业的重要基础（C学校某青年教师发展研究中心主任发言）
组织社会化			拥有高水平的可雇佣型心理契约的青年教师是通过组织社会化过程不断积累起对所在学校的认同感，这转而又促进青年教师个体业绩的集聚，从而为所在学校的发展不断输送好的成果（D3）	各级单位要做好青年教师培养工作，利用良好的组织社会化推动青年教师培育、帮助青年教师尽快融入学校建设（D学校青年教师网刊载的通知文件）
职业承诺			对职业保持高承诺度是每位教师基本都深谙于内心的一种情怀，尽管工作受挫、生活受挫等遭到窘境时可能会发牢骚、抱怨、泄愤、烦躁，但只要从事了教师职业、一般来说，大多数教师是会保持对教师职业的尊重，恪守职业承诺，青年教师更是多如此（C1）	树立对教师职业高承诺的责任感，是每位青年教师都该静默于心的，例如，每早坚持思考如何创作和教学，每晚坚持反思和总结，如此，年复一年，日复一日，坚持不懈怠，这就是一种对教师职业的高承诺度的体现（C学校青年教师培训座谈会上的发言交流）

212　高校教学科研发展理论与实证研究

接下来，需要对内容分析编码一致性的信度进行检验。鉴于本书第三章已针对内容分析编码一致性信度检验的原理、规则和判别准则进行了详细阐述，因此，本章不再赘述与前文重复的内容，相关内容部分参照第三章第四节的规范流程执行。其检验结果显示，所有内容节点编码内部一致性的信度 R 值都在 0.6 以上，符合内容分析编码一致性信度的判别准则（内容分析编码一致性的信度逾 0.6，表明编码一致性的信度较理想），具体如表 5-5 所示。

接下来，对以上内容分析编码的效度进行检验，鉴于本书第三章已针对内容分析编码效度的检验原则、规则和判别准则进行了详细阐述，因此，本章不再赘述与前文重复的部分，相关内容参照第三章的相关规范流程执行。具体而言，通过将两位编码人员采用背对背方式分别独立编码所提取的 682 个内容节点送呈另外两位专家（一位来自某所高校高等教育管理、组织行为学方向的博士生导师；一位来自某所高校教师发展研究中心主任），进而征求两位专家对本研究编码结果的意见，经商榷，剔除内涵、意义重叠或者表述不够清晰的内容节点，最终抽取出 658 个内容节点。且经由两位专家的审阅发现，$CVR=1$ 的内容节点数 515 个，$CVR=0$ 的内容节点数 83 个，其余内容节点的 $CVR=-1$，符合内容分析编码效度检验要求，因此，可以判定，以上内容分析编码的效度满足统计分析要求，编码效度较理想。

下一步继续对青年教师可雇佣型心理契约对高校教学发展和科研发展驱动机理编码的频次进行对比分析，以进一步剖析这个驱动机理的内在作用机理。编码频次统计分析结果如图 5-1 所示。

表 5-5　青年教师可雇佣型心理契约对高校教学发展和科研发展的驱动机理编码一致性的信度

一级目录	二级目录	三级目录
工作满意度（0.983）	工作环境（0.890）	工作地点（0.618）、工作时间（0.782）、工作设施条件（0.865）、科研平台（0.963）
	校园文化（0.730）	价值观（0.920）、管理风格（0.774）
	工作胜任（0.881）	岗—责匹配（0.781）
	薪资福利（0.824）	薪资水平（0.960）、福利水平（0.920）
	职业成长（0.737）	专业技术职务晋升（0.995）、专业技能提升（0.933）
	学习培训（0.711）	学术交流活动（0.902）、在职学习（0.773）
	领导风格（0.601）	管理方式（0.799）、领导魅力（0705）
	管理规范（0.705）	规章制度（0.902）、劳动关系（0.816）、工作流程（0.622）
	工作氛围（0.915）	团队建设（0.847）、人际关系（0.850）
	学校竞争力（0.911）	教学实力（0.913）、科研实力（0.971）
组织承诺（0.710）	规范承诺（0.734）、情感承诺（0.660）	
离职（含退出）（0.770）	辞职（0.610）、寻找新工作机会（0.705）	
忠诚（0.822）	组织忠诚（0.720）、职业忠诚（0.973）	
漠视（0.737）	低工作投入（0.742）、对于工作事件和人际环境表现冷漠（0.721）、考勤问题（0.690）、工作出错（0.893）	
组织犬儒主义（0.860）	对领导或单位不信任（0.915）、对领导或单位持消极情绪（0.702）、对领导或单位的不利言行（0.636）	

续表

一级目录	二级目录	三级目录
团队认同（0.783）	团队目标认同（0.730）、团队建设认同（0.940）、个人利益与集体利益挂钩（0.691）、团队归属感（0.773）	
建言（0.632）	建言献策（0.690）、排忧解难（0.635）	
自我效能（0.827）	自信（0.831）、迎难而上（0.623）	
敬业度（0.932）		
组织社会化（0.942）		
职业承诺（0.855）		

注：括号内数值表示不同研究者编码一致性的信度。

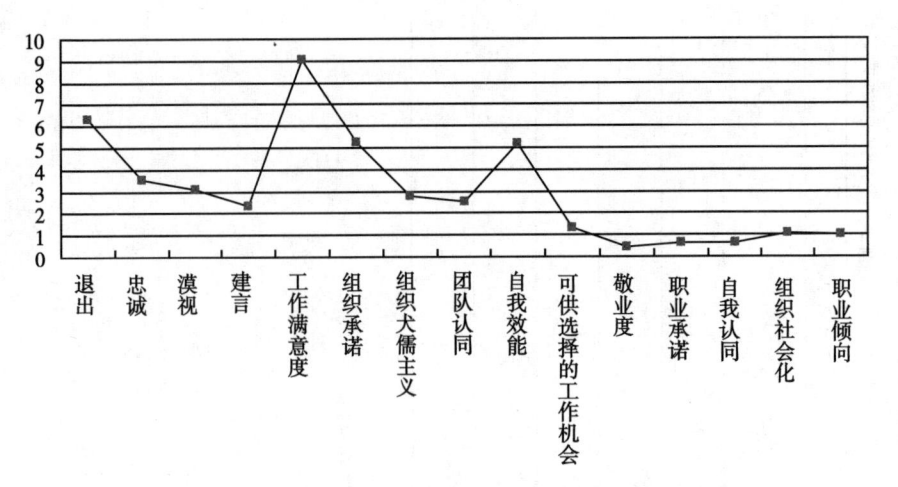

图 5-1　青年教师可雇佣型心理契约对高校教学发展和
科研发展的驱动机理编码频次的对比分析

基于以上分析，当青年教师秉持了一定内容和程度的可雇佣型心理契约时，会产生一些工作态度和工作行为反应，例如，以上内容分析编码中提取的工作满意度（参考点均值 9.057）、组织承诺（参考点均值 5.264）、组织犬儒主义（参考点均值 2.776）、团队认同（参考点均值 2.546）、退出（参考点均值 6.351）、建言（参考点均值 2.366）、忠诚（参考点均值 3.531）、漠视（参考点均值 3.100）、自我效能（参考点均值 5.177）等。从可雇佣型心理契约所产生的工作态度来看，以工作满意度的统计频次最高，其次为组织承诺（统计频次次之），另外，组织犬儒主义、团队认同、自我效能的统计频次均值大于整体工作态度反应（组织犬儒主义、团队认同、敬业度、职业承诺、自我效能、组织社会化等）统计频次的均值 1.892（需要说明的是，根据社会统计学关于数理统计分析的原则，调查数据均值统计中要剔除所有极值，因此，本研究在对以上工作态度频次进行均值计算时，没有纳入频次统计中的极大值和极小值：工作满意度、敬业度）。进一步地，鉴于访谈中，访谈对象普遍表示，组织犬儒主义是一种能够解释新型员工—组织关系的有效理论分析框架，特别是在以个体可雇佣性发展为典型特征的新型员工—组织关系模式下，更可以阐释员工工作态度和情感体验究竟是如何影响组织结果的反应机制。而团队认同不仅是解读员工对所在团队的主观认同感和心理依附感的经典变量，对于多以团队方式开展工作的高校青年教师而言，更是解析青年教师对所在教学和科研工作团队的工作态度和心理概念到底是如何作用于青年教师所在学校的工作与事业建设的有效解释变量。另外，访谈中发现，自我效能已在本书前文探索高校青年教师可雇佣型心理契约形成的动因机制中进行了重笔墨探讨，原因是，访谈对象大多认为，自我效能对于青年教师可雇佣型心理契约形成的预测力较为显著。事实上，尽管本章探索性案例研究的访谈中也发现了自我效能在青年教师可雇佣型心理契约的组织效应机理中的反应机制，然而这种反应机制明显弱于对青年教师可雇佣型心理契约形成机制的作用力。基于此，本书认为，国内外研究已围绕工作满意度、组织承诺对于心理契约的组织反应机制的理论意义和实践指导意义进行了较为丰富的讨论，并取得了一些研究成果，然而国内针对组织犬儒主义、团队认同在高校青年教师可雇佣型心理契约对于组织效果的探索尚且不足，那么组织犬儒主义、团队认同就极有必要纳入青年教师可雇佣型心理契约对于高校教学发展和科研发展的驱动机理探讨之中，这有助于深入剖析高校青年教师可雇佣型心理契约的组织反应机制；而本书前文已证实了自我效能在青年教师可雇佣型心理契约形成中的解释力，加之访谈对象也多支持自我效能的这一预测意义（相对于自我效能在青年教师可雇佣型心理契约的组织反应机制中的统计频次而言，自我效能在高校青年教师可雇佣型心理契约形成中的统计频次更高），这表明，相对于在青年教师可雇佣型心理契约的组织反应机制中的解释力而言，自我效能更适于高校青年教师可雇佣型心理契约形成机理的讨论，因此，可以不纳入本书后续的青年教师可雇佣型心理契约对于高校教学发展和科研发展的驱动机理研究。

（三）青年教师可雇佣型心理契约对于高校教学发展和科研发展驱动机理的影响路径探析

内容分析除了能够通过内容节点编码的分析提取出关键构念或新的理论构件以外，还能够通过关系节点编码的分析提炼出关键构念或者新的理论构件之间的逻辑关联结构。基于此，本章采用关系节点编码方法对调查材料和访谈记录等进行分析，以期揭示青年教师可雇佣型心理契约对于高校教学发展和科研发展驱动机理的关键影响作用路径，从中挖掘驱动机理中的直接效应和间接效应，试图构建这种驱动机理的主效应机制模型。分析结果如表5-6所示，拥有一定程度的可雇佣型心理契约的青年教师会通过个体内在产生的工作态度（例如，组织犬儒主义、团队认同等）和工作行为（例如，退出、建言、忠诚、漠视等）的途径，作用于所在学校的教学发展和科研发展建设。

表 5-6　青年教师可雇佣型心理契约对高校教学发展和科研发展的驱动机理路径的编码示例

因变量	关系节点	访谈记录
退出	• 青年教师可雇佣型心理契约→退出的负面影响（92） • 青年教师可雇佣型心理契约→组织犬儒主义的负面影响（13） • 青年教师可雇佣型心理契约→组织犬儒主义→退出（84）	本着追求个体可雇佣性不断发展的期望来审视学校的工作信息，所形成的较高水平的可雇佣型心理契约可谓一种肯定性心理图式，相应地减少对学校的负面情感和心理体验，从而减少主动辞职、离职的意愿或倾向（B2）
	• 青年教师可雇佣型心理契约→团队认同的正面影响（11） • 青年教师可雇佣型心理契约→团队认同→退出（38）	青年教师可雇佣型心理契约反映了青年教师追求个体可雇佣性能力发展以及由此所形成的对学校的正向心理体验，可以想象，在这种正向心理体验下势必会产生对所在学科团队的积极态度和情感依附，那么离职意愿则会减少，甚至减少化为零（A1）
建言	• 青年教师可雇佣型心理契约→建言的正面影响（15） • 组织犬儒主义→建言的负面影响（9） • 青年教师可雇佣型心理契约→组织犬儒主义→建言（6）	组织犬儒主义是新知识经济时代下用于解释新型员工—组织关系的一种理论框架，从组织犬儒主义概念的界定来看，属于一种消极组织情感，所以，秉持了一定程度的可雇佣心理契约的青年教师，一般会减少对学校的组织犬儒主义，所形成的正向组织情感则可能产生对所在学校的建设性行为，如建言献策（C3）
	• 团队认同→建言的正面影响（17） • 青年教师可雇佣型心理契约→团队认同→建言（9）	团队工作模式是高校教师开展教学、科研等工作的一种途径，对所在团队的建设性态度和行为倾向往往受限于青年教师个体所拥有的正向心理图式，同时，对所在团队持积极态度和心理属性的青年教师，也易于产生对团队工作有效开展的建设性言行（B1）
忠诚	• 青年教师可雇佣型心理契约→忠诚的正面影响（30） • 组织犬儒主义→忠诚的负面影响（23） • 青年教师可雇佣型心理契约→组织犬儒主义→忠诚（7）	忠诚可以理解为对组织忠诚、对职业忠诚等，忠诚是一种正向的态度或行为，一般来讲，拥有积极意义的可雇佣型心理契约会产生正向的态度和行为、减少负面的态度和行为，忠诚就是其中之一（A2）
	• 团队认同→忠诚的正面影响（21） • 青年教师可雇佣型心理契约→团队认同→忠诚（11）	可雇佣型心理契约的较高水平易于形成对组织、团队和工作的积极态度和行为，团队认同就是一种积极态度，而秉持团队认同感的教师又易于进一步提高对组织、对团队和对工作的忠诚度（D1）

续表

因变量	关系节点	访谈记录
漠视	• 青年教师可雇佣型心理契约→漠视的负面影响（16） • 组织犬儒主义→漠视的正面影响（21） • 青年教师可雇佣型心理契约→组织犬儒主义→漠视（28）	对组织、工作和人际关系都漠不关心的个体，难以想象会拥有高水平和积极意义上的可雇佣型心理契约，同时，这种非积极意义的心理图式还易于滋生更加消极的组织情感，如组织犬儒主义，这又可能进一步增加对组织、工作和人际关系的冷漠，从而形成了一种恶性循环（D2）
	• 团队认同→漠视的负面影响（17） • 青年教师可雇佣型→团队认同→漠视（24）	可雇佣型心理契约的较高水平易于形成对组织、团队和工作的积极态度和行为，团队认同就是一种积极态度，秉持团队认同感的教师则一般不会产生反生产行为，如漠视（D1）
高校教学发展	• 退出→高校教学发展的负面影响（27）	一旦青年教师有了辞职的想法，工作投入和业绩一般会随之停滞甚至下降，进而不利于所在单位绩效（D3）
	• 建言→高校教学发展的正向影响（52）	建言是一种有利于组织改善的建设性行为，理论上讲，受到组织的推崇，对组织发展具有积极意义（A2）
	• 忠诚→高校教学发展的正向影响（47）	忠诚于学校、工作、职业等正向心理特征有助于提升工作绩效，从而利于学校各项事业建设（A2）
	• 漠视→高校教学发展的负面影响（31）	对所在单位、工作场所发生的任何事件、同事关系等都漠不关心，难以想象还会做出突出的工作业绩（B3）
高校科研发展	• 退出→高校科研发展的负面影响（24）	辞职就意味着在这家单位职业生涯基本终止，一般来讲，更不会再为单位的科研发展做出巨大的贡献（C1）
	• 建言→高校科研发展的正向影响（58）	科研是一直饱含创造性的工作劳动，需要集思广益，需要建设性意见和建议，所以，青年教师对于科研工作的建设性言行有时候的确能促进科研事业发展（A3）
	• 忠诚→高校科研发展的正向影响（50）	忠诚于科研，就意味着全身心投入，不畏艰难，尤其当遭遇科研困境时，能够克服困难、积极攻坚，这种优良品质对学校科研平台建设极其有益（B2）
	• 漠视→高校科研发展的负面影响（17）	受单位、工作的冷漠态度驱使，往往会产生反组织行为，制约单位的科研建设（B1）

注：括号内数值表示内容分析中的编码频次合计。

接下来，对本书内容分析中关系节点编码内部一致性的信度进行检验，以保证编码结果的科学性和稳健性。按照公式（3-1）和（3-2）进行相关测评，结果表明，所有关系节点编码内部一致性信度 R 值均在 0.6 以上，满足编码内部一致性信度的检验标准（内容分析编码一致性信度逾 0.6，表明编码一致性信度较为理想）。进而，对本书内容分析中关系节点编码的效度进行检验，以保证编码结果的外部效度。通过将两位编码人员采用背对背的方式分别独立编码所提取的 451 个关系节点送呈另外两位专家（一位是某所高校高等教育管理、组织行为学研究方向的博士生导师；一位是某所高校教师发展研究中心主任），继而征求两位专家对本研究内容分析编码结果的意见，经商榷，剔除内涵、意义重叠或表述不够清晰的内容节点，最终抽取出 397 个关系节点。且经由两位专家的审阅发现，$CVR=1$ 的内容节点数 342 个，$CVR=0$ 的内容节点数 41 个，其余内容节点的 $CVR=-1$，符合编码效度检验要求。因此，可以判定，本研究内容分析中关系节点编码的效度满足统计分析要求，编码效度较为理想。

二 青年教师可雇佣型心理契约对高校教学科研发展的驱动机理理论建构

综观国内外文献和研究成果，学者们针对员工心理契约的工作态度和工作行为反应的讨论由来已久。由于这种反应机制对组织结果的直接影响，相关的研究成果一直层出不穷，其中，学者们多发现，拥有一定程度的心理契约会产生相对积极的工作态度和工作行为结果。本章特别从诸多工作行为中提取了经典的"退出、建言、忠诚、漠视"行为整合模型，主要原因是，这一模型是集中员工工作行为的基本特征为一体的整合性行为分析框架，能够大致反映出员工在工作场所中积极行为和消极行为的基本属性。回顾以往研究，颇具代表性的如下。Turnley 和 Feldman（1999）在员工的心理契约违背对其退出、建言、忠诚、漠视行为整合模型影响的研究中得出，心理契约违背对应于高退出、低建言、低忠诚、高漠视行为，同时还发现，在心理契约违背对退出行为影响机制中存在的劳资关系顺畅性、组织公平、可选择的工作机会的调节效应，即劳资关系顺畅会缓解心理契约违背的高退出行为效应；组织不公增进心理契约违背所产生的高退出行为；可供选择的工作机会会调节心理契约违背效应，使得心理契约违背会产生更多的退出行为。基于西方理论，我国学者以退出、建言、忠诚、漠视行为模型作为效应变量，展开了心理契约相关问题的讨论。魏峰等（2008）基于中国企业管理的特定情境，对管理人员心理契约违背的内涵特征和维度结构以及对所在企业组织的退出、建言、忠诚、漠视行为整合模型的影响进行了实证性研究。研究得出，管理人员的心理契约违背对其退出行为和漠视行为有正向解释力，对其建言行为和忠诚行为有负向解释力，并且组织公正在这种影响作用机制中发挥着调节作用。具体就本章研究问题而言，当前中国经济发展新常态下，高校与教师之间的关系显著不同于以往，个体可雇佣性开发成为这种关系维系的典型特征，青年教师作为高校在教学成果和科研成果、创造性能力、创新力打造等方面高度竞争的生力军，其可雇佣型心理契约随之成为能够切实解释这种新型关系模式的新的理论构念。鉴于本书前文已经通过探索性研究和实证性研究得出，可雇佣型心理契约是基于可雇佣性理论和心理契约理论相结合所形成的新的理论概念，因此，本章亦使用前文对这一新概念的界定。进一步地，结合心理契约理论推知，青年教师可雇佣型心理契约对青年教师个体的退出、建言、忠诚、漠视行为整合模型具有显著的预测作用，分别为：对退出行为、漠视行为的负向预测以及对建言行为、忠诚行为的正向预测。事实上，在本章案例研究的访谈过程中，访谈对象普遍认同这种观点。例如，访谈对象 C1 说道：

  青年教师多是刚进入学校不久的年轻教师，且多是刚刚从学校的科研训练工作中转换角色，进入正式的教学和科研工作状态，既要开展崭新的教学工作，又要继续科研攻坚。面对双重角色的挑战，其个体内在心理环境势必会发生不同于学生时代纯学习状态的改变。这种心态转变投射到工作行为上，就可以以退出、建言、忠诚、漠视行为来解释。青年教师可雇佣型心理契约是包含了对所在学校肯定性心理属性的构念，在正向心理特征下，一般来讲，会产生积极的工作行为和结果。照此逻辑递推，可以认为，青年教师可雇佣型心理契约对青年教师个体的退出和漠视行为具有消极意义，而对青年教师个体的建言和忠诚行为具有积极意义。

基于以上分析，本书提出如下研究假设：
● 青年教师可雇佣型心理契约→退出
假设 H7a：青年教师可雇佣型心理契约的为个体可雇佣性能力提升提供物质支持的维度对青年教师的退出行为有显著的直接负面影响。

假设 H7b：青年教师可雇佣型心理契约的为个体可雇佣性能力提升提供发展机会的维度对青年教师的退出行为有显著的直接负面影响。

假设 H7c：青年教师可雇佣型心理契约的为个体可雇佣性能力提升提供组织环境支持的维度对青年教师的退出行为有显著的直接负面影响。

● 青年教师可雇佣型心理契约→建言

假设 H8a：青年教师可雇佣型心理契约的为个体可雇佣性能力提升提供物质支持的维度对青年教师的建言行为有显著的直接正向影响。

假设 H8b：青年教师可雇佣型心理契约的为个体可雇佣性能力提升提供发展机会的维度对青年教师的建言行为有显著的直接正向影响。

假设 H8c：青年教师可雇佣型心理契约的为个体可雇佣性能力提升提供组织环境支持的维度对青年教师的建言行为有显著的直接正向影响。

● 青年教师可雇佣型心理契约→忠诚

假设 H9a：青年教师可雇佣型心理契约的为个体可雇佣性能力提升提供物质支持的维度对青年教师的忠诚行为有显著的直接正向影响。

假设 H9b：青年教师可雇佣型心理契约的为个体可雇佣性能力提升提供发展机会的维度对青年教师的忠诚行为有显著的直接正向影响。

假设 H9c：青年教师可雇佣型心理契约的为个体可雇佣性能力提升提供组织环境支持的维度对青年教师的忠诚行为有显著的直接正向影响。

● 青年教师可雇佣型心理契约→漠视

假设 H10a：青年教师可雇佣型心理契约的为个体可雇佣性能力提升提供物质支持的维度对青年教师的漠视行为有显著的直接负向影响。

假设 H10b：青年教师可雇佣型心理契约的为个体可雇佣性能力提升提供发展机会的维度对青年教师的漠视行为有显著的直接负向影响。

假设 H10c：青年教师可雇佣型心理契约的为个体可雇佣性能力提升提供组织环境支持的维度对青年教师的漠视行为有显著的直接负向影响。

除了以上青年教师可雇佣型心理契约对其个体的退出、建言、忠诚、漠视行为的直接效应以外，调研中还发现，青年教师对所在学校的组织犬儒主义对于这种影响关系可能发挥的中介作用。组织犬儒主义是知识经济结构转型和新知识经济时代下涌现出来的、专门用于解释新型员工—组织关系的理论构念，不同于传统的心理契约理论对于雇佣关系反映的意义，组织犬儒主义从情感犬儒主义、犬儒主义信念、犬儒主义责任的三个维度框架诠释了员工对组织所抱有的负面情感、情绪体验和心理认知，并将之投射到员工的工作行为结果，进而形成相应的组织效果。回顾国内外研究，基本上证实了员工对组织的犬儒主义态度会导致员工的负面组织情绪（例如，反生产情绪、低组织情感依附、组织背离情绪等）、工作态度（例如，组织满意感、组织承诺、组织信任等）和工作行为［例如，反生产行为、离职（倾向）、低工作卷入（工作卷入或工作嵌入）、缄默（或沉默）等］（Rusbult 等，1988）。还有研究将组织犬儒主义导入心理契约相关问题的研究当中，并取得了一定研究成果。例如，Si 等（2008）背靠中国文化背景对心理契约违背的组织效应研究得出，组织犬儒主义在心理契约违背对退出、建言、忠诚、漠视行为整合模型的影响作用机制中起到部分中介作用，并对进一步产生的组织效能的研究空间提出了颇具理论价值和实践应用价值的研究展望。Anderson 和 Bateman（1997）在新型雇佣关系框架下对组织犬儒主义的组织效应展开探索性研究，发现组织犬儒主义在心理契约履行的不同维度与组织结果之间起到不同程度的部分中介作用，并进一步影响组织结果。Johnson 和 O'Leary-Kelly（2003）的研究证实了，情感犬儒主义对员工的心理契约违背与组织满意、情感承诺的关系均具有中介作用。何金铭等（2005）通过面向我国台湾地区抽取样本的问卷调查研究得出，组织犬儒主义的犬儒主义信念和情感犬儒主义两个维度均对心理契约违背与离职的关系起到中介作用，这种中介作用无法抵消离职所产生的反组织绩效。基于此，可以说，作为一种对组织秉持不信任感的消极态度和反组织信念，组织犬儒主义对反组织的工作态度和工作行为及其所产生的组织结果都具有预测力。而从退出、建言、忠诚、漠视行为整合模型来看，退出和漠视可归属于反组织行为，建言和忠诚可归属于建设性组织行为（Rusbult 等，1988）。那么，结合组织犬儒主义理论和退出、建言、忠诚、漠视行为整合模型理论可以推知，"组织犬儒主义"这种消极的态度和信念就会助长反组织行为（退出、漠视）的组织结果，削减建设性组织行为（建言、忠诚）的组织结果。结合本章的研究情境，教学发展和科研发展是困扰当前我国高校创新力、创造力和竞争力打造的关键问题，加之由本书前文研究得知，青年教师可雇佣型心理契约是高校创新力、创造力和竞争力获取的活力之源，那么对"青年教师可雇佣型心理契约—青年教师的组织犬儒主义—退出、建言、忠诚、漠视行为整合模型—高校的教学发展和科研发展"关联逻辑结构的探索就是预测高校创新力、创造力和竞争力的理论分析框架，这一理论分析框架下的相关研究假设检验对于高校获取创新、创造和竞争的综合优势而言，极具理论价值和现实应用意义。细数本书案例研究的访谈过程，尽管不同访谈对象结合各自工作环境和工作特征所表达的意见不尽一致，然而却都对这一关联逻辑结构表示认同。例如，A2 谈道：

> 青年教师一旦拥有了一定程度的可雇佣型心理契约，就会对工作投入一定热情，这份热情中饱含了对所在学校各项事业建设的积极的工作态度和行为倾向及结果。反之，低程度可雇佣型心理契约，就势必导致消极的工作态度和行为倾向及结果。组织犬儒主义既然是一种反组织态度，就会受限于可雇佣型心理契约。简单来讲，高可雇佣型心理契约和低组织犬儒主义存在着密切关系，这种关系会进一步增强积极的工作行为，从而增进学校结果；反之，低可雇佣型心理契约和高组织犬儒主义存在着密切关系，这种关系进而会抵减积极的工作行为、助长消极的工作行为，从而削弱学校的教学和科研事业建设结果，长此以往，是不利于学校各项事业建设和发展的阻力。

基于以上分析，本书提出如下研究假设：
● 青年教师可雇佣型心理契约→组织犬儒主义→退出

假设 H11a：组织犬儒主义对青年教师可雇佣型心理契约的为个体可雇佣性能力提升提供物质支持的维度与青年教师对所在学校的退出行为之间的关系具有中介作用。

假设 H11b：组织犬儒主义对青年教师可雇佣型心理契约的为个体可雇佣性能力提升提供发展机会的维度与青年教师对所在学校的退出行为之间的关系具有中介作用。

假设 H11c：组织犬儒主义对青年教师可雇佣型心理契约的为个体可雇佣性能力提升提供组织环境支持的维度与青年教师对所在学校的退出行为之间的关系具有中介作用。

● 青年教师可雇佣型心理契约→组织犬儒主义→建言

假设 H12a：组织犬儒主义对青年教师可雇佣型心理契约的为个体可雇佣性能力提升提供物质支持的维度与青年教师对所在学校的建言行为之间的关系具有中介作用。

假设 H12b：组织犬儒主义对青年教师可雇佣型心理契约的为个体可

雇佣性能力提升提供发展机会的维度与青年教师对所在学校的建言行为之间的关系具有中介作用。

假设H12c：组织犬儒主义对青年教师可雇佣型心理契约的为个体可雇佣性能力提升提供组织环境支持的维度与青年教师对所在学校的建言行为之间的关系具有中介作用。

● 青年教师可雇佣型心理契约→组织犬儒主义→忠诚

假设H13a：组织犬儒主义对青年教师可雇佣型心理契约的为个体可雇佣性能力提升提供物质支持的维度与青年教师对所在学校的忠诚行为之间的关系具有中介作用。

假设H13b：组织犬儒主义对青年教师可雇佣型心理契约的为个体可雇佣性能力提升提供发展机会的维度与青年教师对所在学校的忠诚行为之间的关系具有中介作用。

假设H13c：组织犬儒主义对青年教师可雇佣型心理契约的为个体可雇佣性提升提供组织环境支持的维度与青年教师对所在学校的忠诚行为之间的关系具有中介作用。

● 青年教师可雇佣型心理契约→组织犬儒主义→漠视

假设H14a：组织犬儒主义对青年教师可雇佣型心理契约的为个体可雇佣性能力提升提供物质支持的维度与青年教师对所在学校的漠视行为之间的关系具有中介作用。

假设H14b：组织犬儒主义对青年教师可雇佣型心理契约的为个体可雇佣性能力提升提供发展机会的维度与青年教师对所在学校的漠视行为之间的关系具有中介作用。

假设H14c：组织犬儒主义对青年教师可雇佣型心理契约的为个体可雇佣性能力提升提供组织环境支持的维度与青年教师对所在学校的漠视行为之间的关系具有中介作用。

本书在案例研究中还发现，团队认同在青年教师可雇佣型心理契约与退出、建言、忠诚、漠视行为之间很可能发挥中介作用，进一步地，这种中介作用会作用于学校整体事业建设。团队认同源于社会认同理论，该理论认为，个体会对与自己价值观、社会认同感、兴趣爱好、情感或意念倾向等主观认知和内在心理概念相同的人或组织自发地产生一种认同感。组织管理研究者注意到社会认同理论对组织管理问题研究的重要价值，将这一理论导入组织管理问题研究当中，并发现，秉持着对某个组织具有认同感的个体，会由内而外自发地对该组织产生一种心理和情感上的依附感，主动靠近、滞留、不情愿脱离该组织。有效利用个体对组织所秉持的认同感，将有利于组织效果。基于此，组织管理研究者将组织具化为工作场所中的工作团队，以此为研究单位展开探索，并得出，团队认同与社会认同感相类似的内涵特征，即团队认同反映了个体对所在团队的认同感，这种感知表征为对所在团队的心理归属或情感依附、以团队为荣、将个人利益与团队利益挂钩、不情愿离开团队、关心团队的各项事务、表示出维护团队的言行等肯定性心理属性特征。具体到本书研究所关注的高校青年教师，其所禀赋的高知识、高创新、高动态心理活动、高职业成就欲等独特的人格特质都使青年教师易于对团队模式产生动态性认知，而高校所特有的教学团队、科研团队等工作模式是青年教师所必须引以为载体的工作模式（孙锐等，2009）。且在学生时代所接受的科研训练已使青年教师在内心深处形成了对于团队运作模式的心理惯性。由此可推知，团队认同作为一种积极的心理感知，既受限于可雇佣型心理契约的正向心理图式，又会引发积极的工作态度和工作行为结果。进一步地，高校的教学发展和科研发展作为高校整体事业建设当中的两项关键反映，都是青年教师工作态度和工作行为的直接结果，也即青年教师的努力成果将映射于高校教学发展和科研发展的建设事业当中。由此，就可以尝试将"青年教师可雇佣型心理契约—团队认同—'退出、建言、忠诚、漠视行为整合模型'—高校的教学发展、科研发展"联结起来，其整合性逻辑关联结构的探讨对于预测高校在教学发展和科研发展方面的优势而言，颇具理论价值和实践指导意义。对此，A1 在接受本案例研究的访谈时就明确表示：

> 团队认同是一种积极的心理资源，储备这种资源需要对学校的组织事业、工作、人际、环境、文化、规范、制度、价值观、人才培育、机构建设等各个方面的心理认可，同时，这种积极的心理资源会进一步产生主动性工作态度和行为结果，对学校整体建设来讲至关重要。不仅青年教师要努力融入与本学科专业、研究方向相关的研究团队，学校也要认识到团队认同所发挥的重要作用，营造有助于形成团队认同感的有利氛围。

基于以上分析，本书提出如下研究假设：

- 青年教师可雇佣型心理契约→团队认同→退出

假设 H15a：团队认同对青年教师可雇佣型心理契约的为个体可雇佣性能力提升提供物质支持的维度与青年教师对所在学校的退出行为之间的关系具有中介作用。

假设 H15b：团队认同对青年教师可雇佣型心理契约的为个体可雇佣性能力提升提供发展机会的维度与青年教师对所在学校的退出行为之间的关系具有中介作用。

假设 H15c：团队认同对青年教师可雇佣型心理契约的为个体可雇佣性能力提升提供组织环境支持的维度与青年教师对所在学校的退出行为之间的关系具有中介作用。

- 青年教师可雇佣型心理契约→团队认同→建言

假设 H16a：团队认同对青年教师可雇佣型心理契约的为个体可雇佣性能力提升提供物质支持的维度与青年教师对所在学校的建言行为之间的关系具有中介作用。

假设 H16b：团队认同对青年教师可雇佣型心理契约的为个体可雇佣性能力提升提供发展机会的维度与青年教师对所在学校的建言行为之间的关系具有中介作用。

假设 H16c：团队认同对青年教师可雇佣型心理契约的为个体可雇佣性能力提升提供组织环境支持的维度与青年教师对所在学校的建言行为之间的关系具有中介作用。

- 青年教师可雇佣型心理契约→团队认同→忠诚

假设 H17a：团队认同对青年教师可雇佣型心理契约的为个体可雇佣性能力提升提供物质支持的维度与青年教师对所在学校的忠诚行为之间的关系具有中介作用。

假设 H17b：团队认同对青年教师可雇佣型心理契约的为个体可雇佣性能力提升提供发展机会的维度与青年教师对所在学校的忠诚行为之间的关系具有中介作用。

假设 H17c：团队认同对青年教师可雇佣型心理契约的为个体可雇佣性能力提升提供组织环境支持的维度与青年教师对所在学校的忠诚行为之间的关系具有中介作用。

- 青年教师可雇佣型心理契约→团队认同→漠视

假设 H18a：团队认同对青年教师可雇佣型心理契约的为个体可雇佣

性能力提升提供物质支持的维度与青年教师对所在学校的漠视行为之间的关系具有中介作用。

假设 H18b：团队认同对青年教师可雇佣型心理契约的为个体可雇佣性能力提升提供发展机会的维度与青年教师对所在学校的漠视行为之间的关系具有中介作用。

假设 H18c：团队认同对青年教师可雇佣型心理契约的为个体可雇佣性能力提升提供组织环境支持的维度与青年教师对所在学校的漠视行为之间的关系具有中介作用。

在以上分析的基础上，进一步提出如下研究假设：

● 退出→高校教学发展

假设 H19a：青年教师对所在学校的退出行为对青年教师的组织犬儒主义与学校教学发展之间的关系具有中介作用。

假设 H19b：青年教师对所在学校的退出行为对青年教师的团队认同与学校教学发展之间的关系具有中介作用。

● 退出→高校科研发展

假设 H19c：青年教师对所在学校的退出行为对青年教师的组织犬儒主义与学校科研发展之间的关系具有中介作用。

假设 H19d：青年教师对所在学校的退出行为对青年教师的团队认同与学校科研发展之间的关系具有中介作用。

● 建言→高校教学发展

假设 H20a：青年教师对所在学校的建言行为对青年教师的组织犬儒主义与学校教学发展之间的关系具有中介作用。

假设 H20b：青年教师对所在学校的建言行为对青年教师的团队认同与学校教学发展之间的关系具有中介作用。

● 建言→高校科研发展

假设 H20c：青年教师对所在学校的建言行为对青年教师的组织犬儒主义与学校科研发展之间的关系具有中介作用。

假设 H20d：青年教师对所在学校的建言行为对青年教师的团队认同与学校科研发展之间的关系具有中介作用。

● 忠诚→高校教学发展

假设 H21a：青年教师对所在学校的忠诚行为对青年教师的组织犬儒主义与学校教学发展之间的关系具有中介作用。

假设 H21b：青年教师对所在学校的忠诚行为对青年教师的团队认同与学校教学发展之间的关系具有中介作用。

● 忠诚→高校科研发展

假设 H21c：青年教师对所在学校的忠诚行为对青年教师的组织犬儒主义与学校科研发展之间的关系具有中介作用。

假设 H21d：青年教师对所在学校的忠诚行为对青年教师的团队认同与学校科研发展之间的关系具有中介作用。

● 漠视→高校教学发展

假设 H22a：青年教师对所在学校的漠视行为对青年教师的组织犬儒主义与学校教学发展之间的关系具有中介作用。

假设 H22b：青年教师对所在学校的漠视行为对青年教师的团队认同与学校教学发展之间的关系具有中介作用。

● 漠视→高校科研发展

假设 H22c：青年教师对所在学校的漠视行为对青年教师的组织犬儒主义与学校科研发展之间的关系具有中介作用。

假设 H22d：青年教师对所在学校的漠视行为对青年教师的团队认同与学校科研发展之间的关系具有中介作用。

综上所述，本章提出青年教师可雇佣型心理契约对高校教学发展和科研发展的驱动机理概念模型，如图 5-2 所示。

本章小结

本章围绕当前新时代下的我国高校青年教师可雇佣型心理契约对高校教学发展和科研发展的驱动机理问题展开了探索性研究，研究工作划分为两大主要步骤：第一步，秉承科学循证的量化文献综述思想，基于国内外心理契约研究现状，采用元分析方法对国内心理契约相关文献、研究报告和研究项目等展开量化综述，得出我国高校青年教师心理契约的组织反应机制的基本理论分析框架；第二步，结合本章聚焦于我国高校青年教师管理的特定研究情境，采用与研究问题解析相匹配的探索性案例研究方法，对我国高校青年教师可雇佣型心理契约如何通过青年教师个体的工作态度和工作行为的途径进而作用于所在高校的教学发展和科研发展的影响作用机制进行探析，并结合与现有文献、研究观点和成果的相关理论建构的对

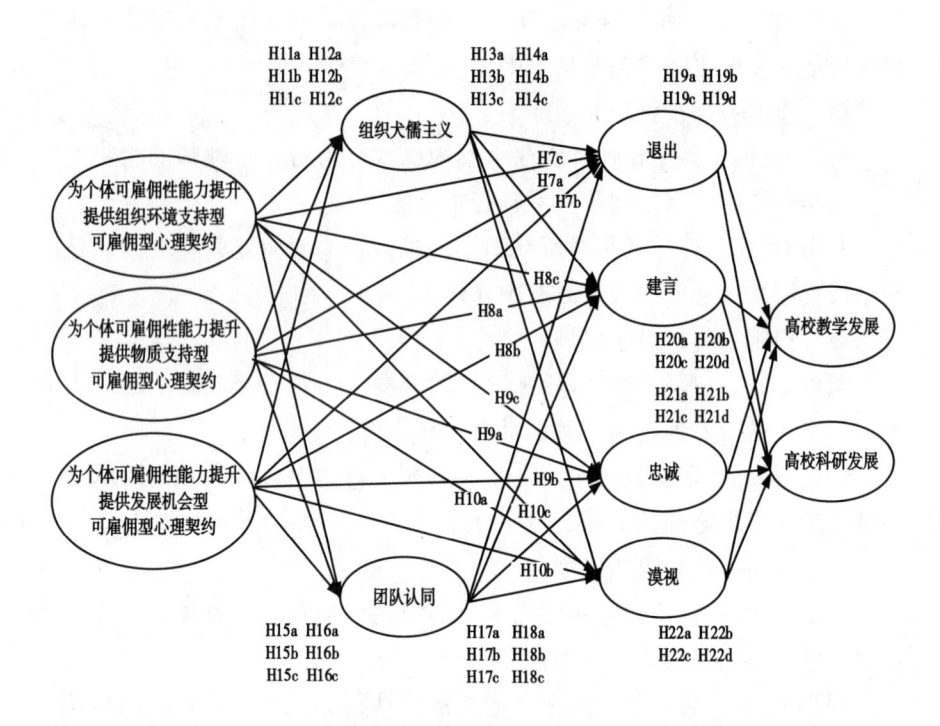

图 5-2 青年教师可雇佣型心理契约对高校教学发展和科研发展的驱动机理概念模型

比分析，提出我国高校青年教师可雇佣型心理契约对高校教学发展和科研发展的驱动机理概念模型。具体研究工作包括如下方面。

第一，以管理学理论、经济学理论和社会认知心理学理论为理论基础，结合国内外心理契约研究现状和发展动态，采用能够科学、客观、系统、全面地评价某个研究领域的研究成熟度的元分析方法，对国内心理契约的定量实证性研究文献、研究报告和研究项目展开量化循证式综述性研究，从而总结出员工心理契约的组织反应机制的理论分析框架，即心理契约与积极的工作态度和工作行为结果存在着正向相关关系，与消极的工作态度和工作行为存在着负向相关关系；相较之工作行为，心理契约与工作态度的相关关系更为密切；组织犬儒主义、团队认同等组织态度和组织情绪变量在心理契约的组织反应机制中可能存在着间接解释作用；除此之外，元分析结果还发现了现有研究的不足之处以及具有研究价值的有待进一步开启的研究空间，例如，国内对于退出、建言、忠诚、漠视行为整合框架在心理契约的组织效应影响机制中的研究结果的针对性有待深入；组织犬儒主义、团队认同专门针对高校教师心理契约相关问题的解释力有待进一步探究等。可以说，本章元分析结果除了在国内外研究基础上，专门侧重于国内定量综述性相关文献、研究观点和结论的不足之处，进行了系统循证式回顾，从中发现了有助于本章研究问题解析的理论分析框架以及有待开发的研究空间以外，还尤其将定性的理论分析与定量的实证性总结相结合，为接下来探析我国高校青年教师可雇佣型心理契约对高校教学发展和科研发展的驱动机理概念模型提供了坚实的理论基础与实证依据。

第二，在以上元分析结果的基础上，结合本章研究情境特征，采用能够深入解析我国高校青年教师可雇佣型心理契约对高校教学发展和科研发展的驱动机理的探索性案例研究方法，遴选了在教学发展和科研发展方面已积累了一定经验并具有一定代表性的"985"高校、"211"高校和地方本科高校作为案例研究单位，从中选取符合本研究设定的高校青年教师概念的调查对象作为调查样本，通过开展深度访谈、实地考察、文件材料收集等形式收集一手数据，借助内容分析法对所收集的文本数据进行整理、编码、分析和总结，提炼出可供本章研究问题解析的关键的内容节点和关系节点，相应提出理论命题，进而结合与以往研究文献的比对分析和理论论证，将理论命题转换为研究假设，从而形成我国高校青年教师可雇佣型心理契约对高校教学发展和科研发展的驱动机理概念模型。

第六章 青年教师可雇佣型心理契约对高校教学科研发展驱动机理的实证研究

基于前文提出的青年教师可雇佣型心理契约对于高校教学发展和科研发展的驱动机理理论模型，本章根据定量实证性研究的技术路线、规范流程和判别准则，首先，在文献梳理、理论分析和经典量表汇总整理的基础上，经由焦点小组讨论、专家咨询反馈等步骤，形成了初始测量量表和预调查问卷；其次，通过小规模样本的预调研来修正测量量表的题项表述，进而形成适用于本书研究问题解析的测量工具和正式调查问卷；再次，通过大规模样本的正式问卷调查来收集有效样本数据，遵从基于偏最小二乘回归算法（PLS）的结构方程模型分析方法，对研究假设模型进行测度模型和结构模型的评价估计，再对研究变量建构的信度和效度进行验证，以期在明晰研究变量概念的界定、研究变量的操作化以及研究变量度量的测评依据的科学性和稳健性基础上，对研究假设进行量化实证性检验，从而得出本章的研究结论；最后，结合本章的研究情境，围绕研究结论展开分析和讨论，为高校如何通过对青年教师可雇佣型心理契约的有效干预和管理，进而实现学校教学发展和科研发展的优势提供理论依据，并为高校青年教师可雇佣型心理契约管理以及由此展开学校教学科研事业建设的实践活动提供指南。

第一节 问卷设计与小样本测试

问卷调查法是社会调查研究中广为应用的一种研究技术，迄今为止，国内外诸多定量实证性研究中都广泛采用问卷调查法来获取有关社会问题的考察、分析和解决的一手数据、验证先验理论、建构新理论以及提出针对性的对策与建议等。然而，鉴于社会规范和价值取向、社会调查资源、研究配套条件等内外部环境因素的动态变化及可能存在的诸多局限性，有效问卷的样本数据获取通常面临着对调查问卷设计的信度和效度不断提出更严谨、更高标准的挑战。因此，在展开正式调查之前先进行小规模样本的预测试成为问卷设计过程中必不可少的环节。通过小规模样本的预测试，能够将所设计的测量量表应用于真实场景之中，考查调查问卷中测度题项的语义表述方式是否适宜，测度题项的含义与拟测内容是否相当，测度题项数量是否能满足调查需要、问卷调查和量表形式是否与调查对象的接受能力相匹配等，从而检验量表题项对拟测变量的反映性能以及对于真实世界中科学问题提炼和解析的准确性的预判能力，保证量表设计的科学性和可行性，明晰拟测变量概念的界定。

一 问卷设计

基于本书前文的探索性研究所建构的青年教师可雇佣型心理契约对于高校教学科研发展驱动机理的理论模型，本章将理论模型中的研究变量限定为：高校青年教师可雇佣型心理契约、组织犬儒主义、职业认同、退出（E）—建言（V）—忠诚（L）—漠视（N）、高校的教学发展、高校的科研发展。如前所述，问卷调查法是当今组织管理研究中惯用的一种收集样本数据的研究方法，遵从社会统计学基本原理，问卷调查法在处理、统计和分析一手数据方面颇具优势，是测量量表开发和编制、研究变量概念的界定和操作化、研究模型检验等一系列社会科学研究工作中的有力"助手"。因此，本章采用问卷调查法来探讨"如何解析青年教师可雇佣型心理契约对高校教学科研发展的驱动机理模型的检验"这一研究问题，旨在明确研究变量的量表测量题项和测度方式等变量操作化的有效途径，验证青年教师可雇佣型心理契约对高校教学科研发展的驱动机理研究模型的真伪性。

二 变量测度

本章的研究变量主要包括：高校青年教师可雇佣型心理契约、组织犬儒主义、团队认同、退出（E）—建言（V）—忠诚（L）—漠视（N）、高校的教学发展和高校的科研发展。需要说明的是，本书前文已针对高校青年教师可雇佣型心理契约的变量界定和操作化进行了测量量表开发和调查问卷的设计工作，鉴于篇幅力求精简、杜绝冗赘的考虑，本章不再赘述与前文重复的内容，在后续有关的数据分析部分将直接予以应用。另外，考虑到当前我国高校所处的高度动态和不确定性的外部竞争环境，以及教学工程建设、科研成果、人才竞争、办学资质等诸项因素所面临着的高竞争性态势，本章特遴选了在教学建设、科研建设的效果以及青年教师职业素养培育和职业生涯管理及发展等方面拥有一定特色优势，且已积累了一定管理和建设经验的我国"985"高校、"211"高校和地方本科高校，并以样本学校对于青年教师的概念边界的认定和管理政策为依据，在样本学校中选取了专门负责青年教师的招募引进、培育和青年教师师资队伍建设的管理人员以及部分青年教师作为调查对象，根据社会调查问卷设计的技术规范、流程、方法和判别准则来开发相关研究变量的测量量表，从而实现研究变量的可操作化和准确测度。本章对于调查问卷数据采用自陈式收集方式，调查问卷设计的流程参见图4-3，对于与第四章中重复的内容，本章不再赘述。

(一) 组织犬儒主义的测度

随着知识经济时代的快速发展，雇佣关系的内涵特征发生了显著变化，学术界和实务界从不同角度均发现，除了以"心理契约"作为雇佣关系研究的典型研究变量能够揭示组织效果的产生机制以外，还发现一种新的雇佣关系模式也已悄然步入组织与员工之间的关系当中，并通过员工的工作态度和工作行为影响着组织效果。这种新的雇佣关系模式即"组织犬儒主义"。"组织犬儒主义"的概念自提出以来便受到学术界的广泛关注，在国外，一些研究者围绕这一概念的内涵特征和组织效应展开了诸项研讨，通过不断展开理论摸索和实证性检验，对"组织犬儒主义"概念的界定和外延划分形成了较为清晰的描述，提出了"组织犬儒主义"的测量量表。其中，尤其具有一定代表性的研究成果莫过于Dean等(1998)开发的包含14个测度题项、3个子量表的测量量表。该量表的提出使研究者们能够借此对"组织犬儒主义"进行更为深入的探究，借鉴Dean等(1998)的研究成果，有关组织信念犬儒主义、组织情感犬儒主义和组织行为犬儒主义的测量相继实现。例如，Pugh等(2003)通过对"组织信念"这一分量表的验证，发现了专门针对新进员工和准入职员工这两类员工群体的组织犬儒主义内容；Johnson和O'Leary-Kelly (2003)在对员工的工作情绪进行实证性研究的过程中，运用针对"组织信念犬儒主义、组织情感犬儒主义"这两个理论构念的测量方法实现了对员工负面组织情绪的度量，并找到了这种负面情绪的组织效应机制。还有学者在 Dean 等（1998）开发编制的组织犬儒主义量表的基础上继续深入探索，设计出普遍适用于一般类型组织的包含 7 个测度题项的短式量表。鉴于这种量表是在充分的理论演绎和科学方法论证基础上提出的，且是能够较为广泛地应用于测量一般类型组织中的雇佣关系品质的组织犬儒主义量表，因此受到了学术界的青睐，并广为推崇。

基于此，本章研究的问题是围绕当前中国经济发展新时代下的高校与青年教师之间的新型关系模式展开的，其中，蕴含了不同于一般实务界组织所禀赋的与员工之间关系的新型特征，以个体可雇佣性能力发展为显著特征的元素占据了当前我国高校与青年教师之间新型关系模式的主要内容，这就为高校的教学事业和科研事业建设环境下的组织犬儒主义的测量提出了新的挑战。也就是说，如何阐清高校与青年教师之间的新型关系的内涵特征？如何评价青年教师对于高校的组织犬儒主义态度？以组织犬儒主义作为典型特征的组织—员工关系在高校中又会将以何种形式和内容进行反映？这些问题的解决将有助于揭示青年教师的心理感知和内心体验对高校的组织效应机制。因此，本章借鉴 Dean 等（1998）开发的组织犬儒主义的测量量表工具，并结合现有文献中对于组织犬儒主义测量的经典思想和度量方法，展开与当前我国高校教学建设环境和科研建设环境相匹配的组织犬儒主义的初始量表设计与编制，并通过焦点小组讨论、征询专家意见，反复斟酌和不断修订从而形成测度量表的测量题项，使之更适用于本章研究问题的深度解决，更利于反映出拟测研究变量的内涵特征，从而形成本章研究问题解析所需要的初始调查问卷（调查问卷的测量题项见表 6-1）。

表 6-1　　　　　　　　　　组织犬儒主义的测量题项

题项编号	题项内容
OC1	学校的青年教师师资建设和管理政策的内容与其落实情况不符
OC2	学校制定青年教师师资建设和管理政策的目标和政策的实施措施不一致
OC3	学校宣称要做某事，实际上并不会做
OC4	一想起所供职的学校，我就生气
OC5	一想起所供职的学校，我就感到紧张
OC6	一想起所供职的学校，就令我不安
OC7	我会向所供职学校外的其他人抱怨学校里发生的令人不愉快的事情
OC8	我取笑所供职学校的校园文化、价值观取向、管理理念和管理政策

(二) 团队认同的测度

自从社会认同理论提出以来，对组织的认同感一直是学者们津津乐道的研究议题。如果说社会认同理论主要关注个体对社会整体层面上的正向情绪体验，以及基于此个体进一步如何定位自身的社会化成员形象、内涵和扮演社会角色，进而决定自己如何在社会群体中立足、找到自身的定位和社会属性，那么，在社会认同理论基础上提出的组织认同的概念则主要聚焦于发生在组织工作场所中的员工如何评价组织信息以及由此形成的积极的组织情感依附、心理知觉和体验。正如社会认同理论的建构为学术界打开了解读个体的内在动机和情绪归属性对于社会产能的形成机制的重要意义的"黑箱"，组织认同则是为研究者们揭示员工对组织的心理感知和情绪体验，以及对组织效果的影响关系提供了一条通途。如今，随着新知识经济时代的迅猛发展，组织与员工之间的关系发生了巨大变化，对组织从一而终的组织忠诚已不再能够换取员工的终身工作保障，取而代之，进行有效的自我职业管理已逐渐发展成为在何时何地都具备能够驰骋于职场的职业能力的一种从业理念。在这种情况下，组织与员工之间的冲突可能不再以直接纠纷的方式出现，而更多表现为潜藏在冲突表象之下的一股股"暗流"。组织认同研究发现，员工对组织的正面心理感知和情绪体验以及由此形成的对组织的认同感是化解这种"暗流"现象或问题的有效途径。在现代组织管理研究中，与组织认同理论的关联性尤为密切的当属团队认同，它特别适用于对知识型员工的组织情感问题的研讨。当前有必要注意到，在新知识经济时代下，单打独斗的工作模式显然极不适应高度动态和竞争性的组织环境，解决这种不利于工作效果的工作模式问题，就要以团队形式开展工作，事实上，当下很多创造性工作就得益于团队工作模式所带来的集思广益和良性"冲突"下的思维碰撞。团队认同随之成为学术界的研究者们和实务界的组织管理研究者们所广泛关注的焦点，团队认同与组织关系的关联性以及由此引发的组织效果也逐渐发展成为当今组织心理与行为、组织管理研究当中的重要问题。从理论发展脉络来看，团队认同是在组织认同的基础上发展而成的专门针对团队工作模式的理论构念，那么，对于团队认同概念的界定和测量量表的设计则可以借鉴组织认同的相关理论和研究方法。综观以往研究，一些学者围绕组织认同的概念界定和边界外延的划分展开了诸项研讨，且研究成果颇为丰富。例如，Cheney（1983）在员工的组织认同感对于组织绩效影响的实证性研究中提出了包含成员感、忠诚度、相似性三个构面的组织认同测量量表；Mael 和 Ashforth（1992）基于社会认同理论对员工的组织认同进行了深入的理论演绎和理论探索，并结合企业组织的管理情境，开发出 Mael 量表（1992）；在此基础上，Van Dijk 等（2004）又结合自我分类理论对员工的组织认同展开了理论研究，基于所建构的组织认同概念的内容结构，设计了包含认知、情感、评价、行为四个维度的测量量表；我国学者彭川宇背靠中国独特的文化情境，开发出专门适合中国员工的组织情感解释的组织认同测量量表。基于以上分析，本章综合国内外文献和经典量表工作的设计思想与编制方法，开发了与本章的研究情境相符，且能解决本章研究问题的组织认同的测量量表。具体而言，将严格遵从社会调查理论和研究方法，通过测度题项的提炼、焦点小组讨论、专家意见咨询等途径，形成团队认同的初始测量量表和初始调查问卷（团队认同初始测量量表的测量题项见表 6-2）。

表 6-2　　　　　　　　团队认同的测量题项

题项编号	题项内容
TI1	当我所在的工作团队受到批评时，我会因此而觉得尴尬
TI2	当有人评论我所在的工作团队时，我会为之感兴趣
TI3	当我谈到所在的工作团队时，会常用"我们"这个词语指代团队，而不是"他们"
TI4	当我所在的工作团队取得成功时，我感觉自己也成功了
TI5	当有人称赞我所在的工作团队时，我感觉就像在称赞自己一样
TI6	当外界批评我所在的工作团队时，我会因此而感觉难堪
TI7	我会因身为工作团队中的一分子，而感到无比自豪

（三）退出（E）、建言（V）、忠诚（L）、漠视（N）的测度

Hirshman（1970）最早在学术界提出了"退出（exit）、建言（voice）、忠诚（loyalty）"行为整合理论框架，由于该框架对于当时的学术界在理解组织雇佣关系变化方面所发挥的显著的解释作用，自该框架被提出以来，便受到学术界的广泛关注。一些学者还以 Hirshman（1970）的基本理论分析框架为理论支撑，在组织管理领域内，围绕组织—员工关系以及对于组织效果的影响问题展开了诸项研讨。其中，Farrell（1983）在 Hirshman（1970）的理论分析框架基础上进一步展开探索，发现了一个新的解释变

量——漠视（neglect），并借此构建了"退出、建言、忠诚、漠视"（简称EVLN）行为整合分析框架。Farrell（1983）的理论分析框架为完整地解释组织雇佣关系变化的内涵和特征提供了一条更为有益的途径，特别是在解释员工的组织不满意到底通过怎样的作用机制路径进而影响组织效果方面，提出了有别于以往研究结论和成果的新观点，极其有助于学术界进一步深入理解组织—员工关系以及隐藏在组织—员工关系背后的组织管理问题的实质内容，从而在丰富相关组织心理与行为理论、组织管理理论以及指导组织管理实践活动等方面，都发挥了至关重要的作用。随着"退出、建言、忠诚、漠视"行为整合理论分析框架的建构和发展，相关的测量工具也应运而生。例如，Rusbult等（2001）在员工对组织的不满意、组织卷入和替代性工作机会的可能性对于"退出、建言、忠诚、漠视"行为整合模型的影响效应以及对于组织效果的作用机制的研究中开发了退出、建言、忠诚、漠视测量量表。这一量表在后来的学术研究中得到了实证性检验，从而被研究者们广泛借鉴、采用和发展。我国的魏峰等（2006）较早地将"退出、建言、忠诚、漠视"行为整合理论分析框架应用于中国特有文化背景下的企业管理情境当中，通过探讨员工的工作不满意、员工的心理契约违背对于"退出、建言、忠诚、漠视"行为整合模型的影响关系，基于员工个体的内在心理认知视角，提出了中国企业员工的"退出、建言、忠诚、漠视"行为整合模型的产生机制。其中，魏峰等（2006）在这一研究中的一项突出贡献就是，开发了专门适用于中国企业员工的"退出、建言、忠诚、漠视"行为整合模型的测量量表工具。这个测量量表对于我国研究者测量组织内部个体的工作态度和工作行为起到了极大的推动作用，被不断应用于中国的组织心理与行为、组织管理研究当中。本章就是在借鉴以往文献、结论和测量量表工具的基础上，结合本章研究情境、研究内容、研究维度和研究问题，专门针对当前我国高校的青年教师，设计青年教师对于所在学校的"退出、建言、忠诚、漠视"行为整合模型的测量量表，旨在开发出能够切实反映当前我国高校青年教师的内在心理图景和内心体验的测量量表工具。通过综合经典文献和测量量表，以及研究团队的集思广益和焦点小组讨论、征询专家（来自相关研究领域的专家；多年从事青年教师的招募引进、职业生涯培育管理等青年教师师资队伍建设管理工作的高校相关行政管理人员）的修改意见和建议，本研究最终设计出了包含退出、建言、忠诚、漠视4个分测试量表构成的"退出、建言、忠诚、漠视"行为整合模型的测量量表,并结合拟调查对象的个性特质,相应设计出了初始调查问卷(其测度题项如表6-3所示)。其中,在测量标尺方面采用了Likerts 5级尺度,"1—5"分别指代"完全不一致"至"完全一致"5个分级。问卷填答方式采用了自陈式的形式来考查调研对象对每个测度题项所要表述内容的心理感知和评价程度。

表6-3　　　　　　退出、建言、忠诚、漠视的测量题项

变量	题项编号	题项内容
退出	E1	我有时考虑变换另一家单位工作(R)
	E2	我打算在一年内寻找别的工作单位(R)
	E3	如果工作条件下降,我会考虑离开现在的单位(R)
	E4	如果有再次选择的机会,我不会再选择现在这家单位(R)
建言	V1	当我有一个有益于单位的想法时,我会努力将这个想法付诸实践
	V2	我有时会为了改善自己的工作条件和所能享受到的组织政策,主动去找上级领导沟通
	V3	我常常向上级领导提建议,以便能完善现在单位里有待改进之处
	V4	我不止一次联系外部力量,来帮助改善现在单位里的工作设施、条件和环境资源等
忠诚	L1	当现在的单位遇到困难时,我会为单位继续工作到困难消失的那一刻为止
	L2	当其他人批评我所在的单位时,我总会全力以赴地维护所在单位的名声
	L3	在朋友面前,我总是高度评价所在的单位
	L4	我很珍惜现在的工作,害怕失去它
漠视	N1	有时,我不愿意对工作投入太多的努力(R)
	N2	只要我得到应有的报酬,我并不关心所在单位里发生的任何事情(R)
	N3	我想在领导看不到的地方,这样就可以休息,处理自己的私事(R)
	N4	当不想工作时,我会为请病假或者找其他各种理由,不去上班(R)
	N5	有时,我会因为没有工作激情,而拖延工作(R)

注:R指代反向计分。

(四)高校教学发展的测度

根据王本陆(2012、2017)的理论观点,本书结合当前我国高校的教育教学环境特征以及青年教师在教学过程中所表现出的工作的典型特征,并融合对高校青年教师心理特质的考虑,编制了"高校教学发展"

测量量表。其中，尤其关注了当前我国高校所面临的如何获取能够支撑学校教育教学可持续创新和发展的关键动力要素；如何通过青年教师教学能力培养来促进青年教师师资队伍建设；如何将教学过程、教学理论、教学伦理、教学效果、教学方法、教学主体、教学艺术、教学资源利用等因素指标与青年教师的绩效考评机制进行有机结合；如何将电子信息、通信技术、网络平台、社交网络、多媒体媒介等现代化教学理念和技术手段融入高校的教学平台建设等。在测量量表的编制过程当中，结合了研究团队的焦点小组讨论、征求的专家同行意见和在实践环境中来自行政管理人员与一线教学科研岗在编教师的教学体验等意见和建议、测量量表题项编写和不断改善等步骤，最终形成的高校教学发展的测量量表题项如表6-4所示。

表6-4　　　　　　　　高校教学发展的测量题项

题项编号	题项内容
ED1	我关注所在学校的教育教学事业建设和发展状况
ED2	学校的教学水平和人才培养能力标志着学校的办学资质
ED3	学校设置了科学有效的电子信息和网络在线教学平台
ED4	学校制定了专门针对青年教师教学能力提高和在职继续培养的政策与相关管理办法
ED5	学校教学水平提升，青年教师的教学能力也随之提高
ED6	学校鼓励青年教师参加教学能力提升的各种有意义的培训和交流活动
ED7	学校针对青年教师的教学能力设定了科学、可行的评价指标体系和考核办法

（五）高校科研发展的测度

进一步结合王本陆（2017）关于高校科研发展建设的理论和观点，本书基于当前知识经济结构调整对于我国高校科研平台创新型建设的迫切要求，秉承教育部对各类型高校科研平台建设和发展的既定原则与标准，融合不同类型高校的科研平台建设的典型特征、科研平台建设发展的内部环境和外部环境特征、科研主体的自身特征和个性特质以及学校的科研平台建设和管理政策等，通过走访不同类型的高校与科研平台建设相关的工作部门和管理岗位，经由研究团队的焦点小组讨论、专家同行的建议和意见以及一线管理与科研教职员工的反馈展开对测量量表题项的不断修正，最终形成了高校科研发展的测量量表题项，如表6-5

所示。

表 6-5　　　　　　　　　高校科研发展的测量题项

题项编号	题项内容
SD1	我关注所在学校的科研平台建设和发展情况
SD2	学校的科研平台建设和发展水平表征了学校的办学资质
SD3	学校搭建了与国内、外有关学科专业领域的学术交流平台
SD4	学校对青年教师的科研能力设定了科学、可行的评价指标体系和考核办法
SD5	学校科研水平提升，青年教师的科研能力也会随之提高
SD6	学校鼓励青年教师参加科研能力提升的相关培训和学术交流活动
SD7	青年教师的科研能力与其个人的职称晋升挂钩
SD8	学校制定和实施了专门针对青年教师科研能力和科研成果考评的管理政策
SD9	青年教师的科研能力与其个人的岗位绩效考核挂钩

三　小样本测试

（一）概述

本章的预调研与第四章的预调研工作同时进行，调研的技术手段、行动流程、操作步骤、判别准则以及调研数据的统计分析过程和方法标准等均与第四章的预调研工作相同，所采用的社会调查的基本理论、研究方法以及判别标准等也参照第四章的相关内容。鉴于本书篇幅保持内容阐述不冗赘、精简高效的原则，本章对与第四章重复的内容不再赘述。

（二）信度与效度分析

依据社会统计学的基本理论和方法准则，本章对前文建构的组织犬儒主义、团队认同和"退出、建言、忠诚、漠视"行为整合模型的初始调查问卷及测量量表的信度和效度进行检验，检验的具体内容和步骤主要包括：（1）对问卷收集的数据进行校正题项的总体相关性分析（corrected item-total correlation，CITC），又称 CITC 净化分析，对净化后的测度题项和量表辅以信度检验，以判断净化分析后的测量量表是否符合社会统计学所规定的测量要求，把控测量量表的信度，将之控制在社会统计合理的允许范围之内。（2）对问卷收集的数据进行 KMO 值测试和 Bartlett 球形检验，将符合两项指标判定标准的问卷数据进行探索性因子分析，以检验量表的建构效度和区分效度，从而判定测量量表题项对于拟测研究变量的反映程度。(3)对符合探索性因子分析指标判别标准的问卷数据再次进行信度检验，以判定量表的信度是否符合社会统计学所规定的测量要求，从而保证测量量表建构对于本书研究问题解析的科学性和稳健性。

1."退出（E）、建言（V）、忠诚（L）、漠视（N）"行为整合模型的测量量表的信度和效度检验

本章预调研中将"退出（E）、建言（V）、忠诚（L）、漠视（N）"行为整合模型的总量表分解为4个分量表，各个分量表的信度和效度具体检验如下。

(1)"退出"分量表的信度和效度检验。

根据社会统计学的基本理论和方法准则，首先对"退出"分量表的问卷调查数据进行校正题项的总体相关性（CITC）分析，结果显示，除了测度题项"E3"低于0.5以外，其他测度题项的CITC值均高于0.5，进一步尝试剔除测度题项"E3"后，可使测量量表整体的克隆巴赫系数有所优化，因此判定，剔除测度题项"E3"具有科学性和合理性，能够保证测量量表的信度符合社会统计学的测量要求，剔除测度题项"E3"后的测量量表的收敛效度满足社会统计学的测量要求。分析结果如表6-6所示。

表6-6　　"退出"分量表的CITC和信度检验

题项编号	题项内容	校正题项后总相关系数分析	删除题项后克隆巴赫系数	评价	量表克隆巴赫系数
E1	我有时考虑变换另一家单位工作（R）	0.613	0.704	合理	
E2	我打算在一年内寻找别的工作单位（R）	0.540	0.590	合理	$\alpha_1 = 0.703$ $\alpha_2 = 0.727$
E3	如果工作条件下降，我会考虑离开现在的单位（R）	0.301	0.588	剔除	
E4	如果有再次选择的机会，我不会再选择现在这家单位（R）	0.593	0.598	合理	

接下来对有效样本数据进行探索性因子分析。首先，对有效样本数据进行 KMO 值测试和 Bartlett 球体检验，结果显示，KMO = 0.624 > 0.6，Bartlett 球体检验 Chi-Square = 286.779，自由度 = 3，显著性概率 = 0.000，

达到社会统计学所规定的显著性水平。根据马庆国（2004）主张的探索性因子分析的判别标准，本章样本数据的分析结果满足统计测量要求，说明这些样本数据能够进入探索性因子分析。进而以特征值大于1作为提取因子的标准，采用主成分分析和最大方差旋转法对样本数据实施探索性因子分析。分析结果如表6-7所示，这些样本数据呈现为单因子结构，累计解释方差变异69.731%，各因子载荷均在0.5以上，满足马庆国（2004）所主张的关于区分效度的判别标准，因此判定，"退出"分量表建构的区分效度较好。

表6-7　　　　　　　　　　探索性因子分析

题项编号	单因子结构
E1	0.763
E2	0.901
E4	0.813

最后，对有效样本数据再进行信度检验，以检测量表整体的信度是否满足社会统计学的测量要求。分析结果显示，克隆巴赫系数为0.702，大于0.7的经验值标准，因此判定，"退出"分量表的内部一致性满足社会统计学的分析要求，可以进一步用于接下来的正式调研的研究假设检验。

（2）"建言"分量表的信度和效度检验。

根据社会统计学的基本理论和研究方法，首先对"建言"分量表的问卷调查数据进行校正题项的总体相关性（CITC）分析，结果显示，除了测度题项"V4"低于0.3以外，其他测度题项的CITC值均高于0.3。对此，相关文献和研究成果指出，对于新开发的测量量表而言，CITC在0.3以上就可以接受，尤其对于西方测量量表的中国本土化应用开发而言，保持在0.3水平上的CITC值具有统计意义，相应测度题项可以接受（卢纹岳，2002）。据此，剔除测度题项"V4"，重新对测量量表的样本数据进行信度检验后发现，测量量表整体的α系数接近0.6，相较于剔除了测度题项"V4"之前有所优化。吴明隆（2010）在预调研文献中指出，若研究旨在于前导性测试或者关于初始问卷的可靠性分析，则在0.5—0.6范围内的测量量表的整体α系数满足统计测量要求。同时还发现，剔除了测度题项"V4"后，测量量表中的其他测度题项的CITC值均逾

0.3，这也表明，剔除测度题项"V4"具有科学性和合理性。因此判定，剔除了测度题项"V4"后的测量量表满足社会统计学的分析要求，剔除了测度题项"V4"后的测量量表的收敛效度满足社会统计学的测量要求。分析结果如表 6-8 所示。

表 6-8　　　　　"建言"分量表的 CITC 和信度检验

题项编号	题项内容	校正题项后总相关系数分析	删除题项后克隆巴赫系数	评价	量表克隆巴赫系数
V1	当我有一个有益于单位的想法时，我会努力将这个想法付诸实践	0.339	0.342	合理	
V2	我有时会为了改善自己的工作条件和所能享受到的组织政策，主动去找上级领导沟通	0.330	0.348	合理	$\alpha_1 = 0.471$ $\alpha_2 = 0.498$
V3	我常常向上级领导提建议，以便能完善现在单位里有待改进之处	0.500	0.503	合理	
V4	我不止一次联系外部力量，来帮助改善现在单位里的工作设施、条件和环境资源等	<u>0.105</u>	0.502	<u>剔除</u>	

接下来进行探索性因子分析。首先对有效样本数据进行 KMO 值测试和 Bartlett 球体检验，结果显示，KMO = 0.604 ≥ 0.6，Bartlett 球体检验 Chi-Square = 52.044，自由度 = 3，显著性概率 = 0.000，达到了社会统计学所要求的显著性水平。根据马庆国（2004）的探索性因子分析原则，本章有效样本数据的分析结果满足统计分析要求，说明这些样本数据能够进入探索性因子分析。进而以特征值大于 1 作为提取因子的判别标准，采用主成分分析和最大方差旋转法对这些样本数据实施探索性因子分析。分析结果如表 6-9 所示，这些样本数据呈现为单因子结构，累计解释方差变异 54.005%，各因子载荷均在 0.5 以上，满足马庆国（2004）所主张的关于区分效度的判别标准，因此判定，"建言"分量表建构的区分效度较好。

表 6-9　　　　　　　　　探索性因子分析

题项编号	单因子结构
V1	0.632

续表

题项编号	单因子结构
V2	0.513
V3	0.851

最后，对这些样本数据再进行信度检验，以检测"建言"量表整体的信度是否满足社会统计学的测量要求。分析结果显示，克朗巴赫系数为0.57，接近于0.6。根据吴明隆（2010）的判断准则，对于新开发量表的前导性测试而言，在0.5—0.6水平上的测量量表整体克朗巴赫系数也可以接受。因此判定，"建言"分量表的内部一致性满足社会统计学的分析要求，可以用于接下来正式调研的研究假设检验。

（3）"忠诚"分量表的信度和效度分析。

根据社会统计学的基本理论和研究方法，首先对"忠诚"分量表数据进行校正题项的总体相关性（CITC）分析，结果显示，除了"L4"低于0.5以外，其他测度题项的CITC值均高于0.5。剔除测度题项"L4"，重新对测量量表数据进行信度检验后发现，测量量表整体的α系数仍接近于0.7，满足统计测量要求。因此判定，剔除测度题项"L4"具有科学性和合理性，剔除测度题项"L4"后的测量量表的收敛效度满足社会统计学的测量要求。分析结果如表6-10所示。

表6-10　　　"忠诚"分量表的CITC和信度检验

题项编号	题项内容	校正题项后总相关系数分析	删除题项后克朗巴赫系数	评价	量表克朗巴赫系数
L1	当现在的单位遇到困难时，我会为单位继续工作到困难消失的那一刻为止	0.522	0.541	合理	
L2	当其他人批评我所在的单位时，我总会全力以赴地维护所在单位的名声	0.583	0.590	合理	$α_1 = 0.617$ $α_2 = 0.630$
L3	在朋友面前，我总是高度评价所在的单位	0.503	0.512	合理	
L4	我很珍惜现在的工作，害怕失去它	*0.318*	0.579	*剔除*	

接下来进行探索性因子分析。首先对有效样本数据进行KMO值测试

和 Bartlett 球体检验，结果显示，KMO=0.613≥0.6，Bartlett 球体检验 Chi-Square=99.082，自由度=3，显著性概率=0.000，达到了社会统计学所规定的显著性水平。根据马庆国（2004）关于探索性因子分析的判别原则，本章有效样本数据的分析结果满足社会统计学的测量要求，说明这些样本数据能够进入探索性因子分析。进而，以特征值大于1作为提取因子的判别标准，采用主成分分析和最大方差旋转法，对这些样本数据实施探索性因子分析。分析结果如表6-11所示，这些样本数据呈现为单因子结构，累计解释方差变异57.009%，各因子载荷均在0.5以上，满足马庆国（2004）所主张的关于区分效度的判别标准，因此判定，量表建构的区分效度较好。

表6-11　　　　　　　　　　探索性因子分析

题项编号	单因子结构
L1	0.739
L2	0.741
L3	0.603

最后，对以上样本数据再次进行信度检验，以检测测量量表整体的信度是否满足统计测量要求。分析结果显示，克隆巴赫系数为0.613，高于0.6的临界值标准。因此判定，"忠诚"分量表的内部一致性满足统计分析要求，可以用于接下来正式调研的研究假设检验。

（4）"漠视"分量表的信度和效度检验。

根据社会统计学的基本理论和研究方法，首先对"漠视"分量表的问卷调查数据进行校正题项的总体相关性（CITC）分析，结果显示，除了"N3""N4"的 CITC 值低于0.5以外，其他测度题项的 CITC 值均高于0.5的经验标准值。剔除测度题项"N3""N4"，重新对测量量表的样本数据进行信度检验后发现，测量量表整体的α系数较剔除这两个测度题项之前有所改善，测量量表整体的α系数近乎达到0.7的统计测量标准，且剩余测度题项的 CITC 值也都高于0.5的经验标准值。这表明，剔除测度题项"N3""N4"具有科学性和合理性，剔除这两个测度题项后的"漠视"分量表的收敛效度满足社会统计学的测量要求。分析结果如表

6-12所示。

表 6-12　　　　　"漠视"分量表的 CITC 和信度检验

题项编号	题项内容	校正题项后总相关系数分析	删除题项后克隆巴赫系数	评价	量表克隆巴赫系数
N1	有时,我不愿意对工作投入太多的努力（R）	0.516	0.529	合理	
N2	只要我得到应有的报酬,我并不关心所在单位里发生的任何事情（R）	0.503	0.531	合理	
N3	我想在领导看不到的地方,这样就可以休息,处理自己的私事（R）	*0.303*	0.511	*剔除*	$\alpha_1 = 0.589$ $\alpha_2 = 0.697$
N4	当不想工作时,我会为请病假或者找其他各种理由,不去上班（R）	*0.314*	0.520	*剔除*	
N5	有时,我会因为没有工作激情,而拖拉工作（R）	0.535	0.509	合理	

注：R 指代反向计分。

接下来进行探索性因子分析。首先对有效样本数据进行 KMO 值测试和 Bartlett 球体检验,结果显示,KMO = 0.614 ≥ 0.6,Bartlett 球体检验 Chi-Square = 113.027,自由度 = 3,显著性概率 = 0.000,达到社会统计学所规定的显著性水平。根据马庆国（2004）关于探索性因子分析的判别原则,本章有效样本数据的分析结果满足社会统计学的分析要求,说明这些样本数据能够进入探索性因子分析。进而以特征值大于 1 作为提取因子的判别标准,采用主成分分析和最大方差旋转法对这些样本数据实施探索性因子分析。分析结果如表 6-13 所示,这些样本数据呈现为单因子结构,累计解释方差变异 60.218%,各因子载荷均在 0.5 以上,满足马庆国（2004）所主张的区分效度的判别标准,因此判定,"漠视"分量表建构的区分效度较好。

表 6-13　　　　　　　　探索性因子分析

题项编号	单因子结构
N1	0.773
N2	0.782
N5	0.645

最后，对以上样本数据再次进行信度检验，以检测测量量表整体的信度是否满足社会统计学的测量要求。分析结果显示，克隆巴赫系数为 0.619，高于 0.6 的临界值标准。因此判定，"漠视"分量表的内部一致性满足社会统计学的分析要求，可以用于接下来正式调研的研究假设检验。

2. "组织犬儒主义"量表的信度和效度分析

根据社会统计学的基本理论和研究方法，首先对"组织犬儒主义"测量量表的调查数据进行校正题项的总体相关性（CITC）分析，结果显示，除了测度题项"OC4""OC5""OC6""OC7"的 CITC 值低于 0.5 以外，其他测度题项的 CITC 值均高于 0.5 的经验标准值。剔除了测度题项"OC4""OC5""OC6""OC7"，重新对测量量表的调查数据进行信度检验后发现，测量量表整体的 α 系数较剔除这 4 个测度题项之前有所改善，测量量表整体的克隆巴赫系数近乎达到了 0.7 的统计测量标准，且剩余测度题项的 CITC 值也都高于 0.5 的经验标准值。这表明，剔除测度题项"OC4""OC5""OC6""OC7"具有科学性和合理性，剔除了这 4 个测度题项后的"组织犬儒主义"量表的收敛效度满足社会统计学的测量要求。分析结果如表 6-14 所示。

表 6-14　"组织犬儒主义"量表的 CITC 和信度检验

题项编号	题项内容	校正题项后总相关系数分析	删除题项后克隆巴赫系数	评价	量表克隆巴赫系数
OC1	学校的青年教师师资建设和管理政策的内容与其落实情况不符	0.517	0.592	合理	
OC2	学校制定青年教师师资建设和管理政策的目标和政策的实施措施不一致	0.501	0.583	合理	$α_1 = 0.531$ $α_2 = 0.696$
OC3	学校宣称要做某事，实际上并不会做	0.574	0.580	合理	
OC4	一想起所供职的学校，我就生气	0.418	0.487	删除	
OC5	一想起所供职的学校，我就感到紧张	−0.110	0.601	删除	
OC6	一想起所供职的学校，就令我不安	−0.233	0.734	删除	

续表

题项编号	题项内容	校正题项后总相关系数分析	删除题项后克隆巴赫系数	评价	量表克隆巴赫系数
OC7	我会向所供职学校外的其他人抱怨学校里发生的令人不愉快的事情	*0.280*	0.550	*删除*	
OC8	我取笑所供职学校的校园文化、价值观取向、管理理念和管理政策	0.593	0.601	合理	

接下来进行探索性因子分析。首先对有效样本数据进行 KMO 值测试和 Bartlett 球体检验，结果显示，KMO = 0.693 ≥ 0.6，Bartlett 球体检验 Chi-Square = 211.07，自由度 = 6，显著性概率 = 0.000，达到统计上的显著性水平。根据马庆国（2004）所主张的探索性因子分析的判别原则，本章样本数据的分析结果满足社会统计学的测量要求，说明这些样本数据能够进入探索性因子分析。进而以特征值大于 1 作为提取因子的标准，采用主成分分析和最大方差旋转法对这些样本数据实施探索性因子分析。分析结果如表 6-15 所示，这些样本数据呈现为单因子结构，累计解释方差变异 53.018%，各个因子的载荷均在 0.5 以上，满足马庆国（2004）关于区分效度的判别标准，因此判定，"组织犬儒主义"测量量表建构的区分效度较好。

表 6-15　　　　　　　　　　探索性因子分析

题项编号	单因子结构
OC1	0.701
OC2	0.740
OC3	0.803
OC8	0.792

最后，对以上样本数据再次进行信度检验，以检测测量量表整体的信度是否满足社会统计学的测量要求。分析结果显示，克隆巴赫系数为 0.744，高于 0.6 的临界值标准。因此判定，"组织犬儒主义"测量量表的内部一致性满足社会统计学的分析要求，可以用于接下来正式调研的研究假设检验。

3. "团队认同"量表的信度和效度检验

根据社会统计学的基本理论和研究方法，首先对"团队认同"量表数据进行校正题项的总体相关性（CITC）分析，结果显示，除了测度题项"TI2""TI3""TI6"的 CITC 值低于 0.5 以外，其他测度题项的 CITC 值均高于 0.5 的经验标准值。剔除测度题项"TI2""TI3""TI6"，重新对测量量表的数据进行信度检验后发现，测量量表整体的 α 系数相较于剔除这 3 个测度题项之前有所改善，测量量表整体的 α 系数达到了 0.7 的统计测量标准，且剩余测度题项的 CITC 值也都高于 0.5 的经验标准值。这表明，剔除测度题项"TI2""TI3""TI6"具有科学性和合理性，剔除这 3 个测度题项后的测量量表的收敛效度满足社会统计学的测量要求。分析结果如表 6-16 所示。

表 6-16　　"团队认同"量表的 CITC 和信度检验

题项编号	题项内容	校正题项后总相关系数分析	删除题项后克隆巴赫系数	评价	量表克隆巴赫系数
TI1	当我所在的工作团队受到批评时，我会因此而觉得尴尬	0.702	0.811	合理	
TI2	当有人评论我所在的工作团队时，我会为之感兴趣	*0.421*	0.673	*剔除*	
TI3	当我谈到所在的工作团队时，会常用"我们"这个词语指代团队，而不是"他们"	*0.301*	0.782	*剔除*	$α_1 = 0.803$ $α_2 = 0.856$
TI4	当我所在的工作团队取得成功时，我感觉自己也成功了	0.773	0.790	合理	
TI5	当有人称赞我所在的工作团队时，我感觉就像在称赞自己一样	0.738	0.769	合理	
TI6	当外界批评我所在的工作团队时，我会因此而感觉难堪	*0.414*	0.834	*剔除*	
TI7	我会因身为工作团队中的一分子，而感到无比自豪	0.522	0.713	合理	

接下来进行探索性因子分析。首先对有效样本数据进行 KMO 值测试和 Bartlett 球体检验，结果显示，KMO = 0.699 ≥ 0.6，Bartlett 球体检验 Chi-Square = 635.321，自由度 = 6，显著性概率 = 0.000，达到了社会统计学上的显著性水平。根据马庆国（2004）的探索性因子分析原则，本章样本数据的分析结果满足社会统计学的测量要求，说明这些样本数据能够

进入探索性因子分析。进而，以特征值大于 1 作为提取因子的判别标准，采用主成分分析和最大方差旋转法对这些样本数据实施探索性因子分析。分析结果如表 6-17 所示，这些样本数据呈现为单因子结构，累计解释方差变异 63.177%，各个因子的载荷均在 0.5 以上，满足马庆国（2004）关于区分效度的判别标准，因此判定，测量量表建构的区分效度较好。

表 6-17　　　　　　　　　　　探索性因子分析

题项编号	单因子结构
TI1	0.811
TI4	0.902
TI5	0.914
TI7	0.718

最后，对以上样本数据再次进行信度检验，以检测测量量表整体的信度是否满足社会统计学的测量要求。分析结果显示，克隆巴赫系数为 0.791，高于 0.6 的临界值标准。因此判定，"团队认同"测量量表的内部一致性满足统计分析要求，可以用于接下来正式调研的研究假设检验。

4. "高校教学发展"量表的信度和效度检验

根据学者王本陆（2017）的理论，结合当前我国高校的教育教学环境特征，开发了"高校教学发展"量表，并通过测量量表修正的方法加以改进，从而形成可供本书研究采用的测量工具。首先对"高校教学发展"量表进行校正题项的总体相关性（CITC）分析，结果显示，除了测度题项"ED3""ED5"的 CITC 值低于 0.5 以外，其他测度题项的 CITC 值均高于 0.5 的经验标准值。剔除了测度题项"ED3""ED5"之后，重新对测量量表的调查数据进行信度检验后发现，测量量表整体的 α 系数较剔除了这两个测度题项之前有所改善，测量量表整体的 α 系数达到社会统计学所规定的 0.7 的测量标准，且剩余测度题项的 CITC 值也都高于 0.5 的经验标准值。这表明，剔除测度题项"ED3""ED5"具有科学性和合理性，剔除这两个测度题项后的测量量表的收敛效度满足统计测量要求。分析结果如表 6-18 所示。

表 6-18　　　　"高校教学发展"量表的 CITC 和信度检验

题项编号	题项内容	校正题项后总相关系数分析	删除题项后克隆巴赫系数	评价	量表克隆巴赫系数
ED1	我关注所在学校的教育教学事业建设和发展状况	0.733	0.841	合理	
ED2	学校的教学水平和人才培养能力标志着学校的办学资质	0.649	0.703	合理	
ED3	学校设置了科学有效的电子信息和网络在线教学平台	*0.271*	0.562	*剔除*	
ED4	学校制定了专门针对青年教师教学能力提高和在职继续培养的政策与相关管理办法	0.705	0.762	合理	$\alpha_1 = 0.583$ $\alpha_2 = 0.675$
ED5	学校教学水平提升，青年教师的教学能力也随之提高	*0.318*	0.589	*剔除*	
ED6	学校鼓励青年教师参加教学能力提升的各种有意义的培训和交流活动	0.674	0.802	合理	
ED7	学校针对青年教师的教学能力设定了科学、可行的评价指标体系和考核办法	0.694	0.783	合理	

接下来进行探索性因子分析。首先对有效样本数据进行 KMO 值测试和 Bartlett 球体检验，结果显示，KMO = 0.603 ≥ 0.6，Bartlett 球体检验 Chi-Square = 575.024，自由度 = 6，显著性概率 = 0.000，达到社会统计学上的显著性水平。根据马庆国（2004）的探索性因子分析原则，本章样本数据的分析结果满足统计要求，说明这些样本数据能够进入探索性因子分析。进而，以特征值大于 1 作为提取因子的标准，采用主成分分析和最大方差旋转法对样本数据实施探索性因子分析。分析结果如表 6-19 所示，以上样本数据呈现为单因子结构，累计解释方差变异 53.971%，各个因子的载荷均在 0.5 以上，满足了马庆国（2004）所主张的关于区分效度的判别标准，因此判定，"高校教学发展"测量量表建构的区分效度较好。

表 6-19　　　　　　　　　探索性因子分析

题项编号	单因子结构
ED1	0.681

续表

题项编号	单因子结构
ED2	0.602
ED4	0.617
ED6	0.688
ED7	0.736

最后，对以上样本数据再次进行信度检验，以检测测量量表整体的信度是否满足统计测量要求。分析结果显示，克隆巴赫系数为0.639，高于0.6的临界值标准。因此判定，"高校教学发展"测量量表的内部一致性满足统计分析要求，可以用于接下来正式调研的研究假设检验。

5. "高校科研发展"量表的信度和效度检验

根据学者王本陆（2017）的理论，结合当前我国高校的科研环境特征，开发了"高校科研发展"测量量表，并通过测量量表修正的方法加以改进，以形成可供本书采用的测量工具。首先对"高校科研发展"测量量表进行校正题项的总体相关性（CITC）分析，结果显示，除了测度题项"SD1""SD4"的CITC值低于0.5以外，其他测度题项的CITC值均高于0.5的经验标准值。剔除了测度题项"SD1""SD4"，重新对测量量表的样本数据进行信度检验后发现，测量量表整体的α系数较剔除这两个测度题项之前有所改善，测量量表整体克隆巴赫系数达到了0.7的统计测量标准，且剩余测度题项的CITC值也都高于0.5的经验标准值。这表明，剔除测度题项"SD1""SD4"具有科学性和合理性，剔除这两个测度题项后的测量量表的收敛效度满足社会统计学所规定的测量要求。分析结果如表6-20所示。

表6-20　"高校科研发展"量表的CITC和信度检验

题项编号	题项内容	校正题项后总相关系数分析	删除题项后克隆巴赫系数	评价	量表克隆巴赫系数
SD1	我关注所在学校的科研平台建设和发展情况	*0.233*	0.551	*剔除*	
SD2	学校的科研平台建设和发展水平表征了学校的办学资质	0.609	0.773	合理	

续表

题项编号	题项内容	校正题项后总相关系数分析	删除题项后克隆巴赫系数	评价	量表克隆巴赫系数
SD3	学校搭建了与国内、外有关学科专业领域的学术交流平台	0.591	0.662	合理	
SD4	学校对青年教师的科研能力设定了科学、可行的评价指标体系和考核办法	*0.305*	0.712	*剔除*	
SD5	学校科研水平提升,青年教师的科研能力也会随之提高	0.618	0.689	合理	
SD6	学校鼓励青年教师参加科研能力提升的相关培训和学术交流活动	0.659	0.811	合理	$\alpha_1 = 0.590$ $\alpha_2 = 0.726$
SD7	青年教师的科研能力与其个人的职称晋升挂钩	0.672	0.803	合理	
SD8	学校制定和实施了专门针对青年教师科研能力和科研成果考评的管理政策	0.588	0.715	合理	
SD9	青年教师的科研能力与其个人的岗位绩效考核挂钩	0.624	0.737	合理	

接下来进行探索性因子分析。首先对以上样本数据进行 KMO 值测试和 Bartlett 球体检验,结果显示,KMO = 0.654 ≥ 0.6,Bartlett 球体检验 Chi-Square = 614.173,自由度 = 6,显著性概率 = 0.000,达到了社会统计学所规定的显著性水平。根据马庆国(2004)的探索性因子分析原则,本章样本数据的分析结果满足社会统计学的要求,说明以上样本数据能够进入探索性因子分析。进而以特征值大于 1 作为提取因子的标准,采用主成分分析和最大方差旋转法对以上样本数据实施探索性因子分析。分析结果如表 6-21 所示,以上样本数据呈现为单因子结构,累计解释方差变异 59.17%,各个因子的载荷均在 0.5 以上,满足了马庆国(2004)所主张的关于区分效度的判别标准,因此判定,测量量表建构的区分效度较好。

表 6-21　　　　　　　　　探索性因子分析

题项编号	单因子结构
ED2	0.631

续表

题项编号	单因子结构
ED3	0.672
ED5	0.517
ED6	0.588
ED7	0.536
ED8	0.640
ED9	0.626

最后,对以上样本数据再次进行信度检验,以检测测量量表整体的信度是否满足社会统计学所规定的测量要求。分析结果显示,克隆巴赫系数为0.597,接近于0.6的临界值标准(对于新开发量表,量表整体的克隆巴赫系数为0.5—0.6,可以视作满足社会统计学的分析要求)。因此判定,测量量表的内部一致性满足社会统计学的分析要求,可以用于接下来正式调研的研究假设检验。

(三)最终问卷的形成

本章严格秉承调查问卷的设计和编制、预调研的研究方法、研究程序和基本判定原则,以当前经济发展新时代下的我国高校与青年教师之间的新型关系模式作为研究背景,围绕我国高校广大的青年教师可雇佣型心理契约的组织效应,展开了高校青年教师可雇佣型心理契约的组织心理与行为以及所引起的组织结果的相关研究变量的测量量表开发及其调查问卷的设计和编制工作。其间,本章对于各个关键设计环节的研发质量进行了严密把控,所控制的主要内容包括:(1)系统梳理、回顾和分析了现有文献、理论建构、研究成果和经典测量量表工具等,为本章研究问题所需要的测量量表开发和编制工作提供了科学和稳健的理论基础;(2)组织焦点小组讨论,本学科专业研究人员共同商榷测量量表的题项条款和调查问卷设计,并咨询资深专家、学者以及同行,征求权威、专业的修改意见,从而控制测量量表的内容效度;(3)以小样本规模开展预调研工作,严格按照量表测量方法和数据分析检验标准,对测量量表的各个因子和题项条款展开了校正题项的总体相关性分析(corrected item-total correlation,CITC),以便剔除垃圾题项,并对剔除处理了垃圾题项之后的剩余题项数据重新进行信度测试，以便能够保证测量量表整体的内部一致性；（4）以 KMO 测试和 Bartlett 球体检验作为探索性因子分析的启动阈值，为测量量表的信度和效度检验做好准备；（5）在探索性因子分析的过程中，从信度和效度考查的角度，进一步萃取纯净因子和研究变量的反映题项，以便剔除无效测量题项，提升测量量表整体及其各个因子的收敛效度、区分效度和建构效度，从而形成能够作为本章理论命题及其研究模型验证之用的正式的测量工具（所有测量题项都进行了随机排序，以便能够规避和消除社会调查研究中容易出现的天花板效应和地板效应）。这些正式调查前的准备工作不仅充实了可雇佣性理论、心理契约理论、组织犬儒主义理论、组织认同理论、高等教育管理理论等相关理论建构，创建了高校教学发展、高校科研发展的新的理论构建，更为我国高校系统有效地利用以上测量工具，从而进行青年教师可雇佣型心理契约干预和管理以便获取学校的教学发展和科研发展优势，提供了坚实的理论依据和可靠的实践指南。

第二节 正式调研与假设检验

一 正式调研过程

（一）数据分析准备

本章正式调研工作与第四章的正式调研工作一起展开，本章所采用的研究方法、研究流程、数据统计和分析过程及判定标准等都参考第四章所阐述的相关部分内容，为保持内容精简、不重复冗赘，对于与本书前文重复之处，本章将不再赘述。

（二）数据分析过程

本章采用 SmartPLS 2.0 结构方程模型分析软件，针对本书前文提出的研究假设模型进行了测度模型评价和结构模型评价，即针对研究变量的测量量表的信度和效度进行考查，以检验这些测量量表能否真实地反映拟测研究变量的心理属性和内涵特征（Chin，2010），在此基础上，再针对研究变量之间关联机制的结构模型进行评估，从而对本章的研究假设模型进行验证。

1. 测度模型评测

与第四章的研究变量归属于同一种类型，本章的研究变量也均属于反映型，按照第四章对反映型测度指标的测评方法、判定依据以及对于由反映型测度指标组成的变量的建构效度和内部一致性信度的测评方法、判定依据，本章在此采用基于偏最小二乘算法（PLS）的结构方程模型分析软件 SmartPLS 2.0，分别对由反映型测度指标搭建的变量结构进行检验。其间，通过判断测度指标在潜变量上的载荷值、测度指标对于所隶属的潜变量的聚合效度（convergent validity）、同一潜变量项下的测度指标之间的区分效度（discriminant validity）是否满足统计测量要求，来衡量测度模型建构的信度和效度水平。如果研究结果显示测度模型计算得出的信度和效度均符合社会统计学的测量要求，则可以判定，测度模型建构具有科学性和合理性，反之，则说明测度模型不具有社会统计学上的分析意义。基于此，本章针对第五章提出的高校青年教师可雇佣型心理契约对于学校教学发展和科研发展的驱动机理理论模型进行测度模型评价，以判定这一驱动机理的测度模型的信度和效度是否具有社会统计学上的分析意义，从而为高校青年教师可雇佣型心理契约对于学校教学发展和科研发展的驱动机理理论模型的研究假设检验，提供科学、稳健的理论依据和实证研究经验。所展开的测度模型的检验过程具体分述如下。

（1）指标载荷分析。

按照 Chin（2010）的 PLS 结构方程模型运算法则及其判定准则，反映型测度指标在所隶属潜变量上的载荷值分析需要考查两个方面：一方面，反映型测度指标对于所隶属潜变量的载荷值应该大于 0.7，此时，测度指标对所隶属潜变量的解释力逾 50%；另一方面，反映型测度指标对于所隶属潜变量的载荷值的显著性水平规定如下，$T>1.96$ 表明 $P<0.05$，$T>2.58$ 表明 $P<0.01$，$T>3.29$ 表明 $P<0.001$，$T>3.93$ 表明 $P<0.0001$。本章通过 SmartPLS 2.0 结构方程模型分析软件针对研究模型进行了拟测研究变量的测度模型评估，分析结果如表 6-22 所示，所有测度指标在所隶属潜变量上的载荷值都在 0.7 以上，并达到了社会统计学上的显著性水平，满足社会统计学所规定的测量要求，因此判定，本章研究模型中的测度指标对于所隶属潜变量的建构信度可以接受。

表 6-22　　反映型测度指标在所隶属潜变量上的载荷值

潜变量	反映型测度指标	指标载荷	显著性	T 值	显著性概率 P（双尾）
高校青年教师可雇佣型心理契约	为个体可雇佣性能力提升提供组织环境支持维度	0.716	****	10.221	0.0000
	为个体可雇佣性能力提升提供物质支持维度	0.742	****	27.661	0.0000
	为个体可雇佣性能力提升提供发展机会维度	0.703	****	6.440	0.0000
退出	E2	0.915	****	14.001	0.0000
	E1	0.730	****	3.998	0.0000
	E4	0.717	****	4.063	0.0000
建言	V3	0.765	****	11.441	0.0000
	V1	0.863	****	30.092	0.0000
	V2	0.717	****	9.837	0.0000
忠诚	L1	0.917	****	50.313	0.0000
	L2	0.902	****	40.814	0.0000
	L3	0.904	****	41.052	0.0000
漠视	N5	0.710	****	6.920	0.0000
	N1	0.812	****	12.260	0.0000
	N2	0.810	****	8.991	0.0000
团队认同	TI1	0.803	****	20.044	0.0000
	TI4	0.944	****	129.811	0.0000
	TI5	0.933	****	112.224	0.0000
	TI7	0.715	****	10.155	0.0000
组织犬儒主义	OC1	0.713	****	9.882	0.0000
	OC2	0.704	****	8.009	0.0000
	OC3	0.702	****	10.103	0.0000
	OC8	0.801	****	19.264	0.0000

注：N=496；* 表示 P<0.05，** 表示 P<0.01，*** 表示 P<0.001，**** 表示 P<0.0001。

(2) 组合信度分析。

接下来，针对测度指标对于所隶属潜变量的组合信度（composite reliability，CR）进行评估。组合信度是继指标载荷值以外的、另一个判断测度指标对于所隶属潜变量解释的有效性以及潜变量的调查数据之统计意义的衡量工具。基于偏最小二乘算法（PLS）的结构方程模型分析思想认为,潜变量的组合信度应该在 0.7 以上,只有达到这一指标,才可以判定潜变量的组合信度满足社会统计学所规定的测量要求。本章对研究模型之测度模型的 PLS 运算结果如表 6-23 所示,其中,所有测度指标对所属潜变量的组合信度均在 0.7 以上,符合社会统计学所规定的测量标准。

表 6-23   反映型测度指标的组合信度和平均方差抽取量

潜变量	组合信度(CR)	平均方差抽取量(AVE)
高校青年教师可雇佣型心理契约	0.819	0.601
退出	0.804	0.673
建言	0.807	0.693
忠诚	0.897	0.822
漠视	0.801	0.665
团队认同	0.915	0.780
组织犬儒主义	0.755	0.513

(3) 聚合效度分析。

聚合效度是度量潜变量项下的反映型测度指标之间彼此相关性程度的统计指标(Hair 等,2006),是衡量研究变量所构建的测度模型的建构效度的有效判别标准。根据基于 PLS 的结构方程模型分析思想,同一潜变量项下的各个反映型测度指标之间需要保持高度的相关关系(Brass,1984),并通常以平均方差抽取量(average variance extracted, AVE)作为判定这种相关关系的衡量指标,其判别标准为:AVE 大于 0.5 时,测度指标对于所隶属的潜变量的聚合效度满足社会统计学所规定的分析要求。基于此,本章采用 SmartPLS 2.0 结构方程模型分析软件对潜变量的 AVE 进行运算,结果如表 6-23 所示,所有测度指标对所隶属潜变量的 AVE 均在 0.5 以上,因此可以判定,各个反映型测度指标在所隶属潜变量上保持着较高的相关关系,其聚合效度都达到了社会统计学所规定的分析标准。

(4) 区分效度分析。

PLS 结构方程模型分析技术和方法在对测度模型进行评估时,还需要考查两项关键指标——区分效度和交叉载荷。区分效度是衡量潜变量之间差异性程度的统计分析指标。基于偏最小二乘算法(PLS)的结构方程模型采用平均方差抽取量(AVE)的"平方根、交叉载荷"这两项指标来衡量测度模型的区分效度。其中，交叉载荷意旨拟测潜变量与测度模型中其他潜变量的测度指标之间的相关系数。鉴于建构合理的测度模型应满足统计学分析的有效性，因此，PLS 结构方程模型在考查测度模型建构效度时设置了如下经验依据：① $\sqrt{AVE}$ （测度模型中每个潜变量的 AVE 均方根）$> r^2$ （拟测潜变量之间相关系数的平方）； ② r （测度指标与所属潜变量之间的相关系数）$> r$ （测度指标与其他潜变量之间的相关系数）。本书展开了研究变量之间所构建的测度模型的评估，结果如表 6-24、表 6-25 所示，$\sqrt{AVE}$ （每个潜变量）$> r$ （潜变量与其他潜变量之间的相关系数），且 loading （每个测度指标投射在所属潜变量的载荷）> loading （每个测度指标投射在其他潜变量的载荷），因此，可以判定，研究变量之间所构建的测度模型具有较好的区分效度。

表 6-24　　　　　　　　潜变量之间的相关性矩阵

	EPC	TI	L	N	E	OC	V
高校青年教师可雇佣型心理契约（EPC）	0.634						
团队认同（TI）	-0.311	0.636					
忠诚（L）	-0.423	0.259	0.902				
漠视（N）	-0.162	-0.209	-0.037	0.742			
退出（E）	0.056	-0.128	-0.258	0.254	0.811		
组织犬儒主义（OC）	0.335	-0.141	-0.410	0.321	0.215	0.641	
建言（V）	-0.561	0.436	0.433	-0.145	-0.035	-0.509	0.874

注：对角线上的数值是潜变量的 $\sqrt{AVE}$，应该大于非对角线上的各个潜变量之间的相关系数，才能保证测度模型的区分效度满足社会统计学的分析要求。

表 6-25　　　　　　　　反映型测度指标的交叉载荷

反映型指标	交叉载荷							
	高校青年教师可雇佣型心理契约	团队认同	忠诚	漠视	退出	组织犬儒主义	建言
为个体可雇佣性能力提升提供组织环境支持维度	0.711	-0.167	-0.281	-0.221	0.063	0.211	-0.251

续表

反映型指标	交叉载荷						
	高校青年教师可雇佣型心理契约	团队认同	忠诚	漠视	退出	组织犬儒主义	建言
为个体可雇佣性能力提升提供物质支持维度	0.786	-0.583	-0.463	0.010	0.058	0.264	-0.537
为个体可雇佣性能力提升提供发展机会维度	0.709	-0.039	-0.341	-0.229	0.019	0.355	-0.358
TI1	-0.238	0.819	0.191	-0.227	-0.077	-0.029	0.305
TI4	-0.366	0.933	0.155	-0.157	-0.891	-0.077	0.439
TI5	-0.349	0.904	0.174	-0.166	-0.091	-0.065	0.418
TI7	-0.390	0.698	0.356	-0.189	-0.153	-0.163	0.379
L1	-0.590	0.299	0.901	-0.018	-0.290	-0.399	0.490
L2	-0.301	0.140	0.910	-0.070	-0.119	-0.367	0.322
L3	-0.319	0.293	0.918	-0.055	-0.144	-0.381	0.343
N5	-0.390	-0.032	0.266	0.557	0.150	-0.081	0.109
N1	0.069	-0.290	-0.183	0.809	0.151	0.363	-0.304
N2	-0.211	-0.153	-0.010	0.843	0.309	0.242	-0.068
E2	0.079	-0.133	-0.235	0.209	0.944	0.269	-0.099
E1	-0.008	0.017	-0.045	0.291	0.631	0.123	0.037
E4	-0.030	0.031	-0.019	0.233	0.504	0.118	0.013
OC1	0.229	-0.126	-0.226	0.209	0.283	0.561	-0.271
OC2	0.047	0.120	-0.245	0.241	0.059	0.664	-0.239
OC3	0.256	-0.031	-0.079	0.089	-0.019	0.538	-0.407
OC8	0.379	-0.165	-0.444	0.238	0.231	0.818	-0.459
V3	-0.356	0.369	0.268	-0.090	-0.084	-0.389	0.731
V1	-0.511	0.378	0.442	-0.129	-0.010	-0.445	0.855
V2	-0.615	0.415	0.439	-0.181	-0.076	-0.399	0.887

注：对角线上的数值是反映型测度指标在所属潜变量上的载荷值，应该大于非对角线上的反映型测度指标在其他潜变量上的载荷值，才能保证测度模型的区分效度满足社会统计学的分析要求。

2. 理论假设检验

本章运用 SmartPLS 2.0 结构方程模型分析软件针对青年教师可雇佣型心理契约对于高校的教学发展和科研发展影响的结构模型进行检验。其检验内容主要包括：研究变量之间的直接效应、中介效应和控制变量作用的路径系数以及共同对因变量构成的预测效应的程度。根据 PLS 结构方程模型的分析思想，对于结构模型中的影响路径系数的衡量，需要测度影响路径系数的显著性水平。换言之，只有达到了社会统计学所规定的显著性水平的影响路径系数，才能证明研究变量之间存在着显著的解释力。基于此，本章按照 PLS 结构方程模型的分析思想，采用 Bootstrapping 法，在结构模型的运算过程中进行了重复迭代抽样。以上分析结果如图 6-1 所示（程序运行结果参见表 6-26）。

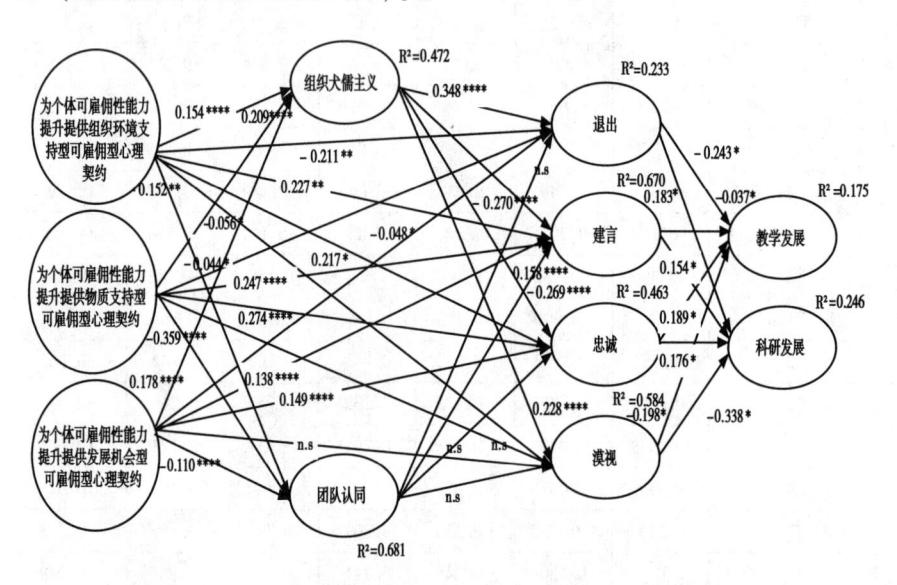

图 6-1 青年教师可雇佣型心理契约对高校教学发展和科研发展影响的结构模型检验结果

（1）青年教师可雇佣型心理契约的直接效应分析。

由图 6-1，退出、建言、忠诚、漠视的 R^2 值分别为 0.233、0.670、0.463、0.584，说明青年教师可雇佣型心理契约的各个维度、组织犬儒主义、团队认同以及性别、年龄、学历等控制变量对于退出、建言、忠诚、漠视的累计方差解释变异相应地分别为 23.3%、67%、46.3%、58.4%，其中，研究变量之间的各条影响作用路径系数、T 值及其显著性水平如表

6-26 所示。其中，除了"为个体可雇佣性能力提升提供物质支持的青年教师可雇佣型心理契约→漠视"的影响路径系数为-0.011、"为个体可雇佣性能力提升提供发展机会的青年教师可雇佣型心理契约→漠视"的影响路径系数为-0.031（这两条影响作用的路径系数均未达到社会统计学所要求的显著性水平）以外，青年教师可雇佣型心理契约的为个体可雇佣性能力提升提供组织环境支持维度对于退出、建言、忠诚、漠视的影响路径系数均在不同程度上达到了社会统计学所要求的显著性水平，相应地，研究假设 H7c、H8c、H9c、H10c、H7a、H8a、H9a、H7b、H8b、H9b 得到支持。而对于表 6-26 中没有达到社会统计学所要求的显著性水平的影响作用路径系数，分析其原因，认为可能是受限于组织犬儒主义和团队认同的完全中介作用，有必要进一步通过组织犬儒主义和团队认同对于青年教师可雇佣型心理契约对高校的教学发展和科研发展的作用机制的中介效应检验加以考证。另外，高校的教学发展、科研发展的 R^2 值分别为 0.175、0.246，由此说明，青年教师可雇佣型心理契约的各个维度、组织犬儒主义、团队认同、退出、建言、忠诚、漠视以及性别、年龄、学历等控制变量对于高校的教学发展和科研发展影响的累计方差解释变异相应地分别为 17.5%、24.6%，其中，研究变量之间的影响作用路径系数、T 值及其显著性水平如表 6-26 所示。退出、建言、忠诚、漠视对于高校的教学发展和科研发展影响作用的路径系数在不同程度上达到了社会统计学所要求的显著性水平，且退出、漠视对于高校的教学发展和科研发展呈现为负向影响，建言、忠诚对于高校的教学发展和科研发展呈现为正向影响，这就为判定退出、建言、忠诚、漠视分别在组织犬儒主义与高校的教学发展、科研发展之间的中介作用以及团队认同在高校的教学发展、科研发展之间的中介作用的检验，提供了分析依据。

表 6-26　　青年教师可雇佣型心理契约的直接效应分析结果

影响作用关系	路径系数	T 值	显著性概率 P 值（单尾）	显著性水平	研究假设	检验结果
为个体可雇佣性能力提升提供组织环境支持的青年教师可雇佣型心理契约→退出	-0.211	2.144	0.005	**	H7c	支持
为个体可雇佣性能力提升提供组织环境支持的青年教师可雇佣型心理契约→建言	0.227	2.408	0.007	**	H8c	支持

续表

影响作用关系	路径系数	T值	显著性概率P值（单尾）	显著性水平	研究假设	检验结果
为个体可雇佣性能力提升提供组织环境支持的青年教师可雇佣型心理契约→忠诚	0.217	3.660	0.003	**	H9c	支持
为个体可雇佣性能力提升提供组织环境支持的青年教师可雇佣型心理契约→漠视	-0.056	1.733	0.028	*	H10c	支持
为个体可雇佣性能力提升提供物质支持的青年教师可雇佣型心理契约→退出	-0.044	2.019	0.014	*	H7a	支持
为个体可雇佣性能力提升提供物质支持的青年教师可雇佣型心理契约→建言	0.247	8.589	0.004	****	H8a	支持
为个体可雇佣性能力提升提供物质支持的青年教师可雇佣型心理契约→忠诚	0.274	7.108	0.002	****	H9a	支持
为个体可雇佣性能力提升提供物质支持的青年教师可雇佣型心理契约→漠视	-0.011	0.333	0.354	n.s	H10a	待定
为个体可雇佣性能力提升提供发展机会的青年教师可雇佣型心理契约→退出	-0.048	2.218	0.029	*	H7b	支持
为个体可雇佣性能力提升提供发展机会的青年教师可雇佣型心理契约→建言	0.138	6.211	0.000	****	H8b	支持
为个体可雇佣性能力提升提供发展机会的青年教师可雇佣型心理契约→忠诚	0.149	5.538	0.000	****	H9b	支持
为个体可雇佣性能力提升提供发展机会的青年教师可雇佣型心理契约→漠视	-0.031	1.044	0.171	n.s	H10b	待定

注：N=496；* 表示 P<0.05，** 表示 P<0.01，*** 表示 P<0.001，**** 表示 P<0.0001，n.s 表示不显著。

（2）控制变量的影响分析。

本书第四章对于控制变量的测量方法和判定准则同样适用于本章。如前所述，在组织管理研究、社会心理学实验当中，因变量除了受到自变量的影响以外，还会受限于控制变量的作用。控制变量可以理解为研究问题解释中的"杂音"，即在导致研究问题产生的因变量的自变量以外的任何影响因素中，由于社会经济形态千差万别，不可能穷尽因变量的所有驱动因素，但是这些自变量以外的致因却依然会带给因变量不容小窥的变化，因此，对于这些自变量以外的影响因素的控制就显得异常重要。社会科学中将这些自变量以外的影响因素（对于因变量的影响而言）称为控制变量，并且特别主张，在讨论导致因变量变化的影响因素当中，除了自变量以外，还需要考查控制变量的解释效力，社会统计学在探讨自变量对于因变量预测力的回归模型中，也特别设置了控制变量效应的检验规程。本章对于控制变量的测量方法如表 6-27 所示。

表 6-27　　　　　　　　　　控制变量的测量方法

内生变量	控制变量	测量方法
退出 建言 忠诚 漠视 组织犬儒主义 团队认同	性别	1=男，2=女
	年龄	按照周岁年龄赋值：1 = "25≤年龄≤30"，2 = "31≤年龄≤35"，3 = "36≤年龄≤40"，4 = "41≤年龄≤45"，5 = "46≤年龄≤50"，6 = "51≤年龄"
	高校教龄	按照在高校的实际从教年限赋值：1 = "教龄≤3"，2 = "4≤教龄≤5"，3 = "6≤教龄"
	学历	按照最终学历赋值：1=博士（或博士后），2=硕士，3=本科
	婚姻	按照婚姻状况赋值：1=未婚，2=已婚
	工作性质	按照工作性质赋值：1=行政管理，2=教学科研
	学校类型	按照学校类型赋值：1 = "985" 高校，2 = "211" 高校，3 = 地方本科高校

采用基于偏最小二乘算法（PLS）的结构方程模型对研究模型中的控制变量影响效应的运算结果如表 6-28 所示，其中：①学校类型对退出行为、建言行为影响作用的路径系数呈现为正值，并在不同程度上达到了社会统计学所规定的显著性水平，表明学校类型不同，其青年教师在对所在学校的退出行为、建言行为上呈现出显著的差异性，按照退出行为、建言行为表现的频率由高到低排序，依次为 "985" 高校、"211" 高校、地方本科高校；②学校类型对漠视行为影响作用的路径系数呈现为负值，并在 0.05 的水平上达到了社会统计学所规定的显著性水平，表明学校类型不同，其青年教师在对所在学校的漠视行为上表现出显著的差异性，按照漠视行为表现的频率由高到低排序，依次为 "985" 高校、"211" 高校、地方本科高校；③教龄对漠视行为、组织犬儒主义态度影响作用的路径系数呈现为正值，并在 0.01 的水平上达到了社会统计学所规定的显著性水平，

表明教龄不同的青年教师在对所在学校的漠视行为、组织犬儒主义态度上的表现具有显著的差异性，即教龄越长，对于所在学校内发生的工作事件、管理政策、现象、校园情况等越容易表现出漠视行为和组织犬儒主义态度的倾向；④年龄对漠视行为影响作用的路径系数呈现为负值，并在0.05 的水平上达到了社会统计学所规定的显著性水平，表明年龄不同的青年教师在对所在学校的漠视行为上的表现具有显著的差异性，随着青年教师年龄的增长，青年教师可能对所在学校表现出漠视行为的机会呈现出下降趋势；⑤工作性质对团队认同影响作用的路径系数呈现为负值，并在0.0001 的水平上达到了社会统计学所规定的显著性水平，表明相对于行政管理人员而言，教学人员、科研人员对所在团队的认同程度更低。这种分析结果值得探讨。众所周知，以团队工作作为运行模式是高校教学建设发展和科研建设发展的惯常和有效途径之一，事实上，致力于不同学科、专业的教学团队和科研团队在高校中司空见惯，然而，本章的研究结果呈现出与理想状态不完全一致的情况，本书对这种情况进行分析，可能是因为真正能够发挥团队作用的教学团队、科研团队相对于理想状态依然存在一定差距，致使相对于行政管理人员而言，处于教学、科研岗位一线上的教师往往处于单打独斗的状态，团队运行模式成为一种可遇而不可求的理想状态。由此，这也为当前我国高校师资队伍建设、教师职业发展、组织管理效率等组织管理实践活动提供了有益启示。处于当前知识经济结构转型的前所未有的特定历史时期之中，如何更快、更多地推出创新性成果是促进高校获取可持续发展的竞争优势的重要引擎，其中就主要包括了优质教学工程建设成果、高水平学科专业建设成果、重大重要科研课题攻关、高水准科研论文著作和研究报告等，而团队工作模式作为已然成为促进以上优质、高水平成果辈出的有力途径，首当其冲应作为助推优质、高水平成果获取的工作模式，鉴于本章研究结果所显示的团队工作模式对于现实的优质成果取得的弱相关性，出于学校学科建设、教学科研发展持久稳定性的考虑，学校应加强对有益的教学、科研团队建设平台的打造，通过培养青年教师对所在工作团队、所在高校的认同感，培植积极的情感依附和心理归属感，促进高质量、高水准、高规格的教学、科研成果的攻关和获取，从而从实处助力于所在学校的教育事业可持续健康发展。

表 6-28　　　　　　　　　　控制变量的分析结果

内生变量	控制变量	路径系数	T值	显著性概率 P值（双尾）	显著性水平
退出	性别	0.062	0.132	0.9077	n.s
	年龄	0.138	0.481	0.6019	n.s
	高校教龄	-0.138	0.276	0.7301	n.s
	学历	0.110	0.512	0.6017	n.s
	婚姻	-0.032	0.377	0.6983	n.s
	工作性质	-0.131	0.304	0.7402	n.s
	学校类型	0.410	2.228	0.0231	*
建言	性别	0.049	1.471	0.1290	n.s
	年龄	0.059	0.849	0.3712	n.s
	高校教龄	-0.073	1.842	0.0539	n.s
	学历	-0.108	1.219	0.2083	n.s
	婚姻	-0.048	0.271	0.7691	n.s
	岗位	-0.094	1.405	0.1608	n.s
	学校类型	0.278	3.819	0.0002	***
忠诚	性别	-0.063	0.303	0.7413	n.s
	年龄	0.149	1.491	0.1298	n.s
	高校教龄	0.059	0.169	0.8543	n.s
	学历	0.104	1.382	0.1603	n.s
	婚姻	-0.164	1.468	0.1329	n.s
	工作性质	0.079	0.747	0.4417	n.s
	学校类型	-0.119	1.626	0.0751	n.s
漠视	性别	0.066	0.327	0.6581	n.s
	年龄	-0.208	2.041	0.0315	*
	高校教龄	0.281	3.007	0.0016	**
	学历	-0.174	1.557	0.0971	n.s
	婚姻	-0.017	0.350	0.5509	n.s
	工作性质	-0.154	0.702	0.2675	n.s
	学校类型	-0.142	2.086	0.0189	*

续表

内生变量	控制变量	路径系数	T 值	显著性概率 P 值（双尾）	显著性水平
组织犬儒主义	性别	-0.158	1.803	0.0557	n.s
	年龄	-0.119	1.076	0.2682	n.s
	高校教龄	0.199	2.791	0.0069	**
	学历	-0.039	0.459	0.6431	n.s
	婚姻	-0.003	0.059	0.9339	n.s
	工作性质	-0.179	1.391	0.1261	n.s
	学校类型	-0.211	1.770	0.0598	n.s
团队认同	性别	0.019	0.368	0.7069	n.s
	年龄	0.015	0.049	0.9637	n.s
	高校教龄	-0.051	0.686	0.5319	n.s
	学历	0.158	0.282	0.8079	n.s
	婚姻	0.137	1.278	0.2227	n.s
	工作性质	-0.555	6.119	0.0000	****
	学校类型	0.078	0.790	0.4588	n.s

注：N=496；* 表示 $P<0.05$，** 表示 $P<0.01$，*** 表示 $P<0.001$，**** 表示 $P<0.0001$，n.s 表示不显著。

（3）中介效应检验。

本书第四章已针对以往文献、结论和理论基础中有关中介变量和中介效应的检测方法进行了系统梳理和回顾，并归纳了适用于本书研究模型的中介效应检验的研究方法、分析步骤和判定标准。基于此，本章展开青年教师可雇佣型心理契约对于高校的教学发展和科研发展的影响机理模型的中介效应研究假设检验。具体检验过程如下。

① 在未导入中介变量时，自变量对因变量影响作用的路径系数是否达到社会统计学所要求的显著性水平的检验。

在青年教师可雇佣型心理契约对于高校的教学发展和科研发展的影响机理模型的主效应研究模型基础上，本章建构了未包含中介变量的结构模型、仅包含组织犬儒主义为中介变量的结构模型、仅包含团队认同为中介变量的结构模型、仅包含退出为中介变量的结构模型、仅包含建言为中介变量的结构模型、仅包含忠诚为中介变量的结构模型、仅包含漠视为中介变量的结构模型，采用 SmartPLS 2.0 结构方程模型分析软件对以上建构的结构模型分别进行了偏最小二乘法（PLS）运算。运算结果显示，青年教师可雇佣型心理契约的各个维度对退出、建言、忠诚、漠视直接影响作用的路径系数以及组织犬儒主义对高校的教学发展和科研发展、团队认同对高校的教学发展和科研发展直接影响作用的路径系数分别在不同程度上达到了社会统计学所要求的显著性水平，满足了中介效应存在的前提条件。

② 在导入中介变量时，自变量对中介变量、中介变量对因变量以及自变量对因变量影响作用的路径系数是否达到社会统计学所要求的显著性水平的检验。

基于青年教师可雇佣型心理契约对于高校的教学发展和科研发展的影响机理模型的主效应研究模型，采用 SmartPLS 2.0 结构方程模型分析软件展开偏最小二乘运算和 Bootstrapping 法运算。运算结果如表 6-29 所示，青年教师可雇佣型心理契约的各个维度对组织犬儒主义直接影响作用的路径系数在 0.0001 的水平上显著；组织犬儒主义分别对退出、建言、忠诚、漠视发生直接影响作用的路径系数都在 0.0001 的水平上显著；团队认同除了对建言直接影响作用的路径系数在 0.0001 的水平上显著以外，对退出、忠诚、漠视的直接影响作用的路径系数均未达到社会统计学所要求的显著性水平，不满足中介效应存在的充分条件，因此判定，团队认同在青年教师可雇佣型心理契约分别与退出、忠诚、漠视之间的中介作用不成立，研究假设 H15a、H15b、H15c、H17a、H17b、H17c、H18a、H18b、H18c 未得到支持。

研究还发现，除了为个体可雇佣性能力提升提供物质支持的青年教师可雇佣型心理契约对漠视影响作用的路径系数由未导入中介变量前的 -0.07^* 变为导入中介变量后的不显著，为个体可雇佣性能力提升提供发展机会的青年教师可雇佣型心理契约对漠视影响作用的路径系数由未导入中介变量前的 -0.29^{****} 变为导入中介变量后的不显著以外，青年教师可雇佣型心理契约的其他维度对退出、建言、忠诚、漠视影响作用的路径系数都在不同程度上达到了社会统计学所要求的显著性水平。

另外，研究结果显示，导入了退出、建言、忠诚、漠视的中介变量后，组织犬儒主义、团队认同分别对高校的教学发展和科研发展影响作用的路径系数仍然在不同程度上达到了社会统计学所要求的显著性水平。

根据中介效应检验的基本原则和分析方法，除以上分析以外，还需要检验自变量对因变量的间接影响作用是否达到社会统计学所要求的显著性水平，才能判定中介效应到底存在与否。因此，接下来对以上研究变量间关系结构的路径系数是否达到了社会统计学所要求的显著性水平，展开间接效应显著性的检验。

③ 在导入中介变量后，自变量对因变量的间接影响作用是否达到社会统计学所要求的显著性水平的检验。

在以上中介效应结构模型运算基础上，采用 Bootstrapping 法从原始数据集中抽取 1000 个子样本，经由"自变量对中介变量影响作用的路径系数"和"中介变量对因变量影响作用的路径系数"两两相乘，计算相应的统计显著性概率 P 值。计算结果如表 6-29 所示，导入了组织犬儒主义后，除了为个体可雇佣性能力提升提供发展机会的青年教师可雇佣型心理契约对漠视的间接影响作用路径系数未达到社会统计学所要求的显著性水平（$P=0.061>0.5$）以外，青年教师可雇佣型心理契约的各个维度对退出、建言、忠诚、漠视的间接影响作用路径系数都在不同程度上达到了社会统计学所要求的显著性水平。需要说明的是，与本书前文得出的为个体可雇佣性能力提升提供物质支持的青年教师可雇佣型心理契约对漠视的直接影响作用路径系数未达到社会统计学所要求的显著性水平不同，在这一阶段检验中发现，为个体可雇佣性能力提升提供物质支持的青年教师可雇佣型心理契约对漠视的间接影响作用路径系数达到了社会统计学所要求的显著性水平（$P=0.001<0.01$）。因此可以判定，组织犬儒主义在为个体可雇佣性能力提升提供物质支持的青年教师可雇佣型心理契约与漠视之间发挥完全中介作用，而组织犬儒主义在为个体可雇佣性能力提升提供发展机会的青年教师可雇佣型心理契约与漠视之间不发挥中介作用，研究假设 H14b 没有得到支持。

研究还发现，导入了团队认同变量后，青年教师可雇佣型心理契约的各个维度对建言的间接影响作用路径系数都达到了社会统计学所要求的显著性水平。因此可以判定，团队认同在青年教师可雇佣型心理契约的各个维度与建言之间发挥中介作用。

另外，导入了退出、建言、忠诚、漠视之后，组织犬儒主义、团队认同分别对高校的教学发展和科研发展的间接影响作用路径系数都达到社会统计学所要求的显著性水平。因此可以判定，退出、建言、忠诚、漠视分别在组织犬儒主义与高校的教学发展、科研发展之间发挥着中介作用，并分别在团队认同与高校的教学发展、科研发展之间发挥中介作用。

④ 以上得出的中介作用究竟为部分中介效应抑或完全中介效应的检验。

由表6-29可见，导入了组织犬儒主义之后，除了为个体可雇佣性能力提升提供物质支持的青年教师可雇佣型心理契约对漠视起完全中介作用，为个体可雇佣性能力提升提供发展机会的青年教师可雇佣型心理契约对漠视不起中介作用以外，相对于未导入组织犬儒主义之前，青年教师可雇佣型心理契约的其他各个维度对退出、建言、忠诚、漠视影响作用的路径系数都有所降低，并达到了社会统计学所要求的显著性水平，因此可以判定，除了组织犬儒主义分别在为个体可雇佣性能力提升提供物质支持的青年教师可雇佣型心理契约与漠视之间的完全中介作用、在为个体可雇佣性能力提升提供发展机会的青年教师可雇佣型心理契约与漠视之间不具有中介作用以外，组织犬儒主义在青年教师可雇佣型心理契约的其他各个维度与退出、建言、忠诚、漠视之间都发挥部分中介作用，研究假设H11a、H12a、H13a、H14a、H11b、H12b、H13b、H11c、H12c、H13c、H14c得到了支持。

研究还显示，导入了团队认同变量后，青年教师可雇佣型心理契约的各个维度对建言影响作用的路径系数都相较于未导入团队认同变量之前有所降低，且都保持在社会统计学所要求的显著性水平，因此可以判定，团队认同在青年教师可雇佣型心理契约的各个维度与建言之间发挥着部分中介作用，研究假设H16a、H16b、H16c得到了支持。

另外，导入了退出、建言、忠诚、漠视后，组织犬儒主义、团队认同分别对高校的教学发展和科研发展影响作用的路径系数都相较之未导入退出、建言、忠诚、漠视之前有所降低，并且都保持在社会统计学所要求的显著性水平，因此可以判定，退出、建言、忠诚、漠视在组织犬儒主义、团队认同分别与高校的教学发展和科研发展之间发挥着部分中介作用，研究假设H19a、H20a、H21a、H22a、H19b、H20b、H21b、H22b、H19c、H20c、H21c、H22c、H19d、H20d、H21d、H22d得到了支持。

表6-29 中介作用检验结果

影响路径	未导入中介变量 自变量→因变量	路径系数与显著性水平 导入中介变量 自变量→中介变量	中介变量→因变量	自变量→因变量	自变量→因变量间接影响的显著性概率P值	理论假设	检验结果
为个体可雇佣性能力提升提供组织环境支持的青年教师可雇佣型心理契约→组织大儒主义→退出	-0.259**	-0.178****	0.371****	-0.201*	0.042	H11c	部分中介
为个体可雇佣性能力提升提供组织环境支持的青年教师可雇佣型心理契约→组织大儒主义→建言	0.245**	-0.173****	-0.284****	0.217*	0.023	H12c	部分中介
为个体可雇佣性能力提升提供组织环境支持的青年教师可雇佣型心理契约→组织大儒主义→忠诚	0.211**	-0.185****	-0.284****	0.200*	0.041	H13c	部分中介
为个体可雇佣性能力提升提供组织环境支持的青年教师可雇佣型心理契约→组织大儒主义→漠视	-0.280****	-0.125****	0.209****	-0.032*	0.033	H14c	部分中介
为个体可雇佣性能力提升提供物质支持的青年教师可雇佣型心理契约→组织大儒主义→退出	-0.028*	-0.190****	0.331****	-0.019**	0.001	H11a	部分中介
为个体可雇佣性能力提升提供物质支持的青年教师可雇佣型心理契约→组织大儒主义→建言	0.365****	-0.220****	-0.284****	0.208**	0.001	H12a	部分中介
为个体可雇佣性能力提升提供物质支持的青年教师可雇佣型心理契约→组织大儒主义→忠诚	0.319****	-0.224****	-0.253****	0.227**	0.001	H13a	部分中介

第六章　青年教师可雇佣型心理契约对高校教学科研发展驱动机理的实证研究

续表

影响路径	路径系数与显著性水平					理论假设	检验结果
	未导入中介变量	导入中介变量					
	自变量→因变量	自变量→中介变量	中介变量→因变量	自变量→因变量	自变量→因变量间接影响的显著性概率 P 值		
为个体可雇佣性能力提升提供物质支持的青年教师可雇佣型心理契约→组织犬儒主义→漠视	−0.068*	−0.205****	0.207****	−0.057	0.061	H14a	完全中介
为个体可雇佣性能力提升提供发展机会的青年教师可雇佣型心理契约→组织犬儒主义→退出	−0.044**	−0.196****	0.328****	−0.039**	0.001	H11b	部分中介
为个体可雇佣性能力提升提供发展机会的青年教师可雇佣型心理契约→组织犬儒主义→建言	0.163****	−0.152****	−0.249****	0.103****	0.0001	H12b	部分中介
为个体可雇佣性能力提升提供发展机会的青年教师可雇佣型心理契约→组织犬儒主义→忠诚	0.217****	−0.173****	−0.249****	0.138****	0.0001	H13b	部分中介
为个体可雇佣性能力提升提供发展机会的青年教师可雇佣型心理契约→组织犬儒主义→漠视	−0.290****	−0.139****	n.s	−0.198	n.s	H14b	不支持
为个体可雇佣性能力提升提供组织环境支持的青年教师可雇佣型心理契约→团队认同→退出	−0.211**	0.130**	n.s	−0.201	n.s	H15c	不支持
为个体可雇佣性能力提升提供组织环境支持的青年教师可雇佣型心理契约→团队认同→建言	0.238**	0.198**	0.137****	0.210*	0.041	H16c	部分中介

续表

影响路径	路径系数与显著性水平					理论假设	检验结果
	未导入中介变量	导入中介变量					
	自变量→因变量	自变量→中介变量	中介变量→因变量	自变量→因变量	自变量→因变量间接显著性概率P值		
为个体可雇佣性能力提升提供组织环境支持的青年教师可雇佣型心理契约→团队认同→忠诚	0.210**	0.150**	n.s	0.200	n.s	H17c	不支持
为个体可雇佣性能力提升提供组织环境支持的青年教师可雇佣型心理契约→团队认同→漠视	−0.272****	0.192**	n.s	−0.036	n.s	H18c	不支持
为可雇佣性能力提升提供物质支持的青年教师可雇佣型心理契约→团队认同→退出	−0.039*	0.318****	n.s	−0.030	n.s	H15a	不支持
为可雇佣性能力提升提供物质支持的青年教师可雇佣型心理契约→团队认同→建言	0.364****	0.310****	0.144****	0.239*	0.043	H16a	部分中介
为可雇佣性能力提升提供物质支持的青年教师可雇佣型心理契约→团队认同→忠诚	0.329****	0.372****	n.s	0.300	n.s	H17a	不支持
为可雇佣性能力提升提供物质支持的青年教师可雇佣型心理契约→团队认同→漠视	−0.060*	0.381****	n.s	−0.041	n.s	H18a	不支持
为可雇佣性能力提升提供发展机会的青年教师可雇佣型心理契约→团队认同→退出	−0.078**	0.112****	n.s	−0.043	n.s	H15b	不支持
为可雇佣性能力提升提供发展机会的青年教师可雇佣型心理契约→团队认同→建言	0.164****	0.108****	0.144****	0.137*	0.039	H16b	部分中介

第六章 青年教师可雇佣型心理契约对高校教学科研发展驱动机理的实证研究 | 275

续表

影响路径	路径系数与显著性水平					理论假设	检验结果
	未导入中介变量 自变量→因变量	导入中介变量					
		自变量→中介变量	中介变量→因变量	自变量→因变量	自变量→因变量间接影响的显著性概率P值		
为个体可雇佣性能力提升提供发展机会的青年教师可雇佣型心理契约→团队认同→忠诚	0.199****	0.108****	n.s	0.163	n.s	H17b	不支持
为个体可雇佣性能力提升提供发展机会的青年教师可雇佣型心理契约→团队认同→漠视	-0.294****	0.107****	n.s	-0.278	n.s	H18b	不支持
组织犬儒主义→退出→教学发展	-0.183****	0.117****	-0.162****	-0.141*	0.044	H19a	部分中介
组织犬儒主义→建言→教学发展	-0.202****	-0.125****	0.148****	-0.172*	0.033	H20a	部分中介
组织犬儒主义→忠诚→教学发展	-0.189****	-0.112****	0.159****	-0.175*	0.049	H21a	部分中介
组织犬儒主义→漠视→教学发展	-0.148****	0.185****	-0.174****	-0.131*	0.027	H22a	部分中介
组织犬儒主义→退出→科研发展	-0.188****	0.184****	-0.163****	-0.171*	0.019	H19c	部分中介
组织犬儒主义→建言→科研发展	-0.172****	-0.144****	0.164****	-0.129*	0.018	H20c	部分中介
组织犬儒主义→忠诚→科研发展	-0.284****	-0.137****	0.155****	-0.199*	0.017	H21c	部分中介
组织犬儒主义→漠视→科研发展	-0.194****	0.121****	-0.153****	-0.177*	0.049	H22c	部分中介
团队认同→退出→教学发展	0.195****	-0.186****	-0.124****	0.187*	0.034	H19b	部分中介
团队认同→建言→教学发展	0.184****	0.158****	0.164****	0.177*	0.047	H20b	部分中介

续表

影响路径	路径系数与显著性水平				理论假设	检验结果
	未导入中介变量 自变量→因变量	导入中介变量				
		自变量→中介变量	中介变量→因变量	自变量→因变量	自变量→因变量间接影响的显著性概率 P 值		

影响路径	未导入中介变量 自变量→因变量	自变量→中介变量	中介变量→因变量	自变量→因变量	自变量→因变量间接影响的显著性概率 P 值	理论假设	检验结果
团队认同→忠诚→教学发展	0.134****	0.182****	0.151****	0.127*	0.031	H21b	部分中介
团队认同→漠视→教学发展	0.188****	−0.123****	−0.125****	0.179*	0.031	H22b	部分中介
团队认同→退出→科研发展	0.124****	−0.117****	−0.154****	0.117*	0.041	H19d	部分中介
团队认同→建言→科研发展	0.185****	0.128****	0.172****	0.169*	0.035	H20d	部分中介
团队认同→忠诚→科研发展	0.132****	0.133****	0.137****	0.129*	0.027	H21d	部分中介
团队认同→漠视→科研发展	0.171****	−0.135****	−0.136****	0.163*	0.044	H22d	部分中介

注：N=496；* 表示 P<0.05，** 表示 P<0.01，*** 表示 P<0.001，**** 表示 P<0.0001，n.s 表示不显著。

⑤ 中介作用程度分析。

从组织犬儒主义对于青年教师可雇佣型心理契约的各个维度分别与退出、建言、忠诚、漠视之间关系的中介效应检验来看，除了组织犬儒主义在为个体可雇佣性能力提升提供发展机会的青年教师可雇佣型心理契约与漠视之间发挥完全中介作用以外，组织犬儒主义在青年教师可雇佣型心理契约的其他各个维度与退出、建言、忠诚、漠视之间均起部分中介作用。

就团队认同对于青年教师可雇佣型心理契约的各个维度分别与退出、建言、忠诚、漠视之间关系的中介效应检验而言，除了团队认同在青年教师可雇佣型心理契约的各个维度分别与建言之间起中介作用以外，团队认同在青年教师可雇佣型心理契约的各个维度分别与退出、忠诚、漠视之间都不起中介作用。

再就退出、建言、忠诚、漠视分别在组织犬儒主义、团队认同与教学发展、科研发展之间关系的中介效应检验而言，导入了退出、建言、忠诚、漠视之后，组织犬儒主义、团队认同分别对教学发展、科研发展影响的路径系数都有所降低，也即退出、建言、忠诚、漠视分别在组织犬儒主义、团队认同与教学发展、科研发展之间发挥着部分中介作用。

根据社会统计学的理论观点和分析原则，接下来有必要判断组织犬儒主义、团队认同分别对退出、建言、忠诚、漠视产生的中介效应的程度，以及退出、建言、忠诚、漠视分别对高校的教学发展和科研发展产生的中介效应的程度。

在以上包含中介效应的主效应研究模型运算的基础上，将导入了组织犬儒主义、团队认同、退出、建言、忠诚、漠视前和后的 R^2 值分别代入公式 $f^2 = (R_{incl}^2 - R_{excl}^2)/(1 - R_{incl}^2)$（$R_{incl}^2$ 即指在导入了假定中介变量的研究模型中对于因变量的解释力；R_{excl}^2 即指在没有导入假定中介变量的研究模型中对于因变量的解释力。如 $f^2 > 0.02$，中介效应属弱影响力；如 $f^2 > 0.15$，中介效应属中度影响力；如 $f^2 > 0.35$，中介效应属强影响力），计算结果如表 6-30 所示，组织犬儒主义分别对退出、建言、忠诚、漠视具有弱中介效应，团队认同对建言具有弱中介效应，退出对教学发展、建言对教学发展和科研发展、忠诚对教学发展和科研发展、漠视对教学发展和科研发展均具有弱中介效应，退出对科研发展具有中度中介效应。

表 6-30　　　　　　　　　　中介作用效果

中介变量	因变量	R^2_{incl}	R^2_{excl}	f^2	影响效果
组织犬儒主义	退出	0.191	0.166	0.031	弱影响
	建言	0.593	0.561	0.079	弱影响
	忠诚	0.477	0.459	0.034	弱影响
	漠视	0.473	0.453	0.038	弱影响
团队认同	建言	0.587	0.561	0.063	弱影响
退出	教学发展	0.164	0.155	0.011	弱影响
	科研发展	0.539	0.460	0.171	中度影响
建言	教学发展	0.578	0.551	0.064	弱影响
	科研发展	0.493	0.461	0.063	弱影响
忠诚	教学发展	0.661	0.642	0.056	弱影响
	科研发展	0.494	0.489	0.010	弱影响
漠视	教学发展	0.449	0.438	0.020	弱影响
	科研发展	0.592	0.583	0.022	弱影响

二　研究结论与启示

综合以上分析，本章就研究结果展开讨论和分析，旨在深入理解研究结果的基础上，总结研究结论的理论价值和实践应用价值，为当前经济发展新时代下的我国高校如何通过青年教师可雇佣型心理契约的有效干预和管理从而获取学校的教学建设和科研建设的优势，提供理论依据和实践指南。

（一）直接效应检验结论与启示

（1）研究假设检验结果表明，为个体可雇佣性能力提升提供组织环境支持的青年教师可雇佣型心理契约、为个体可雇佣性能力提升提供物质支持的青年教师可雇佣型心理契约、为个体可雇佣性能力提升提供发展机会的青年教师可雇佣型心理契约均对青年教师对所在学校的退出行为具有显著的直接负面影响。可以说，当青年教师感知到所在学校提供的基于个体可雇佣性能力提升的物质支持责任、组织环境支持责任、职业发展支持责任时，就会产生积极心理感知、内心体验和情感依附，进而形成积极的组织态度和行为，减少消极的组织态度和行为（如退出行为）。因此本书认为，高校要形成对青年教师个性特质的正确认识，就需要从工作氛围营造、职业生涯规划、激励政策支持、生活关怀等各个方面加强青年教师师资队伍建设和青年教师职业发展培育，通过促进青年教师的个体可雇佣性能力提升来满足青年教师在物质层面、职业发展层面、工作环境层面、生活资源层面等各个角度的心理期望，从而实现有效干预与管理青年教师可雇佣型心理契约的目的和效果。

（2）研究假设检验结果表明，为个体可雇佣性能力提升提供组织环境支持的青年教师可雇佣型心理契约、为个体可雇佣性能力提升提供物质支持的青年教师可雇佣型心理契约、为个体可雇佣性能力提升提供发展机会的青年教师可雇佣型心理契约均对青年教师对所在学校的建言行为具有显著的直接正向影响。以往建言行为研究文献指出，建言是一种组织促进性行为，员工个体积极的心理体验和心理感受通常能够产生有利于组织改进和成长的建言行为。建言行为的产生并非源自个体本能的油然而生或者一种习惯性的例行性行为，恰恰相反，在真实的工作场景中，员工即便有想表达个人观点的意愿（即便是独特的、可能是正确的、有益于组织的），也往往表现为沉默不语或者听之任之，且这种想法和观点也经常就不了了之，直至最终放弃表达。那么，能够切实促进员工对所在组织产生建言行为的激励因素就包括组织支持、纳谏氛围、职业发展规划、工作环境融洽、社会网络、人际关系等。结合本章的研究结果，本书认为，青年教师作为高校教学创新、科研创新过程中的"生力军"和重要主体之一，其建言行为势必有利于高校开展教学事业、科研事业的创新型建设。因此，合理干预青年教师的建言行为，就是促进高校的教学和科研事业建设的有效途径，而青年教师可雇佣型心理契约各个维度的有效干预和管理恰恰就是滋养青年教师的积极心理知觉和体验，进而促进青年教师产生有利于所在学校教育、科研事业有序发展的积极组织行为的有效策略。

（3）研究假设检验结果表明，为个体可雇佣性能力提升提供组织环境支持的青年教师可雇佣型心理契约、为个体可雇佣性能力提升提供物质支持的青年教师可雇佣型心理契约、为个体可雇佣性能力提升提供发展机会的青年教师可雇佣型心理契约均对青年教师对于所在学校的组织忠诚及相关的情感归属具有显著的直接正向影响。忠诚是一种态度，也是一种行为。而无论员工对组织的忠诚以哪种形式表现，组织忠诚有益于组织建设和发展的事实是不容争辩的。本章研究结果显示，青年教师可雇佣型心理契约的各个维度均对青年教师对于所在学校的组织忠诚具有积极意义。换言之，青年教师所禀赋的提升个体可雇佣性能力的期望一旦被满足，就将产生积极的心理资源，进而形成对所在学校的正向情感依附，忠诚就是这种情感依附的一种典型体现形式。因此，本章认为，学校应注重青年教师可雇佣型心理契约的健康构筑，可以从有利于青年教师的个体可雇佣性能力提升的角度来维系和夯实青年教师可雇佣型心理契约，通过加强学校与青年教师之间的正向心理纽带的途径，促进青年教师对所在学校的忠诚，借此形成有利于学校的教学事业、科研事业发展的促进机制。

（4）研究假设检验结果表明，为个体可雇佣性能力提升提供组织环境支持的青年教师可雇佣型心理契约、为个体可雇佣性能力提升提供物质支持的青年教师可雇佣型心理契约均对青年教师对所在学校的漠视行为具有显著的直接负面影响。可以说，青年教师对所在学校在个体可雇佣性能力提升方面所履行的组织环境支持责任和物质激励支持责任的主观认知与内心评价会影响个体对所在学校的管理政策、工作事件、校园现象和问题等各个方面组织信息的关注度和判断力，并影响到个体的工作投入，这种主观认知和判别能力的程度越低，青年教师对所在学校的政策措施、工作事件等各个方面组织信息的关注度和判断能力就越低，即对所在学校的各项事宜就越趋于漠视不见、置若罔闻。研究还发现，为个体可雇佣性能力提升提供发展机会的青年教师可雇佣型心理契约与青年教师对所在学校的漠视行为之间不存在显著的相关关系。对此分析，青年教师可雇佣型心理契约的各个维度当中，为个体可雇佣性能力提升提供组织环境支持的青年教师可雇佣型心理契约水平、为个体可雇佣性能力提升提供物质支持的青年教师可雇佣型心理契约水平是使得青年教师对所在学校产生漠视行为的最为主要的影响因素。在工作场景中，漠视行为通常表现为员工对组织的政策、措施、规范准则、工作事件、人际关系、社交环境等各个方面的信息都漠不关心，仿佛身处组织的局外人，对组织的现状和发展都视而不见、听而不闻，因此，漠视被视为一种无益于组织的消极的组织行为。而处于当前经济发展新时代下的我国高校，势必面临着教学事业、科研事业的创新型建设和发展的迫切形势，这就亟须青年教师的集思广益、头脑风暴、倾情投入和创新性成果。在这种情况下，学校要充分认识到青年教师可雇佣型心理契约的内容结构、内涵特征以及可能发生的青年教师对学校的漠视行为，特别是从个体可雇佣性能力提升的视角，关注组织环境支持、激励政策支持、生活资源关怀等诸项因素所形成的青年教师可雇佣型心理契约的积极态度对于青年教师可能发生的对所在学校的漠视行为的削弱效应，从而打造有利于学校获取教学事业、科研事业长足发展的青年教师的创造性成果形成机制。

（5）研究假设检验结果表明，青年教师对所在学校的退出、漠视分别对高校的教学发展和科研发展具有显著的直接负面影响，青年教师的建言、忠诚分别对高校的教学发展和科研发展具有显著的直接正面影响。如本书前文所述，退出、漠视是不利于组织的消极行为，当青年教师表现出对学校政策、规范、事件、人际关系、社交圈等各种信息置若罔闻、听之任之等消极行为时，难以想象，青年教师还可能对学校的教学事业和科研事业建设做出何种贡献。同理，青年教师一旦做出退出学校的职业抉择，就标示着对所在学校各项工作的终止，更毋宁说再如何促进学校的教学事业和科研事业发展。与之相反，建言、忠诚属于有利于组织改进的建设性行为和态度。个体一旦表现出建言、忠诚，就预示着对所在组织秉持了正向的心理感知、知觉体验和情感依附，这些积极的心理概念和心理资本往往能促使个体产生工作投入的主动性。具体到本书所探讨的我国高校组织而言，青年教师的正向心理感知、知觉体验和情感依附通常会伴有积极的工作态度和工作行为，从而产生有利于学校教学事业、科研事业建设和发展的"永动力"。

（二）中介效应检验结论与启示

（1）研究假设检验结果表明，青年教师的组织犬儒主义在为个体可雇佣性能力提升提供发展机会的青年教师可雇佣型心理契约与青年教师的漠视行为之间不起中介作用，青年教师的组织犬儒主义在为个体可雇佣性能力提升提供物质支持的青年教师可雇佣型心理契约与青年教师的漠视行为之间发挥完全中介作用。除此之外，青年教师的组织犬儒主义分别在青年教师可雇佣型心理契约的其他各个维度与退出、建言、忠诚、漠视之间发挥部分中介作用。值得注意的是，青年教师可雇佣型心理契约的部分维度在对青年教师的退出、建言、忠诚、漠视行为产生影响作用的同时，还通过青年教师的组织犬儒主义的中介途径影响青年教师的退出、建言、忠诚、漠视行为。因此，本书认为，学校要注意对青年教师可雇佣型心理契约的有效管理，从提升青年教师的个体可雇佣性能力视角构筑起学校与青年教师之间稳健的心理契约的联结纽带，通过不断加强学校与青年教师之间的心理联结来激发青年教师对所在学校的积极态度和建设性行为（如建言、忠诚），减少甚至规避青年教师对所在学校的消极行为（如退出、漠视），从而促进学校教学事业、科研事业的创新型建设。另外，还要密切关注青年教师可能对所在学校产生的组织犬儒主义，削弱和缓解这种负面情感因素对学校发展的负面影响。特别是要注意到，青年教师的组织犬儒主义会缓冲青年教师可雇佣型心理契约对青年教师的退出、建言、忠诚、漠视的影响力。这就要求学校的有关管理部门用好"利器"——组织犬儒主义的有效管理，合理发挥青年教师的组织犬儒主义在青年教师可雇佣型心理契约的部分维度与青年教师的退出、漠视之间的部分中介作用，减少甚至消除青年教师对学校的消极行为，合理干预青年教师的组织犬儒主义在青年教师可雇佣型心理契约的部分维度与青年教师建言、忠诚之间的部分中介作用，最大限度地激发青年教师对组织的积极态度和建设性行为，从而协调、稳健地促进学校的教学事业、科研事业的建设和长足发展。

（2）研究假设的检验结果表明，青年教师的团队认同仅在青年教师可雇佣型心理契约的各个维度与青年教师对所在学校的建言之间发挥部分中介作用。而受限于青年教师的团队认同对其退出、忠诚、漠视的直接影响不显著，青年教师的团队认同在青年教师可雇佣型心理契约的各个维度与青年教师的退出、忠诚、漠视之间不起中介作用。以往文献结论和研究成果显示，建言是一种组织促进性行为，在组织创新、组织建设和组织持久成长过程中扮演着至关重要的角色。处于当前经济发展新时代下的我国高校组织，势必面临着大力开展教学、科研创新型建设的紧迫形势，青年教师作为高校创新能力增强的"主力军"，对所在学校建言更是助推高校教学、科研建设的强大动力。重视青年教师建言行为的激励、引导和管理的相关研究随之成为当前我国高校打造青年教师师资素养和职业能力培育工程以及建设青年教师师资队伍过程中亟待解决的问题。本书研究结果恰恰为高校如何通过合理管理青年教师的建言行为从而获取学校的教学、科研建设实力，提供了极其有效的途径。从本研究结果来看，高校要充分认识到青年教师的建言行为对学校教学建设、科研建设的重要作用，利用青年教师可雇佣型心理契约在对青年教师的建言行为产生直接影响的同时，还需要通过青年教师的团队认同的中介作用间接影响青年教师的建言行为的逻辑链条，在构筑学校与青年教师之间积极的可雇佣型心理契约关系的基础上，营造有利于青年教师培养团队认同感的工作氛围、管理机制、政策体系、校园文化、行为规范等，从而最大限度地发挥对青年教师建言行为的促动效应。换言之，通过整合青年教师可雇佣型心理契约的构筑体系和青年教师团队认同的营造工程，将积极心理资源营造、心理资本积淀、组织促进性工作态度以及建设性组织行为打造都融入青年教师的职业能力和素质培育与青年教师师资队伍建设，从而形成高校的教学事业和科研事业长足发展的有利局面。

综合以上分析与讨论，本书对青年教师可雇佣型心理契约对于高校的教学发展和科研发展的驱动机理的研究假设检验结果进行了总结，如表6-31所示。

表 6-31　　　　　　　　　　研究假设检验结果

		研究假设	研究结论
H7c	青年教师可雇佣型心理契约→退出	为个体可雇佣性能力提升提供组织环境支持的青年教师可雇佣型心理契约对青年教师的退出行为有显著的直接负向影响	支持
H7a		为个体可雇佣性能力提升提供物质支持的青年教师可雇佣型心理契约对青年教师的退出行为有显著的直接负向影响	支持
H7b		为个体可雇佣性能力提升提供发展机会的青年教师可雇佣型心理契约对青年教师的退出行为有显著的直接负向影响	支持
H8c	青年教师可雇佣型心理契约→建言	为个体可雇佣性能力提升提供组织环境支持的青年教师可雇佣型心理契约对青年教师的建言行为有显著的直接正向影响	支持
H8a		为个体可雇佣性能力提升提供物质支持的青年教师可雇佣型心理契约对青年教师的建言行为有显著的直接正向影响	支持
H8b		为个体可雇佣性能力提升提供发展机会的青年教师可雇佣型心理契约对青年教师的建言行为有显著的直接正向影响	支持
H9c	青年教师可雇佣型心理契约→忠诚	为个体可雇佣性能力提升提供组织环境支持的青年教师可雇佣型心理契约对青年教师的忠诚行为有显著的直接正向影响	支持
H9a		为个体可雇佣性能力提升提供物质支持的青年教师可雇佣型心理契约对青年教师的忠诚行为有显著的直接正向影响	支持
H9b		为个体可雇佣性能力提升提供发展机会的青年教师可雇佣型心理契约对青年教师的忠诚行为有显著的直接正向影响	支持

续表

		研究假设	研究结论
H10c	青年教师可雇佣型心理契约→漠视	为个体可雇佣性能力提升提供组织环境支持的青年教师可雇佣型心理契约对漠视有显著的直接负向影响	支持
H10a		为个体可雇佣性能力提升提供物质支持的青年教师可雇佣型心理契约对青年教师的漠视行为有显著的直接负向影响	支持
H10b		为个体可雇佣性能力提升提供发展机会的青年教师可雇佣型心理契约对青年教师的漠视行为有显著的直接负向影响	不支持
H11c	青年教师可雇佣型心理契约→组织犬儒主义→退出	青年教师的组织犬儒主义对为个体可雇佣性能力提升提供组织环境支持的青年教师可雇佣型心理契约与青年教师的退出行为之间的关系具有中介作用	部分中介
H11a		青年教师的组织犬儒主义对为个体可雇佣性能力提升提供物质支持的青年教师可雇佣型心理契约与青年教师的退出行为之间的关系具有中介作用	部分中介
H11b		青年教师的组织犬儒主义对为个体可雇佣性能力提升提供发展机会的青年教师可雇佣型心理契约与青年教师的退出行为之间的关系具有中介作用	部分中介
H12c	青年教师可雇佣型心理契约→组织犬儒主义→建言	青年教师的组织犬儒主义对为个体可雇佣性能力提升提供组织环境支持的青年教师可雇佣型心理契约与青年教师的建言行为之间的关系具有中介作用	部分中介
H12a		青年教师的组织犬儒主义对为个体可雇佣性能力提升提供物质支持的青年教师可雇佣型心理契约与青年教师的建言行为之间的关系具有中介作用	部分中介
H12b		青年教师的组织犬儒主义对为个体可雇佣性能力提升提供发展机会的青年教师可雇佣型心理契约与青年教师的建言行为之间的关系具有中介作用	部分中介
H13c	青年教师可雇佣型心理契约→组织犬儒主义→忠诚	青年教师的组织犬儒主义对为个体可雇佣性能力提升提供组织环境支持的青年教师可雇佣型心理契约与青年教师的忠诚行为之间的关系具有中介作用	部分中介
H13a		青年教师的组织犬儒主义对为个体可雇佣性能力提升提供物质支持的青年教师可雇佣型心理契约与青年教师的忠诚行为之间的关系具有中介作用	部分中介
H13b		青年教师的组织犬儒主义对为个体可雇佣性能力提升提供发展机会的青年教师可雇佣型心理契约与青年教师的忠诚行为之间的关系具有中介作用	部分中介

续表

		研究假设	研究结论
H14c	青年教师可雇佣型心理契约→组织犬儒主义→漠视	青年教师的组织犬儒主义对为个体可雇佣性能力提升提供组织环境支持的青年教师可雇佣型心理契约与青年教师的漠视行为之间的关系具有中介作用	部分中介
H14a		青年教师的组织犬儒主义对为个体可雇佣性能力提升提供物质支持的青年教师可雇佣型心理契约与青年教师的漠视行为之间的关系具有中介作用	完全中介
H14b		青年教师的组织犬儒主义对为个体可雇佣性能力提升提供发展机会的青年教师可雇佣型心理契约与青年教师的漠视行为之间的关系具有中介作用	不支持
H15c	青年教师可雇佣型心理契约→团队认同→退出	青年教师的团队认同对为个体可雇佣性能力提升提供组织环境支持的青年教师可雇佣型心理契约与青年教师的退出行为之间的关系具有中介作用	不支持
H15a		青年教师的团队认同对为个体可雇佣性能力提升提供物质支持的青年教师可雇佣型心理契约与青年教师的退出行为之间的关系具有中介作用	不支持
H15b		青年教师的团队认同对为个体可雇佣性能力提升提供发展机会的青年教师可雇佣型心理契约与青年教师的退出行为之间的关系具有中介作用	不支持
H16c	青年教师可雇佣型心理契约→团队认同→建言	青年教师的团队认同对为个体可雇佣性能力提升提供组织环境支持的青年教师可雇佣型心理契约与青年教师的建言行为之间的关系具有中介作用	部分中介
H16a		青年教师的团队认同对为个体可雇佣性能力提升提供物质支持的青年教师可雇佣型心理契约与青年教师的建言行为之间的关系具有中介作用	部分中介
H16b		青年教师的团队认同对为个体可雇佣性能力提升提供发展机会的青年教师可雇佣型心理契约与青年教师的建言行为之间的关系具有中介作用	部分中介

续表

研究假设			研究结论
H17c	青年教师可雇佣型心理契约→团队认同→忠诚	青年教师的团队认同对为个体可雇佣性能力提升提供组织环境支持的青年教师可雇佣型心理契约与青年教师的忠诚行为间的关系具有中介作用	不支持
H17a		青年教师的团队认同对为个体可雇佣性能力提升提供物质支持的青年教师可雇佣型心理契约与青年教师的忠诚行为之间的关系具有中介作用	不支持
H17b		青年教师的团队认同对为个体可雇佣性能力提升提供发展机会的青年教师可雇佣型心理契约与青年教师的忠诚行为之间的关系具有中介作用	不支持
H18c	青年教师可雇佣型心理契约→团队认同→漠视	青年教师的团队认同对为个体可雇佣性能力提升提供组织环境支持的青年教师可雇佣型心理契约与青年教师的漠视行为之间的关系具有中介作用	不支持
H18a		青年教师的团队认同对为个体可雇佣性能力提升提供物质支持的青年教师可雇佣型心理契约与青年教师的漠视行为之间的关系具有中介作用	不支持
H18b		青年教师的团队认同对为个体可雇佣性能力提升提供发展机会的青年教师可雇佣型心理契约与青年教师漠视行为之间的关系具有中介作用	不支持
H19a	组织犬儒主义→退出→教学发展	青年教师的退出行为对青年教师的组织犬儒主义与高校教学发展之间的关系具有中介作用	部分中介
H19c	组织犬儒主义→退出→科研发展	青年教师的退出行为对青年教师的组织犬儒主义与高校科研发展之间的关系具有中介作用	部分中介
H19b	团队认同→退出→教学发展	青年教师的退出行为对其团队认同与高校教学发展之间的关系具有中介作用	部分中介
H19d	团队认同→退出→科研发展	青年教师的退出行为对其团队认同与高校科研发展之间的关系具有中介作用	部分中介
H20a	组织犬儒主义→建言→教学发展	青年教师的建言行为对其组织犬儒主义与高校教学发展之间的关系具有中介作用	部分中介
H20c	组织犬儒主义→建言→科研发展	青年教师的建言行为对其组织犬儒主义与高校科研发展之间的关系具有中介作用	部分中介
H20b	团队认同→建言→教学发展	青年教师的建言行为对其组织犬儒主义与高校教学发展之间的关系具有中介作用	部分中介
H20d	团队认同→建言→科研发展	青年教师的建言行为对其团队认同与高校科研发展之间的关系具有中介作用	部分中介

续表

		研究假设	研究结论
H21a	组织犬儒主义→忠诚→教学发展	青年教师的忠诚行为对其组织犬儒主义与高校教学发展之间的关系具有中介作用	部分中介
H21c	组织犬儒主义→忠诚→科研发展	青年教师的忠诚行为对其组织犬儒主义与高校科研发展之间的关系具有中介作用	部分中介
H21b	团队认同→忠诚→教学发展	青年教师的忠诚行为对其团队认同与高校教学发展之间的关系具有中介作用	部分中介
H21d	团队认同→忠诚→科研发展	青年教师的忠诚行为对其团队认同与高校科研发展之间的关系具有中介作用	部分中介
H22a	组织犬儒主义→漠视→教学发展	青年教师的漠视行为对其组织犬儒主义与高校教学发展之间的关系具有中介作用	部分中介
H22c	组织犬儒主义→漠视→科研发展	青年教师的漠视行为对其组织犬儒主义与高校科研发展之间的关系具有中介作用	部分中介
H22b	团队认同→漠视→教学发展	青年教师的漠视行为对其团队认同与高校教学发展之间的关系具有中介作用	部分中介
H22d	团队认同→漠视→科研发展	青年教师的漠视行为对其团队认同与高校科研发展之间的关系具有中介作用	部分中介

本章小结

本章是关于青年教师可雇佣型心理契约对高校教学发展、科研发展的驱动机理理论模型的检验，所采用的预调研和正式调研的研究方法、技术路线、流程步骤、判定原则和经验标准等均同于第四章相关阐释。鉴于保持本书篇幅内容精简、解决问题高效直接、阐释不冗赘的创作原则，且第四章已针对相关研究方法的理论回顾、流程步骤、判定原则和经验标准等进行了详细阐述、说明和举例，因此，本章直接采用之，对于与第四章内容重复的部分不再赘述。本章的研究工作主要包括如下方面。

第一，基于本书前文探索性研究所提炼的青年教师可雇佣型心理契约对高校教学科研发展的驱动机理理论模型，通过国内外文献回顾和经典量表梳理，归纳适合本章研究问题解决的测量量表设计的基准依据，又经由本书研究团队成员的焦点小组讨论、征询相关专家、同行的修改意见和建议，形成了初始测量量表和初始调查问卷。进而，通过预调研流程，采用SPSS 17.0统计分析软件对所收集的有效样本数据展开了删除垃圾题项纠正相关的总相关系数分析（CITC）、信度检验、KMO 测试和 Bartlett 球形检验、探索性因子分析和测量量表整体的信度测试，最终形成了可供本章的正式调研以备研究假设检验之用的调查问卷。

第二，选取在教学建设、科研建设等方面已取得一定成效，积累了一定经验，拥有一定发展潜能，具有一定研究价值代表性的我国"985"高校、"211"高校和地方本科高校，围绕本章的研究问题展开了正式调研，采用 SPSS 17.0 统计分析软件对所收集的有效样本数据进行人口统计特征和数据特征的描述性分析，进而运用 SmartPLS 2.0 结构方程模型分析软件对基于青年教师可雇佣型心理契约对高校教学科研发展驱动机理理论模型建构的研究变量的测度模型进行评价，以判定反映型测度指标的组合信度和建构效度是否符合测量要求，进而考量测量量表是否能够反映拟测变量的内容结构、内涵特征以及拟测内容的真实属性。

第三，在以上测度模型的检验结果符合社会统计学所要求的测量标准的基础上，运用 SmartPLS 2.0 结构方程模型分析软件对研究变量之间建构的结构模型进行评价，从中验证本章的研究假设模型的真伪性，从而得出研究结果，即青年教师可雇佣型心理契约的各个维度对高校的教学发展、科研发展的驱动机理的主效应和中介效应。

第四，基于本章定量实证性研究对研究假设的检验结果，结合本章的研究情境，以及国内外文献综述和与相关理论成果的对比论证，对研究结果展开了深入分析和讨论，旨在挖掘研究结论的理论价值和实践应用价值，真正为当前经济发展新时代下的我国高校如何通过有效管理青年教师可雇佣型心理契约进而实现学校教学发展和科研发展的竞争优势，提供坚实的理论依据和实践指导。

第七章 青年教师可雇佣型心理契约对高校教学科研发展驱动机理的案例研究

为了进一步验证青年教师可雇佣型心理契约对高校教学科研发展的驱动机理模型，深入阐释这一驱动机理模型的理论价值和实践应用价值，切实为当前经济发展新时代下的我国高校教学事业和科研事业的建设与发展接续注入新的活力，从而推动我国高校教学事业和科研事业的创新型建设，本章在前文构建的青年教师可雇佣型心理契约对高校教学科研发展的驱动机理模型的基础上，采用验证性案例研究方案，在印证前文构建的这一研究模型的同时，结合国内外文献的理论演绎和我国高校教学事业与科研事业建设的实际情况，进一步阐释和升华以上研究结论的理论价值，并为我国高校如何从青年教师可雇佣型心理契约的有效干预和管理当中获取学校教学事业与科研事业可持续发展的动力提供有益启示。

第一节 研究设计与分析方法

一 研究设计方案

质性研究"家族"中将案例研究归为一种研究方法，特别适合于解决未知领域内某个研究问题（拟由现实世界中提炼的科学问题）的动态变化过程，从中汲取具有某种共同特征属性的事件（或事物）变化的发展规律。案例研究方法主张多元化操作模式，例如，深度访谈（或开放式访谈、半开放式访谈、结构化访谈）、问卷调查、实地观察、资料收集等。相应地，案例研究中对于数据加工、处理和分析的要求也囊括了定量数据和定性数据（有时是质性数据）。案例研究方法要求根据研究目的、研究问题和研究内容的特定需要，选定相匹配的研究数据收集途径，并设计合理的研究方案和研究流程。鉴于案例研究方法尤为适宜于解决社会学、管理学等跨学科领域中的新理论建构与发展的问题，因此受到相关学科专业领域内研究者们的青睐。一般而言，通常所采用的案例研究方法包括探索性案例研究、验证性案例研究、描述性案例研究（苏敬勤、李召敏，2011）。其中，探索性案例研究尤为具有产生新颖理论的潜质。创新性的真知通常会在矛盾或相悖的证据比较中出现（Cameron 和 Quinn，1988）。化解这些矛盾的过程迫使案例研究者将感知重新构建在一个新的框架范围内。探索性案例研究方法也需要事先回顾和综述现有理论，通过较为系统的理论分析，找到与现实问题相对接的切口，挖掘出案例研究得以展开的切入点，进而从案例研究所设计的理论与实践的不断"对话"的相应口径中获取可供凝练的研究观点的参考依据。在这个过程中，可以针对研究目的、研究需求的不同，设计相应的单案例研究和跨案例研究（多案例研究）。无论采取单案例研究抑或跨案例研究，都需要理论探索先行，通过理论梳理和回溯，进而进入实地现场的典型案例分析，可以在理论与现实之间搭建起不断沟通的桥梁，再借助理论与现实世界的不断比对、分析和讨论，从而检审现有理论的突破口，为新理论命题的提出提供坚实的研究方法论支撑。另外，尽管当前存在着针对由探索性案例研究方法构建理论模型所面临的外部效度挑战的争议，认定探索性案例研究过程局限于研究者的既有观念、主观评价和判断能力以及对现实世界的观察、思考和鉴别能力等，但事实总是与此相反。不断比较出现的各种矛盾事实会"解冻"思想桎梏，因此，在这种理论与现实的对话、思考和论证过程中，有可能产生新的理论，并且相较之"渐进式增量研究"（incremental studies）、"闭门造车式研究"（armchair）和"公理演绎式研究"（axiomatic deduction）而言，有着更少量的研究者偏见。基于此，探索性案例研究所获得的理论可能具备实证效度，而且这种可能性很高。这要得益于探索性案例研究对于前期理论基础回溯的重要意义，恰恰是通过理论与现实的不断"对话"，才给予案例研究的新的理论发现以求美之势，在求真的道路上为搭建起新的理论建构的高效度奠定了必备的基础。其间需要注意的是，研究者从研究一开始所得到的答案都是基于客观数据的。这种紧密联系能够产生一种亲密接触事实的知觉（Mintzberg，1979），从而有利于在紧密贴合真实世界的过程中挖掘隐藏在现象或问题背后的实质，找到关键（或典型）事件发生背后的真正原因以及事件（或其致因）之间的内在逻辑。而由于人们偏爱解释性理论,有关建构描述性理论的规律普遍受到了人们的忽视。然而,综观以往研究,许多研究者是把描述作为主要目标的。在这种情况下,仍然需要某些能够确定所收集数据的优先顺序的理论。那种"让我们收集一切信息"的传统看法已经不足以回答现实世界中所提炼的科学问题的根本原因,相关的凝练答案的方法也已不足够灵验。如果没有描述性理论,研究者在限定研究范围方面将会遇到大量的问题。描述性案例研究设计需要认真制订两种体系的理想化方案。研究小组根据文献调查及专家建议提出了初步方案,之后,专家咨询组对这些初步方案进行复查、论证和检审,进一步做出重要评价和需要修正的意见。所完成的研究方案成为数据收集方案的基础。因此,可以总结出描述性案例研究的主要经验,包括:经验一,如果没有大量文献分析和对比讨论,就不可能制订研究方案。从实践操作角度来讲,有关研究领域的研究文献和研究结果的讨论提供了一系列需要实地检验的内容。研究者感兴趣的其他主题就没有如此丰富的资源,在案例研究结束前很难提出描述性理论。在这种情况下,最后的结果可能是扩展成探索性而非描述性案例研究了。经验二,重视竞争性理论的作用。竞争性理论的作用在于避免这种扩大化的趋向,把数据收集聚焦在所需要探讨的问题的重要实践上。验证性案例研究一般采用两种理论分析框架:因素理论(factor theories)和解释性理论。其中,因素理论源于社会科学中的因果理论哲学思想(Down 和 Mohr,1976;Mohr,1978)。因素理论广泛应用于社会经济学领域,用以解释经济、社会、组织心理与行为的现象(问题),尝试发现导致现象(问题)的自变量与因变量之间的内在作用机理,以及如何投射到现实世界中,进而挖掘现象(问题)产生的真正原因。为了更科学地展现自变量与因变量之间的作用关系以及究竟如何构成对现象(问题)的解释规则,还需要将探索性研究中提取的新构念转换为研究假设模型中的假定变量,通过变量操作化(如CITC分析、因素分析、主成分分析等)及统计分析规程(如回归分析、结构方程模型评价、系统仿真实验等),从而得出具有高信度和高效度的变量之间的因果关系结构。在案例研究中则可以采用类似因素理论的方法,即如果因素理论不是与解释性理论联系在一起,而是某一学科领域的知识的状态,那么案例研究者则不可避免地要应用它。相对于因素理论而言,解释性理论更适合于设计和实施因素性案例研究。实际上,解释性理论越复杂、变量越多,效果就会越好。这种案例研究分析可以利用模式匹配技术（pattern matching techniques）。然而，适合案例研究方法所涉及主题的可能的解释性理论并不总是存在或者能够方便地找到。因此，研究者不能始终使用这一种研究方法。这就需要针对所研究问题的特定性质，来抉择究竟采用哪种案例研究设计是更适合于解决研究问题的有效策略。因此，得出验证性案例研究方法应用的主要经验，包括：解释性理论有利于对大量所收集的数据（包括定量处理数据和定性处理数据）进行理论检验。纳入案例研究的案例都要经历回顾相关理论、文献分析、调查访谈案例研究的实际用户或者潜在用户、观察实际研究过程或者研究成果的过程。案例研究方案需要紧密结合验证理论的需要，确保将数据收集过程纳入统一的研究线索和证据三角形（triangulation）当中。理论构建的一个主要特征是构建过程中的复杂性。这就允许把对一系列或者一连串事件的模式匹配作为每个典型案例的主要分析策略。如果没有理论及其复杂性，数据收集也许就缺乏约束，也就不可能进行模式匹配。从这种意义上讲，案例研究方法比其他研究方法更依赖于不同风格的解释性理论。尽管其他研究方法可能更倾向于单变量理论，并通过系列研究来扩展因果链，而案例研究分析中的模式匹配允许案例研究过程去检验单个研究中的多变量的、复杂的因果性解释。

如上所述，案例研究设计在新理论的建构方面发挥了显著功效。对此，特别强调案例研究结果的建构效度。从以往文献回顾来看，案例研究可以根据案例分析单元的数量分类为单案例研究和跨案例研究。其中，跨案例研究是建立理论的一个非常有效的方法，然而，需要注意到，无论是在所建立理论模型和理论分析框架的质量方面，还是在所建立理论模型和理论分析框架的数量方面，单案例研究都有着相较多案例研究而言的独特优势。以往研究中，不乏将单案例研究方法应用于对经典案例分析和探讨的情况。毫无疑问，单案例研究在新理论的建构方面可以起到理论摸索、深耕细作以及强化理论价值与实践应用价值的显著效果。

鉴于此，结合本章研究内容所关注的当前经济发展新时代下的我国高校与青年教师之间的新型关系特征，以及在这种新型关系模式下的青年教师可雇佣型心理契约究竟如何发挥对高校的教学发展、科研发展的驱动机理问题，本章特别针对当前我国高校所处于的高度动态和竞争性外部环境，在这种环境下高校所面临的人才、资质和成果等竞争的迫切形势，以及青年教师所独具的高知识、高创新、高职业价值观、高自我成就欲、高组织敏感度等独特的个性特质，进行了缜密的思考和商榷，最终基于如下原因，采用基于单案例研究设计的验证性案例研究策略：（1）前文已专门针对当前高校所处的特定环境特征展开了青年教师可雇佣型心理契约的内容结构、概念内涵和特征的探索以及对高校的教学发展、科研发展驱动机理的理论探究，通过对当前我国高校青年教师可雇佣型心理契约的动因机理的探索，找到了揭示本书研究问题的研究视角，提炼出当前我国高校青年教师可雇佣型心理契约内容结构的理论模型以及青年教师可雇佣型心理契约对高校的教学发展和科研发展的驱动机理理论模型。可以说，本书前文已针对本章案例研究拟验证的研究问题展开了具备一定深度、锐度和广度的前导探索性研究。（2）从现有文献结论和研究成果来看，目前，针对我国高校教学发展和科研发展的产生机制，以及高校青年教师可雇佣型心理属性和心理特征的探讨依然不足够充分，相关学科专业领域的案例研究仍然存在较大的、亟待探索的发展空间。（3）一般而言，我国高校具有较规范的教学管理体系和科研管理模式，且基本上形成了具有学校自身建设和发展特色的教学、科研建设和管理体系，这些教学、科研平台的搭建有助于案例研究设计来挖掘高校青年教师可雇佣型心理契约的内容结构、内涵特征以及对高校教学发展、科研发展的驱动机理。（4）案例学校和调查样本的遴选对于案例研究结果的效度至关重要，特别是对于单案例研究设计而言，更加强调所遴选的案例样本的典型性。基于此，本章案例研究设计选取的案例样本学校均为我国"985"高校、"211"高校以及地方本科高校，这些学校在教学、科研工作方面基本上形成了拥有学校自身发展特色的建设机制，且具备一定经验和规模的教研平台、科研平台和实验基地，有助于提炼案例分析所需要的调查资料。（5）考虑到单案例研究设计对于案例样本选取的代表性和典型性的基本要求，本章特别选取了两组案例分析单元：其一，青年教师引进招募、职业能力和职业素质培育以及青年教师师资队伍建设的资深高校行政管理人员；其二，案例样本学校所认定的青年教师。（6）为了保证案例研究的效果，本章在组建研究团队时，就特别针对研究人员结构进行了周密思考，最终承担此次案例研究工作的团队成员由4人组成，1人是高校高等教育管理和组织行为研究方向的博士生导师，1人是高校青年教师发展研究中心的一线管理人员，其余2人均为高校高等教育管理和组织行为研究方向的博士研究生，且其中1名博士研究生也是所供职高校的青年教师（高校教龄≤5年）。

整体而言，研究团队成员的学科专业、学历、年龄和分工结构合理，对高校的教学建设和科研建设的管理政策机制，高校青年教师招募、引进、培育，青年教师师资队伍建设，以及与本章研究内容相关的政策信息等都有着较为深刻的理解，能够较为方便地接触到本章案例研究所需要的调查资源。(7) 单案例研究方法往往针对具有一定行业代表性和取样典型性的案例样本进行深入挖掘，从而才得以建构具有一定创新性的理论构件。其不仅对案例选取的代表性有着极为严格的要求，还需要考证研究结果的内部一致性信度和外部效度。基于此，本章在案例研究设计过程当中制定了周密和翔实的研究日程计划安排、研究团队成员分工、阶段性研究目标和阶段性研究成果、总研究成果的考核和衡量方法与标准，旨在使研究问题更加清晰和明朗、易于理解、便于洞察和讨论，同时也为更有利于案例研究资料的收集、提炼、分类、汇总、整理和分析，以便凝练出具有一定科学性、可行性、合法性和严谨度的研究结论，从而保证研究结论的信度和效度。

综上所述，为了验证本书前文建构的青年教师可雇佣型心理契约对高校教学发展和科研发展的驱动机理模型的理论价值与实践应用价值，本章结合当前经济发展新时代下的我国高校教学发展和科研发展的研究情境，针对高校如何有效管理青年教师可雇佣型心理契约进而获取学校教学发展和科研发展的持久动力的问题，特别采用在高校的教学建设和科研建设等方面拥有一定经验且具有一定研究价值代表性的高校，开展验证性案例研究，旨在通过案例研究的对比论证，在验证本书前文构建的理论模型的建构效度基础上，阐释和升华研究结论的理论价值和实践指导意义，为当前新时代下的我国高校实现教学建设和科研建设的长远发展，提供针对性的对策与建议。

二 研究方法选取

在案例研究中的理论建构阶段，研究者通常会采用多元化数据收集渠道，如深度访谈、问卷调查、实地观察、现场记录和资料总结等。究竟采用哪些数据收集渠道抑或哪种组合方案，需要根据研究目的、研究问题和研究内容的需要来确定。然而从以往案例研究来看，研究者们并不拘泥于以上研究方法的简单组合，特别是秉承归纳法哲学思想的研究者们，主张采用更为多样化的数据收集途径，以便能够真正挖掘出真实世界所隐藏的某种客观规律。例如，有些研究者只汲取其中一部分方法［例如，在经典的 Gersick（1988）的案例研究中，前半部分只运用了观察法］，而有些研究者则可能会加入其他的研究方法［例如，在 Bettenhausen 和 Murnighan（1986）的案例研究中，采用了定量实验数据］。在案例研究中采用多元化数据收集的分析思路基本上秉承了社会科学研究所提倡的三角验证观，即通过定性数据、定量数据以及定性和定量相结合的多个角度的相互印证，使研究结果更具有信度和效度，从而实现研究的理论价值和实践应用价值升华。这其中，特别强调的是定性数据和定量数据的综合使用。尽管定性研究和案例研究常常被当成可以互为替换的概念（Yin, 1981），然而有所不同的是，案例研究中可以单纯利用定性数据抑或定量数据，也可以两种数据结构组合在一起使用，当两种数据结构综合使用时又往往能收获仅采用单纯一种数据逻辑所难以揭开的隐藏在现象（或问题）背后的事实逻辑。那么，定性数据分析主要用于剖析现象（或问题），打开现象（或问题）形成过程中的层层叠加的逻辑结构，力求突破现象（或问题）表象的包裹，探求其形成致因的内在关联结构（Jick, 1979）。而定量数据分析则遵从后实证主义哲学思想，其优势在于针对研究假设模型的修正和研究变量之间内在作用机理的检审。与定性数据分析显著不同的是，定量数据分析尤其能够解释定性数据分析过程中可能被华丽的现象（或问题）表象掩盖着的事物的本质属性，基于后实证主义验证观来系统检验研究变量之间的关系结构，从而为定性数据分析所搭建的假设模型提供量化依据。正如 Mintzberg（1979）在定性数据和定量数据的协同效应中所指出的那样，尽管系统性数据是构建理论的重要前提和基础，然而真正有助于构建理论的是那些奇特、有趣甚至有时看似无规律的数据。理论构建看起来需要丰富的描述，而这种丰富来自奇闻轶事。为了揭示硬数据中的各种关系结构和内在关联性，只有通过使用那些软数据才能解释这些关系。可以说，数据收集和分析的重叠进行、交互使用，使研究者的数据分析有个好的开端，更为重要的是，可以发挥出灵活数据收集的优势。事实上，案例研究的重要特征之一就是在数据收集的过程当中进行调整的自由。例如，Gersick（1988）在以往关于学术团队模式的案例集中又增加了几个案例，这样就能够更加清晰地观察到各个项目团队在转型点上的行为特征。这些转型点行为出乎意料地有趣，因此，Gersick 增加了额外案例，目的就是能更加聚焦于转型阶段，挖掘出事物表象和事件现象下面深埋着的问题的根源。

　　基于在数据收集过程中三角测量法则应用的科学性和必要性，本章在案例研究设计当中融入了定量研究工作和定性研究工作，力图通过多元化数据、多角度数据源、多渠道研究方法的调查采集和分析过程，形成对所研究问题的科学性、可行性和完整性的思考，从而加强研究结果的信度和效度。具体而言，在定量研究过程中，针对调查数据的收集、整理、处理和分析，采用了 SPSS 17.0 统计分析软件进行数据特征、人口统计学特征等调查数据的汇总整理和描述性统计分析工作，剔除无效问卷数据，建构真正可以应用于本书研究工作的有效样本数据库；针对研究变量之间关联结构的检验，本章秉承系统仿真学的思想，采用 MATLAB 7.0 系统仿真分析软件以调查数据为输入源加载到研究变量之间搭建的虚拟系统平台上，通过最大限度地还原研究变量之间的博弈关系，衡量研究模型对于拟调查内容的真实性和反映性能，从而验证研究结果的建构信度和效度；而在定性研究过程中，则采用了 Nvivo 9.0 分析软件对调查文本材料进行内容分析，试图通过对文本数据的分级编码、提炼内容节点和关系节点等关键步骤，挖掘所提炼的构念之间的关联结构，这种将定性数据转换为定量数据的处理和分析过程严格遵循了质性研究设计和调查文本材料的内容分析原则，研究结果秉承了经验准则判定的一致性，因此，能够较好地控制研究结果的建构信度和外部效度。需要说明的是，本书前文已针对调查数据的定量实证研究和质性研究的应用原则、研究方法和判别准则进行了详尽的阐释，鉴于篇幅内容精简、杜绝冗赘繁复的创作考虑，对于与本书前文内容重复的部分，本章在此不再赘述。另外，考虑到本章采用了系统仿真学思想及其分析软件，因此，以下有必要针对相关的系统仿真学研究方法所秉持的方法论、经验依据和分析软件做以说明。

　　系统仿真（system simulation）是由系统、模型、应用领域专业知识综合而成的知识基础，由基于相似原理的仿真建模，基于整体论、网络化、智能化、协同化、普适化的仿真系统构建和全系统、全生命周期、全方位的仿真应用思想综合而成的方法论，广泛应用于自然科学（如天文、地理、测绘、航运、空运、能源开发、生态治理、交通管制等）、人文社科（如社会、经济、管理、历史、文化、哲学、艺术等）等领域。在以往诸项系统仿真研究、数理研究、组织管理研究、心理实验甚至社会学研究当中，系统仿真技术都大显身手。综观以往研究，系统仿真实验能够把现实世界中难以检验或者即便投入大量成本却在真实场景中收效甚微的理论假设进行全真呈现，有助于挖掘研究变量之间的内在关联，甚至有时能够发现研究计划中所未曾预期的研究环节；系统仿真技术能够将物理模型、数学模型难以穷尽解释的假设命题加以解读，通过求真的途径实现假设模型的预测、检验和评价效果；系统仿真技术通过量化手段将多维、多层面的解释结构模型的共同属性进行系统归纳，基于共性特征提取变量之间的内在结构，从而实现多维至降维的系统建构效果；系统仿真技术能够将现实世界中动态、复杂、多变、不确定性的影响因素进行系统科学的处理和分析，有助于研究人员透过纷繁复杂的现象因素去揭开事物本来的面目；系统仿真技术采用模拟真实世界的实验化手段来处理动态、随机、善变的科学问题，为研究人员提供了全真模拟和虚拟成像的有效途径。鉴于数据处理和分析的目的以及操作化规程的差异性，仿真系统可分为连续系统和离散系统，这两类系统所分别基于的数学模型显著不同，因此，在此基础上，系统仿真技术相应划分为连续系统仿真技术、离散系统仿真技术两类。在这两类技术的基础上，还有一些用于系统（特别是社会经济系统和组织管理系统）仿真的特殊且已被证实的确是有效的分析技术，例如，蒙特卡洛分析技术、系统动力学分析技术等。系统动力学分析技术是基于系统仿真学的基本思想和方法论，在系统动力学模型建构基础上，借助仿真语言编写、系统仿真实验、仿真模型修正等途径，实现假定研究模型、研究变量之间关系结构等系统模拟、优化和效果的求解。基于此，本章采用系统仿真学技术，旨在借助虚拟平台上数据之间的耦合和拟合博弈来考证研究变量之间的逻辑关系结构，从而验证本书前文探索性研究所建构的青年教师可雇佣型心理契约对高校教学发展和科研发展的驱动机理模型，从数据拟合博弈的角度，尝试如何反映真实世界的心理知觉和体验，揭示隐藏在数据表象背后的研究问题的根源，深入阐释并升华本书所提出的理论建构的实践指导意义。

那么，究竟如何应用系统仿真学技术、方法和工具来实现本书前文的探索性研究所构建的理论模型的校验？本章秉承系统仿真学思想，汲取系统仿真学应用成果和经验，采用系统仿真应用领域中首屈一指且被证明了行之有效的分析工具——MATLAB 软件来实现本章所关注的研究模型校验的问题。

MATLAB 是 matrix 和 laboratory 两个词组合后的英文起始字母的缩写，

主要包括 MATLAB 和 Simulink 两个子处理分析模块，MATLAB 开发以数学矩阵及其运算规则为基础，开发过程中充分融合了数理计算、分析界面友好、高级计算技术的语言编写功能以及人机交互模式。MATLAB 具有不同于其他线性运算技术的优势编程环境。在功能处理方面，MATLAB 拥有其他分析软件所不具备的强大的基于量化数据处理和分析的算法集合，能够生成其他统计分析软件所不具备的特殊效果，从而更为清晰地展现假设模型的内在机理结构，即 MATLAB 将向量和矩阵用图形的方式呈现，并且可以对图形进行标注和打印。高层次的作图包括二维和三维的可视化、图像处理、动画和表达式作图，可用于科学计算和工程绘图，不仅在一般数据可视化软件都具有的功能（例如，二维曲线和三维曲面的绘制和处理等）方面更加完善，而且对于一些其他软件所没有的功能（例如，图形的光照处理、色度处理以及四维数据的表现等）更表现了出色的处理能力。同时，对一些特殊的可视化要求，如图形对话等，也有相应的功能设置和函数计算，从而确保来自不同用户的不同维度和角度的运算设计需要。因此，本章采用这种国际系统仿真科学领域的标准化科学运算和控制软件 MATLAB，来验证本书在前文的探索性研究中所构建的青年教师可雇佣型心理契约对高校教学发展和科研发展的驱动机理模型，试图从系统仿真的视角检验所构建的理论模型对于真实世界中的研究变量以及之间逻辑关系结构的反映属性。

第二节　学校背景与数据来源

案例研究是一种基于非抽样分析技术的研究策略，根据研究目的、研究主题和研究内容等研究要素设定，采用相应的理论抽样、案例分析单元抽样。考虑到本书研究对象为我国高校的青年教师，案例选取标准、案例学校和调查对象与本书第三章的相应内容完全相同，因此，对于与第三章内容重复的部分，参见第三章的相关内容阐述，本章不再赘述，下文将着重说明本章所选取案例学校的背景情况。

一　案例学校背景

A 校现有 80 余个本科专业、1 个一级学科博士学位授予点、2 个二级学科博士学位授予点、10 余个硕士学位授权一级学科、66 个二级学科硕士点、10个工程硕士授权领域、3个艺术硕士授权领域、1个金融硕士授权领域，是涵盖工、理、文、经、管、法、艺、体等学科门类的多科性综合型大学。

学校现有9个省部级及以上重点学科、10个一级学科硕士学位授权点、68个二级学科硕士学位授权点、9个工程硕士专业学位授权领域、3个艺术硕士专业学位授权领域、2个翻译硕士专业学位授权领域、1个金融硕士专业学位授权领域。

学校拥有省级计算中心（超算中心）、省级分析测试中心、省级科学院自动化研究所、省级科学院能源研究所、省级科学院新材料研究所、省级科学院生物研究所、省级科学院生态研究所（生物中心）、省级科技发展战略研究所、省级科学院情报研究所、省级科学院海洋仪器仪表研究所、省级科学院激光研究所、省级科学院高新技术产业（中试）基地12家创新研究机构。其中，国家海洋监测设备工程技术研究中心、国家超级计算实验中心、生物基础材料与功能制品省部共建的国家重点实验室（筹）、国家产业技术创新战略联盟等国家科技平台近20个。

近5年，承担国家级科研项目400余项、省部级科研项目1000余项，年均科研经费约上亿元。获得国家级科技奖励、省部级奖励近200项，获国家授权专利1000余项，在国内外学术刊物上公开发表论文6000余篇，其中，被国际高水平检索机构收录论文3000余篇。学校积极开展产学研合作，成效显著。

学校现设有2个学部、20余个教学单位，专业学科覆盖工、农、文、体、理、艺、法、商、医药、信息、经济、管理、外语、继续教育、国际教育等多个学科和交叉跨学科专业。

学校历来高度重视人才培养工作，不断深化教育教学改革，全力推进特色名校建设工程，是教育部本科教学工作水平评估优秀学校。学校坚持以"立德树人"为根本导向，按照"人格健全、身体健康、思维创新、素质全面"的人才培养标准，积极推进教学改革，大力加强专业建设和课程建设，重视学生创新能力和创业能力的培养，积极探索"双学分"制人才培养模式，培养德才兼备的高素质应用型人才，建立健全了教学质量监控保障体系，教育教学质量和学生实践创新能力不断提高。

学校是教育部本科教学工作水平评估优秀学校。其累计为社会培养输送各类人才20多万名，其中涌现出一些行业领军人才，为社会经济建设做出了突出贡献。近年来，面临全社会经济结构转型升级的迫切形势，响应国家"大众创业、万众创新"政策的号召，学校积极鼓励大学生参加国家创新创业比赛和国家创新创业项目，目前，在国家"挑战杯""创青春""互联网+""数学建模""机器人设计"等大型赛事中屡获佳绩，每年均在国家级大学生创新创业训练计划、教育部产学合作育人等项目中获得立项，国家级、省部级奖励和立项等不断斩获，被评为全省大学生创业教育示范院校和大学生就业工作先进集体，获得了良好的社会声誉。进入新时代，学校全面升级大学生创新创业教育平台，并结合"新工科"人才培养方针，大力发挥学校科教融合的特色和优势，建设院所一体化的科教融合型大学，成立了"英才学堂"特色班，形成了"产学研用"一体化、全链条人才培养模式，全面加强创新型人才培养。

学校坚持走国际化、开放式的办学道路，先后与美、英、德、法、韩、荷、加、日等国家和地区的50多所高校及科研院所建立了友好合作关系，通过合作办学、本科生互换、课程设置、学分互认、本科生硕士生双学位联合培养、海外实习就业、暑期访学等形式，进一步拓宽学生视野。学校还与英国文化教育协会合作，建有省签证雅思考点，并具备签证移民雅思考试与普通雅思考试服务资格。学校充分发挥科技和成果转化服务优势，积极融入国家"一带一路"倡议的部署，与"一带一路"沿线国家和地区建立了长期、稳定、共赢的合作伙伴关系，共建国际科技合作前沿平台。目前，建设有中外联合实验室、政府间科技合作研发平台以及省部级以上国际研究合作交流平台；近年来，承担各类各型国际合作项目百余项，获得资金支持超过亿元；引进国家"外专千人计划"专家，其中不乏获得国家"友谊奖"和全省"国际科学技术合作奖"的优秀专家学者。

二 数据来源

按照 Eisenhardt 和 Graebner（1988）主张的验证性案例研究设计规程，研究团队在案例研究工作开展之初，就严格设定了案例样本的遴选标准、调查材料和数据采集的方法及途径、调查材料和数据整理及分析方法等，秉承在当前定性研究和定量研究相融合的探索性阶段中学术界所倡导的数据来源的三角验证观及其数据分析原则和研究结果的判定准则，本章除了在调查数据源方面注重对三角测量平台的控制以外，还特别关注所收集的多元化信息和数据的多角度、多元化、多途径的加工、处理、分析。本章案例研究的数据来源如表 7-1 所示。

表 7-1　　　　　　　　　　案例研究的数据来源

来源	方法	数据量	内容	备注
深度访谈	正式访谈	6 人次，约 46 分钟/人	青年教师可雇佣型心理契约的内容维度和典型特征，青年教师可雇佣型心理契约对高校教学发展和科研发展的影响	按照访谈大纲的问题题项，采用面对面约访和上门拜访访谈以及电话访谈、WeChat、QQ、飞信等在线通话访谈的方式
	补充访谈	3 人次，约 30 分钟/人	正式访谈所收集信息数据的不尽完善以及有待补充之处	进一步完善访谈所需要的信息数据
文档收集	网络检索		案例学校简介，组织机构设置，教学工程，科研平台建设情况，教学和科研成果情况，青年教师招募、引进、职业发展培育和青年教师师资队伍建设情况，教师教学科研建设和发展情况	对案例学校整体情况进行了解，深化对案例学校背景资料信息、教学工程和科研平台建设与展望、青年教师师资队伍建设和职业发展培育机制、教师职业技能发展和培育情况的认知
问卷调查	案例学校中涉及青年教师招募、引进、培育和发展工作的相关行政管理人员以及高校教龄不超过 5 年的青年教师填答	有效问卷 74 份	青年教师对所在学校的可雇佣性责任履行情况等组织信息的主观认知和心理评价，青年教师可雇佣型心理契约的内容结构，青年教师可雇佣型心理契约对高校教学科研建设及发展的影响	按照社会统计学的调查理论和方法对案例学校与调查对象进行问卷调查，以便收集所需要的数据信息，围绕研究问题展开调查数据信息的收集、整理、加工、处理和分析

在案例研究工作的现场调查过程中，所有访谈对象均符合本章对调查对象的判定标准，主要包括两大类人员：其一，案例学校的青年教师，采用了案例学校所认定的对于高校青年教师的判定标准（例如，高校教龄为 3—5 年）；其二，与青年教师的招募、引进、职业生涯培育以及青年教师师资队伍建设工作相关或者负责相关工作的高校行政管理部门在职人员。所有访谈问题的设计都紧密围绕"当前我国高校青年教师可雇佣型心理契约的内涵特征和维度结构、青年教师可雇佣型心理契约对高校教学发展和科研发展的驱动机理"的研究主题展开。本章下文将具体阐述访谈过程和内容。

需要说明的是，本书在第六章中采用了问卷调查法来探讨青年教师可雇佣型心理契约对高校教学发展和科研发展的影响，其间，不仅对数据的定量实证性研究原理和研究方法、问卷调查数据的统计和分析规程以及分析工具等都进行了详尽阐述，还利用第六章的具体调查数据套用了相关分析原则、分析方法和判定准则，最终验证得出了青年教师可雇佣型心理契约对高校教学发展和科研发展的驱动机理模型。鉴于本章案例研究中的问卷调查工作同于第六章的相关内容，以及考虑到本书篇幅内容不冗赘、阐述精简高效的原则，因此，本章对与第六章相同的社会统计学基本原理、研究方法，以及调查数据的统计、处理和分析方法、经验判定标准等不再赘述，而是直接援引第六章的相关部分内容。本章案例研究的问卷调查工作亦采用第六章中开发编制的相关测量量表和调查问卷。

第三节 案例分析与结果讨论

一 青年教师可雇佣型心理契约对高校教学发展和科研发展影响的定量分析及讨论

（一）调查数据收集与整理

本章案例研究的定量分析阶段采用了问卷调查法来收集案例学校的相关信息和数据。按照社会统计学关于问卷调查的基本原则和操作规程，需要对所收集的调查数据进行前测，以检验量表工具对拟测研究变量和个体心理特质的反映属性以及调查问卷对拟研究问题的科学性、可靠性和适用性。鉴于本书第六章在验证青年教师可雇佣型心理契约对高校教学发展和科研发展的驱动机理模型的过程中，已针对测量量表与调查问卷进行了系统测评和检审，保证了测量量表和调查问卷对于研究问题的信度与效度，因此本章案例研究中直接援引第六章的相关测量量表和调查问卷，并按照第六章所阐述的社会调查统计的基本原理和研究方法，展开调查数据的定量研究工作。

1. 描述性统计分析

按照本书前文所阐述的关于案例样本学校和调查取样的遴选原则，研究团队通过团队成员的导师、同事、朋友、同学、亲戚等以及参加学术交流和考察活动、学术会议、专业师资培训、外出交流访学、产学研项目合作等渠道与案例学校取得联系，共发放调查问卷85份，全部回收，汇总整理时剔除了漏答、误答、重复填答、部分题项答案一致、单选题上勾选两项以上、填答内容不清晰、填答内容歧义或难于理解等无效填答信息的调查问卷数据,最终剩余有效问卷 76 份。采用 SPSS 17.0 分析软件对有效样本数据进行人口统计特征分析、数据描述性统计分析等,初步检测样本数据对于数据分析的可用性。

2. 数据特征统计分析

通过 SPSS 17.0 分析软件对有效样本数据执行数据特征统计分析,结果显示,样本数据在最大值、最小值、平均值和标准差等方面并未出现极端值或者歧义值的情况,并且样本数据的离散性能在社会统计学所规定的测量控制范围之内,因此,可以判定,调查问卷的填答不存在非合理现象。

3. 无应答偏差检验

无应答偏差是一种有可能对调查研究结果造成显著影响的非抽样误差。它充斥在社会调查研究设计,以及调查数据收集、整理和分析的各个阶段当中。无应答偏差问题的出现是社会调查过程中的各种原因所造成的无法从样本单位和问卷题项获得可以用于研究问题解决的有效数据导致的。例如,调查对象提供的信息数据不尽完整,调查对象所提供的信息数据即便完整,但对于研究问题的解决而言显得无效,或者不足以说明对研究问题解决的有效性和可靠性。无应答偏差在回收的调查问卷当中通常直观地表现为无应答(non-response)、填答信息缺失(missing information)、不完整的填答信息(incomplete data)、无访问(non-interview)或者未填答完成(unfinished)等。

基于此,本研究在汇总、整理、分析所回收的调查问卷时,剔除了填答不完整、填答信息无效、未完全填答、漏填、误填、填答重复等可能导致无应答偏差的无效的调查问卷样本,并且对剩余样本数据进行了无应答偏差检测。本章以最初发放问卷开始起算的 30 天内作为划分界限,将所回收的全部问卷人为地划分为 30 天以内、超出 30 天(即 30 天以外)的两个问卷回收组,运用 SPSS 17.0 分析软件对两组回收问卷的样本数据分别执行独立样本 t 检验,通过测量这两组数据在性别、年龄、教龄、工作性质等描述性统计变量上的数据特征后发现,这两组数据在以上数据分布的均值表现上均未达到社会统计学所限定的显著性水平($P>0.05$)。因此,可以判定,本研究关于问卷调查的无应答偏差问题并不严重。

4. 共同方法偏差检验

共同方法偏差是指由于同样的数据来源或者评分者，同样的测量环境、项目语境，以及项目本身特征所造成的预测变量与效标变量之间的人为的共变情况。这种人为的共变性对研究结果产生严重的混淆并对结论有潜在的误导倾向，属于一种系统误差。共同方法偏差在心理学、行为科学、组织行为学、社会科学研究中广泛存在，特别是采用问卷调查法的研究中表现得较为突出。共同方法偏差的来源主要包括：测量方法源自同一位评价者；测量题项带有一定的倾向性特征，混淆评价者视听反应系统；测量题项的内容不易被填答者或受访者所理解或者反馈意见；测量题项的语境与研究情境或者拟测变量所处的情境特征不相符等。基于此，鉴于本章案例研究的问卷调查采用了自陈式填答方式，可能存在共同方法偏差问题，有必要对调查数据进行共同方法偏差的检验。具体操作以问卷填答者的高校教龄作为标记变量，检测结果表明，在剔除了这一标记变量的共变作用的前、后，研究变量之间的相关系数差异并未达到社会统计学所限定的显著性水平（$P>0.05$）。因此，可以判定，共同方法偏差问题对于本书案例研究的影响并不严重，可以不予考虑。

（二）数据分析与讨论

1. 数学模型构建

基于针对以上调查样本的描述性统计分析、数据特征分析、无应答偏差检验、共同方法偏差检验等研究步骤对调查数据的有效性进行检验从而提炼可应用于本书研究模型验证的有效样本数据之后，本章秉承系统仿真学的思想，运用 MATLAB 7.0 系统仿真分析软件，对本书前文建构的青年教师可雇佣型心理契约对高校教学发展和科研发展的影响机理模型展开验证。正如本书前文对系统仿真技术的阐释，系统仿真技术是拟通过虚拟数据的运算平台途径，还原真实世界中隐藏在数据背后的问题的根源实质，对于研究模型的验证而言，则是通过虚拟构建研究变量之间关联逻辑的演算模型，以及观测模型运算所映射的研究变量之间的关系结构的途径，来验证本书前文所构建的理论模型的真伪性。

自 20 世纪 70 年代，美国新墨西哥大学计算机科学系主任 Cleve Moler 运用 FORTRAN 语言开发了数理运算世界中首款 MATLAB 分析软件以来，MATLAB 已按照商业化模式的更新迭代、社会经济领域对于研究问题和现象求解的需求，以及相关学科专业领域中涉及真实世界的虚拟仿真、探求关键（或典型）事件或事物的客观发展规律和动态演化规则等进行了相应的改善与升级。直至 20 世纪 90 年代，MATLAB 发展成为国际控制和运算学界的标准计算软件，同时也为系统仿真和管理控制领域提供了系统模拟和仿真实验中可供大量数组处理和分析的工具软件。MATLAB 通过函数设定、命令语言编写、人机交互视窗展示、数据结构搭建等，借助矩阵运算功能，将假设模型置于虚拟数组序列框架下，并搭载当前在计算机控制和运算领域编写最为盛行的 C++语言，结合语法、命令、程式以及计算环境的匹配性，使操作人员使用起来更加方便、友好、快捷、高效。MATLAB 彻底颠覆了传统计算和控制软件的编写枯燥、界面单向、用户个性化需求匹配不够明显、分析结果移植性不强等不足，将专业的数理分析方法和技术平台与视窗用户化技术有机结合，将系统控制和运算功能发挥得更为友好、效率性和个性化，给使用者带来专业化分析手段、数据分析效果、数据结构的逻辑探测以及可供无限移植的传输对接渠道。其编写和运算功能依托于成组矩阵运算，由此，可以使 MATLAB 软件成为支撑社会调查数据进入虚拟实验场景的数组运算平台。

具体就本章研究而言，鉴于本书前文所构建的青年教师可雇佣型心理契约对高校教学发展和科研发展的驱动机理模型蕴含了青年教师可雇佣型心理契约对高校教学发展和科研发展影响的直接效应机制以及中介效应机制，又考虑到本章案例研究设计中的定量研究部分是通过问卷调查法的途径收集样本数据，因此，本章将上文整理、检审后的有效样本数据分别导入拟运算的直接效应模型和中介效应模型当中，以期利用案例学校的问卷调查数据来考证本书前文所构建的青年教师可雇佣型心理契约对高校教学发展和科研发展的驱动机理的建构信度与外部效度，从而进一步阐释和升华研究结论的理论价值与实践应用意义。

对于运算过程而言，先将本书前文构建的青年教师可雇佣型心理契约对高校教学发展和科研发展的驱动机理理论模型转换为 MATLAB 软件程序可以识别的数学运算模型。鉴于这一驱动机理理论模型包含自变量对因变量影响机制的直接效应和中介效应，因此，在编写程序时，将直接效应编写为线性方程组（其中，每个线性方程指代自变量对因变量影响作用的一条路径），进而基于中介效应检验法则，在自变量对因变量影响的直接效应的线性方程模型基础上，编写自变量对因变量影响的间接效应的多元线性方程模型。具体分述如下。

根据研究模型中自变量对因变量影响的直接效应机制，构建如下一元线性方程：

$$Y_j = b_0 + b_1 X_j, \ j = 1, 2, 3, \cdots \tag{7-1}$$

$$b_1 = \frac{\sum [(X - \bar{X})(Y - \bar{Y})]}{\sum (X - \bar{X})^2} \tag{7-2}$$

$$b_0 = Y_j - b_1 X_j, \ j = 1, 2, 3, \cdots \tag{7-3}$$

$$S^2 = \frac{\sum e_j^2}{n-2} = \frac{\sum (Y - \hat{Y})^2}{n-2} \tag{7-4}$$

$$S(b_1) = \sqrt{\frac{S^2}{\sum (X - \bar{X})^2}} \tag{7-5}$$

$$t = \frac{b_1}{S(b_1)} \tag{7-6}$$

式中，Y 表示实际因变量，$\hat{Y}$ 表示理论因变量，$\bar{Y}$ 表示实际因变量的均值，X 表示实际自变量，$\bar{X}$ 表示实际自变量的均值，t 表示 b_1 的显著性判断统计量，n 表示样本量，自由度为 $n-2$。当 t 值对应的显著性概率 P 值小于 0.05 时，表明 t 值达到社会统计学所限定的显著性水平，即自变量对因变量影响作用的路径系数显著；反之，则 t 值未达到社会统计学所限定的显著性水平，即自变量对因变量影响作用的路径系数不显著。

按照中介效应检验的基本原则和操作规程，中介效应的成立需要满足如下条件：首先，没有导入假定的中介变量时，自变量对因变量影响作用的路径系数达到了社会统计学所规定的显著性水平。其次，导入了假定的中介变量，此时自变量对中介变量影响作用的路径系数达到了社会统计学所规定的显著性水平，假定的中介变量对因变量影响作用的路径系数也达到了社会统计学所规定的显著性水平，且自变量对因变量影响作用的路径系数达到了社会统计学所规定的显著性水平，却较之没有导入假定的中介变量之前有所下降或者自变量对因变量影响作用的路径系数变为不再显著。最后，导入了假定的中介变量之后，自变量对因变量影响作用的路径系数达到了社会统计学所规定的显著性水平。其中，在导入假定的中介变量之后，自变量对因变量影响作用的路径系数由导入假定的中介变量之前的统计显著性水平变为不再显著，则可以判定，假定的中介变量在自变量对因变量的影响关系中发挥着完全中介作用；若导入了假定的中介变量后，自变量对因变量影响作用的路径系数达到了社会统计学所规定的显著性水平，却较导入假定的中介变量之前的影响作用路径系数有所下降，则可以判定，假定的中介变量在自变量对因变量的影响关系中发挥着部分中介作用。由以上中介效应成立的前提条件可以推知，如果自变量对因变量的直接影响本身就没有达到社会统计学所规定的显著性水平，则根本不需要再判断中介效应存在与否，而是可以直接判定，自变量对因变量的直接效应和中介效应都不存在；如果导入假定的中介变量之后，自变量对假定的中介变量的影响、假定的中介变量对因变量的影响中任意一条影响路径的系数都没有达到社会统计学所规定的显著性水平，则可以判定，假定的中介变量在自变量对因变量的影响关系中不发挥中介作用。

对于中介效应的检验步骤和判定准则，温忠麟等（2004）提出了更为直接的判定流程、方法和步骤。鉴于其操作的便利性、科学性和稳健性，自被提出以来，就在组织管理研究中得到了广泛应用。假定自变量对因变量的直接效应和中介效应如图7-1所示。温忠麟等（2004）认为，如果导入假定的中介变量之后，假定的中介变量对因变量的影响作用、自变量对因变量的间接影响作用的路径系数都达到了社会统计学所要求的显著性水平，则可以判定，自变量对假定的中介变量的影响也达到社会统计学所要求的显著性水平，自变量对因变量的间接效应为中介效应，假定的中介变量在自变量对因变量的影响作用关系中发挥着中介作用。而如果假定的中介变量对因变量的影响作用达到了社会统计学所要求的显著性水平，自变量对因变量的间接影响作用却没有达到社会统计学所要求的显著性水平，则可以判定，自变量对假定的中介变量的影响作用必定没有达到社会统计学所要求的显著性水平，假定的中介变量在自变量对因变量的影响作用关系中不具有中介作用。

在以往经典的中介效应判定方法、原则和准则的基础上，陈晓萍等（2012）在组织行为研究中指出了中介变量在自变量对因变量影响关系检验中的重要意义，在中介效应检验方法中，则特别强调了导入假定的中介变量之前自变量对因变量的直接影响，以及导入假定的中介变量之后自变量对中介变量的直接影响、自变量对因变量的直接影响、中介变量对因变量的直接影响的统计意义显著性检验的必要性，这些影响作用路径的检验结果对于中介效应的判定而言是缺一不可的，进而从定量实证性研究的角

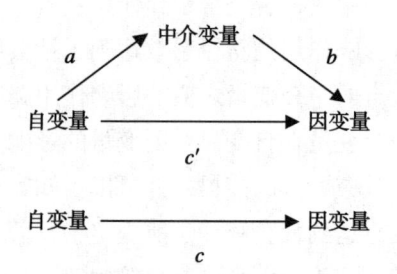

图7-1 假定自变量对因变量的直接效应和中介效应

注：a 为导入假定的中介变量之后自变量对中介变量影响作用的路径系数，b 为导入假定的中介变量之后中介变量对因变量影响作用的路径系数，c' 为导入假定的中介变量之后自变量对因变量影响作用的路径系数，$a \times b$ 为导入假定的中介变量之后自变量对因变量间接影响作用的路径系数，c 为没有导入假定的中介变量之前自变量对因变量直接影响作用的路径系数。

度给出了中介效应的合法判定程序和基本准则。

综合以往文献对于中介效应的检验原则和方法，本章总结了中介效应的检验流程，如图7-2所示。

那么，通过MATLAB软件实现中介效应检验需要在公式（7-1）至公式（7-6）的基础上设置如下多元线性方程模型，并且在程序运算过程中，以最小二乘法来进行参数估计：

$$\hat{Y} = b_0 + b_1 X_1 + b_2 X_2 + \cdots + b_j X_j \tag{7-7}$$

求解 b_j，$\sum (Y - b_0 - b_1 X_1 - b_j X_j)^2$ 对 b_0，b_1，…，b_j 求偏导数，并令其等于零，加以整理得到 $p+1$ 个方程式，对此方程组求解得出 b_0，b_1，…，b_j。 $\tag{7-8}$

$$S^2 = \frac{\sum e_j^2}{n - p - 1} = \frac{\sum (Y - \hat{Y})^2}{n - p - 1} \tag{7-9}$$

$$S(b_j) = \sqrt{\frac{S^2}{\sum (X - \bar{X})^2}} \tag{7-10}$$

$$t = \frac{b_j}{S(b_j)} \tag{7-11}$$

式中，p 表示 X 的个数，自由度为 $n-p-1$。

换言之，对于自变量对因变量影响作用的中介效应检验，在MATLAB

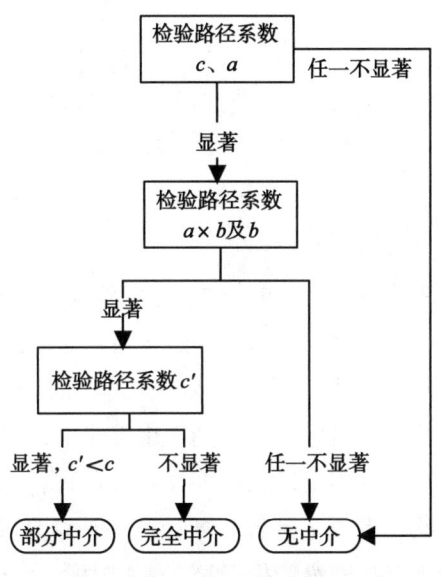

第七章 青年教师可雇佣型心理契约对高校教学科研发展驱动机理的案例研究

```
         检验路径系数
            c、a              任一不显著
              │
            显著
              ↓
         检验路径系数
           a×b 及 b
              │
            显著
              ↓
         检验路径系数 c′
              │
     ┌────────┼────────┐
   显著，c′<c  不显著   任一不显著
     ↓         ↓          ↓
   部分中介  完全中介    无中介
```

图 7-2 中介效应的检验流程

注：a 为导入假定的中介变量后自变量对中介变量直接影响的路径系数，b 为导入假定的中介变量后中介变量对因变量直接影响的路径系数，$c′$ 为导入假定的中介变量后自变量对因变量直接影响的路径系数，c 为未导入假定的中介变量时自变量对因变量直接影响的路径系数，$a×b$ 为导入假定的中介变量后自变量对因变量间接影响的路径系数。

软件的虚拟模型搭建中，除了运行公式（7-1）至公式（7-6）以外，还需要采用公式（7-8）至公式（7-11），比较导入假定的中介变量前、后，自变量对因变量直接影响作用的路径系数 b_j（$j=1,2,\cdots$）的变化（增大或者减小）以及从社会统计学角度考查以上影响作用路径系数所达到的显著性水平 t。

接下来，将以上多元线性方程模型编写转换为如下的 MATLAB 软件可以识别的映像模型。

（1）直接效应检验的程序步骤。

第一步，执行程序： 程序（7-1）

>>*cftool*

第二步，执行程序： 程序（7-2）

>> $y = b_1 * x + b_0$

>> $s_2 = (y_1 - y)\ \wedge\ 2/69$

$>> s_{22} = sum(s_2)$

$>> b_2 = (x - x_0)^{\wedge} 2$

$>> bb_2 = sum(b_2)$

$>> m = sqrt(s_{22}/b_2)$

$>> t = b_2/m$

（2）中介效应检验的程序步骤。

第一步，执行程序（7-1）和（7-2），检验没有导入假定的中介变量时，自变量对因变量直接影响作用的路径系数 c 是否达到社会统计学意义上的显著性水平。如果达到了显著性水平，则继续执行接下来的中介效应检验；如果没有达到显著性水平，则终止后续中介效应检验。

第二步，执行程序（7-1）和（7-2），检验自变量对假定的中介变量直接影响作用的路径系数 a 是否达到社会统计学意义上的显著性水平。如果达到了显著性水平，则继续执行接下来的中介效应检验；如果没有达到显著性水平，则终止后续中介效应检验。

第三步，检验导入假定的中介变量时，自变量对因变量间接影响作用的路径系数 $a×b$ 与中介变量对因变量直接影响作用的路径系数 b 是否达到社会统计学意义上的显著性水平。①若都达到了社会统计学意义上的显著性水平，则进一步判断自变量对因变量直接影响作用的路径系数 c' 是否达到社会统计学意义上的显著性水平，若达到社会统计学意义上的显著性水平，且 $c'<c$，则可以判定，中介变量在自变量与因变量之间发挥着部分中介效应，若没有达到社会统计学意义上的显著性水平，则可以判定，中介变量在自变量与因变量之间发挥着完全中介作用。②如果以上任意一条影响作用路径都没有达到社会统计学意义上的显著性水平，则可以判定，假定的中介变量在自变量与因变量之间不发挥中介作用。

以上应用 MATLAB 软件进行中介效应检验的过程中，对于导入假定的中介变量后自变量对因变量影响作用的路径系数 c' 的检验程序步骤如下。

程序（7-3）

$>> x_0 = ones(71, 1)$

$>> x_1 = X_{01}$

$>> x_2 = X_{02}$

第七章 青年教师可雇佣型心理契约对高校教学科研发展驱动机理的案例研究 | 311

$\gg B = [x_0, \ x_1, \ x_2]$

$\gg A = linsolve(B, y_1)$

$\gg y = b_1 * X_{01} + b_2 * X_{02} + b_0$

$\gg s_2 = (y_1 - y).\wedge 2/68$

$\gg s_{22} = sum(s_2)$

$\gg X_{001} = sum(X_{01})$

$\gg X_{011} = X_{001}/71$

$\gg b_1 = (X_{01} - X_{011}).\wedge 2$

$\gg b_{11} = sum(b_1) \quad b_{11} = sum(b_1)$

$\gg s_3 = s_{22}/b_{11}$

$\gg s_4 = sqrt(s_3)$

$\gg t = b_1/s_4$

以上应用 MATLAB 软件进行中介效应检验的过程中，对于导入假定的中介变量后中介变量对因变量直接影响作用的路径系数 b 的检验程序步骤如下。 程序（7-4）

$\gg y = b_1 * X_{01} + b_2 * X_{02} + b_0$

$\gg s_2 = (y_1 - y).\wedge 2/68$

$\gg s_{22} = sum(s_2)$

$\gg X_{002} = sum(X_{02})$

$\gg X_{021} = X_{002}/71$

$\gg b_2 = (X_{02} - X_{021}).\wedge 2$

$\gg b_{22} = sum(b_2)$

$\gg s_3 = s_{22}/b_{22}$

$\gg s_4 = sqrt(s_3)$

$\gg t = b_2/s_4$

以上中介效应检验的流程中，导入假定的中介变量后自变量对因变量间接影响作用的路径系数 $a×b$ 的社会统计学意义上显著性的计算公式如下。

$$方差\ S(ab) = \sqrt{b^2 s_a^2 + a^2 s_b^2 + s_a^2 s_b^2}$$

$$t = \frac{ab}{S(ab)}$$

(7-12)

查阅 t 所对应的社会统计学意义上的显著性概率 P 值，得出导入假定的中介变量后自变量对因变量间接影响作用的路径系数 $a \times b$ 的社会统计学意义的显著性水平。

2. 数学模型检验

按照以上直接效应和中介效应的检验规程以及 MATLAB 软件的虚拟模型转换为映像模型的程序编写和检验操作方法、判定准则，对本书前文构建的青年教师可雇佣型心理契约对高校教学发展和科研发展的驱动机理模型进行如下偏最小二乘演算。

（1）青年教师可雇佣型心理契约对高校教学发展和科研发展的驱动机理的直接效应检验。

本研究的直接效应检验结果如表 7-2 所示。①除了阴影部分（为个体可雇佣性能力提升提供发展机会的青年教师可雇佣型心理契约→漠视）影响作用的路径系数没有达到社会统计学所规定的显著性水平以外，其他研究变量之间的影响作用路径系数都达到了社会统计学所规定的显著性水平。②研究结果还显示，青年教师可雇佣型心理契约的各个维度对青年教师的退出行为和漠视行为均产生负向影响，对青年教师的组织建言行为和组织忠诚行为则产生正向影响，这与第六章研究得出的青年教师可雇佣型心理契约对高校教学发展和科研发展的影响机理的研究结果一致。③研究还表明，青年教师可雇佣型心理契约的各个维度对青年教师的组织犬儒主义具有显著的负向影响，对团队认同则具有显著的正向影响，也与第六章得出的青年教师可雇佣型心理契约的维度结构对青年教师的组织犬儒主义和团队认同的影响的研究结果一致，该研究结果为进一步检验青年教师的组织犬儒主义和团队认同在青年教师可雇佣型心理契约的各个维度与青年教师的退出、建言、忠诚、漠视行为模型之间的中介作用提供了重要前提和基础性条件。④另外，研究结果表明，青年教师的退出行为、漠视行为对高校的教学发展和科研发展均具有显著的负向影响，青年教师的建言行为、忠诚行为对高校的教学发展和科研发展均具有显著的正向影响，与第六章得出的青年教师的退出、建言、忠诚、漠视行为整合模型分别对高校教学发展和科研发展的影响关系一致，该研究结果为检验青年教师的退出、建言、忠诚、漠视行为整合模型在青年教师的组织犬儒主义和团队认同分别与高校教学发展、科研发展之间的中介作用提供了不可或缺的充分条件。

(2) 青年教师可雇佣型心理契约对高校教学发展和科研发展的驱动机理的中介效应检验。

本研究的中介效应的检验结果如表 7-3 所示。①除了在为个体可雇佣性能力提升提供物质支持的青年教师可雇佣型心理契约与青年教师的漠视行为之间的完全中介作用、在为个体可雇佣性能力提升提供发展机会的青年教师可雇佣型心理契约与青年教师的漠视行为之间不具有中介作用以外，青年教师的组织犬儒主义在青年教师可雇佣型心理契约的其他维度与青年教师的退出、建言、忠诚、漠视行为模型之间都发挥着部分中介作用，与第六章得出的青年教师可雇佣型心理契约的维度结构对青年教师的退出、建言、忠诚、漠视行为模型的影响机理的研究结果一致。由此，进一步印证了，青年教师的组织犬儒主义作为一种不利于组织的负面情感所产生的消极主观认知和心理体验，既是制约青年教师可雇佣型心理契约对高校教学发展和科研发展的积极意义的"削减器"，又充当了青年教师可雇佣型心理契约对高校教学发展和科研发展的消极意义的"缓冲器"。因此，在青年教师职业能力的培育工程建设当中，高校要密切关注青年教师的组织犬儒主义的负面情绪，在发挥对高校教学和科研事业的消极影响的缓解作用的同时，削弱对高校教学和科研事业的积极影响的抵减效应。②研究结果还显示，青年教师的团队认同在青年教师可雇佣型心理契约的各个维度与青年教师的建言行为之间发挥着部分中介作用，与第六章得出的青年教师可雇佣型心理契约的维度结构对青年教师的建言行为的影响机理的研究结果一致。进而，印证了第六章得出的青年教师的团队认同在高校教学发展和科研发展建设当中所发挥的重要作用，即青年教师可雇佣型心理契约的各个维度会经由青年教师对所在团队的认同感的路径作用于高校教学和科研发展建设，因此，高校要加强青年教师的师资队伍建设，培育青年教师对所在教学和科研等工作团队的认同感，并且要切实认识到，高校要实现教学和科研发展，不仅需要有效管理青年教师可雇佣型心理契约，还要加强青年教师的团队认同感培养，如此，才能全面促进高校教学事业和科研事业的可持续健康发展。

表7-2 青年教师可雇佣型心理契约对高校教学发展和科研发展驱动机理的直接效应检验

影响作用路径	系数 b_1	系数 b_2	拟合度 R^2	拟合度 ΔR^2	b_1的t值	b_1显著性概率P值	b_1显著性水平	检验结果
为个体可雇佣性能力提升提供组织环境支持的青年教师可雇佣型心理契约→退出	-0.510	-2.266	0.207	0.215	-7.782	0.000	****	负向影响显著
为个体可雇佣性能力提升提供组织环境支持的青年教师可雇佣型心理契约→建言	0.351	6.565	0.214	0.152	5.652	0.000	****	正向影响显著
为个体可雇佣性能力提升提供组织环境支持的青年教师可雇佣型心理契约→忠诚	0.231	5.996	0.068	0.044	5.406	0.000	****	正向影响显著
为个体可雇佣性能力提升提供组织环境支持的青年教师可雇佣型心理契约→漠视	-0.193	-4.451	0.037	0.018	-2.517	0.006	**	负向影响显著
为个体可雇佣性能力提升提供组织环境支持的青年教师可雇佣型心理契约→组织犬儒主义	-0.721	-8.346	0.143	0.317	-6.092	0.000	****	负向影响显著
为个体可雇佣性能力提升提供组织环境支持的青年教师可雇佣型心理契约→团队认同	0.515	13.101	0.042	0.061	3.517	0.000	****	正向影响显著
为个体可雇佣性能力提升提供物质支持的青年教师可雇佣型心理契约→退出	-0.427	-3.125	0.123	0.119	-2.953	0.000	****	负向影响显著
为个体可雇佣性能力提升提供物质支持的青年教师可雇佣型心理契约→建言	0.533	5.909	0.294	0.384	6.981	0.000	****	正向影响显著
为个体可雇佣性能力提升提供物质支持的青年教师可雇佣型心理契约→忠诚	0.373	5.881	0.077	0.065	4.260	0.000	****	正向影响显著
为个体可雇佣性能力提升提供物质支持的青年教师可雇佣型心理契约→漠视	-0.149	-3.934	0.028	0.033	-2.421	0.001	**	负向影响显著

续表

影响作用路径	系数 b_1	系数 b_2	拟合度 R^2	拟合度 $\triangle R^2$	b_1的 t值	b_1显著性概率P值	b_1显著性水平	检验结果
为个体可雇佣性能力提升提供物质支持的青年教师可雇佣型心理契约→组织犬儒主义	-0.498	-5.615	0.232	0.230	-4.850	0.000	****	负向影响显著
为个体可雇佣性能力提升提供物质支持的青年教师可雇佣型心理契约→团队认同	0.709	14.562	0.339	0.236	4.228	0.000	****	正向影响显著
为个体可雇佣性能力提升提供发展机会的青年教师可雇佣型心理契约→退出	-0.330	-1.454	0.036	0.022	-1.826	0.002	**	负向影响显著
为个体可雇佣性能力提升提供发展机会的青年教师可雇佣型心理契约→建言	0.307	3.221	0.234	0.332	3.602	0.000	****	正向影响显著
为个体可雇佣性能力提升提供发展机会的青年教师可雇佣型心理契约→忠诚	0.306	4.404	0.047	0.031	1.044	0.002	**	正向影响显著
为个体可雇佣性能力提升提供发展机会的青年教师可雇佣型心理契约→漠视	-0.015	-3.557	0.000	0.002	-0.103	0.320	n.s	影响不显著
为个体可雇佣性能力提升提供发展机会的青年教师可雇佣型心理契约→组织犬儒主义	-0.321	-6.155	0.112	0.108	-5.367	0.000	****	负向影响显著
为个体可雇佣性能力提升提供发展机会的青年教师可雇佣型心理契约→团队认同	0.199	10.530	0.044	0.025	1.358	0.040	*	正向影响显著

注：N=76；* 表示 P<0.05，** 表示 P<0.01，*** 表示 P<0.001，**** 表示 P<0.0001，n.s 表示不显著。

表 7-3　青年教师可雇佣型心理契约对高校教学发展和科研发展驱动机理的中介效应检验

影响作用路径	未导入中介变量 自变量→因变量	路径系数与显著性水平 导入中介变量 自变量→中介变量	路径系数与显著性水平 导入中介变量 中介变量→因变量	路径系数与显著性水平 导入中介变量 自变量→因变量	自变量→因变量间接影响	检验结果
为个体可雇佣性能力提升提供组织环境支持的青年教师可雇佣型心理契约→组织大儒主义→退出	−0.481****	−0.661****	0.249****	−0.435****	−0.165**	部分中介
为个体可雇佣性能力提升提供组织环境支持的青年教师可雇佣型心理契约→组织大儒主义→建言	0.335****	−0.661****	−0.074****	0.286****	0.049*	部分中介
为个体可雇佣性能力提升提供组织环境支持的青年教师可雇佣型心理契约→组织大儒主义→忠诚	0.191****	−0.661****	−0.107****	0.121*	0.071**	部分中介
为个体可雇佣性能力提升提供组织环境支持的青年教师可雇佣型心理契约→组织大儒主义→漠视	−0.173*	−0.661****	0.287****	−0.170*	−0.190****	部分中介
为个体可雇佣性能力提升提供物质支持的青年教师可雇佣型心理契约→组织大儒主义→退出	−0.347****	−0.697****	0.227****	−0.003**	−0.158**	部分中介
为个体可雇佣性能力提升提供物质支持的青年教师可雇佣型心理契约→组织大儒主义→建言	0.431***	−0.697****	−0.051****	0.396***	0.036*	部分中介
为个体可雇佣性能力提升提供物质支持的青年教师可雇佣型心理契约→组织大儒主义→忠诚	0.275***	−0.697****	−0.087****	0.002**	0.061**	部分中介
为个体可雇佣性能力提升提供物质支持的青年教师可雇佣型心理契约→组织大儒主义→漠视	−0.199*	−0.697****	0.283****	n.s	−0.197****	完全中介
为个体可雇佣性能力提升提供发展机会的青年教师可雇佣型心理契约→组织大儒主义→退出	−0.234****	−0.552****	0.277****	−0.154****	−0.153****	部分中介
为个体可雇佣性能力提升提供发展机会的青年教师可雇佣型心理契约→组织大儒主义→建言	0.297****	−0.552****	−0.070****	0.261****	0.039*	部分中介

第七章 青年教师可雇佣型心理契约对高校教学科研发展驱动机理的案例研究 | 317

续表

影响作用路径	路径系数与显著性水平					检验结果
	未导入中介变量	导入中介变量				
	自变量→因变量	自变量→中介变量	中介变量→因变量	自变量→因变量	自变量→因变量间接影响	
为个体可雇佣性能力提升提供发展机会的青年教师可雇佣型心理契约→组织大儒主义→忠诚	0.201****	-0.552****	-0.097****	0.151****	0.054**	部分中介
为个体可雇佣性能力提升提供发展机会的青年教师可雇佣型心理契约→组织大儒主义→漠视	n.s	—	—	—	—	无中介
为个体可雇佣性能力提升提供发展环境支持的青年教师可雇佣型心理契约→团队认同→建言	0.335****	0.496****	0.245****	0.213****	0.122****	部分中介
为个体可雇佣性能力提升提供物质支持的青年教师可雇佣型心理契约→团队认同→建言	0.431****	0.819****	0.225****	0.247****	0.184****	部分中介
为个体可雇佣性能力提升提供发展机会的青年教师可雇佣型心理契约→团队认同→建言	0.297****	0.279****	0.247****	0.228****	0.069****	部分中介
组织大儒主义→退出→高校教学发展	-0.501****	0.498****	-0.342****	-0.313****	-0.246****	部分中介
组织大儒主义→退出→高校科研发展	-0.337****	0.819****	-0.325****	-0.307****	-0.184****	部分中介
组织大儒主义→建言→高校教学发展	-0.347****	-0.377****	0.315****	-0.308****	-0.081****	部分中介
组织大儒主义→建言→高校科研发展	-0.445****	-0.533****	0.309****	-0.373****	-0.142****	部分中介
组织大儒主义→忠诚→高校教学发展	-0.601****	-0.619****	0.305****	-0.357****	-0.274****	部分中介
组织大儒主义→忠诚→高校科研发展	-0.377****	-0.266****	0.222****	-0.308****	-0.038****	部分中介
组织大儒主义→漠视→高校教学发展	-0.405****	0.488****	-0.398****	-0.329****	-0.136****	部分中介

续表

影响作用路径	路径系数与显著性水平				检验结果
	未导入中介变量 自变量→因变量	导入中介变量			
		自变量→中介变量	中介变量→因变量	自变量→因变量	自变量→因变量间接影响	
组织犬儒主义→漠视→高校科研发展	-0.551****	0.602****	-0.271****	-0.273****	-0.304****	部分中介
团队认同→退出→高校教学发展	0.585****	-0.596****	-0.288****	0.378****	0.151****	部分中介
团队认同→退出→高校科研发展	0.931****	-0.903****	-0.925****	0.877****	0.187****	部分中介
团队认同→建言→高校教学发展	0.338****	0.372****	0.271****	0.282****	0.193****	部分中介
团队认同→建言→高校科研发展	0.354****	0.595****	0.344****	0.219****	0.182****	部分中介
团队认同→忠诚→高校教学发展	0.835****	0.901****	0.728****	0.547****	0.184****	部分中介
团队认同→忠诚→高校科研发展	0.297****	0.279****	0.247****	0.228****	0.069****	部分中介
团队认同→漠视→高校教学发展	0.305****	-0.426****	-0.254****	0.217****	0.142****	部分中介
团队认同→漠视→高校科研发展	0.471****	-0.800****	-0.255****	0.227****	0.191****	部分中介

注：N=76；* 表示 P<0.05，** 表示 P<0.01，*** 表示 P<0.001，**** 表示 P<0.0001，n.s 表示不显著

二　青年教师可雇佣型心理契约对高校教学发展和科研发展影响的定性分析及讨论

遵照与案例学校的事先约定，本研究将以上调查数据的定量研究结果报送相关案例学校及受访人员，同时出于对研究结果的科学性、稳健性和严谨性的考虑，又从案例学校联系了4位访谈对象，以期针对定量研究结果进一步展开深入访谈调研，采用定性分析技术作为另一个角度的研究手段，试图佐证以上定量研究结果，从而进一步印证本书所构建的青年教师可雇佣型心理契约的维度结构和内涵特征以及对高校教学发展和科研发展的驱动机理模型。来自案例学校的访谈对象的基本信息以及访谈大纲的题项内容如表7-4和表7-5所示。

表7-4　　　　　　　　访谈对象的基本信息

编号	性别	年龄（岁）	高校教龄（年）	最终教育背景	工作性质	访谈时间（分）
A	男	31	2	博士	一线教学科研	42
B	女	33	4	博士后	一线教学科研	45
C	女	30	1	博士	一线教学科研	51
D	男	35	4	硕士	教师发展研究中心管理人员	43

表7-5　　　　　　　　访谈大纲题项

序号	内容
1	您认为当前高校青年教师可雇佣型心理契约主要包含哪些内容及其典型特征
2	您认为青年教师可雇佣型心理契约对于高校教学事业建设和发展的影响如何
3	您认为青年教师可雇佣型心理契约通过哪些途径来影响高校的教学事业建设和发展
4	您认为青年教师可雇佣型心理契约对于高校科研事业建设和发展的影响如何
5	您认为青年教师可雇佣型心理契约通过哪些途径来影响高校的科研事业建设和发展

(一) 青年教师可雇佣型心理契约对高校教学发展和科研发展驱动机理的直接效应分析

由于访谈对象的年龄、高校教龄、学科专业、学历、所在学校类型、工作性质等人口统计特征存在差异，每位访谈对象的回答情况有所不同。例如，对访谈问题理解的深度、锐度和广度以及回答问题的开放程度、详尽程度、配合受访程度等都呈现出明显的不同之处。因此，本章在案例信息数据收集的过程中，尤其针对访谈对象的个体特征差异性所导致的以上访谈信息采集的相关问题做出一定准备。在访谈开始之前，除了就访谈提纲及其问题内容、表述方式、访问措辞等进行了研究团队内部的焦点小组研讨、征求有关专家同行的意见和建议、多轮修改，进而确定能够用于正式访谈的访谈大纲及其问题以外，在访谈开始时，还就访谈的目的、主要内容、相关的学术用语和措辞、回答问题的注意事项、对访谈内容的保密性等向访谈对象进行了逐一说明，在访谈过程中安排两名研究团队成员负责记录工作，以便保证采集的信息数据尽量完整；另外，访谈结束后，安排两名研究团队成员采用背对背的方式整理总结访谈记录，对于所发现的访谈记录中有不完整之处，再邀请访谈对象，予以相应补充。按照这种操作流程进行访谈后，两名研究团队成员分别采用 Nvivo 9.0 软件对访谈记录文本材料进行内容分析和编码工作。需要说明的是，本书前文的探索性研究中已提炼出一部分理论构念，并采用定量实证性研究对这些构念的真伪性进行了验证，因此，为了避免重复命名，对于本书前文已建构的理论构念将不再重复命名，对于在本章案例研究的访谈中新提取的理论构念，则结合文献分析、以往研究成果的比对、理论与实践的"对话"、研究团队讨论并一致同意后，才确定新的理论构念的命名。基于以上研究工作，研究团队最终提取了 67 个主要内容节点，如表 7-6 所示。接下来，按照公式（3-1）检测了以上内容节点编码一致性的信度，结果如表 7-7 所示。

如表 7-7 所示，内容分析编码内部一致性的信度均在 0.6 以上。根据社会统计学的经验标准，在探索性研究当中，信度系数应该大于 0.5。因此，可以判定，本书的这部分案例研究中，内容分析编码一致性的信度均满足社会统计学的分析要求。

第七章 青年教师可雇佣型心理契约对高校教学科研发展驱动机理的案例研究 | 321

表7-6 青年教师可雇佣型心理契约对高校教学发展和科研发展驱动机理的直接效应编码分析（一）

编码一级目录	编码二级目录	访谈示例
工作满意度	对教学条件和环境满意	在入职面试试讲时，学校方面会大致说明学校的教学条件、教学工程建设、教学成果和教学资源情况，事实上，新来的教师在试讲环节大致能够真实地感受到学校的基本教学资源条件情况（C）
	对科研条件和环境满意	对于新招募的青年教师，基本都要经过科研成绩考核。入职学校后的3年内，也是要求快出、多出、出好的科研成果的，在这方面，学校、学院、研究所等各级单位都提供了能够开展科研工作的资源环境和科研配套设施条件（A）
	对人际环境满意	新进教师从学生转变为教师工作状态，有很多新的人和事物需要去适应，熟悉人际环境是所有需要适应的新的工作环境情况里必不可少的（A）
	工作要求与胜任力匹配	教学科研岗位要求新进教师既要承担一定的教学任务和工作量，同时也要从事科研工作，多、快、好、好地出科研成果是考核指标评定时的重要参考依据（C）
	对待遇满意	待遇是很重要的一项，在入职时，就对新进老师说明了工资结构基本情况，对这份待遇不满意者，就不会入职了（A）
	对个人职业发展规划满意	学校组织机构中专门设置了教师发展研究中心，其中就包括对青年教师职能建设、目的就是要青年教师熟悉了学校的职业发展规划以及结合学校发展战略思考和践行如何规划并落实到个人的职业生涯发展中，从而提高青年教师对个人职业发展规划的满意感（B）
	对领导方式满意	学院领导都关心老师成长，在大规模会议、小规模会议、科研建设、教学建设、人文环境营造、学科专业整合等建设上都鼓励大家要支持青年教师资队伍建设，开展"以老带新"和"传帮带"的师资队伍建设方案，从目前来看，适宜的领导方式非常有益于青年教师的职业综合能力成长（A）
	对学校政策制度满意	学校的各项规章制度从校园建设、科研建设、教学建设、人文环境营造、师生关系建设、教师职业发展平台打造等各个方面都有相关的明文规定，在青年教师入职培训时，都对这些规定进行了详细说明，旨在使青年教师心知肚明，提高对这些政策、制度、规范对学校信息的满意度，规避由于"不知道"所造成的不满意心态（A）

续表

编码一级目录	编码二级目录	访谈示例
工作满意度	对校园文化满意	校园文化不仅对学生，对老师们也很重要，大家工作、学习、社交以及生活等各个方面都与校园文化息息相关。所以，青年教师对校园文化的熟知度、领悟度、理解度、满意度等心理感受将直接关系到青年教师个体在学校中工作和生活的质量（C）
	对学校的资质和竞争能力的满意	目前学校之间竞争力付诸激烈，争创"双一流"、建设高校的目标从学校层面直至学院（研究所）的每位教师，都要努力付诸规划、实践，才能实现学校的这个总体目标。事实上，青年教师的职业抉择就与学校办学资质以及竞争实力有着紧密的关系，大家都会争先恐后地投入资质、实力体现的学校的职业发展平台上（D）
组织承诺	规范承诺	遵守学校的职业准则是必需的，新进教师都接受过高等教育，经历过严格、严重、规范的学术训练，具有一定自律能力，所以在遵守学校既定职业规范准则方面都能做到，基本上没问题（D）
	持续承诺	学校虽然有离职现象，但多数还是去教育行业，而目依然主要是高等教育行业内的其他学校，而对于青年教师来讲，职业保持性较好，基本无离职现象出现（A）
	情感承诺	学校很重视青年教师队伍建设，新进入学校工作的青年教师的教学任务普遍安排不是很多，主要侧重于科研工作，因为青年教师处于重要的职业转换期，在这一阶段，努力适应新科研课题，扬长避短，快速实现职业转换，很多青年教师因此政策受益，人校3年内就立项了国家级科研课题、省部级课题，很大程度上提高了青年教师个体对学校组织的情感依赖和归属感（B）
退出	辞职	就我们学校目前掌握的新人职青年教师情况而言，青年教师辞职的现象几乎没有，即便有提出辞职想法的，其辞职原因主要是因为夫妻两地分居，想继续读博士后（博士后工作站要求完全脱产），为解决子女上学问题而自愿改变自己所供职学校的级别（如地方三本院校）这几个方面（B）
	辞职倾向	新人职的青年教师提出辞职想法，多数是经过了解、都会加以深入了解，先弄清楚究竟是什么原因使新人职的青年教师会产生这种要辞职的想法，在学校规定允许的范围内，只要是能解决的困难，都会尽量帮助青年教师加以协调解决，这也是辞职情况少有的原因吧（B）

第七章 青年教师可雇佣型心理契约对高校教学科研发展驱动机理的案例研究 | 323

续表

编码一级目录	编码二级目录	访谈示例
退出	寻找新工作机会	高校这个行业有一定特殊性，就业面相对于其他企业组织狭窄，所以不像其他行业内所谓"骑马找马""春分异动"的情况较频繁，一旦进入高校行业后，改行的情况也相对少，体现在变更所在学校的工作单位方面，而是更多体现为变换工作岗位，寻找新的工作机会，所属学院（研究所）等（B）
退出	岗位调整	青年教师的岗位调整现象基本上是从一线教学科研岗位上增加工作内容，即增加了一部分行政辅助工作，原教学科研工作依然是青年教师的主要工作职责，这也是为帮助青年教师快速适应新的工作环境和工作内容，以"老带新"方式，通过给青年教师更多锻炼和实践的机会，使青年教师尽快转变工作角色，融入新的工作团队当中（C）
工作投入	工作注意力集中	青年教师的主要精力投入就是科研业绩，同时，辅以基础教学工作，对于接受过专门博士学位训练的博士毕业生而言，科研工作一直就是主业，始终不能放松（C）
工作投入	主动付出	青年教师要积极融入所在学院（研究所）的各项工作，除了本职教学科研岗位的工作以外，党建工作、党组织生活、教职工运动会、学生工作、社会服务等能多参与的就多参与，多涉猎，工会活动，广泛投入这些工作、活动和实践方面，对青年教师个人职业发展是有利而无害的（B）
忠诚	支持工作单位	支持所在单位各项工作建设是义不容辞的责任和义务，基本上，每位青年教师都有这个思想境界，遇到单位的棘手问题，多数青年教师都能挺身而出，积极应对问题，解决困难（B）
忠诚	坚守岗位	在去年的学校教学评估整个过程中，学院的青年教师都表现出积极主动的工作精神，工作态度，并积极做好相关教学评估工作的准备工作，除了每天例行工作时间内整理教学教务材料以外，还加班加点到凌晨做好相关教学评估工作的准备工作，有时周末都来学院坐班，很辛苦，一直坚守到工作圆满结束为止（D）
忠诚	情感依附	一旦在哪个单位工作时间久了，自然在情感上会有一定依附性，这是人之常情，对于青年教师来讲，培养这种情感依附性很重要，不仅有利于青年教师个体的职业发展，也有助于青年教师融入新的工作环境，顺利开展新工作新生活（C）

续表

编码一级目录	编码二级目录	访谈示例
漠视	低工作努力	按照市场经济规律的解释，不努力工作肯定不会得到回报，青年教师的工作不努力现象校少，入职学校后的3~5年可以说是初步职业生涯的拔升阶段，每位新进学校的教师都很清楚，利用这3~5年努力工作，赢取职业生涯的"第一桶金"，对未来的职业征程至关重要（B）
	低工作兴趣	有时候会存在对工作不感兴趣的情况，如对所安排的工作内容缺乏兴趣，不可否认，刚入职的青年教师在要承担一些行政事务性工作，通过服务性工作来考查工作态度是除了教学科研业绩考核以外的另一种考核方式，但是多数青年教师对此表示"不感兴趣"（B）
	频繁缺勤	目前发现，存在个别青年教师对于学院领导传达的重要内容，可能是认为以例会上所讲的有些内容与己关系不大，说更多情况是因为凡例会上所传达的重要内容，在学校内部办公网上都有公示，所以才表示对参加例会不是很关心，造成频繁缺勤的现象（C）
	工作时做私事	工作时间开小差的现象在我们学校的青年教师中体现倒不是很明显，不过，现在政策上允许科研人员格科研成果积极转化应用，所以，也存在兼职现象，这应该不属于私事吧（B）
	工作出错	青年教师都很注意这点，教学事故等各种工作事故情况几乎没有出现过（C）
	工作冷漠	对于组织漠视行为而言，对工作表现出冷漠情感是一种最为常见的现象，如果说青年教师对工作冷漠，这种倒是少见，但如果说真存在对工作冷漠的现象，那就是对行政事务性工作懈怠或同事许可能存在些许冷漠的态度倾向（B）
	低上级（组织）信任	在哪里工作，理论上讲，就该信任在哪个组织，在学校工作同理，在学校出现的对单位的学校或上级或单位的低信任或者不信任保持一种信任，当然，有时也可能会出现由于工作搭配或领导作风或某些事件造成领导对单位或同事的不理解而产生的不信任或者不信任（A）
组织犬儒主义	对上级或组织的负面情感	领导是单位管理政策和效果的一面镜子，当领导效果不尽如人意时，教育行业的职业生涯很长，更需要所供职的学校或单位保持一种情感体验，而且通常情况下，还会使教师对单位对学校产生负面情感（A）
	有损上级组织的言行	当感觉到单位存在不公正的情况时，一般会向同周围较亲近的人（家属，朋友，同学等）发牢骚，抱怨，诉苦，吐露心声，这里面就可能包含对单位的负面言语（D）

第七章 青年教师可雇佣型心理契约对高校教学科研发展驱动机理的案例研究 | 325

续表

编码一级目录	编码二级目录	访谈示例
团队认同	团队目标认同	青年教师的积极心理状态通常就会产生倾向于所在的教学团队目标、科研团队目标的认同感（A）
	团队氛围认同	对学院工作的正面认知和积极心态通常会产生积极的认同于团队工作氛围的乐观精神，并会进一步投射到团队工作当中（D）
	团队成员认同	拥有高水平的可雇佣型心理契约的青年教师通常会体现出对所在的教学团队和科研团队的高认同感和高情感依附（B）
	团队归属感	青年教师要积极融入各类教学团队和科研团队，这就要构筑青年教师与学校之间的正向心理契约纽带，只有这样，才能培养起青年教师对所在工作团队的归属感（D）
	个人利益与团队利益挂钩	培养青年教师的可雇佣型心理契约除了要满足青年教师个体的可雇佣性发展期望的基础上打造青年教师积极的心理资源图式以外，还要努力将青年教师所在其所在工作团队的个人利益与团队利益结合起来，特别是要让青年教师清楚个人利益与团队利益挂钩会给个人职业发展带来极大的益处（D）
建言	建言献策	学院各项工作和事业发展都需要不断集良言益意，青年教师是学院创新能力增长的生力军，其建设性的建言策无疑将有益于学院的发展，事实上，此类案例比比皆是（B）
	排忧解难	青年教师是刚刚进入学院的新鲜血液，教学科研工作的生力军、教学科研成果创造的后备力量，他们总是会有很多新想法、新主意和别具一格的创意，往往在不经意间发现陈旧原有陈旧疑难问题出现的原因，并提出能发挥一定排忧解难作用的好想法（C）
幸福感	认知评价	当青年教师的可雇佣型心理契约水平较高时，会对所在学校和所在工作团队产生正向的心理认知和内心评价（C）
	负面情感	难以想象，拥有高水平的可雇佣型心理契约的青年教师怎能对所在学校抱有负面情感（C）

续表

编码一级目录	编码二级目录	访谈示例
组织公民行为	利他行为	对所在单位拥有高水平的可雇佣型心理契约的青年教师，通常会主动助人、贡献团队，积极为所在单位做出贡献（C）
	运动员行为	理学院曾经在学校很低调，因为科研成绩平平，但自从大力引进青年教师，注入了"新鲜血液"，学院大力鼓励申报国家级、省部级重要课题，青年教师们申报得很踊跃，在短短5年时间内，就拿到了4项国家自然科学基金项目，青年教师们的主观能动性被充分调动起来，特别是在科研攻关的艰难时刻，毫不退缩，勇敢前进，用"重在参与"的运动员精神奋勇前进，形成你追我赶的积极工作态势，寻求突破（D）
	组织遵从	当然，不服从学院领导、不认可学院与团队以及其他同事的各项工作内容、性质和要求，也自然不会遵从学院的工作安排，这是非常不利于个人职业成长的一种工作心态和工作行为表现（C）
	个人首创行为	青年教师是学校创新的主体，承担着激流勇进的历史使命，不断提高教学水平和科研创新能力对于学校教育事业建设来讲至关重要（B）
	组织公民道德	拥有高水平的可雇佣型心理契约的青年教师往往会表露出对所在单位的组织公民道德的良好表现（D）
	自我发展行为	拥有高水平的可雇佣型心理契约的青年教师一般会表现出良好的自我发展倾向性，反之，持低水平的可雇佣型心理契约的青年教师则会产生低自我发展行为（A）
危机意识	危机的情感体验	对青年教师可雇佣型心理契约的内容中就包含了对个体可雇佣性能力不断发展的心理诉求，不用扬鞭自备蹄，时刻保持不断创新的姿态，才是迎接职业危机和面对职业挑战的最佳状态（C）
	寻找未来职业契机	青年教师可雇佣型心理契约的职业素质培育就是要树立青年教师职业危机意识，在这种强烈的心理期望下，不断寻求自我突破，挖掘自身职业发展的心理诉求，创新创业表现会淋漓尽致（B）

续表

编码一级目录	编码二级目录	访谈示例
工作倦怠	身心疲惫	高校教师的工作压力大已经成为家喻户晓的话题，看似弹性工作制的背后实质上隐藏着不分昼夜、夜以继日的加班加点，没有节假日的课题申报、运行课题、立项和结题等繁杂细索目高难度、高创新性、高挑战性的工作，这就难免会使教师们感到身心疲惫。（D）
	自我评价消极	学校有部分青年教师出现了职业瓶颈，即随着课题申报竞争的愈发激烈、好课题、大课题的立项上有所突破成为青年教师们始终如一的奋斗目标，然而事实上，也不乏迟迟拿不到这类课题的青年教师会出现消极的自我评价。（A）
	工作不积极	持高水平的可雇佣型心理契约的员工一般工作积极、乐于助人、乐于分享。（A）
	工作情绪不稳定	持低可雇佣型心理契约者有时会表现出工作情绪不稳定，表现形式与同事发生口角、工作上的小摩擦，甚至阳奉阴违等。（A）
高校教学发展	高校教学能力提升	青年教师可雇佣型心理契约内容的构筑过程中，基于个体可雇佣性能力发展的角度，需要提升个体的教学能力，这转而是促进青年教师个体可雇佣型心理契约构筑的有效途径，从而促进高校教学能力的不断提升。（B）
	高校教研能力提升	在青年教师可雇佣型心理契约的培育工程中，已开始注意培养青年教师如何将科研能力嫁接到教学乃至促进教研能力提升方面，这恰恰是促进高校提升教研能力、实现教研工作竞争力的有效途径。（C）
高校科研发展	高校科研成果积累	青年教师可雇佣型心理契约的打造就需要大力度加强科研成果积累（博士后）阶段的科研工作，以反进一步深化和积累科研成果的最佳时段，个体科研成果的积累是高校积淀的稳定基础。（D）
	高校科研课题立项	学校鼓励青年教师积极申报重要大科研课题，这是体现个体可雇佣性价值和核心竞争力的好机会，同时也是不断发展个体可雇佣型心理契约以及增加个体竞争力很大程度上需要青年教师们积极申报课题并争取立项的积累和质量。（A）

表 7-7　青年教师可雇佣型心理契约对高校教学发展和科研发展驱动机理的直接效应编码一致性的信度

编码一级目录	编码二级目录
工作满意度（0.992）	对教学条件和环境满意（0.833）、对科研条件和环境满意（0.817）、工作要求与胜任力匹配（0.813）、对待遇满意（0.800）、对个人职业发展规划满意（0.649）、对学校政策制度满意（0.742）、对校园文化满意（0.910）、对学校的资质和竞争能力满意（0.661）、对领导方式满意（0.743）
组织承诺（0.802）	规范承诺（0.780）、持续承诺（0.891）、情感承诺（0.609）
退出（0.701）	辞职（0.639）、辞职倾向（0.610）、寻找新工作机会（0.690）、岗位调整（0.614）
工作投入（0.831）	工作注意力集中（0.729）、主动付出（0.639）
忠诚（0.721）	支持工作单位（0.744）、坚守岗位（0.721）、情感依附（0.726）
漠视（0.628）	低工作努力（0.728）、低工作兴趣（0.745）、频繁缺勤（0.629）、工作时做私事（0.916）、工作出借（0.607）、工作冷漠（0.698）
组织犬儒主义（0.611）	低上级（组织）信任（0.615）、对上级或组织的负面情感（0.675）、有损上级或组织的言行（0.611）
团队认同（0.947）	团队目标认同（0.922）、团队氛围认同（0.733）、团队成员认同（0.640）、团队归属感（0.619）、个人利益与团队利益挂钩（0.644）
建言（0.700）	建言献策（0.715）、排忧解难（0.611）
幸福感（0.700）	认知评价（0.661）、负面情感（0.603）
组织公民行为（0.711）	利他行为（0.744）、运动员行为（0.662）、组织遵从（0.873）、个人首创行为（0.910）、组织公民道德（0.886）、自我发展行为（0.871）
危机意识（0.824）	危机的情感体验（0.613）、寻找未来职业契机（0.670）
工作倦怠（0.741）	身心疲惫（0.607）、自我评价消极（0.633）、工作不积极（0.617）、工作情绪不稳定（0.689）
高校教学发展（0.933）	高校教学能力提升（0.911）、高校教研能力提升（0.902）
高校科研发展（0.981）	高校科研成果积累（0.962）、高校科研课题立项（0.990）

注：括号中的数字指代不同研究者进行编码一致性的信度。

本书的这部分案例研究中，由两名编码人员采用背对背的形式分别编码，总计编码个数为406个节点。编码结束并相互审核后，将编码结果报送并征求了两位专家（一位为某高校教师发展研究中心负责人，另一位为某高校二级学院的副院长）的意见，经与专家组沟通后，剔除了有疑义的节点，最终剩余节点381个。按照公式（3-2）计算，262个节点的$CVR=1$，53个节点的$CVR=0$，其余节点的$CVR=-1$。根据社会统计学的经验判定标准，如果参与判定的所有专家都认为编码内容不适切，则$CVR=-1$；如果判定编码内容适切的专家人数与判定编码内容不适切的专家人数相等，则$CVR=0$；如果参与判定的所有专家都认为编码内容适切，则$CVR=1$。因此，可以认为，本书这部分案例研究中，内容分析编码的效度符合判定标准。

另外，本研究将青年教师可雇佣型心理契约对高校教学发展和科研发展驱动机理的直接效应内容分析所提取的构念节点以折线图的形式进行了绘制，以便能更加清晰地展示青年教师可雇佣型心理契约对高校教学发展和科研发展的直接效应。如图7-3所示，青年教师可雇佣型心理契约的构筑会产生一些青年教师的工作态度和工作行为，主要包括（括号内数值为构念编码的累计频次）：工作满意度（25.24）、组织承诺（23.37）、团队认同（28）、退出（13.05）、建言（21）、忠诚（25.7）、漠视（18.05）、组织犬儒主义（12.64）、工作投入（7.3）、危机意识（4.53）、组织公民行为（7.22）、工作倦怠（2.15）、幸福感（3.37），以及高校层面的高校教学发展（33.1）和高校科研发展（35.7）。从内容分析提取的主要节点及其编码的累计频次来看，本书前文探索性研究中提炼的青年教师可雇佣型心理契约对高校教学发展和科研发展的驱动机理理论构件基本上体现在这部分案例研究中的主要节点位置，并且累计频次较高，尽管这部分案例研究中又提炼出工作投入、危机意识、组织公民行为、工作倦怠、幸福感这些构念，但它们的编码累计频次都不同程度地低于其他主要内容节点的累计频次，因此，有理由认为，这部分案例研究通过内容分析以及理论构念编码的量化分析途径，再次印证了本书前文建构的青年教师可雇佣型心理契约对高校教学发展和科研发展的驱动机理模型的建构效度。

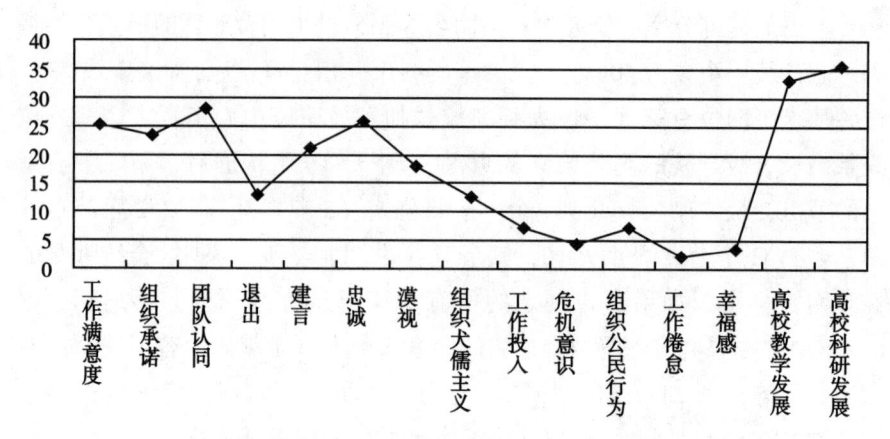

图 7-3　青年教师可雇佣型心理契约对高校教学发展和科研发展
驱动机理的直接效应编码分析（二）

（二）青年教师可雇佣型心理契约对高校教学发展和科研发展驱动机理的间接效应分析

为了充分印证本书前文构建的青年教师可雇佣型心理契约对高校教学发展和科研发展的驱动机理模型，本书在这部分案例研究中采用 Nvivo 9.0 软件，通过内容分析法对青年教师可雇佣型心理契约对高校教学发展和科研发展影响作用路径中的间接效应进行了深入挖掘，相应提取出的关系节点如表 7-8 所示。

本书前文已通过探索性研究和定量实证性研究建构了青年教师可雇佣型心理契约对高校教学发展和科研发展的驱动机理模型，并在上文的案例研究中进一步印证了青年教师可雇佣型心理契约对高校教学发展和科研发展影响的直接效应中的主要变量，它们是：个体层面上的组织犬儒主义、团队认同、退出、建言、忠诚、漠视以及高校层面上的高校教学发展和高校科研发展。因此，本书在这部分案例研究中对于青年教师可雇佣型心理契约对高校教学发展和科研发展影响的间接效应就主要围绕这些直接效应中的效标变量展开探讨。

如表 7-8 所示，青年教师可雇佣型心理契约对青年教师的组织犬儒主义、团队认同具有直接影响，进而作用于青年教师的退出、建言、忠诚、漠视的行为整合模型，这种影响作用机制最终牵制高校的教学发展和科研发展，从而形成了青年教师可雇佣型心理契约对高校教学发展和科研发展的驱动机理。

第七章　青年教师可雇佣型心理契约对高校教学科研发展驱动机理的案例研究　331

表7-8　青年教师可雇佣型心理契约对高校教学发展和科研发展驱动机理的间接效应编码分析

因变量	关系节点	访谈示例
工作满意	青年教师可雇佣型心理契约→组织大儒主义→工作满意	秉持较高水平的可雇佣型心理契约的青年教师往往拥有较低水平的组织大儒主义情绪，进而仍然保持对所在学校的较高的工作满意感（C）
组织承诺	青年教师可雇佣型心理契约→组织大儒主义→组织承诺	秉持较高水平的可雇佣型心理契约的青年教师通常拥有较低水平的组织大儒主义情绪，进而仍然保持对所在学校的较高的组织承诺度（C）
退出	青年教师可雇佣型心理契约→组织大儒主义→退出	秉持较高水平的可雇佣型心理契约的青年教师通常拥有较低水平的组织大儒主义情绪，进而更不会产生离开所在学校的想法（B）
工作投入	青年教师可雇佣型心理契约→组织大儒主义→工作投入	秉持较高水平的可雇佣型心理契约的青年教师通常拥有较低水平的组织大儒主义情绪，进而仍然保持较高水平的工作投入度（D）
忠诚	青年教师可雇佣型心理契约→组织大儒主义→忠诚	秉持较高水平的可雇佣型心理契约的青年教师通常拥有较低水平的组织大儒主义情绪，进而仍然保持较高水平的组织忠诚度（D）
漠视	青年教师可雇佣型心理契约→组织大儒主义→漠视	秉持较高水平的可雇佣型心理契约的青年教师通常拥有较低水平的组织大儒主义情绪，不会出现漠视学校和工作事件的现象和问题，转而投入以更高的工作热情（A）
建言	青年教师可雇佣型心理契约→组织大儒主义→团队认同→建言	秉持较高水平的可雇佣型心理契约的青年教师通常拥有较低水平的组织大儒主义情绪，进而会表现出较高的团队认同，进而会表现出建言献策的主动意识和主动行为（A）
组织公民行为	青年教师可雇佣型心理契约→组织大儒主义→组织公民行为	秉持较高水平的可雇佣型心理契约的青年教师通常拥有较低水平的组织大儒主义情绪，进而会表现出有益于所在学校的建设性组织公民行为（A）
危机意识	青年教师可雇佣型心理契约→组织大儒主义→工作满意→危机意识	秉持较高水平的可雇佣型心理契约的青年教师通常拥有较低水平的组织大儒主义情绪，所形成的较高的工作业绩进而则会表现出较低的个体职业危机意识（B）
工作倦怠	青年教师可雇佣型心理契约→组织大儒主义→工作满意→工作倦怠	秉持较高水平的可雇佣型心理契约的青年教师通常拥有较低水平的组织大儒主义情绪，对工作投入更多的主动奉献精神和主动性行为（A）会表现出较低的工作倦怠感，进而更会表现出较低的工作倦怠感和较高的工作投入度（D）

续表

因变量	关系节点	访谈示例
高校教学发展	组织犬儒主义→建言→高校教学发展	秉持较低水平组织犬儒主义的青年教师通常会保持对单位工作建设建言献策的常态意识，这种主动工作态度和工作行为在任又能促进所在学校的教学发展（D）
	组织犬儒主义→忠诚→高校教学发展	秉持较低水平组织犬儒主义的青年教师通常会保持对所在学校的组织忠诚感，这种正向工作态度和工作行为在任又能促进所在学校的教学发展（A）
	组织犬儒主义→退出→高校教学发展	秉持较低水平组织犬儒主义的青年教师通常不会产生离开所在学校的组织忠诚感，这种正向工作态度和工作行为在任又能促进所在学校的教学发展（B）
	组织犬儒主义→漠视→高校教学发展	秉持较低水平组织犬儒主义的青年教师通常不会产生漠视所在学校的工作、事件、社交、人际等情况，这种正向工作态度和工作行为在任又能促进所在学校的教学发展（C）
	团队认同→建言→高校教学发展	秉持较高水平团队认同感的青年教师通常会保持对所在学校的工作建设建言献策的常态意识，这种正向工作态度和工作行为在任又能促进所在学校的教学发展（B）
	团队认同→忠诚→高校教学发展	秉持较高水平团队认同感的青年教师通常会保持对所在学校的组织忠诚感，这种正向工作态度和工作行为在任又能促进所在学校的教学发展（A）
	团队认同→退出→高校教学发展	秉持较高水平团队认同感的青年教师通常不会产生离开所在学校的组织忠诚感的倾向性，这种正向工作态度和工作行为在任又能促进所在学校的教学发展（B）
	团队认同→漠视→高校教学发展	秉持较高水平团队认同感的青年教师通常不会漠视所在学校的工作、人与事的情况，这种正向工作态度和工作行为在任又能促进所在学校的教学发展（C）

续表

因变量	关系节点	访谈示例
高校科研发展	组织犬儒主义→建言→高校科研发展	秉持较低水平组织大儒主义的青年教师通常会保持对所在学校的工作建设建言献策的常态意识，这种正向工作态度和工作行为往往又能促进所在学校的科研发展（D）
	组织犬儒主义→忠诚→高校科研发展	秉持较低水平组织大儒主义的青年教师通常会保持对所在学校的组织忠诚感，这种正向工作态度和工作行为往往又能促进所在学校的科研发展（A）
	组织犬儒主义→退出→高校科研发展	秉持较低水平组织大儒主义的青年教师通常不会产生离开所在学校的工作的倾向性，这种正向工作态度和工作行为往往又能促进所在学校的科研发展（B）
	组织犬儒主义→漠视→高校科研发展	秉持较低水平组织大儒主义的青年教师通常不会产生漠视所在学校的工作，人与事的情况，这种正向工作态度和工作行为往往又能促进所在学校的科研发展（C）
	团队认同→建言→高校科研发展	秉持较高水平团队认同感的青年教师通常会保持对所在学校的工作建设建言献策的常态意识，这种正向工作态度和工作行为往往又能促进所在学校的科研发展（D）
	团队认同→忠诚→高校科研发展	秉持较高水平团队认同感的青年教师通常会保持对所在学校的组织忠诚感，这种正向工作态度和工作行为往往又能促进所在学校的科研发展（A）
	团队认同→退出→高校科研发展	秉持较高水平团队认同感的青年教师通常不会产生离开所在学校的工作的倾向性，这种正向工作态度和工作行为往往又能促进所在学校的科研发展（B）
	团队认同→漠视→高校科研发展	秉持较高水平团队认同感的青年教师通常不会产生漠视所在学校的工作事件的情况，这种正向工作态度和工作行为往往又能促进所在学校的科研发展（C）

为了进一步印证以上研究结果，本研究按照上文所阐述的内容分析编码一致性信度和建构效度的检验原则，对研究结果进行了校验。根据公式（3-1）、公式（3-2）运算得出，所有关系节点编码的内部一致性信度和建构效度均满足社会统计学所规定的判别准则［即：所有关系节点编码的内部一致性信度 R 值均大于 0.6。两名编码人员采用背对背的方式分别编码，总计编码个数为 401 个节点。编码结束并相互审核后，将结果报送并征求两位专家（一位为某高校的教师发展研究中心的负责人，一位为某高校二级学院的副院长）的意见，经与专家组沟通后，剔除了有疑义的节点，最终剩余节点 390 个。按照公式（3-2）计算，313 个节点的 $CVR=1$，57 个节点的 $CVR=0$，其余节点的 $CVR=-1$］。因此，有理由判定，本书这部分案例研究所得出的青年教师可雇佣型心理契约对高校教学发展和科研发展影响作用的间接效应与本书前文构建的青年教师可雇佣型心理契约对高校教学发展和科研发展的驱动机理相一致，从而印证了本书所构建的青年教师可雇佣型心理契约对高校教学发展和科研发展的驱动机理的科学性与稳健性。

第四节　研究结论与管理启示

一　研究讨论与结论

（一）青年教师可雇佣型心理契约对高校教学发展和科研发展驱动机理的直接效应的研究讨论与结论

以上案例研究结果印证了本书前文所构建的青年教师可雇佣型心理契约对高校教学发展和科研发展的驱动机理模型。其中，对于青年教师可雇佣型心理契约对高校教学发展和科研发展影响机理的直接效应而言，通过案例材料、数据等信息的采集、整理和内容分析，凸显出本书前文提炼出的青年教师可雇佣型心理契约在对高校教学发展和科研发展的关键影响作用路径中的主要理论构念，包括组织犬儒主义、团队认同、退出、建言、忠诚、漠视。在深度访谈过程中，尽管不同的学校管理环境和受教育背景致使访谈对象个体的人口统计特征、工作特征等方面存在着一定差异，然而，访谈对象在从不同角度阐述青年教师可雇佣型心理契约所产生的直接的组织态度和行为效应时，都不同程度地提到了青年教师可雇佣型心理契约对于青年教师对所在学校表现出的组织犬儒主义、团队认同、退出、建言、忠诚、漠视具有明显的预测效力。因此，可以说，本章的案例研究结果从定性研究和定量研究相结合的双重角度充分印证了本书前文构建的青年教师可雇佣型心理契约对高校教学发展和科研发展的直接影响效应。

综观以往研究，学者们结合各自研究领域，对员工心理契约的组织效应展开研究，并取得了一些研究成果。Shore 和 Tetrick（1994）认为，处于不同状态水平上的心理契约的员工会产生不同程度的工作态度和工作行为，其中，以对沉默、退出、破坏性组织行为、工作倦怠、工作绩效等变量的影响尤为凸显。Turnley 和 Feldman（2000）在针对员工心理契约违背效应的实证性研究中发现，低效的组织心理契约履行会使员工产生高离职、高漠视、高投诉、高缺勤、高怠工等工作行为以及低组织承诺、低组织忠诚、低工作满意感、低组织情感依附、低组织归属感等。Othman 等（2005）通过围绕企业和员工之间雇佣关系品质的实证性研究得出，员工心理契约的构筑会产生一些有益于企业的工作态度和工作行为，例如，高组织承诺、高工作满意感、高公民行为、高建言、高组织忠诚、高工作投入、高组织信任、高知识分享以及低组织破坏性行为、低工作倦怠、低工作拖延等。Anderson 和 Bateman（1997）针对组织犬儒主义的组织效应进行了深入的探索性研究，他们发现，组织公正通过员工心理契约的中继，进而作用于员工对所在组织的犬儒主义态度，组织越公正，组织与员工之间构筑的心理契约状况越好，相应越会削弱员工的组织犬儒主义情愫。Johnson 和 O'Leary-Kelly（2003）通过深入企业实践的实证性研究验证了，员工所秉持的高水平的心理契约与低水平的组织犬儒主义态度存在着显著的正相关关系。Kickul 等（2003）基于员工心理契约的不同构面，对员工心理契约的组织心理与行为效应展开了研讨，并得出，员工所持的低水平的心理契约与员工的低团队认同感、低组织犬儒主义态度、高退出行为、高反组织性行为存在着显著的正相关关系。当前，随着我国转型经济的逐步深入，组织与员工之间的关系显著不同于以往，呈现出以个体可雇佣性能力开发为典型特征的新型组织—员工关系模式。在这种情况下，员工的心理契约内容特征和维度结构势必存在区别于以往研究成果之处。对此，我国学者在西方心理契约理论和研究成果的基础上展开了背靠中国文化背景的本土化理论的深入探讨，即结合我国不同类型组织的特定情境特征，对其员工心理契约的内容结构和维度特征进行了探索性研究和实证性研究。其中，颇具代表性的有魏峰等（2015），其通过对企业组织管理人员心理契约的组织心理与行为研究发现，管理人员心理契约的不同维度所产生的组织效应存在着一些差别，例如，处于管理人员心理契约构筑的最基础层面的交易型心理契约维度对管理人员个体的退出行为和建言行为具有显著的预测力，关系型心理契约维度对管理人员的漠视行为有显著的预测力，管理型心理契约维度对管理人员的退出、漠视、忠诚、建言行为均具有显著的预测力。其中，处在高水平的心理契约维度状况会使企业管理人员产生正向的组织态度与行为，反之，处在低水平的心理契约维度状况则易使管理人员形成负面的组织态度与行为。

事实上，在本书案例研究的访谈过程中，访谈对象就普遍表示出对如下的研究结论的支持："拥有高水平的青年教师可雇佣型心理契约易使青年教师产生对于所在学校的积极的直接组织效应，并防止青年教师形成对所在学校的消极的直接组织效应，这些组织效应尤其表现在组织心理与行为方面。"例如，访谈对象 A 谈道：

> 青年教师可雇佣型心理契约的内容结构包含了青年教师对个体可雇佣性能力发展的心理诉求，在这种正向的内在心理机制的驱动下，青年教师会产生积极的工作态度和工作行为，例如，对所在学校［学院/研究院（所）］的认同感和归属感、对所在团队建设的建设性意见和促进性行为，相应地，还会削减消极的工作态度和工作行为，例如，对所在学校的负面情感依附和犬儒主义情愫、对所在学校的工作事件、人与事、校园文化、校园生活等各方面的冷漠态度和情感表现等。

访谈对象 B 认为：

> 青年教师思想较为活跃，是颇具创新思维、创新能力、较强自主意识、高自我效能感、高职业取向和成就欲望、高生活品质追求的教师群体，他们所禀赋的高知识成果和创新能力的"新鲜血液"往往能给所在学校注入新鲜的教学活力和科研竞争力。因此，学校、学院（研究所）两级行政管理单位都应当注重青年教师职业素质培育工程建设，特别是要弄清楚青年教师对个体可雇佣性能力的期望已经融入

青年教师个体所言所行的方方面面，维系和加强学校［学院（研究所）］与青年教师之间的这种新型心理契约就成为促进青年教师的建设性和创新性言行、态度、绩效的"助推器"。有效"助推器"作用的发挥，可以通过释放积极的工作态度和行为来助推学校的各项工作和建设事业，而无效"助推器"作用的释放，则通过扩散消极的工作态度和行为来削减学校的各项工作和建设事业。

访谈对象 C 回忆道：

新入职 2 年的青年教师因为申报国家自然科学基金青年项目并获得立项，加之这位青年教师其他科研成果突出，虽然教龄仅 2 年多，但依然晋升到副教授职称。这一事件好似一针"强心剂"，注入广大青年教师的心田。换言之，对于广大青年教师而言，立足于本职岗位，做好科研工作、教学工作，只要业绩突出，足够优异，就会尽早崭露头角。那么相应地，高水平的可雇佣型心理契约也就逐渐根植于青年教师的心目中，进一步可以设想，接下来健康有序的工作态度和行为便会接踵而至。

案例学校管理学院新星论坛上则刊登了一些在科研工作中取得突出业绩的"青椒"们的心得体验，其中的一篇报道写道：

尽管曾经立项过教育部人文社科项目，但国家级项目从未申报过，更勿提立项了，而之所以鼓起勇气申报国家社科基金项目，最初还要归因于学院领导的大力鼓励："勇敢尝试，不要怕失败，大不了从头再来，即便屡战屡败，也还要屡败屡战，要以铁杵磨成针的精神开展科研工作，用水滴石穿的坚韧性不达目的不罢休，终将水到渠成。"这虽然是对学院广大"青椒"们的鼓励，却无形中渗透我的内心深处。细想自己从学生身份转变为高校的一名教师，如何能胜任开堂授课、教书育人、授人解惑的职责？这些都需要坚实、开拓、创新接续的意识和能力来支撑，而冲击国家级课题不仅在于立项的结果，申报中不断积累的科研素质和工作精神本身就是锻造个人可雇佣性价值的过程。一路走来，终于立项了，此时此刻，真正想说，"感谢学院各级领导、各位同事、各位同学"从不同角度、不同层面、不同维度给予的支持和帮助，能服务于管理学院，倍感荣幸。

其间足可体现出青年教师对所在学院所秉持的高水平的可雇佣型心理契约。

综合以上分析，基于当前经济发展新时代下的我国高校所面临的高度动态和竞争性的外部环境，高校与青年教师之间的关系显著不同于以往，以个体可雇佣性能力开发为典型特征的高校与青年教师之间的新型关系已然成为维系双方关系持久和健康发展的重要前提与基础。然而，不可否认的是，随着人才、成果、教学和科研平台建设、发展潜力和实力等竞争的日趋激烈，融入了个体可雇佣性能力开发元素的青年教师可雇佣型心理契约不仅呈现出显著区别于以往一般员工心理契约的内容结构，这种新型心理契约的组织态度和行为效应也有必要区别开来以进行有针对性的探讨。本章恰恰是针对本书前文所提炼的青年教师可雇佣型心理契约对高校教学发展和科研发展驱动机理的直接效应问题展开了真实情境下的实地讨论，通过对案例高校的考察、取材、深度访谈等实地信息和数据的收集，以及借助先进的统计分析软件、内容分析软件、构念库格技术的访谈软件、质性研究软件对案例材料的整理、分析、提炼和挖掘，最终提取出的青年教师可雇佣型心理契约对高校教学发展和科研发展驱动机理的直接效应的关键理论构念与本书前文的研究结果相吻合。因此，本章的案例研究结果在进一步印证本书前文所得出研究结论的同时，也为如何通过有效把控青年教师可雇佣型心理契约的直接组织效应，以便使高校获取教学和科研的竞争能力，提供了坚实的理论依据与稳健的实践应用指南。

（二）青年教师可雇佣型心理契约对高校教学发展和科研发展驱动机理的中介效应的研究讨论与结论

以上案例研究结果表明，除了组织犬儒主义在为个体可雇佣性能力提升提供物质支持的青年教师可雇佣型心理契约与青年教师的漠视行为之间起完全中介作用、在为个体可雇佣性能力提升提供发展机会的青年教师可雇佣型心理契约与青年教师的漠视行为之间不发挥中介作用以外，组织犬儒主义在青年教师可雇佣型心理契约的其他各个维度与退出、建言、忠诚、漠视行为之间发挥着不同程度的部分中介作用。另外，团队认同在青年教师可雇佣型心理契约与青年教师的建言行为之间发挥着不同程度的部分中介作用。这部分案例研究结果进一步印证了本书前文提出的青年教师可雇佣型心理契约对高校教学发展和科研发展驱动机理的中介效应。

综观国内外文献和研究成果，以往研究在员工心理契约对个体工作态度和工作行为以及组织效果的研究中，已针对其中诸项研究变量展开了研讨，并得出了一些研究成果。例如，Anderson 和 Bateman（1997）在关于组织犬儒主义的组织效应研究中发现，如果员工秉持了高组织犬儒主义，就会严重削减员工个体的组织公民绩效。Dean 和 Brandes（1998）、Abraham（2000）针对特定企业员工的组织行为研究得出，员工的高组织犬儒主义与员工个体的低组织承诺存在着显著的正相关关系。在此基础上，Dean 等（1999）进一步发现高组织犬儒主义与低工作绩效存在着显著的正相关关系。Abraham（2000）的实质性研究得出，员工的高组织犬儒主义会导致员工对所在组织的低工作投入、低组织承诺、低忠诚感、低情感依附、低知识分享、低组织公民行为和低满意感。Feldman（2000）认为，拥有高组织犬儒主义的员工会产生对所供职组织的低信任度、低忠诚度、低工作卷入以及高离职倾向、高沉默行为、高工作倦怠、高漠视行为。Johnson 和 O'Leary-Kelly（2003）深入组织犬儒的各个构面，在基于不同构面的组织效果研究中发现，员工对所在组织的犬儒主义态度的情感维度和信任维度均对员工的组织承诺和组织满意度具有消极意义。James（2005）在员工的组织公民行为研究中验证得出，一旦员工对所在组织持有组织犬儒主义，就会减少组织公民行为，同时增加反组织行为表现的概率。我国研究者在组织犬儒主义的研究领域也取得了一定进展。白艳莉（2011）在员工心理契约不同水平的组织行为问题研究中得出，员工对于组织就心理契约履行的主观认知和内心评价对员工个体的退出、建言、忠诚、漠视行为具有显著的预测力，组织犬儒主义对这种关系起到部分中介作用。彭川宇（2008）基于社会交换理论和社会认同理论对我国本土企业管理情境下的知识型员工的工作态度和工作行为问题展开了实证性研究，研究结果表明，拥有一定正向意义的心理契约的知识型员工会产生对所在组织的正面情感依附、心理概念和团队认同感，进而影响员工个体心理契约所产生的工作态度和工作行为。

本书在这部分案例研究中，尽管受限于个体人口统计特征和工作特征的差异性，然而访谈对象们普遍支持"青年教师可雇佣型心理契约对所在学校的教学成果和科研成果的影响作用机制受限于青年教师对所在学校的组织犬儒主义以及对所在工作团队的认同感的间接影响"。例如，访谈对象 A 在接受访谈时说道：

> 青年教师在新的工作环境中开展教学工作和科研工作的有效途径之一，就是进入专业对口的教学团队和科研团队，这对于青年教师的个人成长非常重要，那么保持高团队认同感就显得异常重要。事实上，我们单位的青年教师基本上都积极响应科研团队建设工作，也努力积极地在团队工作生活中寻求着个人职业成长的机会。与此同时，青年教师对所在学校保持低组织犬儒主义也非常有必要，这不仅是对青年教师的基本职业素养的要求，也是青年教师促使个人职业价值保值和增值的迫切需要。

访谈对象 B 认为：

> 一般来讲，随着在一家单位工作时间的持续，的确会多多少少发现些许不合理现象，这种情况在许多单位都存在，不仅在学校，只要是有工作开展的地方，就会有不合理的工作问题或工作冲突事件出现，所以，要想实现个人发展，不该仅仅看到不合理的问题点，而是应该多从自身的角度出发去多多思考，秉持"求大同存小异、吸取别家之长、补己之短"的工作价值观和思想理念，如此，才能得以实现个人职业的长远发展。青年教师作为新进入学校的老师，就更应该埋头苦干，多观察、多倾听、多思考、多学习、多实践、多锻炼，投入一线教学和科研的工作实践，因此，保持对单位的低组织犬儒主义甚至零组织犬儒主义、高团队认同以及不断提高的团队认同感就显得至关重要。

访谈对象 C 表示：

> 组织犬儒主义顾名思义，就是说员工对所在组织抱有负面情感和态度倾向，但依然留任于组织，那么在这种情况下，就势必出现消极工作结果。如此一来，青年教师如果对所在学校抱有组织犬儒主义态度，就必将影响青年教师的教学质量和科研成果。另外，从当前来

看，团队工作模式是在高校工作中普遍采用的一种开展更广泛、更长远、更重要、更有意义的教学与科研任务的工作模式，与此相应，青年教师如果积极投身于教学科研团队建设当中，就会有利于青年教师的个体职业成长。

综合以上分析，本书的这部分案例研究对于青年教师可雇佣型心理契约对高校教学发展和科研发展驱动机理的中介效应的研究结果不仅印证了本书前文提出的青年教师可雇佣型心理契约对高校教学发展和科研发展的驱动机理模型，还通过对案例学校的实地考察、访谈记录、文档材料和数据信息的采集，利用质性研究设计及其文本数据的内容分析，丰富了我国高校与青年教师之间的组织关系理论、可雇佣性理论、心理契约理论、青年教师师资队伍建设、青年教师职业发展和职业素质培育理论、高等教育管理理论等，为当前我国高校有效展开青年教师的个体可雇佣性能力培育以及从中获取学校的教学发展和科研发展优势，提供了有益的实践应用指南。

二 管理启示与建议

基于以上研究结论与讨论可见，处于当前高度动态不确定性和竞争性环境之中的我国高校，势必面临着人才、成果、教学工程建设、科研平台建设等各个方面竞争的迫切形势，在这种情况下，如何打造学校的教学和科研可持续发展的有序建设工程成为我国高校迫在眉睫需要解决的问题。作为高校各项事业不断创新和发展的主力军，青年教师在教学和科研等各项工作方面的成果、创新能力等就是高校实现教学事业和科研事业持续发展的永动的"助推器"。然而，从目前来看，我国高校在青年教师师资队伍建设、青年教师职业素养培育工程建设、青年教师职业发展研讨等方面还存在一定差距，那么究竟如何有效管理和开发青年教师的创新创造能力，以便形成能推动高校教学事业和科研事业可持续发展的永动力？通过本章案例研究工作对本书前文研究结果的进一步印证，本章对当前我国高校如何通过青年教师可雇佣型心理契约的有效管理进而实现学校教学发展和科研发展的优势，提出如下实践启示与针对性建议。

（一）建立和健全高校青年教师引进招募体系

青年教师引进招募是一项重要的系统工程，直接关系到青年教师的职业生涯成长、使用成效以及学校的教学和科研等各项工作的有序进程。本书以上研究结论显示,在不同水平上的青年教师可雇佣型心理契约会不同程度地影响到青年教师的工作态度和工作行为以及学校的教学工作和科研工作的建设。而青年教师的引进招募过程本身就是构筑青年教师可雇佣型心理契约的最起始阶段,也是青年教师的早期职业生涯规划的起航阶段。本书研究表明,学校所实施的真实工作预览和组织社会化这两项管理策略会对青年教师个体的心理概念和知觉产生影响,使青年教师形成对所在学校的初步印象和未来工作远景的轮廓。学校所实施的真实工作预览策略、组织社会化策略的内容、表现形式、传播途径和效果等将直接影响青年教师可雇佣型心理契约构筑的内容结构、内涵特征及其构筑程度。可以说,打造良好的真实工作预览策略,合理疏导青年教师的个体心理知觉对学校所实施的真实工作预览策略的心理认知加工渠道,将有助于青年教师形成对个体可雇佣性能力的客观认知以及对未来工作情景的准确预判,进而使青年教师基于个体可雇佣性能力开发的心理诉求,形成对未来工作良性发展的期望和信念,从而构筑起有利于学校的教学和科研各项事业有序建设的青年教师可雇佣型心理契约,由此也为高校有序展开教学工程建设、科研平台打造等提供了稳健的基础。

(二) 建立和健全高校青年教师的职业能力培养体系

青年教师的职业能力培养是关乎学校教师队伍整体建设、人才师资队伍梯队建设的重要工程,并直接牵涉学校的教学创新能力和科研创新能力的可持续发展。青年教师作为新进入学校的年轻教师,不仅拥有崭新的知识结构体系,在很多情况下,还具备了紧密结合学科专业前沿发展的创新实力和创造性能力。尽管大多数青年教师在进入学校时对积极申报课题具备了初步的心理概念和主动投入的精神,然而由于对学校的学科专业建设、研究平台资源等了解得不够深入,不可避免地会造成单打独斗的"独闯天涯"的工作状态,长此以往下去,这种情况不仅极为不利于青年教师的个体职业生涯发展,更会严重影响到学校的教学事业和科研事业的建设。因此,注重青年教师的职业能力培养体系建设,不断建立和健全青年教师的职业能力培养体系,就成为学校有效认识、利用、培育和开发青年教师的知识结构体系及创造性能力,并从中获取能够支撑学校教学事业和科研事业可持续发展的创新活力的有效途径。从这个意义上讲,建立和健全青年教师的职业能力培养体系,就是学校获取教学事业和科研事业建设的创新实力的"永动机",通过有效打造和管理青年教师培养体系的途径,将对学校的教学和科研发展形成积极的推动作用。

(三) 构筑高校青年教师可雇佣型心理契约的管理体系

本书关于青年教师可雇佣型心理契约对高校教学发展和科研发展的驱动机理的研究结论表明,处于高水平的青年教师可雇佣型心理契约会通过青年教师个体的正向心理认知系统和积极组织行为系统的途径对高校的教学发展和科研发展产生显著的积极作用。由此可见,青年教师可雇佣型心理契约是这种驱动机理产生的活力之源,青年教师的高水平的可雇佣型心理契约内容集聚不仅会使青年教师个体形成对组织的正向认知和内心评价(如本书研究结论所得出的低组织犬儒主义、高团队认同)以及有益于学校的一系列组织行为(如本书研究结论所得出的低退出、低漠视以及高建言、高忠诚),这种积极意义上的认知—行为产能系统还会进一步促进青年教师为学校做出贡献,进而极大地促进学校的教学事业和科研事业的可持续发展。因此,构筑青年教师可雇佣型心理契约体系,形成对青年教师可雇佣型心理契约的有效干预和管理机制,将在很大程度上促进青年教师的积极工作态度和工作行为及其组织效能的产生,从而有利于高校从中获取学校教学事业和科研事业永续发展的能动力量。

(四) 加强高校青年教师的健康心理资源建设

本书的以上研究结论表明,青年教师可雇佣型心理契约是通过青年教师个体对所在学校信息的正向心理认知和评价,产生有益于学校教学建设和科研建设的积极的组织行为。其间,青年教师个体的主观认知和评价系统在青年教师可雇佣型心理契约与学校的教学建设及科研建设效果之间发挥着中介作用。由此可见,加强青年教师的健康心理资源建设对于传导青年教师可雇佣型心理契约的组织态度和组织行为效应,并将这种效应机制真正传导至学校的具体工作事务建设上,具有显著的促进作用。社会认知心理学理论指出,态度是行为产生的根本能源,良好的行为必需积极的心理资源作为基础支撑。青年教师禀赋了高知识结构、高创新性、高认知导向能力和高行为驱动性能,这些都使得青年教师个体的心理认知系统在青年教师的组织行为产生机制中发挥着至关重要的作用,也即健康的心理资源建设,将产生对学校信息的积极认知和正向评价,进而形成对学校建设事业的正向心理概念、心理图式及组织行为系统。毋庸置疑,如此正向的心理资源建设及其所产生的一系列组织行为，必将促进学校的教学事业和科研事业建设的可持续发展。从这个意义上讲，加强青年教师可雇佣型心理资源建设成为高校的教学事业和科研事业发展的重要前提和基础保障。

（五）加强高校青年教师的组织行为管理

本书通过探索性研究、定量实证性研究以及案例研究的进一步验证，得出了青年教师可雇佣型心理契约对高校教学发展和科研发展驱动机理中组织行为的中介效应路径（主要是发现了青年教师的"退出、建言、忠诚、漠视"行为整合模型在这种驱动机理中的中介效应）。综观以往研究，尽管国内外学者已针对"退出、建言、忠诚、漠视"行为整合模型概念的界定给出了较为清晰的阐释，并且围绕员工在这一行为整合模型上的表现形式和内容以及对组织效果的影响展开了诸项研究，取得了一些研究成果。然而，专门针对当前经济发展新时代下的我国高校青年教师的"退出、建言、忠诚、漠视"行为整合模型的探讨却依然不够充分。本书恰恰抓住了以往研究中的不足之处，以经典的"退出、建言、忠诚、漠视"行为整合模型作为理论基础，挖掘出"青年教师可雇佣型心理契约的组织效应机制受限于'退出、建言、忠诚、漠视'行为整合模型"的理论建构和实践应用事实，特别是深入青年教师可雇佣型心理契约的各个维度，揭示不同维度内容下的青年教师可雇佣型心理契约究竟是如何通过所产生的青年教师的工作态度以及对所在学校的退出、建言、忠诚、漠视行为的不同程度的影响，进而作用于所在学校的教学事业和科研事业建设的驱动机理。因此，可以说，高校除了需要加强青年教师的引进招募和职业能力培育工作建设，以便构筑起稳健的青年教师可雇佣型心理契约，以及加强青年教师的健康心理资源建设以外，还应该加强对青年教师的组织行为管理，尤其是要意识到，青年教师可雇佣型心理契约对其个体组织行为影响的传导效应，以及如何通过这种传导效应进而影响学校的教学事业和科研事业发展的驱动机理，只有这样，才能使高校真正实现教学事业和科研事业的可持续发展。

（六）建立和健全青年教师可雇佣型心理契约对高校教学发展和科研发展的有效转化机制

综合本书以上研究结论与实践应用启示，青年教师可雇佣型心理契约在对高校的教学发展和科研发展的驱动过程中，需要经过青年教师对学校的组织犬儒主义、对工作团队的认同感，进而产生对所在学校的退出、建言、忠诚、漠视行为的关键路径，才能将个体自身的教学成果和科研成果转化为学校的教学事业和科研事业建设效果。由此可见，学校需要首先从青年教师引进工程做起，对学校所需要的高素质人才形成清晰的认识、预判和精准的招募、定位，从诸多应聘者中甄选出适合学校教学事业和科研事业建设的必需型人才及潜能型人才（必需型人才即指当前实现学校的教学事业和科研事业的成效所必不可少的人才数量及人才结构；潜能型人才即指学校所需要的跨学科、交叉学科、未来发展前沿学科型人才，事实上，在很多情况下，潜能型人才在当前学校的教学事业和科研事业建设中已经发挥着中等程度的作用，但这些人才所掌握的独特专业技能和知识结构使之在未来一段时间内能够继续为学校的教学和科研的长足发展做出贡献）。其次，学校要加强对青年教师职业素养、职业能力、心理健康工程、心理资源储备及组织行为的干预，从青年教师内在的心理动机树立、心理概念界定、心理环境营造、心理资本积累着手，抓住青年教师所表现的组织行为的源头，疏导青年教师可能出现的消极心理倾向，引导青年教师形成积极的组织行为及效果，为学校的教学工作和科研工作的稳步开展奠定基础。最后，学校要注重由青年教师可雇佣型心理契约构筑直至学校的教学成果和科研成果创造的整个过程中驱动价值的保值和增值工作，通过有效维系学校与青年教师之间的新型关系模式来助推和保持积极意义上的青年教师心理能量的释放以及组织行为效果的转化，促进青年教师的教学成果和科研成果的创造及实践落地，进而为学校的教学事业和科研事业的可持续发展提供持久稳健的能量源。

本章小结

本章采用了验证性案例研究设计方案，秉承扎根理论的思想，通过对案例材料的质性研究及数据信息的定量实证研究，基于案例学校的深度访谈和实地取样，对本书前文建构的青年教师可雇佣型心理契约对高校的教学发展和科研发展的驱动机理模型展开了进一步验证，最终得出的研究结果不仅印证了本书前文建构的这一驱动机理模型，还丰富了我国高校与青年教师之间关系的理论、可雇佣性理论、心理契约理论、组织犬儒主义理论、组织认同理论、"退出、建言、忠诚、漠视"行为整合模型理论、高校教学科研发展理论以及高等教育管理理论，并为高校如何通过青年教师可雇佣型心理契约的有效管理来获取学校的教学发展和科研发展的创新优势，提供了理论依据和实践应用启示。具体而言，本章开展的主要研究工作包括以下几方面。

第一，遵循实证性研究思想对一手数据收集和分析所主张的三角验证原则，以案例高校为分析单位，通过对典型案例样本的数据信息进行系统仿真模拟，力图以虚拟模型还原真实世界中研究变量之间的逻辑关系结构。借助 MATLAB 7.0 分析软件的数学建模和矩阵组运算，最终呈现出的研究变量之间的逻辑关系结构与本书前文的研究结果相吻合，从而以实地数据的定量分析视角进一步印证了本书研究结论的外部效度。

第二，以案例学校作为分析单位，通过对访谈对象的深度访谈来收集本研究所需要的实地调查材料，运用 Nvivo 9.0 分析软件对访谈记录进行内容分析，从中提炼理论构念（包括内容节点、关系节点）。分析结果显示，所提炼的关键内容节点与本书前文建构的青年教师可雇佣型心理契约对高校的教学发展和科研发展的驱动机理中的研究构念相一致，所提炼的关系节点也基本反映出本书前文构建的驱动机理模型中研究变量之间的逻辑关系结构。需要说明的是，尽管本书这部分案例研究工作的内容分析结果中也提取出本书前文驱动机理模型中未曾提及的理论构念，然而在这部分案例研究工作的内容分析对所有提取构念的频次统计分析中发现，本书前文所提取的构念与这部分案例研究工作的内容分析所提取的关键构念相吻合。换言之，这部分案例研究工作结果实质上印证了本书前文所提取的构念及其之间的逻辑关系结构。

第三，基于以上研究结论，本章专门结合当前经济发展新时代下的我国高校与青年教师之间的新型关系特征，围绕高校如何通过青年教师可雇佣型心理契约的有效管理来实现学校的教学发展和科研发展的创新优势进行了理论阐释，并提出了有针对性的实践性建议和应用性启示。高校需要意识到青年教师的引进、培育、职业发展等一系列成长轨迹中青年教师个体的内在心理动机疏导、心理资源储备、心理环境营造、心理资本积累等积极心理素质培育以及所产生的组织行为效应，深入青年教师可雇佣型心理契约的各个维度层面，把控其各个维度内容可能产生的组织行为结果，通过对青年教师可雇佣型心理契约的有效管理来打造青年教师个体的积极工作态度和工作行为效应，进而通过干预这种驱动机理效应的释放，促进高校的教学事业和科研事业的可持续发展。

第八章 基于青年教师可雇佣型心理契约的高校教学科研发展的应用研究

为了将理论研究结论更好地服务于实践,并为高校青年教师引进和培育工程提供有益的实践指南,解决"如何通过青年教师可雇佣型心理契约的有效管理来实现高校教学科研可持续发展"这一问题,本章拟基于前文的阶段性研究成果,以某省重点建设的应用研究型大学暨省内最大的综合性自然科学研究机构作为案例研究单位,以其青年教师作为案例样本来源,通过验证性案例研究方法进一步印证前文提出的我国高校青年教师可雇佣型心理契约的内涵特征和维度结构、组织心理与行为效应以及对高校教学发展和科研发展的驱动机理,切实为当前新时代下的我国高校究竟如何从青年教师可雇佣型心理契约的有效管理中获取教学和科研可持续发展动能,从而实现教学与科研发展优势提供一个新的思路。

第一节 学校发展历程

案例学校始建于 20 世纪 50 年代,是省内建校较早的公办本科院校之一,截至目前,历经 70 余载。自建校以来,截至 2013 年,先后经历了省轻工业专科学校、省工业干部学校、省造纸工业学校、省酒精工业学校、省硅酸盐工业学校、省轻工业学院。后经省委省政府研究决定,整合全省专业性工业大学与全省自然科学研究机构,组建新的省级重点建设的应用研究型大学暨全省最大的综合性自然科学研究机构。目前,该单位设有机械与汽车工程学院、电气工程与自动化学院、轻化与环境工程学院(教育部重点实验室)、工商管理学院、艺术学院、食品与生物工程学院、化学与制药工程学院、材料科学与工程学院、信息学院、文法学院、外国语学院、理学院、财政与金融学院、体育与文化产业学院、继续教育学院、国际教育学院 16 个学院（研究单位），以及省级计算中心（国家超级计算实验室）、省级分析测试中心、省级科学院自动化研究所、省级科学院能源研究所、省级科学院新材料研究所、省级科学院生物研究所、省级科学院生态研究所（生物中心）、省级科技发展战略研究所、省级科学院情报研究所、省级科学院海洋仪器仪表研究所、省级科学院激光研究所、省级科学院高新技术产业（中试）基地、省级经济和信息化发展研究院等教学、科研和研究单位。

截至 2016 年 12 月，案例学校设有 71 个本科专业，有 10 个一级学科硕士点、68 个二级学科硕士点、9 个工程硕士授权领域、3 个艺术硕士授权领域、1 个金融硕士授权领域、2 个翻译硕士授权领域，涵盖工、理、文、经、管、法、艺等学科门类。同时，案例学校还是国务院学位委员会批准的以同等学力身份在职申请硕士学位授权单位，分别在制浆造纸工程、发酵工程、皮革化学与工程、材料学、机械电子工程、设计艺术学、检测技术与自动化装置、食品科学、应用化学、计算机应用技术、林产化学与工程、生物工程、制糖工程、机械设计及理论、材料物理与化学、高分子化学与物理、化学工艺、控制理论与控制工程、马克思主义中国化研究 19 个学科、专业接受同等学力人员在职申请硕士学位。另外，该校还具有省级"十二五"规划暨"十三五"规划的重点学科（9 个）：制浆造纸工程（强化重点学科）、发酵工程（强化重点学科）、设计艺术学（强化重点学科）、皮革化学与工程、材料物理与化学、高分子化学与物理、机械电子工程、食品科学、文化传播学（省文化厅）。

第二节 学校教学建设

一 教学质量工程

截至 2014 年 12 月，案例学校有国家级特色专业 4 个、省级品牌特色专业 10 个，建成国家级精品课程 1 门、省级精品课程 16 门、省级实验教学示范中心 3 个。

国家级特色专业（4 个）：轻化工程、生物工程等。

省级品牌特色专业（10 个）：轻化工程、生物工程、无机非金属材料工程、工业设计、自动化、应用化学、机械设计制造及其自动化、计算机科学与技术、高分子材料与工程等。

国家级精品课程（1门）：制浆造纸工艺学。

省级精品课程（16门）：机械设计基础、无机及分析化学、制革化学与工艺学、工程材料、基础化学实验、思想政治理论课、数字电子技术、氨基酸工艺学、啤酒工艺学、葡萄与葡萄酒工艺学、生物工艺学总论、蒸馏酒工艺学、机械制造基础及工程训练、微观经济学、无机材料核心课程群、机械基础及创新实践系列课程。

省级实验教学示范中心（3个）：生物工程实验教学中心、材料科学与工程实验教学中心、化学实验教学中心。

目前，学校的教学质量工程更上一层楼，现有全日制在校本科生、研究生、留学生3万余人。设立有2个学部、20个教学单位、12家创新研究机构。共有9个省部级重点学科、14个硕士学位授权一级学科、93个硕士学位授权二级学科、9个工程硕士专业学位授权领域、3个艺术硕士专业学位授权领域、2个翻译硕士专业学位授权领域、1个金融硕士专业学位授权领域、75个本科专业。学科专业涵盖工学、理学、文学、经济学、管理学、法学、医学和艺术学8个门类，化学、工程学两个学科进入ESI世界学术机构排名前1%，材料科学接近ESI世界学术机构排名前1%。

二 教学成果取得

案例学校是教育部本科教学工作水平评估优秀学校。办学70年来，累计为社会培养输送各类人才15万余名，涌现出了一大批全省先进行业的领军人物，被誉为"工程师的摇篮、企业家的沃土"，为全省经济建设和社会发展做出了突出重要的贡献。现有国家级特色专业4个、省级特色专业10个、国家级精品课程1门、省级精品课程33门、省级教学团队7个。在最近一届省级教学成果奖评选中，获得特等奖2项、一等奖7项、二等奖10项。近年来，学生在"挑战杯""创青春""数学建模""机器人工业设计"等大赛中成绩优异，共获得省部级以上奖励2500余项，其中，国际级奖励22项、国家级奖励400余项，是全省大学生创业教育示范院校和全省高校毕业生就业工作的先进集体，毕业生年底就业率长期保持在95%以上，被国家主流媒体评价为全省十大最具社会口碑的学校、全省最具就业竞争力的本科院校、享有全省最佳社会声誉的高校。进入新时代以来，案例学校大力发挥科教融合特色和科教互促互建优势，打造院所一体化、教学科研融通互补的科教融合学校，成立"英才学堂工程"特色班，形成了"产学研用"一体化平台、全链条的人才培育模式，大力度、全面加强了创新型人才培育工程的建设。

第三节　学校科研建设

一　科研平台构筑

截至目前，案例学校拥有完善的现代化科研基础设施和实验基础设备。有省部级以上重点学科及研究平台 100 多个，其中省部共建国家重点实验室 1 个、省部共建国家地方联合工程实验室 1 个、国家工程技术研究中心 1 个、国家超级计算实验中心 1 个、教育部重点实验室 1 个、国际科技合作基地 3 个、国家产业技术创新战略联盟 1 个、省级协同创新中心 2 个、省级重点学科 9 个、省级重点实验室 17 个、省级工程实验室 9 个、省级工程技术研究中心 23 个、省级高校重点实验室 5 个、省级产业技术创新战略联盟 5 个、省级国际合作研究中心 6 个、省级社科基地（中心）3 个；有省级实验教学示范中心 3 个、省级人才培养模式创新实验区 1 个、智能制造省级新旧动能转换实训基地等学生实践教学和实训基地 400 多个。

二　科研成果取得

截至 2018 年 6 月，案例学校共承担国家重点研发计划、"973 计划"、"863 计划"、国家自然科学基金、国家社会科学基金、国家软科学研究计划等国家级科研课题 400 余项，省部级项目 300 余项；获得省部级以上科研奖励 71 项，其中获国家技术发明二等奖 2 项、国家科学技术进步二等奖 1 项、中国专利优秀奖 3 项、省级科技最高奖 1 项、省级技术发明一等奖 2 项、省级科技进步一等奖 9 项、省级社科优秀成果一等奖 2 项、省级文艺一等奖 1 项；获得国家发明专利 1000 多项、省级专利奖一等奖 2 项；学术论文被 SCI、SSCI 收录约 2000 篇，出版专业学术著作逾百部。

三 学术资源储备

截至 2014 年,案例学校图书馆有馆藏图书 224.3 万册、电子类图书 144 万册(种)。电子数据库 27 个,其中自建数据库 3 个;中文期刊 1200 种、外文期刊 61 种、电子中文期刊 21722 种、电子外文期刊 31265 种。馆藏文献资源以造纸、化学化工、食品发酵、无机材料等为主。

目前,校舍建筑总面积 123 万平方米,教学科研设备总值 10.5 亿元,图书馆藏书 259 万册,电子图书 239 万册。

案例学校主办《学校校报》(自然科学版)、《学校校报》(社会科学版)等学术期刊。其中,《学校校报》(自然科学版)主要刊登数学、物理学、化学、生物学、材料科学、机械工程、动力与电气工程、电子通信与自动控制技术、计算机科学技术、化学工程、食品科学技术、环境科学技术、经济学、统计学等学科领域的学术论文、科研报告、科技成果和科技综述。《学校校报》(社会科学版)主要刊登经济管理、文体、艺术、历史、哲学、金融、外国语言等人文社科学科专业领域的学术论文、研究报告、调查报告、研究成果和研究综述性学术论文。以上期刊都是首批入编中国学术期刊(光盘版)的优秀期刊,是被教育部、中央教科所评选出的"全国优秀教育出版物",是中文科技期刊数据库、中国期刊网、中国学术期刊综合评价数据库、万方数据——数字化期刊群、中国学术期刊(光盘版)和全国报刊索引等收录刊源,并被美国《ulrich's 期刊指南》录入。

另外,案例学校主办的其他刊物曾荣获国家级和省级多项大奖:1990 年荣获国家科技期刊展评二等奖;1993 年获全省出版协会版式设计一等奖;1995 年获全省出版工作者协会优秀总体策划二等奖 1 项、优秀文章编辑奖一等奖和三等奖各 1 项、优秀装帧艺术编辑三等奖 1 项;1996 年在全省率先改为大 16 开国际标准版本,同年获省级新闻出版协会颁发的优秀作品奖 2 项;1998—1999 年被评为省级自然科学技术优秀等级期刊;1999 年被省委宣传部、省科技厅评为全省科技宣传先进单位。2001 年荣获优秀总编、优秀编辑一等奖 2 项、二等奖 2 项;2002 年囊括了"中国新闻文化促进会"颁发的优秀总编、优秀编辑等 4 个一等奖;2003 年获"中国媒体新闻文化质量"优秀期刊一等奖。案例学校主办刊物致力于科学学与科学管理的争鸣和实践的广泛应用,紧密注视软科学研究的前沿,及时反映国际国内管理理论研究的现状、动态和发展趋势；积极配合管理实践的需要，着重介绍现代管理的特点和基本规律。案例学校主办刊物立足全省市县地区，放眼世界。紧紧围绕经济建设这个中心，大力宣传科教兴国、可持续发展和经济国际化战略方针、政策；重点报道知识创新、技术创新及高新技术产业化的理论、实践和典范，为技术创新和成果转化提供借鉴。案例学校主办的另一本刊物则立足本省，面向全球，以报道自然科学各学科领域中的基础理论和应用研究为主要内容，反映最新的科技成果，传播科技信息，交流学术思想，促进科技成果商品化、产业化，推动科技事业发展。案例学校主办刊物对国家自然科学基金项目、科技攻关项目及各省部委基金资助项目予以优先报道，力争成为国内一流的学术期刊。作为省科学院主办的唯一自然科学综合性学术期刊，有力促进了全省科技学界与国内外的学术交流，推动了高新技术成果的产业化，产生了一定的社会效益和经济效益。案例学校主办刊物先后被中国学术期刊全文数据库、中国学术期刊综合评价数据库、中国学术期刊（光盘版）、万方数据——数字化期刊群、中国核心期刊（遴选）数据库、中文科技期刊数据库（全文版）、中国无机分析化学文摘等国内多家大型数据库收录。

第四节　学校人才工程塑造

一　师资建设

案例学校现有专任教师2000多人，其中副高级以上专业技术职务人员近千人，具有博士学位的千余人。有"双聘"院士（含外籍院士）7人，国家"千人计划"项目入选者7人，国家万人计划2人，国家百千万人才工程4人，国家有突出贡献的中青年专家1人，中央联系专家1人，全国优秀科技工作者1人，海外特聘专家34人，省优秀青年学者专家3人，省产业领军人才3人，教育部新世纪优秀人才支持计划3人，科技部中青年科技创新领军人才2人，全省有突出贡献的中青年专家32人，省级高端智库专家7人，享受国务院政府特殊津贴专家22人，全国师德标兵1人，全国优秀教师1人，省级教学名师4人。在职在岗的各类省部级以上高层次人才100多人。

二 人才培养

案例学校现设有轻工学部、经管学部 2 个学部，有机械工程学院、电气工程与自动化学院、皮革化学与工程学院、印刷与包装工程学院、食品科学与工程学院、生物工程学院、环境科学与工程学院、工商管理学院、艺术学院、化学与制药工程学院、材料科学与工程学院、信息学院、文法学院（马克思主义学院）、外国语学院、理学院、金融学院、体育与文化产业学院、继续教育学院、国际教育学院等教学单位，在更大学科领域和跨学科范围内整合。

案例学校历年来高度重视创新型人才培养工作，不断深化教育教学改革，全力推进特色名校建设工程，是教育部本科教学工作水平评估优秀学校。学校坚持以"立德树人"为根本导向，按照"人格健全、身体健康、思维创新、素质全面"的人才培养标准，积极推进教学改革，大力加强专业建设和课程建设，重视学生创新能力和创业能力的培养，积极探索"双学分"制人才培养模式，培养德才兼备的高素质应用型人才，建立健全了教学质量监控保障体系，教育教学质量和学生实践创新能力不断提高。

可以说，案例学校的教育教学与人才培养和该校一直以来秉持的师资队伍建设理念及策略实施有着密切的关系。历届学生比赛当中，教师们都积极带领学生队伍参赛，其间，教师们集思广益，努力促进科研成果的实践转化，并通过多元化途径将教学、科研和实践成果进行有机联系，逐渐形成了以科研为基础、以教学为枢纽、以研究成果为导向的"教学—科研—成果"有机循环体系。其间，更是围绕当前创新创业教育对创新型人才培养的迫切要求，塑造了产学研用有机结合、极具创新创业教育特色的创新型人才培养机制。这不仅极大地促进了创新型人才培养，还有力助推了学校师资队伍建设，同时也为科研成果的理论价值和实践意义验证，进而实现高等教育管理、创新创业教育、人才管理等相关理论建构和应用意义践行升华提供了一个新的思路。

当前，随着新旧动能转换战略的部署，以科教融合助推新旧动能转换成为案例学校在教学、科研、人才培育、师资队伍建设、机构机制改进、基础设施完善等各项事业建设方面的当务之急。在科教融合的大背景下，案例学校又肩负着全省工业强省人才支撑和技术服务支持的重任，肩负着新旧动能转换新形势下的创新创业人才培养、创新创业成果培育的重要任务，肩负着如何通过一流应用研究型大学筑造助力于创新型国家建设的历史使命。为此，案例学校高度重视大学生创新创业教育，以培养学生创新创业思维、创新创业精神和创新创业能力为导向，以产学研用合作、技术创业为特色，整合校内外资源，打造了创业教学、创业培训、创业竞赛、创业实践、创业研究"五位一体"的创业教育体系；不断加大资金投入和资源供给，推动学生创新训练平台建设和创业孵化基地建设，使案例学校的创新创业教育在原有基础上又出现了新特点、新进展、新突破，创新创业教学质量和学生实践创新意识及能力也在不断提高。

第五节 青年教师可雇佣型心理契约对学校教学科研发展的影响

案例学校自组建以来，关于青年教师的吸纳、培养和师资队伍建设等工作就一直是各个教学科研隶属单位的教学和科研等重要事业发展的重中之重。案例学校先后实施了"博士工程"［加大力度引进高水平博士（后）人才、学校（科学院）相关专业紧缺的博士（后）人才以及博士生导师团队］、青年教师培养导师制、学校（科学院）"青椒"论坛、人文社科优秀青年学者支持计划、人文社科青年学者优秀科研成果培育计划、德融好课堂/好教案/好教师、优质教学工程项目、青年教师教学竞赛、教师课程分析竞赛、高水平教研科研项目申报培训与专题交流等举措，使得在日常教学科研工作开展过程中，青年教师的岗位胜任能力、教师德育素养、职业发展潜能等都得到了明显改观和提升。与此同时，青年教师的组织心理知觉和体验也在潜移默化地变化，特别是结合当前新型可雇佣型组织关系背景特征，青年教师的心理契约更显著不同于以往，呈现出以可雇佣性取向为典型特征的新型心理契约变迁。基于前文研究结论可见，这种心理契约变迁可视作可雇佣型心理契约，并势必引发相应的组织心理与行为变化。为了进一步验证这种变化的影响机制及组织效应，本研究采用深入调研现场实地的情景化的验证性案例研究，围绕研究问题的理论价值和实践价值展开深入考察和检验。

一　青年教师可雇佣型心理契约形成致因的验证

本书前文得出，青年教师可雇佣型心理契约的形成受限于所在学校层面上的真实工作预览、组织社会化与青年教师个体层面上的职业价值观、自我效能的影响，那么究竟这些形成动因在真实世界中的应用效果如何？带着这一问题，本书选取了独具科教融合、科教互衬与共同发展的优势特色，作为全省新型工业科技创新及人才培养领域的重要支撑载体的我国普通高等学校作为案例研究单位，试图通过这所案例学校在青年教师招募引进、培育成长、职业生涯管理以及师资队伍建设等方面工作的实施举措，从实践角度进一步检验本书前文得出的研究结果的外部效度，从而充实高校青年教师可雇佣型心理契约的相关理论建构，阐释并升华对高校教学科研建设的实践应用意义。

2017年9月，是案例学校迎来新一学期的崭新时刻，阳光下，又一批莘莘学子怀揣着对未来学业生涯、职业生涯以及人生成长规划的无限憧憬步入高等教育学府的大门。近日，学校的下一步发展规划中提到，在概括为"123456"的学校发展思路当中，人才引进是重点。该发展思路屡次被强调："人才队伍是学校的短腿和瓶颈，主要问题是高层次人才缺乏和结构失调，人才队伍的体量还不够大。大学以学者为代表、为标志，有学者的大学才是真正的大学。没有一批优秀学者的大学是一个没有灵魂的大学，没有优秀学者的大学也是一个没有地位、没有影响力、没有发展前景的大学。重中之重是人才引进。因此，学校会出台人才引进的新政策，特别是高层次的人才。一方面是引进高层次、有国家级称号的人才，另外就是引进高水平的博士（后）来扩大教师队伍的体量。要想提高学校的办学资质水平，学校的教师队伍上不去根本不行。下一步，学校在人才引进方面要加大培养和引进力度，实行聘用并举。"

对应"123456"发展思想中的人才引进观，案例学校出台并实施了高层次人才引进策略。例如，在高层次人才招募公告中明显提到，招聘优秀中青年博士A类、B类、C类。各类高层次人才是指：A类人才为近5年以第一作者（含导师为第一作者、本人为第二作者）或通信作者发表本学科专业领域的学术论文被SCI三区、CSSCI全文收录6篇或SCI一区1篇或二区3篇或SSCI 1篇及以上；或世界前100名高校（参照英国泰晤士报副刊年度评审最新公布结果）博士毕业生；或获得中国博士后科学基金特别资助的青年学者；或与上述人员水平相当者。B 类人才为近 5 年以第一作者（含导师为第一作者、本人为第二作者）或通信作者发表本学科领域的学术论文被 SCI 三区、CSSCI 全文收录 4 篇及以上或 SCI 二区论文 2 篇；或世界前 200 名高校（参照英国泰晤士报副刊年度评审最新公布结果）博士毕业生；或在世界前 100 名高校（参照英国泰晤士报副刊年度评审最新公布结果）从事博士后研究 1 年以上的青年学者；或学科专业发展急需的紧缺博士毕业生。C 类人才为符合学校教学科研建设迫切需要，具有较大发展潜力的优秀中青年博士。与之相对应，各类高层次人才享受如下待遇水平：A 类在聘期内享受副教授工资待遇，提供购房补贴 20 万—40 万元；提供科研启动费及工作经费，自然科学类 10 万—20 万元，人文社科类 5 万—15 万元。B 类在聘期内享受副教授工资待遇，提供购房补贴 10 万—20 万元；提供科研启动费及工作经费，自然科学类 5 万—10 万元，人文社科类 3 万—5 万元。C 类在聘期内享受单位提供的 6 万元租房补贴，视实际工作情况提供一定数量的科研启动费。

由此可见，案例学校在招募人才时，不仅将岗位胜任力素质、任职条件、岗位职责以及相配套的薪酬福利、研究条件、工作和生活环境等待遇水平都进行了详细公示，还结合拟聘岗位特征和主要工作内容，对未来工作远景进行了概括展望，如此可以使应征者更加清晰地了解到学校建设概况、现状和发展前景，以及与职业生涯发展、薪酬福利、科研资源、生活条件等与个人切身利益直接相关的工作环境及待遇条件，而非仅限于对案例学校大致框架性梗概的简单浏览。另外，从中还可以窥探出任职期间的个体未来职业生涯发展方向和途径，这些都容纳在案例学校的真实工作预览策略当中，作为入职伊始的重要人力资源政策，发挥了对于初入教学科研一线工作环境的青年教师的提纲挈领的指引作用，有利于青年教师尽快从学生状态转变为教师工作角色，适应新的校园工作氛围和生活环境，顺利开启教师职业生涯，实现教书育人的职场身份转变和研究成果的应用转化。正如本书前文所述，真实工作预览是组织在招募新员工时所展示的未来组织和工作远景，包含未来组织发展战略基本框架和方针指向以及个人工作胜任力要求、岗位职责、工作规范、职内付出、薪酬、福利、工作环境、生活条件等一揽子待遇水平等，与员工个体的工作和生活利益息息相关。真实工作预览通过向应征者描绘有关未来职业或工作内容的全景展示，进而使应征者形成对拟服务组织和职业远景的清晰认识与全景描绘，从而有利于准入职者初步形成对组织环境、工作内容、职业发展的积极认知与心理体验，在一定程度上有助于准入职者建立对聘用组织的正面心理感知和预期。以上的高层次人才招募策略恰恰是案例学校结合科教融合背景下的教学科研事业亟待发展的迫切要求，将教学科研事业与所需人才职业发展进行有机结合，秉承职—能匹配、岗—责匹配、绩—效匹配的基本原则，进行高层次人才资源规划，其中，尤其对青年教师的师资需求进行了详尽描绘。结合本书所探讨的可雇佣型心理契约形成的理论建构可知，案例学校在高层次人才招募中贯彻了真实工作预览策略，其在实质上则为案例学校人才管理、师资建设乃至教学和科研事业发展理念落实到高层次人才招募工作中的现实投影，即通过将工作职责、胜任力素质要求、薪酬待遇条件、校园环境和生活条件等进行公示，使应征者较为清晰地了解未来供职场所的基本情况，对工作—生活协调问题提前做好筹划，从而有助于形成对案例学校的积极认知和心理图式，削弱甚至规避未来可能出现的消极心理知觉。本书在案例调研中访谈了部分青年教师（按照高校师资管理系统对青年教师的一般性认知，将教龄未满5年的教师归属为青年教师）以及师资建设部门管理人员，其中多人表示：

> 对于获得博士学位的毕业生而言，大多数是要谋求高校（或教学、科研机构）的教学科研工作的，那么在谋求高校教职时，就会首先查阅学校官方网站，了解招聘公告，通过其中所描述的学校基本情况、任职资格、岗位胜任力要求等介绍，基本上可以对学校的工作职责、工作条件等未来工作展望形成比较清晰的了解，甚至仔细研究后，有时还可获知学校的教学和研究氛围、工作条件以及生活设施环境等，能够在头脑中形成对未来工作和生活状况的大致轮廓。不仅限于此，招聘公告中更明示了对于不同资质情况的应征者一旦通过入职测试（如试讲、面试、研究成果介绍等综合素质和能力考评）、双向选择满意、就职后可以享受的薪酬补贴等待遇水平，这样就使应征者更加清晰地形成对自身可雇佣性价值的客观评价和心理认知。

还有青年教师更是坦率直言：

> 找工作就如同相对象，晕轮效应、首因效应、近因效应、投射效

应、刻板印象等社会人际交往中经常会出现的心理认知偏差不仅影响求职者对拟供职组织的正向心理认知，还导致组织对应征者的认知偏倚，这两种情况都不利于健康的组织关系的塑造。

而部分师资管理人员往往具有普遍认识，即：

求职—招募仿佛"双刃剑"，用好这把"剑"，就有利于双方利益共同发展，否则会贻害万方。在这个过程中，应该讲求"心明眼亮""一诺千金"，如果真正做到了"心知肚明""尽职尽责"，就有利于应征者和供职学校之间积极关系的构筑，为未来教学、研究等一系列工作的顺利开展奠定了良好基础。

除了案例学校在招募环节所实施的真实工作预览策略可以促进准入职的青年教师对拟服务学校的了解，进而促使准入职的青年教师形成对拟服务学校的积极认知和心理体验以外，案例学校实施的"123456"发展思路中还描绘了对于高层次人才和优秀青年教师的热切期盼。为了促进这一战略思想的战术部署与实践落地，案例学校通过"青椒"论坛、青年教师导师制等管理和培养途径来贯彻组织社会化策略，从而进一步加强对青年教师入职后的在岗培养与职业成长管理。案例学校的《青年教师专业实践能力培养办法》规定，为了丰富青年教师专业实践经验，提高青年教师的专业实践能力，建设一支理论知识扎实、专业实践水平高的师资队伍，秉承"校企合作、形式多样、注重实效"的原则，全面推进教师专业实践能力培养，不断创新高校与行业企业联合培养人才的机制，努力提升青年教师的实践创新能力和服务社会的能力。案例学校的《教师教学发展培训工作实施办法》则规定，为了进一步提升青年教师的教学能力，保证人才培养质量，特别针对青年教师的培养工作制定本办法。其中，教师教学发展培训是指为促进教师职业道德、教学能力和社会服务能力等方面成长而举办的各种培训活动。这些活动坚持以青年教师为主，兼顾全体教师，校内培训为主与校外培训相结合，自主选修和必修相结合，培训形式灵活多样与讲求实效相结合的原则，充分发挥学院（学部）的工作积极性，充分激发教师个体在教学发展中的自觉性、自主性和主动性，不断完善教师教学发展机制，推进教师教学发展工作的常态化、制度化。具体而言，教师教学发展培训形式包括课程进修、访学、企业（行业）锻炼、参加名家（名师）讲座、网络学习（培训）、教学研讨观摩、工作坊建设、教学竞赛、教学技能比武、青年教师导师制、青年教师助教制和结合特色化教学形式（如翻转课堂、案例教学、沙盘模拟教学、MOOC 教学、游戏教学等）的教研活动，以及根据教师教学发展需求，开展教学咨询和教学能力诊断等。例如，青年教师国内外访学须以提高教师教学水平、课程开发能力和教学研究能力为目的；教学咨询与诊断主要针对新入职青年教师课堂授课过程中存在的问题及教学过程中的疑惑，通过邀请教学咨询专家现场咨询指导或通过课堂听课进行诊断，帮助分析问题，提出改进建议；教学观摩主要是观摩教学名师、教学方法改革标兵、青年教学优秀奖获得者以及学生评教反应较好的教师课堂授课；教学竞赛和教学技能比武是按照（学院、学部）有关文件规定来组织校/院教学名师、教学方法改革标兵、教学标兵、德融课堂好教师和青年优秀教学奖的评选、MOOC 教学比赛、多媒体比赛和微课比赛等。其中，明确规定，新入职教师的培训要以校史校情、校园文化建设、师德素质教育、高等教育教学理论和必要的教育教学能力为主，旨在促进新入职教师尽快融入所服务学校的新的工作和生活环境，加强师德素质修养，掌握教育教学和教研技能，尽快胜任高等学校教师岗位的工作需要；青年教师教学培训的重点是提升教师教学发展能力，主要包括课程开发能力、课堂教学水平和教学研究能力等；鼓励新入职青年教师在初任职 5 年内进行脱产的国内、外访学和课程进修观摩学习，新入职的专业青年教师在初任职 5 年内须到对口企业（行业）锻炼；高等学校任职不足 5 年（即高等学校教龄小于 5 年）的青年教师每学年参加不低于 32 学时的教师教学发展培训，青年教师参加教学发展培训学时作为学院（学部）实施教师绩效考核评价体系的重要组成部分，与教师教学评优、专业职务考评、业绩考核等密切结合。针对以上文件中的出国访学部分，则特别在《公派出国留学管理办法》中进行补充性明确说明：为了适应建设特色鲜明高水平科教融合大学，提升国际化办学和研究能力，推进国际化人才队伍建设工程，学校鼓励优秀青年教师出国访学，与国际前沿学科专业领域的专家、同行积极开展学术合作与交流。《公派出国留学管理办法》还对出国访学的申办流程、实施细则、出国期间的校内工作和生活保障、回国后安置等进行了详细规范部署，对青年教师可能产生的疑问进行了翔实的解释，尽可能地减少和避免青年教师的后顾之忧，助推青年教师积极培养创新思维和创新能力，以及主动创造、构筑、打磨、形成和转化科研成果的实践能力。当前，随着学校科教融合战略的大踏步推进，开启一流应用研究型大学建设的新征程迫切需要全体教职员工不忘初心、砥砺奋进。在这方面，2018年教职工代表大会上明确提出，在教学工程建设和人才培养上，要牢记教师使命、投身科教事业、始终铭记"立德树人"的根本任务，通过科教融合的途径，将建设"创新型国家"的历史使命落实到日常教学和科研工作当中的每时每刻，融入每节课、每个课题、每项成果、每次交流与合作等日常教学和科研工作的点点滴滴，从而为学校打造新时代下的一流应用研究型大学添砖加瓦。其中还尤其指出，改革争在朝夕、落实难在方寸，因此，更应鼓励教师们要大胆创新，即：在学科建设上，加强学位点规划布局；在人才招募引进上，加强高层次人才、专业领军人才、青年优秀人才、国家杰出学者、优秀博士（后）的引进工作；在人才培养方面，注重科研成果转化与教学实践相结合；在科技项目与奖励方面，注意凝神静气、沉潜积累，要充分贯彻静以修身、宁静致远。这些战略部署、政策指导和方针指引在一定程度上仿佛"强心剂"注入青年教师的教学和科研工作的"血液"，激励着青年教师们积极调动主观能动性、自我培育创新思维、发挥创新力创造力，主动投身到学校的科教融合工程建设当中，加强研究成果的实践转化，是促进青年教师对当前工作进行检审和对未来工作进行主动筹划的有效途径。本书在调查研究中了解到，青年教师在入职后，很快就会接到所在学校的人事部通知，按计划如期参加名师（名家）讲座，学校专门聘请了在教学、科研工作方面拥有资深经验的专家、教授、杰出青年学者，给新入职的青年教师讲授他们的工作经验、心得体会、工作方法，讲解如何才能有效提升教学、科研工作效率的方法和途径，特别是结合获奖、立项等教学科研成果形成和实践转化的经典案例，循循善诱地引导青年教师们快速融入校园文化价值观、学校各项软硬件建设，尽快实现高校教师角色转换，争取多出、快出、优出成果。这些专家教授中包括获得全国高校MOOC、教学微课比赛优质奖的老师，获得国家社会科学基金（重大项目、重点项目、一般项目）和国家自然科学基金（重大项目、重点项目、面上项目、杰出青年项目）、国家软科学研究计划、教育部优秀科研成果奖等国家重大重点课题和优秀科技成果奖的老师们。他们传授的从业经验、工作方法、理论知识、学术素养、职业价值观以及对待学术生涯的态度和面对挫折的心态环境塑造等使学校的广大"青椒"们受益匪浅。学校推行的这种组织社会化策略在一定程度上促进了青年教师快速完成"学生—教师"角色转换、内创业能力提升、自我可雇佣性塑造和职业生涯成长。甚至有的青年教师谈道：

> 尽管读博士学位时一直接受科研训练，然而真正踏入教学岗位和科研岗位后才发现，教师和学生的身份截然不同，作为一名教师，除了要处理日常教学、行政等工作以外，科研工作也万万不可放松，但若依然维持读博士学位时的研究水平，根本无法支撑日益拔升的科研成果要求，因此就必须不断学习，所在学校提供的在职学习机会在很大程度上督促着自己要保持奋斗意识，持续进取。之所谓教学、科研两手抓并且两手都要硬，要以不断学习和创新为准绳，以科研工作为基础，以教学工作为途径，在人才培养的同时，促进科研成果创新、实践和应用转化，从而实现教学、科研、自身修炼三个维度综合能力的全面改善，全方位夯实、充实和拔升自我可雇佣性价值。

由以上可见，案例学校对于青年教师的培养工作贯彻到了日常工作的方方面面。青年教师的培养工作不仅始于招募阶段真实工作预览所描绘的工作和职业远景，还需要在入职后不断进行组织社会化的加强与深入，这样才能够通过"准入职青年教师—新入职青年教师—成长中青年教师—职业成熟的青年教师"的职业角色转换过程来实现个人职业生涯发展。其间，组织社会化在青年教师早期→中期→成熟期职业生涯锻造中发挥着举足轻重的作用。秉承《国务院关于加强教师队伍建设的意见》（国发〔2012〕41号）和教育部等五部委《关于加强高等学校青年教师队伍建设的意见》（教师〔2012〕10号）等相关文件精神，结合案例学校的实际情况，实施切实有效的组织社会化举措，极其有助于青年教师素质培育和师资队伍建设，促进青年教师积极心理环境的营造，从而形成青年教师的高水平可雇佣型心理契约图式；反之，组织社会化政策形同虚设，相关管理文件束之高阁，不仅无益于青年教师的积极心理环境建设，制约青年教师与其所在学校之间的健康关系的构筑，更阻碍青年教师职业生涯的良性发展，甚至牵制学校的教学、科研事业发展步伐。

案例学校在采取以上策略的同时，也同样考虑到青年教师所禀赋的高知识、高创新、高自我认知、高自我效能、高可雇佣性发展的期望值等个体特征。例如，真实工作预览策略中对于任职资格、薪酬福利、生活环境等待遇条件的远景描绘，一方面反映出案例学校迫切吸纳优秀高层次人才加盟的战略部署，另一方面也体现了青年教师对于未来职业生涯和生活条件的强烈期望（如追求高职业价值、高社会价值、高个人角色扮演以及职业定位与不断增长的物质文化生活需求的匹配性等），这些恰恰反映了当前高校青年教师所普遍秉持的职业价值观、社会价值取向、自我成就欲等。另外，从青年教师导师制、"青椒"论坛、青年教师发展培训项目、教师教学技能竞赛、教师课程分析竞赛、德融课堂好课程/好教案/好教师计划设施等相关方面可见，案例学校结合新时代下的科教融合对教学科研发展战略部署，力求将新入职的青年教师培养为未来拥有高可雇佣性能力的优秀青年教师。一般而言，在追求高可雇佣性价值的过程中势必需要个体具备高自我效能。难以想象，缺乏自我效能的个体，如何能实现个人奋斗目标？更毋宁说满足所供职学校的职业生涯规划目标。本书研究在调查中发现，青年教师在攻读博士学位的过程中普遍受到严格、紧凑的学术研究训练，为了取得博士学位，无论精力、体力抑或脑力都竭力付出，甚至家庭成员也提供了莫大辅助资源和支持，即便如此，当从博士生（学生角色）转变为教师职业身份（职场角色）时，依然需要秉持积极的职业价值观和高自我效能，唯此才能实现学生—教师的社会角色身份转变。调查中有青年教师谈道：

> 入职报到时就了解到，尽快拿到国家级和省部级重要课题，在教学技能上快速提升，力争在教学、学术上更有创新性，实现更前沿、更优质的突破，是立足于本岗，进而迈向更远大职业前景的重要前提和基础。在这个过程中，可能会遇到很多挫折、失败、窘迫、纠结等不利局面，坚定的职业理想、积极的职业价值观、高自我效能和进取心能够打破这些窘境，并为获取新的职业成长点和自我可雇佣性提升基点保驾护航。

可以说，职业价值观、自我效能在高校青年教师可雇佣型心理契约形成中所发挥的驱动作用是显而易见的，高校应注重青年教师的这些个性特质，并采取积极的组织策略加以正向引导，通过不断完善青年教师的招募、引进和培育等一系列职业生涯管理工作，构筑青年教师与所供职学校之间的积极关系，从而形成青年教师可雇佣型心理契约的良性状态。

二 青年教师可雇佣型心理契约的工作态度和行为效应验证

本书前文研究发现，青年教师可雇佣型心理契约经由其个体对所在学校的组织犬儒主义，个体对所在教学团队、科研团队的组织认同感，影响其对所在学校的退出、建言、忠诚、漠视行为。为了进一步印证以上研究结果的外部效度，本书通过历经70余载教学科研的软硬件建设，在新时代的创新型人才培养、对接中国制造战略布局的新工科人才塑造，以及近年来在教学优质工程锻造和科研成果提升等方面拥有发展潜力和特色优势的我国普通高等学校作为取样单位的案例研究来进行阐述。

本书在调研中了解到，案例学校的学术委员会集体讨论并通过了《科研单位学术团队建设与管理暂行办法》，其中对学术团队的管理模式、组建形式、奖励与考核方式等都进行了详细说明，该办法指出，各级教学科研单位的科技工作要取得新的突破、实现新的增长点，与之相应的政策措施也要适应学校新的发展需求，要充分激发学校教师做科研的积极性，在管理上给予引导，为科研人员提供更多便利措施。那么，对于青年教师而言，既要快速融入新的科研团队，又要发挥在入职前参与其他团队建设所取得的成效，积极承担国家级、省部级等重要课题任务，敢于迎接挑战，勇于冲击新的突破点，争取在立足于本专业的基础上，更多、更快、更好地实现重大重要项目申报立项、运行进展和整理结项等一揽子项目运作工作。另外，案例学校的《教学单位教师教学发展培训工作实施办法》指出，教师教学发展工作是学校教学工作考核的重要指标之一，教师参与教学发展培训将作为学院（学部）考核评价体系的重要组成部分，学校每年划拨专项资金专门用于教师教学发展培训、研究团队建设、培训项目开发、组织和实施。同时，各个学院（学部）要在教学安排和经费配置等方面支持教师参加各类教师教学发展培训活动和培训团队建设。在本书的案例调研中发现，诸学院（学部）恰恰是充分贯彻了学校的《科研单位学术团队建设与管理暂行办法》《教学单位教师教学发展培训工作实施办法》等相关文件精神，通过激励青年教师积极申报国家级和省部级等重大重要课题，为学院（学部）科研平台基础建设和教学成果转化提供了源源不断的有效资源储备。在调研中，某学院主管科研工作的副院长谈道：

　　近年来，学院按照学校优质教学工程建设、高水平科研平台建设的战略方针，积极响应学校相关文件精神，规划了具体实施办法。例如，根据学校人才队伍建设规划，加大力度引进优秀博士（后）和学科专业发展急需的博士，并鼓励青年教师积极融入新的教学工作环境、加盟相关学科专业的学术研究团队，通过将个人职业成长期望与学院学科专业建设远景相结合来促进青年教师职业生涯发展，其间不断深化对青年教师教学科研素质的培养，力求借此形成青年教师积极的组织心理与行为，在打造青年教师与学院之间健康关系的基础上，构筑起青年教师的正向可雇佣型心理契约状态，也只有如此，才能形成有利于优秀教学科研成果打造和成果应用转化的内生动力。近年来，学院就是在这种发展思想指引下开展青年教师引进和培育工作，且已初见成效。例如，截至目前，不仅实现了国家社会科学基金、国家自然科学基金立项的零的突破，更累计立项了省部级和国家级等重要课题30余项，极大地促进了学院的重点学科专业建设、科研氛围营造、基础平台构建和教学科研成果的实践应用。

对此，该学院某青年教师表示：

　　学院为青年教师提供了公平竞技的舞台，除了引导青年教师早期职业生涯规划以外，还积极组织重要课题申报讲座、教学学术专题研讨会和教学学术交流活动，鼓励青年教师主动攀登、攻坚省部级以上重要课题和研究专项课题，多出、快出、出高水平教学科研成果，对于成绩突出者予以褒奖。如此从个人职业发展层面、社会价值层面以及学科专业建设角度实施系统化激励建设，形成青年教师积极进取的心理动机和组织心理与行为的良性构筑机制。

来自学院科研之星论坛上的一篇"青椒"访谈写道：

　　申报国家自然科学基金的过程固然非常不容易，从第一次尝试申报到最终能够立项总共用时3年，每年都经历这种身心俱疲的煎熬，然而正所谓凤凰涅槃，如不经历这种脱胎换骨的锻造，也终不可实现彻头彻尾的改变。这种改变并非学生时代的小学—中学—大学—硕士—博士的在学生角色轨迹上的沿袭，而是角色身份的彻底改变，那么如何将所学所知所习转变为真正可以传道授业解惑的有助于人才培养的真知灼见？记得学院一直鼓励大家："科研工作不仅是高校教师的主要职责，同时也是教学能力提升、教学成果积累、教学经验摸索的重要前提和基础。"秉承这种工作思想，很多青年教师都对国家级课题跃跃欲试，每年申报者不在少数，你追我赶地埋头耕耘。很庆幸，奋战3年来，我能够立项国家自然科学青年基金项目。通过此番申报，切实锻炼了自己查阅文献、开题打磨、组建团队、解决问题、形成项目整体方案等一整套项目申报和运行的心得体会，同时也极大地提升了在新工科时代的可雇佣性价值，为未来工作开展奠定了良好的基础。还记得一位学界大咖所言："科研的动机有三种：第一种就是短期的功利主义，为了发文章、评职称；第二个是长期功利主义，发高水平的论文，获有分量的奖，在学科领域打造影响力或知名度；第三种是内在价值的非功利主义，做这件事情不求外在的回报，而是为了探讨的一些未知的东西。不是说我们不应该有外在的功利，而是应该同时赋予一些内在的价值追求。将本职工作视为终身为之奋斗的事业去经营，才能走得更远、更高、更好。"因此，当在申报过程中遭遇挫折时，首先就是要想明白为什么申报、为什么做科研，只有当真正认识到科研工作的价值、申报国家级课题的意义，并深入骨髓、形成全身心的精神力量时，才能够打造迎难而上、前赴后继的攻坚姿态。经历了由申报至立项国家级课题的过程，我现在更认为，科研是一种锻炼人思维方式的最佳方法，自己给自己出题，自己给自己解答，就如同自己和自己下棋一样，本质上是在追求自我成长、自我价值增值。科研可以帮助我们保持好奇心，做科研就如同一个好奇的孩童，只是探索的世界是不一样的，好奇的人会有各种各样的疑问，科学研究正是回答这些疑问的良好方式。做科研能够帮助自己形成巅峰体验，就如现在盛行的经典需求理论中的七个层次一样，每个人都追求巅峰体验，但不一定能达到，工作领域是实现巅峰体验的一条甚为有效的途径。对"青椒"们而言，这种巅峰体验多感触于博士论文创作、博士毕业答辩之时，记得周围不少博士在此期间脱发，可见精力投入之多，这种巅峰体验就是一种自我证实，证实自己是有价值、有能力、有潜力的人。更进一步地，这种巅峰体验还会使自己"上瘾"，仿佛一种惯性深入骨髓，使自己一发不可收，像永动机一样永恒地转动起来，如此一来，身为高校教师的可雇佣性价值逐渐形成，对学校的归属感、忠诚度、信任、情感依赖等积极心态以及由此产生的主动性工作状态便成为一种常态，长此以往，无论教学还是科研工作都能做到游刃有余。

由此可见，该案例学校的青年教师培育工作深入教学科研岗位上青年教师个体的日常教学科研工作和教学科研团队建设，这恰恰是结合了学校在科教融合背景下实施教学和科研事业战略部署的实际需要，以及青年教师的个体特质和高校组织心理特征。可以说，处于当前动态不确定性环境中的高校若要取得教学科研建设事业的长足发展，就势必需要拥有高可雇佣性能力的青年教师不断加入师资队伍，并通过青年教师导师制、教学和科研项目专题研讨会与交流活动、教学技能竞赛、学者沙龙等途径不断深入青年教师的组织心理环境，帮助青年教师构筑与所在学校之间的积极关系，而在组织关系有序搭建的同时，青年教师的正向组织心理体验也在逐渐构筑，可雇佣型心理契约作为个体对组织关系的心理图式恰恰是这种心理体验的真实投影，青年教师可雇佣型心理契约亦即青年教师个体与所供职学校之间关系的现实写照，所引发的工作态度和行为则为其可雇佣型心理契约的组织效应体现。由此可见，通过不断加强对青年教师的培育工程建设，可以使青年教师真正成长为学校教学科研事业发展需要的骨干师资力量。那么，青年教师的可雇佣性能力打造就显得格外重要，而积极的心理认知和体验（如高水平的可雇佣型心理契约）就是促成青年教师不断追求可雇佣性能力开发与完善的内生动机。组织犬儒主义作为破坏性组织情绪和工作态度、团队认同作为建设性组织感知和工作态度，相应地，就要分别施以抑制性、培植性的组织策略，才能使青年教师不断保持积极的工作态度，也才能产生建设性工作行为（如建言、忠诚），并干预和减少其负面工作态度和工作行为（如退出、漠视）的形成，从而促进学校教学和科研各项事业发展呈现出有利局面，减少乃至规避对学校综合建设的不利影响。

三 青年教师可雇佣型心理契约对学校教学发展和科研发展的影响效应验证

综合以上分析可见，案例学校一直加强青年教师的招募、引进和培育管理工作，特别是步入新时代以来，更是高度重视青年教师的早期职业生涯管理。例如，在大力度吸纳高层次人才加盟的人才策略方面，不仅在招募环节上根据学科专业建设所需人才的胜任力要求与高层次人才的胜任力素质的匹配性，分别设立了 A 类人才、B 类人才、C 类人才的招募计划，并相应贯彻了真实工作预览策略，从而满足学校隶属各学院（学部）、研究院（所）等教学科研二级单位的人才需求，以实现岗位—人才的有机对接，还从青年教师入职培训、职业生涯发展等各个方面实施形式多样、内容丰富、机动灵活的组织社会化策略，如"青椒"论坛、青年教师导师制、课程分析竞赛、教学科研项目专题研讨会和交流活动等，试图通过"准入职青年教师—新入职青年教师—骨干教师"的职业成长路径，实现对青年教师可雇佣型心理契约的有效干预和管理。此间，也恰恰是学校教学发展和科研发展稳步建设的过程。

案例学校的青年教师发展系列活动中包括青年教师岗前培训、"青椒"论坛、青年教师导师制、教学和科研团队建设管理、教学质量考核管理等一系列管理举措，从准青年教师、新入职青年教师直至骨干教师的职业培养路线上都设计了相应的培育策略。其中，学校在《青年教师岗前培训管理办法》中还特别结合青年教师入职阶段的不同，将岗前培训内容进行了明确细分。例如，对于刚报到的青年教师，除了需要参加省教育厅统一组织的新进教师岗位培训项目以外，学校还设定了新进教师拓展训练、名师讲堂等，以便在加强青年教师的德育素质、任职基本理论知识的同时，提升青年教师的工作团队意识、工作团队建设能力，通过学习名师的风采、工作模式、教学科研工作经验和心得体会来确立自己对于可雇佣性能力提升的方向、锚定自己的高校教师生涯规划。值得说明的是，拓展训练是新进教师岗前培训过程中尤为重要的一个环节，结合学校学科专业建设的实际需要，团队工作模式已经成为新入职青年教师展开教学科研工作的必由之路。如何寻找本专业相关工作团队？如何在教学科研团队中培养和发挥自身价值？如何在为教学、科研团队绩效取得做出贡献的同时开发并成就自己的可雇佣性价值？这些问题成为新入职青年教师开展职业生涯规划的关键步骤，同时也是青年教师职业生涯起航的重要前提和基础。为此，学校专门聘请专业拓展训练机构，面向新入职的青年教师组织专项拓展培训，以期使青年教师从各类型培训项目中获得对个人基本素质、团队工作能力和职业发展潜力等的客观认知和科学评价。本书在案例调研中访谈到部分入职3年以内的青年教师，他们的共识是：

> 有别于一般的课堂讲授、专题讲座、工作坊、仿真模拟、MOOC教学、沙盘项目等培训形式，拓展训练通过使培训对象身临其境的途径，试图使培训对象感受到在课堂、讲座、工作坊、MOOC、模拟训练等情景下受训时的完全不同的感觉和体验，以使培训对象在完全新鲜生动、形象逼真、富有冲击力和创新性的真情实景中足够发挥想象力和主动性，完全自主地获取理论知识、提升素质技能，而这些知识、技能等则往往是个人综合素质在真实世界中的集中展现，可以使个体在原有基础上进一步形成对未来发展空间、改进内容和主攻方向等方面更为清晰的心理图景。

另有一位获得国家自然科学基金立项的"青椒"谈道：

> 团队工作模式使我受益匪浅。还记得入职第4年时获得参加全国高校青年教师教学竞赛的资格，备赛和参赛的过程中，感受到来自学校、学院、工会等各级领导老师们的支持。当时，学院领导在全院教工大会上谈道："此次参赛并非一位青年教师个人参加比赛的事情，而应视作全院的大事，同样，每位老师的奖项取得，都离不开学院这个大家庭的通力协作。"这给了我莫大鼓舞。另外，我所在的教学科研团队每隔一周就组织考查我讲课的质量，其间不断给我提意见和建议，所以，最终能够在全国高校青年教师教学竞赛中获奖，凝练了学校、学院、工会等各位领导老师的大力支持和鼓励，也饱含了我的入职导师、同事们的关怀和帮助。再譬如国家自然科学基金申报过程中，团队的力量是无形的。如当选题拿捏不准时，团队负责人富有眼界地给予指点，团队成员们紧扣每次选题备择方案，积极查阅资料，帮助提炼研究问题，团队中曾经申报立项国家级课题的一位老师也慷慨地将自己申报的心得体验分享给我。而在撰写申报书阶段，每隔两

周，成员们就聚集一起，针对申报书撰写中遇到的问题、解决办法、改善方案等集思广益，特别是在我创作申报书的工作量很饱满的状态下，部分成员甚至放弃假期休息（时值寒假），将查阅资料、整理凝练、数据分析等这些基础工作"大包大揽"，使我更能聚焦于申报书重点内容、关键内容的创作。如今，项目立项只是一个新的研究问题攻坚旅程的开端，如果说项目申报立项是一种团队磨合进而形成默契的过程，那么接下来的项目运行就为团队成员们树立了一种信心，期待着一起完成项目，看到它真正地"开花结果"。可以说，团队讲求的就是要共同成长。正如"你如盛开，清风自来"，归零、开放、分享就是团队成员之间你追我赶地谋求个人发展的积极情怀，也是促进个人价值实现的良好途径。

另外，案例学校在《教师教学发展培训工作实施办法》中明确指出，要从师德素养教育、德融课堂（好课程、好教案、好教师）、教育理论培训、教育教学能力培训等诸多个方面提升青年教师的执业素养和能力。其中，除了一般性国内外名校访学、名师（名家）讲座、MOOC 培训、专题工作坊、教学技能竞赛、教研科研活动训练以外，还尤其设置了青年教师导师制、青年教师助教制和德融课堂的培训计划。这样一来，除了对青年教师培训以校史校情、师德教育、德融理念、高等教育教学理论和必要的教育教学能力以外，还促进了青年教师尽快融入所供职学校的新的工作和生活环境，加强师德修养，掌握教育教学和教研技能，使青年教师尽快胜任高校教师岗位的工作需要，发展自身师德修养和内在职业素养。目前，这些管理办法的实施效果已初见端倪。例如，自案例学校贯彻《"德融课堂"实施方案》以来，在各个学院（学部）的广大范围内兴起了每学期申报"德融课堂"好教案、评选"德融课堂"好教师的活动，通过历届活动举行，近年来积累的一部分"德融教学"好教案、好课堂、好教师"浮出水面"，不仅锻炼了青年教师队伍，还给青年教师的职业成长树立了榜样，指明了努力的方向。本书在案例调研中访谈到某学院主管教学工作的副院长，他谈道：

青年教师职业素质培养是一项需要长期坚持、常抓不懈的系统工程，不仅要包括青年教师个人的师德素质、青年教师的从业能力、团队工作能力等培育工作，持续不断的专题课题工作坊、名师（名家）讲堂、专题研讨学习和观摩交流活动等以及近期实施的"德融课堂好课程、好教案、好教师"等管理举措也都从不同形式上发挥了对青年教师师德修养和职业能力的培育作用，特别是对那些刚刚从博士生角色状态转变为高校教师工作身份的青年教师而言，这些培育项目对于青年教师个体的职业成长意义深远。事实上，也恰恰是在这些培育过程中，才切实构筑起青年教师与所供职学校之间稳健关系的基础，并基于此形成青年教师对所供职学校的心理体验和认知，积极的心理环境则进一步促进正向工作态度和行为，从而形成助推学校教学和科研事业建设的活力之源。

鉴于此，案例学校用于青年教师培育和青年教师师资队伍建设的相关管理办法，融会了青年教师的德育素养、胜任力素质、教学基本功训练、团队工作能力等各项执业要素提升的专业化培训，实质上不仅仅停留在青年教师个体职业素质培训上，其深远的意义更在于加强青年教师对学校的正面认识和深入了解，在可雇佣性能力开发的高心理期望的基础上，形成对案例学校的教学事业和科研事业建设的主观能动性与内生动力，并在这种内在动机驱使之下，通过积极的工作态度（如本书前文所提炼的青年教师对所在学校的低组织犬儒主义、高团队认同）产生建设性工作行为（如本书前文提炼的青年教师对所在学校的高建言、高忠诚和低退出、低漠视），从而真正实现对学校教学和科研发展的持久的驱动效应。因此，本书前文建构的青年教师可雇佣型心理契约对高校教学科研发展的驱动模型恰恰解决了青年教师可雇佣型心理契约在何种情况下能够形成有利于高校教学科研发展的高水平状态，以及如何才能促进高校教学科研事业建设可持续创新发展的问题，为当前新时代下的我国高校如何能够通过青年教师可雇佣型心理契约的有效干预和管理，进而实现学校教学科研发展的竞争优势提供了稳健的理论依据和实践指南。

本章小结

本章选取独具科教融合特色优势，且在新时代下的新工科创新人才建设方面拥有一定教学与科研建设经验的我国某普通高等学校作为案例研究单位，采用解释性案例研究方法，通过深入实地调研、现场考察、访谈和资料收集提炼等途径，对本书前文所得出的青年教师可雇佣型心理契约对高校教学科研发展影响的相关研究结果进行了定性分析以及与理论建构的对比论证，从中印证了本书前文所提出的高校青年教师可雇佣型心理契约的形成、高校青年教师可雇佣型心理契约的工作态度和行为效应、青年教师可雇佣型心理契约对高校教学科研发展的驱动机理模型的外部效度，旨在通过对典型案例高校的真实工作场景中教学和科研发展效果的考查，进一步检验和证实本书前文所建构的理论模型的理论价值与实践应用意义，充分实现本书研究结论的理论升华和实践应用扩展，切实为当前经济发展新常态下的我国高校究竟如何通过青年教师可雇佣型心理契约的有效干预和管理途径来获取学校的教学和科研发展效能，进而实现学校的教学和科研创新优势，提供一个新的思路。具体而言，本章开展的主要研究工作包括如下方面。

第一，在本书前文建构的高校青年教师可雇佣型心理契约形成模型的基础上，以案例学校的青年教师招募、引进和培育等关键工作事件作为案例分析单元，通过对实地考察获取的案例调查材料和访谈记录的定性分析，试图找到能够支撑本书前文建构的青年教师可雇佣型心理契约形成模型的典型事实依据和关键事件证据。研究结果表明，案例学校在青年教师招募、引进和培育等各项工作中，均结合学校教学科研事业发展需要及工作开展的实际情况，贯彻了真实工作预览、组织社会化策略，通过对青年教师的职业价值观、自我效能等个体特征的有效引导，力图打造"准青年教师—新入职青年教师—骨干教师"的早期职业生涯发展路径的良好开端。从其实践效果来看，不仅佐证了以上真实创新预览、组织社会化等组织人才资源管理策略的有效性，更是从理论建构角度印证了本书前文建构的高校青年教师可雇佣型心理契约形成模型的理论价值和实践应用意义。

第二，在本书前文提出的高校青年教师可雇佣型心理契约的工作态度和行为效应的基础上，以案例学校的青年教师培育、青年教师师资队伍建设等关键工作事件为案例分析单元，通过对实地考察所获取的案例调查材料和访谈记录的定性分析，考查了案例学校在以上工作当中所实施的组织人才资源管理策略及其效果，从中印证了青年教师的可雇佣型心理契约对其工作态度（如组织犬儒主义、团队认同）和工作行为（如退出、建言、忠诚、漠视)的影响效应,实现了本书前文所提出的高校青年教师可雇佣型心理契约的工作态度和行为效应的理论建构的外部效度检验与理论价值升华,为当前经济发展新时代下的我国高校到底如何开展青年教师可雇佣型心理契约的有效干预和管理,提供了稳健的理论建构基础和实践经验证据。

第三,在本书前文提出的青年教师可雇佣型心理契约对高校教学科研发展的驱动机理模型的基础上,以案例学校的青年教师培育、青年教师队伍建设、青年教师教学科研培训发展计划等关键工作事件为案例分析单元,通过对实地考察获取的案例调查材料和访谈记录的定性分析,考查了案例学校在以上工作当中所实施的相关组织管理策略,从这些管理策略实施成效中管窥到"青年教师可雇佣型心理契约—青年教师对学校的工作态度(如组织犬儒主义、团队认同)—青年教师对学校的工作行为(如退出、建言、忠诚、漠视)—学校的教学发展、科研发展"关联结构,印证了本书前文所提出的高水平青年教师可雇佣型心理契约经由积极工作态度(如低组织犬儒主义、高团队认同)和建设性工作行为(如高建言、高忠诚、低退出、低漠视)的途径,进而作用于学校教学科研发展的驱动机理,为当前经济发展新时代下的我国高校究竟如何从青年教师可雇佣型心理契约的有效干预和管理中获取学校教学和科研可持续创新发展的动能提供了一个新的思路。

第九章　结论与展望

基于前文的研究结果，本章针对总体研究结论进行概括性讨论和总结，在充实可雇佣性、心理契约、青年教师可雇佣型心理契约、高等教育管理等相关理论建构以及对未来具有学术价值的研究空间提出进一步探索展望的同时，对当前新时代下的我国高校青年教师可雇佣型心理契约的相关管理实践提出针对性策略与建议。

第一节　研究结论

本书以"当前新时代下的我国高校青年教师可雇佣型心理契约对于高校教学科研发展的影响"为主题，以我国高校青年教师为研究对象，结合这部分人群所独具的高知识、高创新、高动态心理认知和体验、高自我效能、高职业价值取向、高可雇佣性内在动机、高自我成就动机和高组织敏感度等个体特质，从个体微观层面视角出发，以管理学、经济学、组织行为学、社会认知心理学等跨学科理论为理论支撑，遵循"明晰研究主题的解释视角→明确研究主题探索的构念基础框架→解析研究主题所关注的研究变量之间的主效应结构→结论与讨论并且阐释结论的理论价值和实践应用意义"这一极富探索性的解析逻辑，围绕五个关键子研究问题展开层层深入的剖析，从而得出如下研究结论。

第一，秉承管理学、经济学、组织行为学、社会认知心理学等跨学科理论思想，尤其以社会交换理论、前景理论、社会认知理论、意义建构理论等为理论支撑，通过对现有文献和研究结果的理论演绎，归纳出个体微观层面上狭义研究视角对于本书研究问题解析的科学性、可行性和适用性的假设命题。进一步，采用探索性案例研究方案，背靠当前经济新时代下的我国高校教学科研发展背景，尝试将可雇佣性理论与心理契约理论相结合，提出"高校青年教师可雇佣型心理契约"这一新的理论构念，并对高校青年教师可雇佣型心理契约形成的关键动因和作用路径以及维度结构进行探析。借助 Nvivo 9.0 质性研究软件、RefGrid 构念库格访谈技术分析软件等，通过秉承质性研究思想、开展构念积储格技术的访谈、调查材料的编码内容分析进而提炼内容节点和关系节点的途径，形成高校青年教师可雇佣型心理契约形成的关键动因及作用路径、内涵特征及维度结构的理论命题，进而结合相关理论论证以及与现有文献研究结果的对比分析，将理论命题转化为有待实证验证的研究假设，并提出：(1) 高校青年教师可雇佣型心理契约形成的研究模型，即高校青年教师可雇佣型心理契约形成主要源于高校层面上的真实工作预览、组织社会化和青年教师个体层面上的职业价值观、自我效能四个关键动因的直接影响效应，其中，组织社会化在真实工作预览与可雇佣型心理契约的关系中具有中介作用。这样就明晰了从青年教师个体微观层面视角来审视青年教师可雇佣型心理契约相关问题的科学性、可行性和适用性，明确了本书研究问题的解释视角。(2) 高校青年教师可雇佣型心理契约维度结构研究模型，即高校青年教师可雇佣型心理契约的构成要素主要包含为了个体可雇佣性能力提升而提供组织环境支持、为了个体可雇佣性能力提升而提供物质支持、为了个体可雇佣性能力提升而提供发展机会三个维度构面。这为本书研究问题的解析提供了关键构念基础理论框架，以便从各个维度构面来深入揭示高校青年教师可雇佣型心理契约的后置组织效应。

第二，秉承解释性研究思想，采用问卷调查数据的实证性研究方法，借助 SPSS 17.0 分析软件对调查数据进行统计分析，以明确研究变量的测量工具、变量界定和信度效度的测量性能，进而结合样本规模特征、取样范围等研究情境，选用侧重于变量间结构的复杂模型、对样本规模的低苛刻性和不要求严格正态分布的基于偏最小二乘回归的方差分析法 SmartPLS 2.0 结构方程模型软件对研究变量的研究属性进行测量模型评估以及变量之间关系结构的结构模型估计，从而提出：(1) 高校青年教师可雇佣型心理契约的形成模型，研究结果支持本书前文提出组织层面上真实工作预览、组织社会化策略和个体微观层面上职业价值观、自我效能对青年教师可雇佣型心理契约的前因影响的研究假设；(2) 高校青年教师可雇佣型心理契约的三维结构模型，研究结果支持本书前文提出的高校青年教师可雇佣型心理契约由三个维度构成的研究假设。

第三，秉承管理学、经济学、组织行为学、社会认知心理学等跨学科理念，特别是以社会交换理论、意义建构理论为理论基础，通过两个研究步骤来探析高校青年教师可雇佣型心理契约对于高校教学科研发展影响的驱动机理：(1)首先通过对现有心理契约国内外文献的理论回顾和文献梳理，发现国内文献综述更偏重于主观性、对于客观系统的回溯尚且不足的研究现状。为此，本书秉承系统综述和量化循证的研究思想，专门借鉴国际心理学前沿的文献综述方法，选用元分析软件对现有国内外心理契约的定量实证性研究文献进行元分析，总结心理契约后置主效应的理论分析框架，为接下来探讨高校青年教师可雇佣型心理契约的后置组织效应提供理论依据和经验证据。(2)然后采用质性研究方法，通过构念积储格技术的结构化访谈、调查材料的编码内容分析等研究步骤提炼内容节点和关系节点，并结合现有理论论证以及与以往研究结果的对比分析，形成高校青年教师可雇佣型心理契约主效应概念模型，即：青年教师可雇佣型心理契约通过组织犬儒主义、团队认同的途径进而对其个体的退出、建言、忠诚、漠视行为的影响机理，以及进一步对高校教学发展、科研发展的驱动效应。

第四，采用调查数据的实证性研究方法，选取代表性"985"、"211"和地方高校的青年教师作为研究样本，结合调查情境的环境特征、取样特征和样本规模、研究资源条件等因素，最大化规避调查和取样偏差对研究结果的影响，借助 SPSS 17.0 数理统计分析软件和 SmartPLS 2.0 结构方程模型分析软件对以上构建的高校青年教师可雇佣型心理契约对于高校教学科研发展的驱动机理研究模型进行验证。研究结果表明：(1)高校青年教师可雇佣型心理契约的各个维度对青年教师个体的退出、漠视组织行为具有显著的直接负面预测力（除了为可雇佣性能力提升提供发展机会的青年教师可雇佣型心理契约对青年教师的漠视行为不存在预测力以外）。(2)高校青年教师可雇佣型心理契约的各个维度对青年教师个体的建言、忠诚行为具有显著的直接正面预测力。(3)青年教师对高校的组织犬儒主义负面态度在青年教师可雇佣型心理契约的各个维度对于青年教师个体的退出、建言、忠诚行为的影响关系中发挥部分中介作用，青年教师对高校的组织犬儒主义负面态度在为可雇佣性能力提升提供组织环境支持的青年教师可雇佣型心理契约对于青年教师个体的漠视行为的影响关系中发挥部分中介作用。(4)青年教师对高校的组织犬儒主义负面态度在为可雇佣性能力提升提供物质支持的青年教师可雇佣型心理契约对青年教师个体的漠视行为影响关系中起完全中介作用。（5）青年教师对所在高校的团队认同在青年教师可雇佣型心理契约的各个维度对于青年教师个体的建言行为影响关系中起部分中介作用。（6）青年教师对所在高校的组织犬儒主义负面态度在为可雇佣性能力提升提供发展机会的青年教师可雇佣型心理契约对于青年教师个体的漠视行为影响关系中不起中介作用。（7）青年教师对所在高校的团队认同在青年教师可雇佣型心理契约的各个维度对于青年教师个体对所在高校的退出、忠诚、漠视行为影响关系中不起中介作用。

第五，秉承质性研究和扎根理论所倡导的理论研究与实践检验不能够武断分离的研究思想，通过选取在教学发展、科研发展方面已取得一定建设经验和代表性成果，且在教学科研建设方面具备一定发展潜力和探索空间的高校作为案例单位，以其青年教师为案例样本，围绕案例单位教学和科研成果达成情况，展开其青年教师可雇佣型心理契约对于高校教学科研发展影响的驱动效应的验证性案例研究，分为两个研究步骤：（1）首先采用计算机仿真技术，利用调查数据进行研究模型的计算机仿真实验，通过虚拟环境下研究变量之间的博弈效果来检验真实场景采集数据所反映的变量之间关联结构的真伪性。（2）然后通过对实地调查材料和访谈记录的定性分析来提炼变量之间的逻辑结构，并与以上研究结果进行对比分析，以判断以上研究结果的真伪性。本书通过这种定量分析和定性分析双重角度的对比论证来验证研究结果的外部效度，从而升华结论的理论意义和实践应用价值，切实为当前我国高校如何通过青年教师可雇佣型心理契约的有效干预和管理来实现高校教学科研发展建设提供理论依据与实践指南。

第二节　研究贡献

本书在系统回顾国内外心理契约相关文献和研究结果的基础上，借鉴以往研究的宝贵经验，结合当前新时代下的我国高校教学科研发展情境、高校与青年教师之间新型关系的可雇佣性取向，以及高校青年教师所禀赋的高知识、高创新、高动态心理知觉体验、高自我效能和高组织敏感度等典型个人特质，尝试将可雇佣性理论与心理契约理论相融合，提出"高校青年教师可雇佣型心理契约"这一新的理论构念，进而对高校如何从青年教师可雇佣型心理契约的有效干预和管理中获取教学科研可持续发展的创新效能展开了深入研讨。围绕这一研究主题，本书展开了基于质性研究、秉承扎根理论的探索性研究，以及严格按照定量实证性研究、验证性案例研究范式的解释性研究，进而得出高校青年教师可雇佣型心理契约形成的动因机理、维度结构以及对于高校教学科研发展影响的驱动机理模型。本书所取得的研究结果不仅充实了可雇佣性、心理契约、职业价值观、自我效能、真实工作预览、组织社会化、高校青年教师可雇佣型心理契约和高等教育管理的相关理论建构，更是为高校如何有效开展教学科研可持续发展的管理实践提供了有益启示。研究过程中，本书从理论模型建构、研究方案设计、理论命题提炼、研究模型提出、研究假设检验、研究结果信度效度验证、结论与讨论以及结论的理论价值和实践应用意义阐释升华等各个角度取得了较为显著的成效，不仅在借鉴现有国内外文献和以往研究结果的基础上进行了理论延伸和进一步发展，还为高校教学科研管理活动提供了实践指南。具体体现在如下方面。

一　理论贡献

第一，本书秉承管理学、经济学、组织行为学、社会认知心理学、社会统计学、高等教育管理等跨学科理论思想，以社会交换理论、前景理论、社会认知理论、意义建构理论、可雇佣性理论、心理契约理论和高等教育管理理论等交叉学科理论为理论基础，通过探索性研究和解释性研究相结合的混合式研究范式，秉持理论检验的三角验证观，探析在可雇佣性理论和心理契约理论相结合下产生的"高校青年教师可雇佣型心理契约"这一新的理论构念形成的关键动因及作用路径，从中探寻高校青年教师可雇佣型心理契约相关问题的解释视角，从而为接下来解析高校青年教师可雇佣型心理契约的后置组织效应提供科学和稳健的立论角度。基于以上研究思路和研究方案所得出的高校青年教师可雇佣型心理契约的形成机理，充实了可雇佣性、心理契约、真实工作预览、组织社会化、职业价值观、自我效能以及高校青年教师可雇佣型心理契约的相关理论建构，明晰了高校青年教师可雇佣型心理契约形成的关键动因及作用路径，从中还明确了开展高校青年教师可雇佣型心理契约相关问题研究的解释视角。所取得的研究结论是对以往心理契约动态发展研究的进一步充实，提出了有别于以往心理契约形成问题研究的新的研究思路、研究方案、研究方法和观点。

具体而言，一方面，综观心理契约形成问题的研究文献，Rousseau（1989）在学术界最早提出了阐明心理契约形成的问题是考查心理契约理论建构的重要前提和基础，能够为心理契约相关问题的解决提供坚实的立论支撑。之后，一些学者以 Rousseau（1989）的观点为理论线索，从社会认知心理学、社会交换关系、员工—组织关系、员工的组织情绪和情感归属、组织心理与行为等视角围绕员工心理契约形成的问题展开了更为细化的探索，并取得了一些研究成果。例如，构建起个体信息认知和加工视角下的心理契约形成模型、雇佣关系视角下的心理契约形成模型、个体—组织信息互动视角下的心理契约形成模型、基于经济与社会关系互惠并蕴涵了组织情感归属性质的心理契约形成模型等。尽管学者们关于心理契约形成机理的认识和理解不尽一致，却对"心理契约形成主要归因于个体对组织信息的内在认知和主观评价，个体与组织交流的方式、内容和结果，个体在工作场所中发生的经济、人际、社会关系交换和互惠行为及结果"达成了一定方向性共识，并基本上对"心理契约形成主要受限于个体微观层面上和组织中、宏观层面上的影响要素"达成了一致性意见。可以说，源自员工和组织两个方面的影响因素是形成员工心理契约的不同内容结构和不同程度的关键源泉，这种理论建构思想为之后的心理契约形成的相关问题研究提供了坚实的理论依据。本书恰恰秉承了这种理论建构思想，在借鉴以往理论和研究成果的基础上，结合当前经济新时代下的我国高校教学科研发展的特定情境特征，专门针对高校青年教师展开了其新型心理契约（即高校青年教师可雇佣型心理契约）形成问题的探讨，在得出其形成主要源于高校层面上的真实工作预览和组织社会化、青年教师个体层面上的职业价值观和自我效能，以及组织社会化在真实工作预览对青年教师可雇佣型心理契约形成的影响关系中起部分中介作用的研究结果的同时，进一步发展了可雇佣性、心理契约、真实工作预览、组织社会化、高校青年教师可雇佣型心理契约的相关理论建构，为西方可雇佣性理论、心理契约理论、真实工作预览理论、组织社会化理论等相关理论在中国的本土转化提供了一个新的思路。另一方面，一直以来，学者们对于心理契约问题的解释视角存在狭义观和广义观的分歧及争论。Rousseau（1989）最早提出立足于个体微观层面上的狭义研究视角对于探索组织与员工之间心理契约研究问题的科学性、可行性和适用性，并指出，相较之从组织和个体两个角度共同阐释心理契约问题，从个体微观层面视角来探究员工心理契约的内容结构能够更为深入地剖析组织对于员工心理契约责任和义务的履行情况以及员工对于组织责任和义务履行的心理感知与体验，且这种研究思想极其有利于通过实证性研究方法来量化检验组织与员工之间构筑的心理契约的内容结构及其产生的后置组织效应。在此基础上，之后诸多研究人员以个体微观层面视角作为研究的切入点，展开了对员工心理契约问题的实证性研究，且研究成果颇丰（Lucero 和 Allen，1994；Mclean Parks 和 Schmedemman，1994）。我国的余琛（2004）在国内学术界较早地将访谈技术导入实证性研究方案。在其研究当中，通过对代表性组织的员工的深度访谈和采用定性分析方法对访谈材料的内容分析发现，员工对自己责任和义务的理解实则为组织对员工的工作要求和绩效标准，员工对组织责任和义务的认知实则为组织对员工做出的承诺。由此表明，个体微观层面上的狭义研究视角对于审视我国组织与员工之间构筑的心理契约内容结构及其后置组织效应同样具有科学性、可行性和适用性（余琛，2004）。本书的研究背景是"新时代"这一前所未有的特定历史时期下的我国高校教学科研发展环境，专注于"高校青年教师"这一独具高知识、高创新、高动态心理活动、高自我效能、高可雇佣性发展取向、高自我实现欲望和高组织敏感度等个体特质的研究对象，探索新时代高校与青年教师间的新型心理契约（即高校青年教师可雇佣型心理契约）模式下的青年教师可雇佣型心理契约的后置组织效应相关问题。可以说，本书的研究情境中蕴涵了诸多动态不确定性因素，这就需要以个体微观层面上的解释视角作为高校青年教师可雇佣型心理契约相关问题解析的立论基点，并以高校青年教师可雇佣型心理契约内容结构的阐清为研究问题的切入点，才能深入剖析青年教师可雇佣型心理契约对高校教学科研发展的影响机理及组织效应。进一步地，从研究结论来看，本书不仅阐清了新时代下高校青年教师可雇佣型心理契约的内涵特征和维度结构，更阐明了青年教师可雇佣型心理契约各个维度对高校教学科研发展影响的驱动效应的关键作用路径，结论紧扣研究主题，在充实相关理论建构的同时，切实解决了本书研究主题所关注的高校究竟如何从青年教师可雇佣型心理契约的有效干预和管理中获取教学科研发展的创新效能的棘手问题。因此，可以说，本书的研究方案、技术路线和观点结论为动态多变环境下的可雇佣性和心理契约的相关问题研究提供了科学、稳健的理论依据和经验证据，并为相关实证性研究问题的切实解决提供了一个新的思路。

第二，本书注意到新时代下的我国高校与青年教师之间构筑的新型关系所禀赋的可雇佣性取向的典型特征，针对高校青年教师所独具的高知识、高创新、高动态心理活动、高可雇佣性发展取向、高自我实现欲望、高自我效能感等个体特质，尝试将可雇佣性理论与心理契约理论相结合，从而提出"高校青年教师可雇佣型心理契约"这一新的理论构念。鉴于当前高校所处的"我国经济发展新常态"这一前所未有的特定历史时期，高动态多变环境中势必蕴涵着诸多不确定性因素，那么对这一新的理论构念进行科学界定就需要采用探索性研究和解释性研究相结合的混合式研究策略，并采用三角验证观的理论检验和实证性检审，才能深入解析高校青年教师可雇佣型心理契约的内涵特征和维度结构。基于此，本书秉承组织行为学、管理学、经济学、社会认知心理学和高等教育管理等跨学科的理论思想，基于社会交换理论、可雇佣性理论、心理契约理论、前景理论、社会认知理论、意义建构理论，探索高校青年教师可雇佣型心理契约的内容结构和内涵特征，通过融合了构念积储格技术的深度访谈、调查材料编码的内容分析的质性研究途径，提取出能够真正反映高校青年教师可雇佣型心理契约的维度结构的关键内容节点，进而结合理论文献以及与以往研究成果的对比论证，形成本书的概念模型，然后通过实证研究方法，将概念模型转化为研究模型，并对研究假设加以定量实证性检验，从而得出与当前我国高校教学科研发展环境相吻合的高校青年教师可雇佣型心理契约的三维结构模型。从维度结构划分来看，本书的研究结果与以往研究结论存在些许不谋而合之处。例如，朱晓妹和王重鸣（2005）、李原和孙建敏（2009）分别基于各自研究领域得出了心理契约的三维结构。而整体来看，在我国，除了陈加洲等（2004）支持心理契约的二维构成模式以外，其他研究者普遍认同心理契约的三维结构。值得注意的是，尽管研究者们结合各自兴趣得出的心理契约三维结构的内涵特征不尽一致，然而其所得出的内容结构中基本上都包含了反映个体对社会关系、经济交换、职业生涯发展等内涵特征的构成要素（魏峰等，2015），而二维结构模式实质上也涵盖了这些关键构成要素，只是基于不同的维度划分依据，所形成的维度结构模式不同于三维结构。因此，可以说，本书提出的高校青年教师可雇佣型心理契约的三维结构符合心理契约动态发展规律，能够反映当前新时代下的我国高校与青年教师间新型关系模式下的新型心理契约变迁的显著特征。本书的研究结论为基于经济新时代下我国高校的特定研究情境来探讨个体心理契约动态发展问题提供了一个新的思路，所采用的探索性研究和解释性研究相结合的混合式研究方案为界定这一特定情境下的个体心理契约动态变迁所产生的与之相关的新的理论构念提供了坚实的理论依据和经验证据。

第三，基于以上对高校青年教师可雇佣型心理契约问题研究视角的明晰以及内容维度的阐明，本书秉承管理学、经济学、组织行为学、社会认知心理学、高等教育管理等跨学科的理论思想，通过探索性研究和解释性研究相结合的混合式研究方案、研究方法和技术路线，对高校青年教师可雇佣型心理契约对于高校教学科研发展的驱动机理进行解析。研究结果表明，高校青年教师可雇佣型心理契约的各个维度对青年教师个体对所供职高校的退出、建言、忠诚和漠视行为具有不同程度的直接显著预测力（除了为可雇佣性能力提升提供发展机会的青年教师可雇佣型心理契约对青年教师的漠视行为不具有影响力以外），青年教师对所在高校的组织犬儒主义、团队认同在这种影响关系中发挥着不同程度的部分中介作用（除了"为可雇佣性能力提升提供物质支持的青年教师可雇佣型心理契约→组织犬儒主义→漠视"的完全中介效应、"为可雇佣性能力提升提供发展机会的青年教师可雇佣型心理契约→组织犬儒主义→漠视"无中介效应、"高校青年教师可雇佣型心理契约的各个维度→团队认同→退出、忠诚、漠视"无中介效应以外）。具体而言，本书研究结论的理论意义主要体现在如下方面。

其一，将组织犬儒主义对于员工—组织关系的解释框架导入新时代下的我国高校青年教师可雇佣型心理契约相关问题的解释当中。组织犬儒主义是通过员工个体对组织的情感犬儒主义、犬儒主义态度、犬儒主义信念的途径来反映员工与组织间关系构筑的品质，是员工对组织不信任状态的一种情感体验。鉴于组织犬儒主义尤其适合于阐释知识经济时代下的员工与组织间的新型关系，因此，将组织犬儒主义纳入员工心理契约相关问题的讨论不仅非常有必要，还能够从一种新的解析视角阐释究竟如何干预和管理员工的心理契约，才能构筑起员工与组织之间关系的有序发展状态。Anderson 和 Bateman（1997）在对组织犬儒主义产生机理的研究当中，就明确提出了心理契约履行与组织犬儒主义之间存在着紧密的关系。本书基于组织犬儒主义在心理契约研究中的突出解释力，将组织犬儒主义导入高校青年教师可雇佣型心理契约相关问题的探讨当中，所取得的研究结论不仅是对组织犬儒主义对于心理契约理论解释的本土化应用的进一步充实和延展，更是对高校究竟如何通过青年教师可雇佣型心理契约与其对所在高校的组织犬儒主义的逻辑关联性能的有效管控进而实现高校教学科研可持续发展和特色优势的实践活动，提供了指导和有益启示。

其二，将以往 EVLN 行为模型的研究结果导入高校青年教师可雇佣型心理契约的后置组织效应的理论分析框架当中，拓展了 EVLN 行为模型的理论范畴。自 EVLN 行为模型在学术界中提出以来，一些学者围绕退出（E）、建言（V）、忠诚（L）、漠视（N）行为对员工工作态度和行为的解释力展开了诸多讨论。虽然学者们结合各自领域得出的研究结论不尽一致，但基本上就"EVLN 行为模型是新型组织关系框架下的员工工作态度的集中反映，E、V、L、N 行为分别对组织结果具有不同程度的显著预测力"达成一定方向性认识。在 EVLN 研究领域，国外学者多聚焦于员工个体内在认知和心理体验对 EVLN 行为的影响关系，并通过探索性研究和实证性研究得出了员工个体内在认知和心理体验在不同程度上对其 EVLN 行为的影响路径。国内的 EVLN 行为研究基本上处于理论探索阶段，为数不多的实证性研究则往往关注员工心理契约履行的不同程度以及与其个体 EVLN 行为之间的内在关联。例如，企业管理者心理契约破裂对 EVLN 行为的影响效应机制；一般员工心理契约违背对 EVLN 行为的影响；知识员工心理契约失衡与 EVLN 行为的关联结构等（李成江，2006）。综观国内外研究，尽管学者们结合各自研究兴趣，针对 EVLN 行为的研究进展和研究成果有所不同，然而基本上对"EVLN 行为模型对于个体心理契约相关问题的解释力"的观点达成了共识。照此逻辑递推，当前新常态下的我国高校青年教师可雇佣型心理契约的各个维度与青年教师对所在高校的 EVLN 行为之间势必存在着一定关联机制，遗憾的是，目前尚无相关研究就这方面问题展开理论探索和实证性探讨。因此，本书的研究结论充实了 EVLN 行为模型的理论应用范畴，并基于个体心理契约各个维度的解释视角，为深入阐释 EVLN 行为模型对于个体心理契约相关问题的理论分析框架提供了一个新的研究思路。

其三，针对本书研究主题所关注的当前新时代下的我国高校青年教师可雇佣型心理契约的后置组织效应问题，本书通过探索性研究和解释性研究相互印证的研究策略，从实地扎根性探索研究中得出青年教师对所在高校的团队认同感对于解释高校青年教师可雇佣型心理契约相关问题的显著解释力，并采用定量实证性研究的技术路线和研究范式对这种解释力进行了验证。团队认同理论源自组织认同理论，它描绘了个体对所在组织的心理认同和情感依附，按照社会认知心理学理论的观点，当个体对所在组织感同身受或形成了某种心理归属感时，便会由内而外地自发性认同于该组织，突出表现在以组织利益为重、以身为组织的一分子而骄傲、以组织品牌声誉为荣的情怀，并从内心到行动上表现出对组织的趋同性（Ashforth 和 Mael，1989）。从以往研究来看，学者们已对组织认同问题进行了相关研究，并取得了一些研究成果。例如，侧重于解析组织认同驱动因素的组织认同因果关系模型研究；解读不同组织环境中组织认同感的差异性研究（Hall 和 Sclmeider，1975）；揭示我国转型经济背景下国有企业的组织—员工关系与组织认同的内在关联机制研究（王彦斌，2004），这些研究结果均显示出组织认同感在员工认知系统及其反应机制中具有极其重要的作用。值得注意的是，截至目前，针对某特定领域内研究对象的个性化探讨尚且不足。鉴于处于"新时代"这一特殊历史时期中的我国高校青年教师的可雇佣型心理契约研究涉及青年教师这一群体对所在高校组织（教学或科研团队）的认同感等情感依附的问题，以该问题的阐清作为解析我国高校青年教师可雇佣型心理契约的后置组织效应的途径，不仅能充实可雇佣性、心理契约等相关理论建构，更能够为我国高校如何通过对青年教师可雇佣型心理契约的有效干预和管理来形成学校教学科研可持续创新发展的特色优势提供有益的实践指南。本书就是基于以上理论分析和实地考察，得出了源于组织认同理论，且尤其是与我国高校青年教师的教学科研工作情境相匹配的"团队认同"这一关键理论构念作为解析我国高校青年教师可雇佣型心理契约的后置组织效应问题的突破口，从而得出了这种后置组织效应的关键作用机制路径。所取得的研究结论不仅是对团队认同理论在特定研究情境下的进一步发展，也是为我国高校通过对青年教师团队认同的管理思路来打造青年教师可雇佣型心理契约的有效干预和管理模式，进而实现学校教学科研事业的可持续创新和发展提供了一条新的研究思路。

二　实践启示

第一，研究结果表明，当前我国高校青年教师可雇佣型心理契约的产生主要受限于高校层面、青年教师个体层面的动因，即高校层面上的真实工作预览策略、组织社会化策略以及青年教师个体层面上的职业价值观、自我效能。可以说，高校青年教师是禀赋了高知识、高创新、高动态心理活动、高职业价值观、高自我效能、高可雇佣性发展取向和高组织敏感度的群体，并且保持着对个体可雇佣性发展的强烈的内在动机和心理预期。这些个体特质、心理属性和组织情感依附促使青年教师总是从提升自身可雇佣性能力的角度来审视所在高校的工作事件、场景信息、制度规范、环境特征和人际关系等，致使其心理概念、心理属性和情感依附往往呈现出以可雇佣性能力开发为职业价值取向和显著特征，从而对组织和工作信息进行认知加工处理的体验倾向。这就为高校实施青年教师可雇佣型心理契约管理策略提供了方向性指引。高校在青年教师招募、培育和职业生涯发展建设工程当中要注重真实工作预览策略、组织社会化进程对青年教师可雇佣型心理契约内涵特征的塑造，通过建设性组织策略构筑起高校与青年教师之间的积极的可雇佣型心理契约；同时，还要关注青年教师个体心理资源对新的工作环境、工作事件、人文情怀、社交网络、生活条件等各个方面因素的适应性和反映度，注意青年教师个体行为特征，争取透过行为特征来洞察青年教师的真实的心理属性和情感特征，通过把控青年教师的职业价值观、自我效能来适度引导青年教师形成对所在学校的心理归属感和组织认同感，从而形成青年教师可雇佣型心理契约的有效干预和管理模式。

第二，研究结果表明，高校青年教师可雇佣型心理契约的内容结构为三维模式，分别为：为可雇佣性能力提升而提供组织环境支持的青年教师可雇佣型心理契约、为可雇佣性能力提升而提供物质支持的青年教师可雇佣型心理契约、为可雇佣性能力提升而提供发展机会的青年教师可雇佣型心理契约。各个维度的命名方式不仅综合考虑了在现有文献和以往研究结果基础上的理论延承性、在本研究领域内理论建构的科学性和合理性，而且结合了本书研究情境的特定特征以及研究对象所禀赋的独特的个人特质。青年教师可雇佣型心理契约的三维结构模式充分反映出青年教师在个人可雇佣性发展的内在动机下由高校的工作事件、信息、社交、生活等综合环境因素所形成的心理图式，并突出表现为以争取组织环境支持、组织物质经济支持、组织发展平台支持的三个主要构面因素。从理论建构来看，这种三维结构模式与现有文献的研究结论不谋而合。截至目前，尽管国内外研究的研究情境、研究对象、研究内容、研究维度不尽一致，然而却基本上形成了主要表征个体对社交网络发展、对经济收益增长、对个人职业生涯发展等方向性意见。例如，Rousseau等（2000）认为，个体心理契约的基本构成要素包含个体对物质方面、个人成长方面等重要因素的集合。李原等（2002）提出了我国组织员工的心理契约内容包括对组织在个人职业开发、经济收益等方面的要素构成模式；朱晓妹和王重鸣（2005）得出了由职业需要、物质需要、社交需要三个主要维度组成的我国企业员工心理契约维度结构。由此可见，本书研究结论是在以往研究基础上的进一步发展，特别是结合当前经济新时代下的我国高校对教学科研事业建设发展的迫切需求，提出了处于这种高度动态不确定性环境之中维系高校与青年教师间关系有序发展所需要的青年教师可雇佣型心理契约的关键内容要素及其构成模式，从而为高校开展青年教师培育实践提供了理论依据和经验证据。例如，为青年教师提供教学能力和科研能力全方位提升的学习培训机会与事业发展平台，将个人教学业绩和科研成果与专业职务晋升、职业生涯规划相匹配的职业通道建设，能够满足个人不断增长的物质文化生活需求的工作和生活保障体系等，以打造有利于高校教学科研事业可持续创新和发展的组织关系模式。

第三，研究结果表明，青年教师对所在高校的组织犬儒主义在其可雇佣型心理契约与其退出、建言、忠诚、漠视行为之间发挥着不同程度的中介作用（除了在为可雇佣性能力提升而提供物质支持的青年教师可雇佣型心理契约与青年教师对所在高校的漠视行为之间发挥完全中介作用、在为可雇佣性能力提升而提供发展机会的青年教师可雇佣型心理契约与青年教师对所在高校的漠视行为之间不起中介作用以外）。换言之，青年教师对所在高校的可雇佣型心理契约除了对青年教师对所在高校的退出、建言、忠诚和漠视行为具有显著直接影响以外，还经由青年教师对所在高校的组织犬儒主义的负面认知和情绪体验，间接作用于青年教师对所在高校的退出、建言、忠诚和漠视行为。以往研究显示，组织犬儒主义作为个体对所在组织的一种负面心理认知和情绪体验，有损积极的组织行为结果并助长消极的组织行为结果。本书研究中青年教师对所在高校的退出、漠视均归属于破坏性组织行为，青年教师对所在高校的建言、忠诚则均归属于建设性组织行为，该研究结果与以往研究的理论逻辑相吻合。因此，高校在加强青年教师可雇佣型心理契约干预和管理的同时，应关注青年教师的组织犬儒主义动态发展状态，通过青年教师的工作行为逆推到其个体心理认知，争取透过青年教师的组织行为表象深入理解其真实的心理属性和情绪体验，尽量将青年教师的负面心理认知和情绪体验削减到最低程度，以促进青年教师的建设性组织行为、抑制其破坏性组织行为，从而为高校教学科研事业建设奠定稳定有序的青年教师师资队伍组建基础，积累可供高校教学科研事业可持续创新和发展的高层次人才资源储备。

第四，研究结果表明，青年教师对所在高校的教学和研究团队的组织认同感在青年教师可雇佣型心理契约与其建言行为之间发挥部分中介作用。由此可见，青年教师由对所在高校的教学与研究团队的主观心理认知和评价所形成的心理属性与情感依附对青年教师可雇佣型心理契约的后置组织效应发挥部分中间解释作用，且以对青年教师建言行为的预测尤为显著。因此，高校在进行青年教师可雇佣型心理契约管理过程中，应尤其关注青年教师对所在团队的组织认同感的干预和引导。鉴于团队工作模式在高校教学和科研工作中尤为普遍，青年教师作为初入高校工作场所的"新生力量"，融入与本专业相关的教学和科研团队不仅有利于其个体职业发展，还能促进其所在团队的创新能力提升。基于此，高校在打造教学、科研团队的同时，应特别关注青年教师可雇佣型心理契约与青年教师对所在团队的组织认同感的匹配性对于高校教学、科研工作建设的影响效应，在有效干预和管理青年教师可雇佣型心理契约构筑的同时，注意引导和培育青年教师对所在团队的组织认同感，从而形成有利于高校教学、科研事业可持续创新和发展的有效支撑平台。

第五，研究结果表明，青年教师对所在高校的"退出、建言、忠诚、漠视"行为模型受限于青年教师可雇佣型心理契约，进而又作用于高校教学科研发展。可以说，青年教师是一群颇具创新性、自我效能、自主学习和实践、勇于接受挑战、自我实现欲较强的高校师资队伍中的新生力量，作为促进高校创新实力增长的主力军，担负着教学能力的摸索和实践、科研能力的锻炼和积累的重要使命。在这种情况下，青年教师对高校所发生的工作事件、人际交往、校园环境等各方面信息的主观认知与评价往往会形成一种心理图式，并投射到个体工作行为。"退出、建言、忠诚、漠视"行为模型就是这一系列工作行为的集中体现，着实反映出青年教师可能会采取的主要行为方式。这就为高校开展青年教师师资队伍建设提供了理论依据和实践指南。高校应首先关注青年教师可雇佣型心理契约的内容结构和状态程度，基于不同的考查结果以及对青年教师的退出、建言、忠诚、漠视行为的影响效应，付诸以相应的青年教师可雇佣型心理契约干预和管理策略，进而结合本书研究结果所显示的"退出、建言、忠诚、漠视"行为分别在青年教师可雇佣型心理契约与高校教学发展、科研发展之间所发挥的不同程度的中介作用，对青年教师的可雇佣型心理契约与其工作行为之间的匹配模式投之以相应的管理策略。

第三节 研究局限

综上所述，本书基于当前经济新时代下我国高校所面临的动态不确定性研究情境，以我国高校师资队伍中极具创新能力和发展潜能的青年教师作为研究对象，专门针对青年教师可雇佣型心理契约的后置组织效应问题展开深入研究，力图通过探索性研究和解释性研究相结合的混合式研究方案，秉持三角验证观的理论验证哲学，围绕研究视角明确、研究变量解释的构念基础理论框架明晰、研究变量之间关联结构解析、研究结果的验证性案例分析等关键子问题展开了层层深入的剖析，并就研究结果进行了理论论证以及与文献成果的对比分析，进而充实了可雇佣性、心理契约、真实工作预览、组织社会化、职业价值观、自我效能、EVLN 行为模式、高等教育管理等相关理论建构，并对高校青年教师可雇佣型心理契约的相关管理实践提出了有益启示。然而，出于对本书研究问题所处于的高度动态不确定性环境、研究问题提炼的针对性及其解决的纵深性等因素的考虑，对于本书所关注研究问题的解析方案和研究结果的信度效度保障等方面依然有待从如下角度进一步改进与完善。

第一，从研究方法角度来看，尽管本书结合我国高校所处的经济新时代下的高度动态不确定性环境特征以及研究对象的高创新、高知识、高自我效能、高职业价值观、高自我实现欲望、高挑战性工作状态等工作特征，在取样方面兼顾了样本规模、取样质量、样本结构等因素，然而从数据来源来看，全部以横截面数据为主，对高校青年教师心理活动的动态轨迹数据抓取尚待深入。高校青年教师是禀赋了高知识、高创新、高组织敏感度的特定人群，对该类人群心理图式采用纵贯性数据考查能够更为及时和深入地把脉青年教师心理环境在各个时段的真实状态，抑或采用心理实验法进行相关研究，也能达到对心理资源进行实时监控的目的。因此，未来考虑采用追踪式研究方法以获取动态数据，抑或采用情景模拟心理实验法来尽量规避环境因素的干扰，从而纯粹地监控研究对象心理活动的动态变化。

第二，从调查样本角度来看，尽管本书在取样时考虑到样本代表性和典型性对研究结果效度的重要意义，选取了我国"985"高校、"211"高校和地方高校的青年教师作为调查样本，然而取样数据显示，样本主要源自我国中东部及南部沿海地区，相对而言，源于我国西部地区的样本数据则有限。根据我国"十三五"规划，西部地区创新实力的培育对于我国经济新常态下创新驱动战略的空间布局实现发挥着重要作用，青年教师作为所在高校创新能力提升的主力军，在这场创新实力培育工程中扮演着至关重要的角色。从这个意义上讲，我国西部地区高校的青年教师也应纳入本书的研究范畴，对这部分样本数据的分析有利于进一步证实本书研究结论的外部效度。鉴此，未来可将取样区域扩充到我国西部地区高校，采用分层抽样法来获取较均衡的样本数据源。另外，受限于研究团队成员的社会资源、研究精力等客观原因，本书最终获得约 500 个有效样本数据。为了规避取样过程中的共同方法偏差、天花板效应、地板效应、晕轮效应、首因效应、投射效应等可能造成的调查结果偏误，本书在研究过程中亦采用了测量题项反向设计、调查过程匿名、严格按照规程操作的探索性研究和验证性研究流程、对样本规模低苛刻性和不要求严格正态分布规律的基于偏最小二乘回归方差分析的结构方程模型技术，然而，社会调查中总是面临着取样完整性、样本覆盖范围、样本规模、样本结构合理性等挑战，这些因素和调查结果的信度效度存在着紧密的关系。因此，未来除了扩大取样范围以外，还可通过延长问卷调查时间、借助"问卷星"和专门的学术交流微信群等途径来扩充样本规模，争取在此基础上，获取更有利于调查效果提升的数据源。

第三，从研究变量之间关系结构的角度来看，本书通过探索性研究方法提炼了高校青年教师可雇佣型心理契约形成的关键动因及作用路径、维度结构以及对高校教学科研发展影响的驱动机理，其间，出于理论建构创新性和自洽性等考虑，以及受限于研究团队成员的社会资源和研究精力，仅提取出以往研究结果中低关注度或无关注度的理论构念。然而，根据系统论和协同学思想，在讨论某个研究领域内关键变量之间的关系结构抑或影响机理时，将研究视角覆盖到与研究问题有关的所有因素，有助于深入揭示研究问题背后所隐藏的问题产生的本质，进而从根本上解决研究问题。因此，在未来的研究中考虑秉承系统论和协同学思想，就探索性研究中挖掘出的与研究问题紧密相关的理论构念进行系统性的整合研究，尝试通过系统集成论证的方法剖析研究问题产生的根源，从研究变量之间的完整关联结构中找到研究问题解决的有效途径。

第四节 研究展望

综上所述，本书对未来研究方向提出如下展望。

第一，进行高校青年教师可雇佣型心理契约维度结构理论模型、组织犬儒主义理论分析框架和组织认同理论模型的整合性研究，采用探索性研究和解释性研究相结合的混合式研究方案，秉承三角验证观的理论检验哲学思想，围绕高校青年教师可雇佣型心理契约的组织主效应展开系统整合性研讨，深入剖析青年教师可雇佣型心理契约对于高校教学发展和科研发展影响机理的中介效应、调节效应以及边界条件，并尝试典型案例单位或关键事件的跨案例对比分析，以构建高校青年教师可雇佣型心理契约与青年教师对所在高校的组织犬儒主义、组织认同情绪及态度的协同演化模型以及进一步对高校教学发展和科研发展影响的主效应模型。

第二，基于 EVLN 行为模型对高校青年教师可雇佣型心理契约的组织主效应的解释力，展开高校青年教师可雇佣型心理契约的组织态度和行为的整合性研究，采用探索性研究和解释性研究相结合的混合式研究策略，挖掘高校青年教师可雇佣型心理契约所产生的建设性组织行为和破坏性组织行为，以及对高校教学发展、科研发展的影响机理，从中探析有利于高校教学事业和科研事业可持续创新及发展的有效途径，借此对高校如何通过青年教师可雇佣型心理契约的组织行为效应机制的有效干预与管理从而实现学校教学发展和科研发展提供理论依据及实践指南。

第三，在以上研究工作的基础上，展开不同类型高校之间的跨案例对比研究，以探析"985"高校、"211"高校和地方高校在高校青年教师可雇佣型心理契约维度结构和内涵特征，以及对高校教学发展、科研发展影响机制方面所存在的异同点。进一步地，尝试导入社会认知心理学理论，在与管理科学、经济学、组织行为学、社会统计学等跨学科专业进行有效融合的基础上，采用学科专业的前沿理论和研究方法，展开系统性的文献研究（如定性文献综述、定量循证文献综述）、探索性研究（如秉承扎根理论思想的质性研究、案例研究）和数据的定量实证性研究（如结构方程模型估计、计算机仿真实验），力求通过理论分析和实证论证相互印证的途径，探寻不同类型高校青年教师的可雇佣型心理契约的维度结构和内涵特征，以及对青年教师所在高校的教学科研事业发展的主效应机制。

附　　录

高校青年教师可雇佣型心理契约的
组织心理与行为研究访谈工作设计

A.1　高校青年教师可雇佣型心理契约的组织心理与行为研究访谈信息表

访谈工作基本信息	访谈日期		访谈地点	
	开始时间		结束时间	
受访学校基本信息	学校名称		学校类型	□"985"高校 □"211"高校 □地方高校
	建校时间		青年教师规模（人数）	
受访对象基本信息	姓　名		年　龄	
	性　别		行政职务	
	高校教龄		专业职称	
	所在院系		工作性质	□教研 □科研 □科研管理 □其他（　　　）
对访谈过程的评价	访谈效果			
	学校教学科研建设情况			

A.2 高校青年教师可雇佣型心理契约的组织心理与行为研究访谈程序及内容

1. 首先，感谢访谈对象对本研究的支持。
2. 提出本研究的目的——高校青年教师可雇佣型心理契约对学校教学发展和科研发展的驱动作用研究，介绍本研究访谈工作的主题，包括：(1) 高校青年教师可雇佣型心理契约的形成机理、高校青年教师可雇佣型心理契约的内容结构。(2) 高校青年教师可雇佣型心理契约对学校教学科研发展驱动效应的内在作用机理。进而，就访谈中涉及的主要构念加以解释，具体为：(1) 高校青年教师。其可根据取样学校的政策规定，并结合国家教育部、我国高校所普遍认知的高校青年教师的界定范围和划分边界来判断。主要包括：高校教龄不逾 5 年，全日制硕士及以上学历，承担教学科研相关岗位工作职责的高校教师。(2) 高校青年教师可雇佣型心理契约。结合当前我国高校的新型雇佣关系模式下青年教师可雇佣性发展需要的显著特征，尝试将可雇佣性理论与心理契约理论相结合，提出"高校青年教师可雇佣型心理契约"的新概念，即高校青年教师从个体视角对学校承担的可雇佣型责任与义务的心理感知与内在体验。(3) 高校青年教师可雇佣型心理契约形成的动因机制，即高校青年教师可雇佣型心理契约形成的关键影响因素，以及它们之间的内在作用机理。其中，不仅包括直接效应机理，还包括间接效应机理。(4) 高校青年教师可雇佣型心理契约的内容结构模型，即高校青年教师可雇佣型心理契约所包含的内容要素、权重结构及组合维度。(5) 高校青年教师可雇佣型心理契约对学校教学科研发展的驱动机理，即青年教师由对学校的可雇佣型责任和义务履行的心理感知与评价所产生的组织态度和行为效应，以及进一步对学校教学发展和科研发展的驱动机理。其中，不仅包括变量之间直接效应的影响关系结构，还包括变量之间间接效应的影响关系结构。
3. 向访谈调研对象（高校青年教师）说明，出于尊重受访者的个人隐私及工作方便性的原则，本书访谈调研工作采取一对一面谈的形式，在事先征得访谈对象同意的前提下，对访谈调研过程实行全程录音（如果访谈调研对象不支持录音方式，则在征得其同意后，改为现场笔录的形式）。在访谈调研过程中，访谈对象也可视个人需要，随时提出暂停、中止或结束录音的要求。对于异地访谈调研的情况，本书研究团队充分考虑了研究工作时效性、访谈对象工作便利性、访谈调研质量科学性和可靠性等原则，在与访谈调研对象达成一致性意见的前提下，运用电话、微信通话、QQ 通话等途径来实现访谈效果。一次访谈过程预计控制在 45 分钟左右。

4. 当受访对象反馈已知悉以上事宜且愿意接受访谈之后，访谈（录音）正式开始。主要程序和内容包括如下方面。

第一，按照《高校青年教师可雇佣型心理契约的组织心理与行为研究访谈信息表》，问询、收集、汇总与本书研究相关的背景信息。

第二，围绕以上"访谈主题（1）"，遵循如下访谈提纲开展问询和沟通：

（1）您认为学校在青年教师招募引进工作中，哪些策略或作法对应征者具有强吸引力或诱惑力？请按照您所认为的重要性程度排列次序。事实上，您所在的学校采取了哪些吸引和招募青年教师的策略或做法？在这些引进和招募策略作法中，您对哪些（比较）满意？对哪些不满意？认为哪些需要进一步改进？据您了解，其他青年教师对这些问题的回答或理解将会如何？请您围绕以上问题，提供一些关键事件，以便能进一步对问题加以解释回答。

（2）您认为应届博士毕业生（即未来的高校青年教师）在择业求职时，哪些个人因素会影响对于未来所任职学校（科研机构）或者教学科研工作开展的心理预期？请按照您所认为的重要性程度排列次序。据您了解，其他应届博士毕业生或者青年教师对这些问题的回答或理解将会如何？请您围绕以上问题，提供一些关键事件，以便能够进一步对问题加以解释回答。

第三，围绕以上"访谈主题（2）"，遵循如下访谈提纲开展问询和沟通：

（1）您认为高校针对青年教师承担的可雇佣性责任和义务会引起青年教师的哪些工作态度与行为变化？请按照您所认为的重要性程度排列次序。

（2）您认为以上青年教师的工作态度和行为又进一步怎样影响到高校的教学事业建设发展、科研事业建设发展？所产生的影响结果有哪些？请按照您所认为的重要性程度排列次序。

（3）请您围绕以上问题，提供一些关键事件，以便能进一步对问题加以解释回答。

高校青年教师可雇佣型心理契约的组织心理与行为研究调查问卷

尊敬的老师：

您好！

首先，感谢您在百忙之中参与本项目的问卷调查！本项目的问卷调查以我国高校青年教师为调查对象，以期了解我国高校青年教师可雇佣型心理契约所产生的组织态度与行为效应的相关信息。本项目问卷调查所取得的信息仅作为"高校青年教师可雇佣型心理契约的组织态度与行为研究"的学术研究之用，不会用于任何商业用途以及其他非学术应用方面。本项目的问卷调查采用完全匿名填答的方式，所有答案将被严格保密，请您放心如实填答。也请您按照对每个调查问项的最直接的理解，形成针对每个问项的答案，并在每个问项下所附的 5 个选项里挑选出 1 个与自己的答案想法最为一致的，在该选项前的"□"上打"√"。如果您在问卷填答过程中遇到问题，请联系齐鲁工业大学"高校青年教师可雇佣型心理契约的组织态度与行为研究"课题组（E-mail：1474073756@qq.com）。非常感谢您的支持与配合！祝您工作愉快！身体健康！

答题前请先阅读以下填写说明

一、本问卷包括：第一部分，您及所在学校的基本情况；第二部分，具体调查内容。

二、请选择一个最符合您在一般情形下最直接的想法、感觉、态度、行为、倾向性的选项。如果您填答的问卷为纸质版，那么请在所选项前的"□"上打"√"，在横线处填写；如果您填答的问卷是电子版，那么请将所选项的字体改为红色或加粗（提示：为了节约您的宝贵时间，可使用 Word 菜单栏中的"格式刷"工具），在下划线处填写。

三、本问卷并非测验，任何问题的答案均无对、错、好、坏之分，请您据实填答。

四、请您在第一次填答完毕后,再检查一遍,判断有无漏填、多填、填错、填重复等情况,并加以修改,使问卷填答完整。

第一部分:基本信息

101. 性别:□男　□女

102. 年龄:□30 岁及以下　□31—35 岁　□36—40 岁　□41 岁及以上

103. 学历:□本科(含同等学力)　□硕士　□博士及博士后(含同等学力)

104. 高校教龄:□1—2 年　□3—4 年　□5 年及以上

105. 婚姻状况:□未婚　□已婚　□离异　□丧偶

106. 所在院系:

□管理学院(或相关职能学院,实际院系为:_____)

□电气学院(或相关职能学院,实际院系为:_____)

□机械学院(或相关职能学院,实际院系为:_____)

□金融学院(或相关职能学院,实际院系为:_____)

□文法学院(或相关职能学院,实际院系为:_____)

□艺术学院(或相关职能学院,实际院系为:_____)

□外语学院(或相关职能学院,实际院系为:_____)

□生物工程学院(或相关职能学院,实际院系为:_____)

□理学院(或相关职能学院,实际院系为:_____)

□化工学院(或相关职能学院,实际院系为:_____)

□体育学院(或相关职能学院,实际院系为:_____)

□信息工程学院(或相关职能学院,实际院系为:_____)

其他单位[以上所列学院名称与您所在单位不符的,请在横线上填写您所在单位的名称(具体到院系):_____]

107. 岗位性质:□教研岗　□科研岗　□科研管理岗　□其他岗__

108. 学校类型:□"985"高校　□"211"高校　□地方本科高校

第二部分:调查内容

一、以下是关于您对"高校对青年教师应承担的可雇佣性责任"的认知调查,请您在每个问题后的"1—5"(1 表示非常不符合、2 表示比较不符合、3表示不确定、4表示比较符合、5表示非常符合）中选其一。

201. 学校提供较丰富的职业发展机会
   1 2 3 4 5

202. 工作中，能够得到上级的指导、支持和鼓励
   1 2 3 4 5

203. 学校提供职务（专业技术职务职级、行政职务职级）晋升的机会
   1 2 3 4 5

204. 学校/学院（或所在单位）提供能充分施展自身才能的空间
   1 2 3 4 5

205. 学校/学院（或所在单位）的相关领导和我的沟通交流畅通，我提出的想法、建议或意见能及时收到反馈
   1 2 3 4 5

206. 学校/学院（或所在单位）的相关领导能公平地对待我
   1 2 3 4 5

207. 学校/学院（或所在单位）的相关领导肯定我为工作投入的努力和做出的贡献
   1 2 3 4 5

208. 学校/学院（或所在单位）相关领导关心我的职业成长和个人生活
   1 2 3 4 5

209. 学校/学院（或所在单位）提供有利的教学和学术交流及合作氛围
   1 2 3 4 5

210. 学校提供的薪酬具有吸引力
   1 2 3 4 5

211. 我在工作（在教学、科研、教研等方面）中有自主权
   1 2 3 4 5

212. 学校按照工作业绩（教学、科研、教研、社会服务等业绩）公平地发放工资和奖金
   1 2 3 4 5

二、以下是关于您"对自己工作态度和行为的自我认知和评价"的

调查，请您根据实际感受和体会，判断对下列问题的认同程度，在每个问题后的"1—5"（1 表示非常不符合、2 表示比较不符合、3 表示不确定、4 表示比较符合、5 表示非常符合）中选其一。

213. 我有时考虑变换另一家单位工作
  1 2 3 4 5

214. 我打算在一年内寻找别的工作单位
  1 2 3 4 5

215. 如果有再次选择的机会，我不会再选择现在这家单位
  1 2 3 4 5

216. 有时我会不愿意对工作投入太多努力
  1 2 3 4 5

217. 当我有一个有益于单位的想法时，我会努力将这个想法付诸实践
  1 2 3 4 5

218. 我有时会为了改善自己的工作条件和所能享受到的组织政策，主动去找上级领导沟通
  1 2 3 4 5

219. 我常常向上级领导提建议，以便能完善现在单位里有待改进之处
  1 2 3 4 5

220. 当现在的单位遇到困难时，我会为单位继续工作到困难消失的那一刻为止
  1 2 3 4 5

221. 当其他人批评我所在的单位时，我总会全力以赴地维护所在单位的名声
  1 2 3 4 5

222. 在朋友面前，我总是高度评价所在的单位
  1 2 3 4 5

223. 有时，我会不愿意对工作投入太多的努力
  1 2 3 4 5

224. 只要我得到应有的报酬，我并不关心所在单位里发生的任何事情

　　　　　　　1　2　3　4　5
225. 有时，我会因为没有工作激情而拖拉工作
　　　　　　　1　2　3　4　5

三、以下是关于"高校对青年教师应该承担可雇佣性责任的实际履行情况"的调查，请您在"您认为的重要等级判断"的五个选项（1表示非常不重要、2表示比较不重要、3表示有点重要、4表示比较重要、5表示非常重要）和"实际履行"的五个选项（1表示完全未履行、2表示基本未履行、3表示有点履行、4表示基本履行、5表示完全履行）中各选其一。

高校对青年教师应该承担的可雇佣性责任	您认为的重要等级判断					实际履行				
	1	2	3	4	5	1	2	3	4	5
226. 学校提供较丰富的职业发展机会										
227. 工作中，能够得到上级的指导、支持和鼓励										
228. 学校提供职务（专业技术职务职级、行政职务职级）晋升的机会										
229. 学校/学院（或所在单位）提供能充分施展自身才能的空间										
230. 学校/学院（或所在单位）的相关领导和我的沟通交流畅通，我提出的想法、建议或意见能及时收到反馈										
231. 学校/学院（或所在单位）的相关领导能公平地对待我										
232. 学校/学院（或所在单位）的相关领导肯定我为工作投入的努力和做出的贡献										
233. 学校/学院（或所在单位）相关领导关心我的职业成长和个人生活										
234. 学校/学院（或所在单位）提供有利的教学和学术交流及合作氛围										
235. 学校提供的薪酬具有吸引力										
236. 我在工作（在教学、科研、教研等方面）中有自主权										
237. 学校按照工作业绩（教学、科研、教研、社会服务等业绩）公平地发放工资和奖金										

四、以下是关于您"对所在团队的看法"的调查，请您在每个问题

后的"1—5"（1 表示非常不符合、2 表示比较不符合、3 表示不确定、4 表示比较符合、5 表示非常符合）中选其一。

238. 当我所在的工作团队受到批评时，我会因此而觉得尴尬
    1 2 3 4 5

239. 当我所在的工作团队取得成功时，我感觉自己也成功了
    1 2 3 4 5

240. 当有人称赞我所在的工作团队时，我感觉就像在称赞自己一样
    1 2 3 4 5

241. 我会因身为工作团队中的一分子，而感到无比自豪
    1 2 3 4 5

五、以下是关于您"对所在学校的看法"的调查，请您根据实际感受和体会，判断对下列问题的认同程度，在每个问题后的"1—5"（1 表示非常不符合、2 表示比较不符合、3 表示不确定、4 表示比较符合、5 表示非常符合）中选其一。

242. 学校的青年教师师资建设和管理政策的内容与其落实情况不符
    1 2 3 4 5

243. 学校制定青年教师师资建设和管理政策的目标与政策的实施措施不一致
    1 2 3 4 5

244. 学校宣称要做某事，实际上并不会做
    1 2 3 4 5

245. 我取笑所供职学校的校园文化、价值观取向、管理理念和管理政策
    1 2 3 4 5

六、以下是关于您"对个人性情或特质的自我认知和评价"的调查，请您根据实际感受和体会，判断对下列问题的认同程度，在每个问题后的"1—5"（1 表示非常不符合、2 表示比较不符合、3 表示不确定、4 表示比较符合、5 表示非常符合）中选择其一。

246. 我能够与其他同事合作，合作过程中能清楚地向同事表达自己的建议或意见
    1 2 3 4 5

247. 我能设身处地为其他同事着想，和持异己意见的同事合作、协

商或共同解决工作以及人际问题

      1   2   3   4   5

248. 无论工作怎样困难，我都能竭尽全力克服困难、完成工作

      1   2   3   4   5

249. 我能集中精力，努力实现工作计划和目标

      1   2   3   4   5

250. 我总是愿意追求自己感兴趣且有挑战性的事物，并能全身心投入其目标达成的过程中

      1   2   3   4   5

七、以下是关于您"对所在学校管理规范程度的看法"的调查，请您根据实际感受和体会，判断对下列问题的认同程度，在每个问题后的"1—5"（1表示非常不符合、2表示比较不符合、3表示不确定、4表示比较符合、5表示非常符合）中选其一。

251. 我接受过青年教师培训，这是专门为青年教师设计的与教学、科研、教研等新进教师工作开展有关的技能和知识的专题培训

      1   2   3   4   5

252. 直到我彻底熟悉教学、科研、教研等新进教师相关工作开展的各项流程和工作方法后，才开展本职工作

      1   2   3   4   5

253. 我对于大部分关于新进教师相关工作开展的注意事项和工作要求是通过非正式渠道或者工作开展过程中的在职培训获得

      1   2   3   4   5

254. 对于工作岗位、职务职级的变动或调整，学校/学院（或所在单位）有明文规定

      1   2   3   4   5

255. 学校/学院（或所在单位）依据工作绩效考评（教学业绩、科研业绩、教研业绩、社会服务业绩等）来调整职务职级、工作岗位等

      1   2   3   4   5

256. 学校/学院（或所在单位）对青年教师有清晰的职业生涯发展规划

      1   2   3   4   5

八、以下是关于您"对自己职业价值观的自我认知和评价"的调查，

请您根据实际感受和体会，判断对下列问题的认同程度，在每个问题后的"1—5"（1表示非常不符合、2表示比较不符合、3表示不确定、4表示比较符合、5表示非常符合）中选择其一。

257. 我能够时常做不同的事情
  1 2 3 4 5

258. 我为良好地完成工作而感到自豪
  1 2 3 4 5

259. 我能够自主尝试一些不同的工作
  1 2 3 4 5

260. 我的工作并非日常或重复性
  1 2 3 4 5

261. 我每天都可以从事一些不同的工作内容
  1 2 3 4 5

262. 多数时间，我可以做一些事情
  1 2 3 4 5

263. 我的工作成绩优秀
  1 2 3 4 5

264. 我总在不断成长
  1 2 3 4 5

265. 我能够靠自己的能力做一些事
  1 2 3 4 5

266. 我可以为其他同事做些什么
  1 2 3 4 5

267. 我有帮助其他同事的能力
  1 2 3 4 5

268. 我能够和同事发展成为良好、紧密的伙伴关系
  1 2 3 4 5

九、以下是关于您"对所在学校招募策略的感觉"的调查，请您根据实际感受和体会，判断对下列问题的认同程度，在每个问题后的"1—5"（1表示非常不符合、2表示比较不符合、3表示不确定、4表示比较符合、5表示非常符合）中选其一。

269. 学校/学院（或所在单位）提供许多职务（专业技术职务职级、

行政职务职级）晋升的机会

    1 2 3 4 5

  270. 我在学校/学院（或所在单位）内有职务（专业技术职务职级、行政职务职级）发展的机会

    1 2 3 4 5

  271. 学校/学院（或所在单位）提供施展自我才能的空间

    1 2 3 4 5

  272. 学校/学院（或所在单位）为青年教师提供了良好的工作环境

    1 2 3 4 5

  273. 学校/学院（或所在单位）及领导关心青年教师的生活状况

    1 2 3 4 5

  274. 其他同事与我友好相处

    1 2 3 4 5

  十、以下是关于您"对所在学校教学事业建设和发展的感觉"的调查，请您根据实际感受和体会，判断对下列问题的认同程度，在每个问题后的"1—5"（1表示非常不符合、2表示比较不符合、3表示不确定、4表示比较符合、5表示非常符合）中选其一。

  275. 我关注所在学校的教育教学事业建设和发展状况

    1 2 3 4 5

  276. 学校的教学水平和人才培养能力标志着学校的办学资质

    1 2 3 4 5

  277. 学校制定了专门针对青年教师教学能力提高和在职继续培养的政策与相关管理办法

    1 2 3 4 5

  278. 学校鼓励青年教师参加教学能力提升的各种有意义的培训和交流活动

    1 2 3 4 5

  279. 学校针对青年教师的教学能力设定了科学、可行的评价指标体系和考核办法

    1 2 3 4 5

  十一、以下是关于您"对所在学校科研事业建设和发展的感觉"的调查，请您根据实际感受和体会，判断对下列问题的认同程度，在每个问

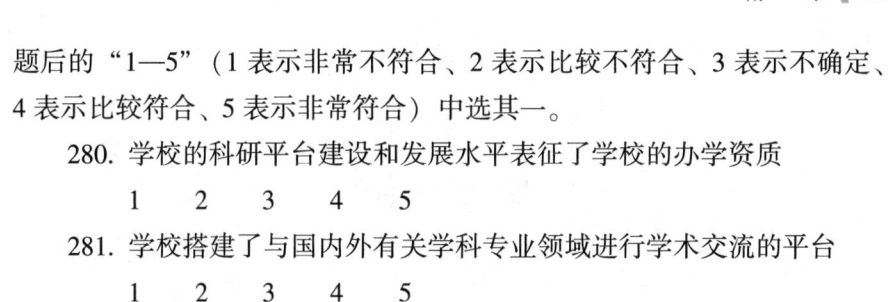

题后的"1—5"（1表示非常不符合、2表示比较不符合、3表示不确定、4表示比较符合、5表示非常符合）中选其一。

280. 学校的科研平台建设和发展水平表征了学校的办学资质
   1 2 3 4 5

281. 学校搭建了与国内外有关学科专业领域进行学术交流的平台
   1 2 3 4 5

282. 学校科研水平提升，青年教师的科研能力也会随之提高
   1 2 3 4 5

283. 学校鼓励青年教师参加科研能力提升的相关培训和学术交流活动
   1 2 3 4 5

284. 青年教师的科研能力与其个人的职称晋升挂钩
   1 2 3 4 5

285. 学校制定与实施了专门针对青年教师科研能力和科研成果考评的管理政策
   1 2 3 4 5

286. 青年教师的科研能力与其个人的岗位绩效考核挂钩
   1 2 3 4 5

本问卷到此结束，请再检查一遍有无漏答项目。

再次感谢您的热诚合作！祝您工作愉快！若您对研究结果感兴趣或者有任何疑问，请留下联系方式，研究结果将反馈给您！您的邮箱：_____

参考文献

白艳莉：《员工职业生涯发展对雇佣关系感知影响的实证研究》，《统计与决策》2011年第24期。

[美] 彼得·德鲁克：《变动中的管理者》，王喜六等译，上海译文出版社1999年版。

[美] 托马斯·W. 李：《组织与管理研究的定性方法》，吕力译，北京大学出版社2017年版。

[美] 杰弗里·A. 迈尔斯：《管理与组织研究必读的40个理论》，徐世勇、李超平等译，北京大学出版社2018年版。

陈加洲、凌文辁、方俐洛：《心理契约的内容、维度和类型》，《心理科学进展》2003年第4期。

陈加洲、凌文辁、方俐洛：《员工心理契约结构维度的探索与验证》，《科学学与科学技术管理》2004年第3期。

陈晓萍、徐淑英、樊景立：《组织与管理研究的实证方法》，北京大学出版社2012年版。

段文婷、江光荣：《计划行为理论述评》，《心理科学进展》2008年第2期。

郭志文、B.I.J.M. 范德·赫登：《无边界职业生涯时代的就业能力：一种新的心理契约》，《心理科学》2006年第2期。

韩振华、任剑峰：《社会调查研究中的社会称许性偏见效应》，《华中科技大学学报》（人文社会科学版）2002年第3期。

何金铭、黄英志、陈师辉等：《工作需求—控制—支持模式与工作倦怠关系之研究：以海关人员为例》，《人力资源管理学报》2005年第2期。

胡晓松、钱丽霞：《可持续发展教育：英国政府角色与学校推进策略》，《比较教育研究》2007年第12期。

黄芳铭：《结构方程模型理论与应用》，中国税务出版社2005年版。

蒋春燕、赵曙明：《知识员工流动的特点、原因与对策》，《中国软科学》2001年第2期。

李成江：《员工心理契约的失衡与重构》，《商业时代》2006年第27期。

李平、曹仰锋：《案例研究方法：理论与范例——凯瑟琳·艾森哈特论文集》，北京大学出版社2012年版。

李原、郭德俊：《组织中的心理契约》，《心理科学进展》2002年第1期。

李原、孙健敏：《雇佣关系中的心理契约：从组织与员工双重视角下考察契约中"组织责任"的认知差异》，《管理世界》2006年第11期。

李原、孙健敏：《组织中心理契约的变化——当代人力资源管理面对的挑战》，《经济与管理研究》2009年第4期。

卢纹岳：《SPSS for Windows 统计分析》，电子工业出版社2002版。

马庆国：《管理科学研究方法与研究生学位论文的评判参考标准》，《管理世界》2004年第12期。

马庆国：《中国管理科学研究面临的几个关键问题》，《管理世界》2002年第8期。

毛基业、李晓燕：《理论在案例研究中的作用——中国企业管理案例论坛（2009）综述与范文分析》，《管理世界》2010年第2期。

彭川宇：《基于人口学特征的知识员工心理契约感知差异调查》，《工业技术经济》2008年第10期。

邱皓政：《结构方程模型：Lisrel 的理论、技术与应用》，双叶书廊2003年版。

石晶、崔丽娟：《国外心理契约破坏及结果变量与调节变量：述评与展望》，《心理科学》2011年第3期。

时伟：《大学教师专业发展模式探析——基于大学教学学术性的视角》，《教育研究》2008年第7期。

苏敬勤、李召敏：《案例研究方法的运用模式及其关键指标》，《管理学报》2011年第3期。

孙锐、石金涛、张体勤：《中国企业领导成员交换、团队成员交换、组织创新气氛与员工创新行为关系实证研究》，《管理工程学报》2009年第10期。

王本陆、王婵：《简议教学伦理研究中的学生主体问题》，《教育学报》2017年第10期。

王本陆、姚相全：《提升研究生课堂教学质量："2+1"教学模式的建构与实践》，《学位与研究生教育》2012年第12期。

王重鸣、刘学方：《高管团队内聚力对家族企业继承绩效影响实证研究》，《管理世界》2007年第10期。

王晶晶、杨洁珊、胡成宝：《企业社会责任的研究现状及未来研究展望——基于CSSCI来源期刊中经济学、管理学类期刊上文章的分析》，《管理评论》2010年第8期。

王黎萤：《基于心理契约的知识员工激励机制设计》，《科技进步与对策》2005年第11期。

王彦斌：《组织中的组织认同》，人民出版社2004年版。

王玉梅、从庆：《饭店知识型员工离职意图的成因分析——基于员工心理契约视角的实证研究》，《旅游学刊》2007年第11期。

魏峰、李燚、卢长宝、毛雁冰：《心理契约破裂、管理欺凌与反生产行为关系研究》，《管理科学学报》2015年第3期。

魏峰、李燚、任胜钢：《组织行为对管理者感知心理契约违背的影响》，《南开管理评论》2006年第12期。

魏峰、任胜钢、李燚：《心理契约违背、满意度对管理者行为的影响机制》，《管理工程学报》2008年第2期。

魏峰、张文贤：《国外心理契约理论研究的新进展》，《外国经济与管理》2004年第2期。

魏江、赵立龙、冯军政：《管理学领域中元分析研究现状评述及实施过程》，《浙江大学学报》（人文社会科学版）2012年第5期。

温忠麟、侯杰泰、张雷：《调节效应与中介效应的比较和应用》，《心理学报》2005年第2期。

文魁、吴冬梅：《异质型人才的异常激励——北京市高科技企业人才激励机制调研报告》，《管理世界》2003年第10期。

翁清雄、席酉民：《职业成长与离职倾向：职业承诺与感知机会的调节作用》，《南开管理评论》2010年第2期。

吴金希、于永达：《浅议管理学中的案例研究方法——特点、方法设计与有效性讨论》，《科学学研究》2004年第12期。

吴明隆：《问卷统计分析实务——SPSS 操作与应用》，重庆大学出版社 2010 年版。

谢义忠、陈静、朱林：《就业能力的概念、结构和实证研究成果》，《心理科学进展》2013 年第 3 期。

徐淑英、张志学：《管理问题与理论建立：开展中国本土管理研究的策略》，《重庆大学学报》（人文社会科学版）2011 年第 4 期。

徐云杰：《社会调查设计与数据分析——从立题到发表》，重庆大学出版社 2011 年版。

余琛：《四类不同心理契约关系的比较研究》，《心理科学》2004 年第 4 期。

余琛：《心理契约履行和组织公民行为之间的关系研究》，《心理科学》2007 年第 2 期。

余琛：《员工心理契约与持股计划研究》，浙江大学出版社 2003 年版。

张士菊、廖剑桥：《管理理念对心理契约破裂的影响：国有企业和民营企业的比较》，《商业经济与管理》2010 年第 2 期。

张望军、彭剑峰：《中国企业知识型员工激励机制实证分析》，《科研管理》2001 年第 22 期。

张翼、樊耕、赵箐：《国外管理学研究中的元分析评介》，《外国经济与管理》2009 年第 7 期。

周浩、龙立荣：《共同方法偏差的统计检验与控制方法》，《心理科学进展》2004 年第 6 期。

周南照、赵丽、任友群：《教师教育改革与教师专业发展：国际视野与本土实践》，华东师范大学出版社 2007 年版。

朱晓妹、王重鸣：《中国背景下知识型员工的心理契约结构研究》，《科学学研究》2005 年第 23 期。

Abraham, R., "Organizational Cynicism: Bases and Consequences", *Genetic, Social, and General Psychological Monographs*, 2000, 126 (3): 269-293.

Adam, W. M., Aaron, M. W., Christina, M. K., "Assessing Common Methods Bias in Organizational Research", The 22nd Annual Meeting of the Society for Industrial and Organizational Psychology, New York, 2007.

Aggarwal, U., Bhargava, S., "Reviewing the Relationship between Human Resource Practices and Psychological Contract and Their Impact on Employee Attitude and Behaviours: A Conceptual Model", *Journal of European Industrial Training*, 2009, 33: 4-31.

Allen, N. J., Meyer, J. P., "The Measurement and Antecedents of Affective, Continuance, and Normative Commitment to the Organization", *Journal of Occupational Psychology*, 1990, 63: 1-18.

Anderson, L. M., Bateman, T. S., "Cynicism in the Workplace: Some Causes and Effects", *Journal of Organizational Behavior*, 1997, 18 (5): 449-469.

Anderson, N., Schalk, R., "The Psychological Contract in Retrospect and Prospect", *Journal of Organizational Behavior*, 1998, 19: 638-646.

Argyris, C., *Understanding Organizational Behavior*, Homewood, II: The Dorsey Press, Inc, 1960.

Arthur, F. B., "Effects of Human Resource Systems on Manufacturing Performance and Turnover", *Academy of Management Journal*, 1994, 37: 670-687.

Ashforth, B. E., Mael, F., "Social Identity Theory and the Organization", *Academy of Management Review*, 1989, 14: 20-39.

Bakker, A. B., Hakanen, J. J., Demerouti, E., et al., "Job Resources Boost Work Engagement, Particularly When Job Demands are High", *Journal of Educational Psychology*, 2007, 99 (2): 279-289.

Bal, P. M., Jansen, P. G. W., Van der Velde, M. E. G., et al., "The Role of Future Time Perspective in Psychological Contracts: A Study among Older Workers", *Journal of Vocational Behavior*, 2010, 76: 474-486.

Bal, P. M., De Lange, A. H., Ybema, J. F., et al., "Age and Trust as Moderators in the Relation between Procedural Justice and Turnover: A Large-Scale Longitudinal Study", *Applied Psychology: An International Review*, 2011, 60: 66-86.

Bandura, A., "Self-Efficacy: Towards a Unifying Theory of Behavior Change", *Psychological Review*, 1977, 84: 191-214.

Bandura, A., Locke, E. A., "Negative Self-Efficacy and Goal Effects

Revisited", *Journal of Applied Psycholgoy*, 2003, 88: 87-99.

Barnard, Chester I., *The Functions of the Executive*, Cambridge: Harvard University Press, 1938.

Baron, R. M., Kenny, D. A., "The Moderator-Mediator Variable Distinction in Social Psychological Research: Conceptual, Strategic, and Conceptual Considerations", *Journal of Personality and Social Psychology*, 1986, 51: 1173-1182.

Barr, S. H., Hitt, M. A., "A Comparison of Selection Decision Models in Manager Versus Student Samples", *Personnel Psychology*, 1986, 39: 599-617.

Bar-Tal, Daniel, *Group Belief: A Conception for Analysing Group Structure, Processes and Behavior*, New York: Springer-Verlag, 1990.

Bauer, T., Morrison, E., Callister, R., "Organizational Socialization: A Review and Directions for Future Research", in Ferris, G.R. ed., *Research in Personnel and Human Resources Management*, Stamford, CO: JAI Press, 1998.

Becker, B. E., Huselid, M. A., "SHRM and Job Design: Narrowing the Divide", *Journal of Organizational Behavior*, 2010, 31 (2): 379-388.

Bem, D. J., *Beliefs, Attitudes and Human Affairs*, Belmont, CA: Brooks/Cole, 1970.

Birdi, K., Allan, C., Warr, P., "Correlates and Perceived Outcomes of Four Types of Employee Development Activity", *Journal of Applied Psychology*, 1997, 82: 845-857.

Blau, P., *Exchange and Power in Social Life*, New York: Wiley, 1964.

Blau, P. M., "Interaction: Social Exchange", *International Excyclopedia of the Social Sciences*, 1968, (7): 452-458.

Blomme, R. J., Tromp, D. M., Van Rheede, A., "The Use of Psychological Contract to Explain Turnover Intentions in the Hospitality Industry: A Research Study on the Impact of Gender on the Turnover Intentions of Highly-Educated Employees", *The International Journal of Human Resource Management*, 2010, 21: 144-162.

Brass, D. J., "Being in the Right Place: A Structural Analysis of Individual Influence in an Organization", *Administrative Science Quarterly*, 1984: 518-539.

Buckley, M. R., Fedor, D. B., Carraher, S. M., et al., "The Ethical Imperative to Provide Recruits Realistic Job Previews", *Journal of Managerial Issues*, 1997, 9: 468-484.

Butler, P., "Non-Union Employee Representation: Exploring the Efficacy of the Voice Process", *Employee Relations*, 2005, (27): 272-288.

Cappelli, P., "Managing without Commitment", *Organizational Dynamics*, 2000, 28 (4): 11-24.

Charmaz, K., "Stories, Silences, and Self: Dilemmas in Disclosing Chronic Illness", in Brashers D. Goldstein, eds., *Health Communication*, New York: Lawrence Erlbaum, 2006.

Chatard, A., Selimbegovic, L., "When Self-Destructive Thoughts Flash through the Mind: Failure to Meet Standards Affects the Accessibility of Suicide-Related Thoughts", *Journal of Personality and Social Psycholgoy*, 2011, 100: 587-605.

Chen, Huey-Tsyh, *Theory-Driven Evaluations*, Newbury Park, CA: Sage, 1990.

Chen, Huey-Tsyh, Rossi, Peter H., "Issues in the Theory-Driven Perspective", *Evaluation and Programme Planning*, 1989, 12 (4): 299-306.

Cheney, G., "On the Various and Changing Meaning of Organizational Membership: A Field Study of Organizational Identification", *Communication Monographs*, 1983, 50: 342-362.

Chin, W. W., "Bootstrap Cross-Validation Indices for PLS Path Model Assessment", in Esposito Vinzi, V., Chin, W. W., Henseler, J., et al., eds., *Handbook of Partial Least Square Concepts, Methods and Applications*, Berlin: Springer, 2010.

Chin, W. W., "Issues and Opinion on Structural Equation Modeling", *MIS Quarterly*, 1998, 22 (1): 7-16.

Churchill, J., Gilbert, A., "A Paradigm for Developing Better Measures of Marketing Constructs", *Journal of Marketing Research*, 1979, 16 (1): 64-73.

Clarke, M., Patrickson, M., "The New Covenant of Employability", *Employee Relations*, 2008, 30 (2): 121-141.

Conway, N., Briner, R. B., "A Daily Diary Study of Affective Responses to Psychological Contract Breach and Exceeded Promises", *Journal of Organizational Behavior*, 2002, 23 (3): 287-301.

Cooke, F. L., Hebson, G., Carroll, M., "Commitment and Identity across Organizational Boundaries", in Marchington, M., Grimshaw, D., Rubery, J. and Willmott, H., eds., *Fragmenting Work: Blurring Organizational Boundaries and Disordering Hierarchies*, Oxford University Press, 2004.

Cornelissen, J. P., Clarke, J. S., "Imagining and Rationalizing Opportunities: Inductive Reasoning and the Creation and Justification of New Ventures", *Academy of Management Review*, 2010, 35: 539-557.

Coyle-Shapiro, J.A.M., Kessler, I., "Consequences of the Psychological Contract for the Employment Relationship: A Large Scale Survey", *Journal of Management Studies*, 2000, 37 (7): 903-930.

Coyle-Shapiro, J. A. M., Neuman, J. H., "The Psychological Contract and Individual Different: The Role of Exchange and Creditor Ideologies", *Journal of Vocational Behavior*, 2004, 64: 150-164.

Coyle-Shapiro, J. A. M., "A Psychological Contract Perspective on Organizational Citizenship Behavior", *Journal of Organizational Citizenship Behavior*, 2002, 23: 927-946.

Cropanzano, R., Mitchell, M. S., "Social Exchange Theory: An Interdisciplinary Review", *Journal of Management*, 2005, 31: 874-900.

Crow, G. M., Glascock, C., "Socialization to a New Conception of the Principle", *Journal of Educational Administration*, 1995, 33 (1): 22-43.

Cullinane, N., Dundon, T., "The Psychological Contract: A Critical Review", *International Journal of Management Reviews*, 2006, 8 (2): 113-128.

Datta, D. K., Guthrie, J. P., Wright, P. M., "Human Resource Management and Labor Productivity: Does Industry Matter?", *Academy of Management Journal*, 2005, 48 (1): 135-145.

De Meuse, K. P., Bergmann, T. J., Lester, S. W., "An Investigation of the Relational Component of the Psychological Contract across Time, Generation and Employment Status", *Journal of Managerial Issues*, 2001, 13 (1): 102-118.

De Vos, A., Buyens, D., Schalk, R., "Psychological Contract Development during Organizational Socialization: Adaptation to Reality and the Role of Reciprocity", *Journal of Organizational Behavior*, 2003, 24 (5): 537-558.

Dean, J. W., Brandes, P., Dharwadkar, R., "Organizational Cynicism", *Academy of Management Review*, 1998, 23 (2): 341-352.

De Cuyper, N., De Witte, H., "The Management Paradox: Self-Rated Employability and Organizational Commitment and Performance", *Personnel Review*, 2011, 40 (2): 152-172.

De Cuyper, N., Mauno, S., Kinnunen, U., et al., "The Role of Job Resources in the Relation between Perceived Employability and Turnover Intention: A Prospective Two-Sample Study", *Journal of Vocational Behavior*, 2011, 78 (2): 253-263.

De Cuyper, N., Van Der Heijden, B. I. J. M., De Witte, H., "Associations between Perceived Employability, Employee Well-Being, and Its Contribution to Organizational Success: A Matter of Psychological Contracts?", *International Journal of Human Resource Management*, 2011, 22 (7): 1486-1503.

De Vos, A., De Hauw, S., Van Der Heijden, B. I. J. M., "Competency Development and Career Success: The Mediating Role of Employability", *Journal of Vocational Behavior*, 2011, 79 (2): 438-447.

Deery, S. J., Iverson, R. D., Walsh, J. T., "Toward a Better Understanding of Psychological Contract Breach: A Study of Customer Service Employees", *Journal of Applied Psychology*, 2006, 91: 166-175.

DeLone, W. H., McLean, E. R., "The Delone and Mclean Model of Information Systems Success: A Ten-Year Update", *Journal of Management Information Systems*, 2003, 19 (4): 9-30.

Denzin, N. K., Lincoln, Y. S., *Handbook of Qualitative Research*, Thousand Oaks, CA: Sage, 1994.

Doherty, L., "Work-Life Balance Initiatives: Implications for Women", *Employee Relations*, 2004, 26: 433-452.

Doundon, T., Rollinson, D., *Employment Relations in Non - Union Firms*, London: Routledge, 2004.

Dugoni, B. L., Ilgen, D. R., "Realistic Job Previews and the Adjustment of New Employees", *Academy of Management Journal*, 1981, 24: 579-592.

Dulac, T., Colye-Shapiro, J. A.-M., Henderson, D. J., et al., "Not All Responses to Breach are the Same: The Interconnection of Social Exchange and Psychological Contract Processes in Organizations", *Academy of Management Journal*, 2008, 51 (6): 1079-1096.

Dyne, L. V., Ang, S., "Organizational Citizenship Behavior of Contingent Workers in Singapore", *Academy of Management Journal*, 1998, (12): 692-702.

Eby, L. T., Butts, M., Lockwood, A., "Predictors of Success in the Era of the Boundaryless Career", *Journal of Organizational Behavior*, 2003, 24: 689-708.

Eisenhardt, K. M., Graebner, M., "Theory Building from Case: Opportunities and Challenges", *Academy of Management Journal*, 2007, 50 (1): 25-31.

Eisenhardt, K. M., "Building Theories from Case Study Research", *Academy of Management Review*, 1989, 14 (4): 532-550.

Emerson, R. M., "Social Exchange Theory", *Annual Review of Sociology*, 1976, (2): 335-362.

Erez, A., Isen, A. M., "The Influence of Positive Affect on the Components of Expectancy Motivation", *Journal of Applied Psychology*, 2002, 87: 1055-1064.

Farrell, D., Rusbuh, G. E., "Exchange Variables as Predictors of Job Satisfaction, Job Commitment, and Turnover: The Effects of Rewards, Costs, Alternatives, and Investments", *Organizational Behavior and Human Performance*, 1981, 28: 78-95.

Farrell, D., "Exit, Voice, Loyalty, and Neglect as Responses to Job

Dissatisfaction: A Multidimensional Scaling Study", *Academy of Management Journal*, 1983, 26 (4): 596-607.

Feldman, D. C., Brett, J. M., "Coping with New Jobs: A Comparative Study of New Hires and Job Changes", *Academy of Management Journal*, 1983, 26: 258-272.

Feldman, D. C., "The Dilbert Syndrome: How Employee Cynicism about Ineffective Management is Changing the Nature of Careers in Organizations", *American Behavioral Scientist*, 2000, 43 (8): 1257-1283.

Feldman, D.C., "The Multiple Socialization of Organization Members", *Academy of Management Review*, 1981, 6 (2): 309-319.

Feldman, M. S., *Order without Design*, Stanford, CA: Stanford University Press, 1989.

Finkelstein, L. M., Farrell, S. K., "An Expanded View of Age Bias in the Workplace", in Shultz, K.S., Adams, G.A., eds., *Aging and Work in the 21st Century*, Lawrence, Erlbaum Associates, Mahwah, 2007.

Fisher, C. D., "Organizational Socialization: An Integrative Review", *Research in Personnel and Human Resource Management*, 1986, 4: 101-145.

Fitzgerald, M. L., "Organizational Cynicism: Its Relationship to Perceived Organizational Injustice and Explanatory Style", Cincinnati: University of Cincinnati, 2002.

Flood, P. C., Turner, T., Ramamoorthy, N., et al., "Causes and Consequences of Psychological Contracts among Knowledge Workers in the High Technology and Financial Services Industries", *International Journal of Human Resource Management*, 2001, 12 (7): 1152-1165.

Fornell, C., Larcker, D., "Evaluating Structural Equation Models with Unobservable Variables and Measurement Error", *Journal of Marketing Research*, 1981, 19: 440-452.

Freese, C., Schalk, R., "Implications of Differences in Psychological Contracts for Human Resource Management", *European Journal of Work and Organizational Psychology*, 1996, 5 (4): 501-508.

Frijda, N.H., "Moods, Emotion Episodes, and Emotions", in Lewis, M., Haviland, J. M., eds., *Handbook of Emotions*, New York: Guilford

Press, 1993.

Fugate, M., Kinicki, A. J., Ashforth, B. E., "Employability: A Psycho-Social Construct, Its Dimensions, and Applications", *Journal of Vocational Behavior*, 2004, 65: 14-38.

Gabriela, T. C. J., Francisco, M. D., Marco, D., "Psychological Contract Breach and Outcomes: Combining Meta-Analysis and Structural Equation Models", *Psicothema*, 2008, 20 (3): 487-496.

Gallivan, M. J., Benunan-Fich, R., "A Framework for Analyzing Levels of Analysis Issues in Studies of E-Collaboration", *IEEE Transactions on Professional Communication*, 2005, 48 (1): 87-104.

Glass, B. G., *Conceptualization Contrasted with Description*, Mill Valley, CA: The Sociology Press, 2003.

Glass, B. G., Strauss, A. L., *The Discovery of Grounded Theory*, Chicago: Aldine, 1967.

Glass, B. G., Strauss, A. L., *Status Passage*, Chicago: Aldine, 1971.

Glass, G. V., McGaw, B., Smith, M. L., *Meta-Analysis in Social Research*, Beverly Hills, CA: Sage Publications, 1981.

Glass, G.V., "Primary, Secondary, and Meta-Analysis of Research", *Educ Res*, 1976, 5: 3-8.

Godard, J. A.,"Critical Assessment of the High-Performance Paradigm", *British Journal of Industrial Relations*, 2004, (42): 349-378.

Gold, A.H., Malhotra, A., Segars, A.H., "Knowledge Management: An Organizational Capabilities Perspective", *Journal of Management Information Systems*, 2001, 18 (1): 185-214.

Gouldner, A., "The Norm of Reciprocity: A Preliminary Statement", *American Sociological Review*, 1960, 25: 161-178.

Grant, D., "HRM, Rhetoric and the Psychological Contract: A Case of 'Easier Said Than Done'", *International Journal of Human Resource Management*, 1999, 10 (2): 321-346.

Greenberg, J., "Looking Fair versus Being Fair: Managing Impressions of Organizational Justice", in Staw, B. M., Cummings, L. L., eds., *Research in Organizational Behavior*, Greenwich, CT: JAI Press, 1990.

Grube, J. W., Mayton, D. M., Ball-Rokeach, S. J., "Inducing Change in Values, Attitudes, and Behaviors: Belief System Theory and the Method of Value Self-Confrontation", *Journal of Social Issues*, 1994, 5 (4): 153-171.

Guest, D. E., Conway, N., "Communicating the Psychological Contract: An Employer Perspective", *Human Resource Management Journal*, 2002, 12 (2): 22-38.

Guest, D.E., "Is the Psychological Contract Worth Taking Seriously", *Journal of Organizational Behavior*, 1998, 19: 649-664.

Guest, D. E., "The Psychology of the Employment Relationship: An Analysis Based on the Psychological Contract", *International Association for Applied Psychology*, 2004, 53 (4): 541-554.

Guzzo, R. A., Noonan, K. A., "Human Resource Practices as Communications and the Psychological Contract", *Human Resource Management*, 1994, 33 (3): 447-452.

Hair, J. F., Black, W. C., Babin, B. J., et al., "Multivariate Data Analysis", *Upper Saddle River: Person Education*, 2006, 12: 143-238.

Hall, D. T., Mirvis, P. H., "Careers as Lifelong Learning", in Howard, A., ed., *The Changing Nature of Work*, Jossey-Bass, San Francisco, 1995.

Hall, D. T., Sclmeider, B., "Correlates of Organizational Identification as a Function of Career Pattern and Organizational Type", *Administrative Science Quarterly*, 1975, (17): 340-350.

Harrison, D. A., Newman, D. A., Roth, P. L., "How Important are Job Attitudes? Meta-Analytic Comparisons of Integrative Behavioral Outcomes and Time Sequences", *Academy of Management Journal*, 2006, 49: 301-324.

Harvey, M., "Dual-Career Expatriates: Expectations, Adjustment and Satisfaction with International Relocation", *Journal of International Business Studies*, 1997, 28 (3): 628-658.

Haueter, J. A., Macan, H. T., Winter, J., "Measurement of Newcomer Socialization: Construct Validation of a Multidimensional Scale", *Journal of International Business Studies*, 2003, 63: 20-39.

Hendry, C., Jenkins, R., "Psychological Contracts and New Deals", *Human Resource Management Journal*, 1997, 7 (1): 38-44.

Herriot, P., Manning, W. E. G., Kidd, J. M., "The Content of the Psychological Contract", *British Journal of Management*, 1997, 8: 151-162.

Herriot, P., Pemberton, C., Hawtin, E., "The Career Attitudes and Intentions of Managers in the Finance Sector", *British Journal of Management*, 1996, 7 (2): 181-189.

Herriot, P., Pemberton, C., "Facilitating New Deals", *Human Resource Management Journal*, 1997, 7 (1): 45-56.

Hess, N., Jespen, D. M., "Career Stage and Generational Differences in Psychological Contracts", *Career Development International*, 2009, 14: 261-283.

Hillage, J., Pollard, E., "Employability: Developing a Framework for Policy Analysis", Department for Education and Employment, GB, 1998.

Hiltrop, J. E., "The Changing Psychological Contract: The Human Resource Challenge of the 1990", *European Management Journal*, 1995, 13: 286-294.

Hiltrop, J. M., "Managing the Changing Psychological Contract", *Employee Relations*, 1996, 18 (1): 36-49.

Hom, P.W., Griffeth, R.W., Palich, L. E., et al., "An Exploratory Investigation into the Theoretical Mechanism Underlying Realistic Job Previews", *Personnel Psychology*, 1998, (4): 421-451.

Homans, G.C., *Social Behavior: Its Elementary Forms*, New York: Harcourt Brace, 1961.

Hoyle, R. H., Panter, A. T., "Writing about Structural Equation Models", in Hoyle, R.H., ed., *Structural Equation Modeling: Concepts, Issues, and Applications*, Thousand Oaks, CA: Sage Publications, 1995.

Hui, C., Lee, C., Rousseau, D. M., "Psychological Contract and Organizational Citizenship Behavior in China: Investigating Generalizability and Instrumentality", *Journal of Applied Psychology*, 2004, 89: 301-319.

Hunter, J. E., Schmidt, F. L., "Dichotomization of Continuous Variables: The Implications for Meta-Analysis", *Journal of Applied Psychology*,

1990, 75 (3): 334-349.

Hunter, J. E., Schmidt, F. L., *Methods of Meta-Analysis: Correcting Error and Bias in Research Findings*, Sage Publications, 2004.

Ichniowski, C., Kochan, T. A., Levine, D., "What Works at Work: Overview and Assessment", *Industrial Relations*, 1996, 35 (3): 299-333.

Irving, P. G., Gellatly, I. R., "Psychological Contracts and Performance: The Role of Social Exchange", Paper Presented at the Annual Meeting of the Academy of Management, Washington, DC, 2001.

James, M. S. L., "Antecedents and Consequences of Cynicism in Organizations: An Examination of the Potential Positive and Negative Effects on School Systems", Florida: The Florida State University, College of Business, 2005.

Jarvenpaa, S., Taples, S., "Exploring Perceptions of Organizational Ownership of Information and Expertise", *Journal of Management Information Systems*, 2001, 18 (1): 151-183.

Jick, T. D., "Mixing Qualitative and Quantitative Methods: Triangulation in Action", *Administrative Science Quarterly*, 1979, 24 (4): 602-622.

Johnson, B. T., Mullen, B., Salas, E., "Comparison of Three Major Meta-Analytic Approaches", *Journal of Applied Psychology*, 1995, 80 (1): 94-106.

Johnson, J. L., O' Leary-Kelly, A. M., "The Effects of Psychological Contract Breach and Organizational Cynicism: Not All Social Exchange Violations are Created Equal", *Journal of Organizational Behavior*, 2003, 24: 627-647.

Jones, G. R., "Socialization Tactics, Self-Efficacy, and Newcomers' Adjustments to Organizations", *Academy of Management Journal*, 1986, 29: 262-279.

Kalyal, H. J., Berntson, E., Baraldi, S., et al., "The Moderating Role of Employability on the Relationship between Job Insecurity and Commitment to Change", *Economic and Industrial Democracy*, 2010, 31 (3): 327-344.

Kanfer, R., Ackerman, P. L., "Aging, Adult Development and Work Motivation", *Academy of Management Review*, 2004, 29: 1-19.

Kanfer, R., Heggestad, E. D., "Motivational Traits and Skills: A Person-Centered Approach in Work Motivation", in *Research in Organizational Behavior*, Greenwich, CT: JAI Press, 1997.

Kearney, M. H., "Ready-to-Wear: Discovering Grounded Formal Theory", *Research in Nursing & Health*, 1998, 21: 179-186.

Keller, L. M., Bouchard, T. J., Jr., Avery, R. D., et al., "Work Values: Genetic and Environmental Influences", *Journal of Applied Psychology*, 1992, 77 (1): 79-88.

Kickul, J. R., "When Organizations Break Their Promises: Employee Reactions to Unfair Processes and Treatment", *Journal of Business Ethics*, 2001, 29: 288-305.

Kickul, J., Lester, S. W., Finkl, J., "Promise Breaking during Radical Organizational Change: Do Justice Interventions Make a Difference", *Journal of Organizational Behavior*, 2002, 23 (SpecIssue): 469-488.

Kickul, J., Liao-Troth, M. A., "The Meaning behind the Message: Climate Perceptions and the Psychological Contract", *Mid-American Journal of Business*, 2003, 18 (2): 23-32.

Kinnunen, U., Makikangas, A., Mauno, S., et al., "Perceived Employability: Investigating Outcomes among Involuntary and Voluntary Temporary Employees Compared to Permanent Employees", *Career Development International*, 2011, 16 (2): 140-160.

Kissler, G. D., "The New Psychological Contract", *Human Resource Management*, 1994, 33: 335-352.

Kline, J. B., Sulsky, L. M., Rever-Moriyama, S. D., "Common Method Variance and Specification Errors: A Practical Approach to Detection", *The Journal of Psychology: Interdisciplinary and Applied*, 2000, 134 (4): 401-420.

Kotter, J. P., "The Psychological Contract: Managing the Joining up Process", *California Management Review*, 1973, 15: 90-97.

Kreber, C., "Charting a Critical Course on the Scholarship of University Teaching Movement", *Studies in Higher Education*, 2005, (4): 390-405.

Highhouse, S., Paese, P. W., "Problem Domain and Prospect Frame:

Choice under Opportunity versus Threat", *Personality and Social Psychology Bulletin*, 1996, (22): 124-132.

Lambert, L. S., Edwards, J. R., Cable, D. M., "Breach and Fulfillment of the Psychological Contract: A Comparison of Traditional and Expanded Views", *Personnel Psychology*, 2003, 52: 891-922.

Lawler, E. J., Thye, S. R., "Bringing Emotions into Social Exchange Theory", *Annual Review of Sociology*, 1999, (25): 217-244.

Lawless, J., *Organizational Behavior: The Psychology of Effective Management*, Englewood Cliffs, NJ: Prentice-Hall, 1997.

Lazarus, R. S., *Emotion and Adaptation*, New York: Oxford University Press, 1991.

Lederer, A. L., Maupin, D. J., Sena, M. P., et al., "The Technology Acceptance Model and the World Wide Web", *Decision Support Systems*, 2000, 29 (3): 269-282.

Lee, G., "Towards a Contingent Model of Key Staff Retention: The New Psychological Contract Reconsidered", *South African Business Management*, 2001, 32 (1): 1-8.

Lemire, L., Rouillard, C., "An Empirical Exploration of the Psychological Contract Violation and Individual Behavior", *Journal of Management Psychology*, 2005, 20: 150-163.

Lester, S. W., Turnley, W. H., Bloodgood, J. M., et al., "Not Seeing Eye to Eye: Differences in Supervisor and Subordinate Perceptions of and Attributions for Psychological Contract Breach", *Journal of Organizational Behavior*, 2002, 23 (1): 39-55.

Levinson, H., *Organizational Diagnosis*, Cambridge, MA: Harvard University Press, 1962.

Liang, J., Farth, C. I., Farth, J. L., "Psychological Antecedents of Promotive and Prohibitive Voice: A Two-Wave Examination", *Academy of Management Journal*, 2012, 55 (1): 71-92.

Liden, R. C., Wayne, S. J., Kraimer, M. L., "The Dual Commitments of Contingent Workers: An Examination of Contingents' Commitment to the Agency and the Organization", *Journal of Organizational Behavior*, 2003, 24:

609-625.

Lindell, M. K., Whitney, D. J., "Accounting for Common Method Variance in Cross-Sectional Research Designs", *Journal of Applied Psychology*, 2001, 86 (1): 114-121.

Littleton, S. M., Arthur, M. B., Rousseau, D. M., "The Future of Boundaryless Careers", in Collin, A., Young, R. A., eds., *The Future of Career*, New York, NY: Cambridge University Press, 2000.

Lofquist, L. H., Dawis, R. V., "Values as Second-Order Needs in the Theory of Work Adjustment", *Journal of Vocational Behavior*, 1978, 12: 12-19.

Louis, M. R., "Surprise and Sense-Making: What Newcomers Experience in Entering Unfamiliar Organizational Settings", *Administrative Science Quarterly*, 1980, 25: 226-251.

Lub, X., Bijvank, M., Bal, M., et al., "Different or Alike? Exploring the Psychological Contract and Commitment of Different Generations of Hospitality Workers", *International Journal of Contemporary Hospitality Management*, 2012, 24: 553-573.

Lucero, M. A., Allen, R. E., "Employee Benefits: A Growing Source of Psychological Contract Violations", *Human Resource Management*, 1994, 33 (3): 425-446.

Luscher, L. S., Lewis, M. W., "Organizational Change and Managerial Sensemaking: Working through Paradox", *Academy of Management Journal*, 2008, (51): 221-240.

MacCallum, R. C., "Working with Imperfect Models", *Multivariate Behavioral Research*, 2003, 38: 113-139.

MacNeil, I. R., "Relational Contracts: What We Do and Do Not Know", *Wisconsin Law Review*, 1985, 3: 483-525.

Mael, F. A., Ashforth, B. E., "Alumni and Their Alma Matter: A Partial Test of the Reformulated Model of Organizational Identification", *Journal of Organizational Behavior*, 1992, (13): 103-123.

Maertz, C. P., Griffeth, R. P., "Eight Motivational Forces and Voluntary Turnover: A Theoretical Synthesis with Implications for Research",

Journal of Management, 2004, 30: 657-681.

Maguire, H., "Psychological Contracts: Are They Still Relevant", *Career Development International*, 2002, 7 (3): 168-180.

Maitilis, S., Sonenshein, S., "Sensemaking in Crisis and Change: Inspiration and Insights from Weick", *Journal of Management Studies*, 2010, (47): 551-580.

March, J. E., Simon, H. A., *Organizations*, New York: John Wiley & Sons, 1958.

Markowitz, H. M., "Portfolio Selection", *Journal of Finance*, 1952, (7): 77-91.

Matten, D., Moon, J., "Implicit and Explicit CSR: A Conceptual Framework for a Comparative Understanding of Corporate Social Responsibility", *Academy of Management Review*, 2008, 33 (2): 404-424.

McDonald, R. P., Moon-Ho, R. H., "Principles and Practice in Reporting Structural Equation Analyses", *Psychology Methods*, 2002, 7: 64-82.

McKnight, D. H., Cummings, L. L., Chervany, N. L., "Initial Trust Formation in New Organizational Relationships", *Academy of Management Review*, 1998, 23: 479-490.

McLean Parks, J., Kidder, D. L., Gallagher, D. G., "Fitting Square Pegs into Round Holes: Mapping the Domain of Contingent Work Arrangements onto the Psychological Contract", *Journal of Organizational Behavior*, 1998, 19: 697-752.

McLean Parks, J., Schmedemann, D., "When Promises Become Contracts: Implied Contracts and Handbook Provisions on Job Security", *Human Resource Management*, 1994, 33: 403-421.

McNeely, B. L., Meglino, B. M., "The Role of Dispositional and Situational Antecedents in Prosocial Organizational Behavior: An Examination of the Intended Beneficiaries of Prosocial Behavior", *Journal of Applied Psychology*, 1994, 79: 836-844.

McShane, S. L., Von Glinow, M. A., "Employment Relationship and Career Dynamics", in *Organizational Behavior: Emerging Realities for the*

Workplace Revolution, New York: McGraw-Hill, 2003.

Melia, K. M., "Rediscovering Glaster", *Qualitative Health Research*, 1996, 63: 365-375.

Mello, J. A., *Strategic Human Resource Management*, Cincinnati OH: South-Western, 2002.

Miller, D. E., "Mathematical Dimensions of Qualitative Research", *Symbolic Interaction*, 2000, 23: 399-402.

Millward, L. J., Brewerton, P., "Contractors and Their Psychological Contract", *The British Journal of Management*, 1999, 10: 253-273.

Millward, L. J., Hopkins, L. J., "Psychological Contracts, Organizational and Job Commitment", *Journal of Applied Social Psychology*, 1998, 28 (16): 1531-1556.

Mirvis, P., Kanter, D. L., "Beyond Demography: A Psychographic Profile of the Workforce", *Human Resource Management*, 1992, 30 (1): 45-68.

Morgan-Lopez, A., MacKinnon, D. P., "Demonstration and Evaluation of a Method for Addressing Mediated Moderation", *Behavior Research Methods*, 2006, 38 (1): 77-87.

Morrison, E. W., Robinson, S. L., "When Employees Feel Betrayed: A Model of How Psychological Contract Violation Develops", *Academy of Management Review*, 1997, 22 (1): 226-256.

Morrison, E. W., "Newcomer Information Seeking: Exploring Types, Modes, Sources, and Outcomes", *Academy of Management Journal*, 1993, 36: 557-589.

Moynihan, L. M., Roehling, M. V., Lepine, M. A., et al., "A Longitudinal Study of the Relationships among Job Search Self-Efficacy, Job Interviews, and Employment Outcomes", *Journal of Business & Psychology*, 2003, 18: 207-233.

Murphy, C. M., O'Leary, K. D., "Research Paradigms, Values, and Spouse Abuse", *Journal of Interpersonal Violence*, 1994, 9: 207-223.

Nelson, D., Quick, J. C., Joplin, J. R., "Psychological Contracting and Newcomer Socialization", *Journal of Social Behavior and Personality*,

1991, 6: 55-72.

Neuman, W. L., *Social Research Methods: Qualitative and Quantitative Approaches*, New York: Pearson/Allyn and Bacon, 2006.

Nunnally, J. C., *Phychometric Theory*, New York: Mc Graw-Hill, 1978.

Othman, R., Arshad, R., Hashim, N. A., et al., "Psychological Contract Violation and Organizational Citizenship Behavior", *Gadjah Mada International Journal of Business*, 2005, 7: 325-349.

Parks, J. M., Kidder, D. L., " 'Till Death Us Do Part…': Changing Work Relationships in the 1990s", *Trends in Organizational Behavior*, 1994, 1: 111-136.

Paulsen, M. B., "The Relation between Research and the Scholarship of Teaching", *New Directions for Teaching and Learning*, 2001, (4): 20-22.

Peter, P., "Construct Validity: A Review of Basic Issues and Marketing Practices", *Journal of Marketing Research*, 1981, 18 (2): 133-145.

Peterson, G. W., Sampson, J. P., Reardon, R. C., "Career Development and Services: A Cognitive Approach", in *Pacific Grove*, CA: Brooks/Cole, 1991.

Podsakoff, P., MacKenzie, S., Lee, J., et al., "Common Method Biases in Behavioral Research: A Critical Review of the Literature and Recommended Remedies", *Journal of Applied Psychology*, 2003, 88 (5): 879-903.

Porter, L. W., Pearce, J. L., Tripoli, A. M., et al., "Differential Perceptions of Employers' Inducements: Implications for Psychological Contracts", *Journal of Organizational Behavior*, 1998, 19 (9): 769-782.

Posthuma, R. A., Campion, M. A., "Age Stereotypes in the Workplace: Common Stereotypes, Moderators, and Future Research Directions", *Journal of Management*, 2009, 35: 158-188.

Preacher, K. J., Hayes, A. F., "Asymptotic and Resampling Strategies for Assessing and Comparing Indirect Effects in Multiple Mediator Models", *Behavior Research Methods*, 2008, 40 (3): 879-891.

Premack, S. L., Wanous, J. P., "A Meta-Analysis of Realistic Job Previews Experiments", *Journal of Applied Psychology*, 1985, 70: 706-719.

Pryor, R.G.L., "Differences among Differences: In Search of General Work Preference Dimensions", *Journal of Applied Psychology*, 1987, 72 (3): 426-432.

Pugh, S.D., Skarlicki, D.P., Passell, B.S., "After the Fall: Layoff Victims' Trust and Cynicism in Re-Employment", *Journal of Occupational & Organizational Psychology*, 2003, 76 (2): 201-212.

Raja, U., Johns, G., Ntalianis, F., "The Impact of Personality of Psychological Contracts", *Academy of Management Journal*, 2004, (47): 447-458.

Reilly, A.H., Brett, J.M., Stroh, L.K., "The Impact of Corporate Turbulence on Managers' Attitudes", *Strategic Management Journal*, 1993, 14: 167-179.

Rieger, M.O., Wang, M., "Cumulative Prospect Theory and the St. Petersbury Paradox", *Economic Theory*, 2006, (28): 665-679.

Ring, P.S., Rands, G.P., "Sensemaking, Understanding, and Committing: Emergent Interpersonal Transaction Processes in the Evolutions of 3M's Microgravity Research Program", in Van de Ven, H., Poole, M.S., eds., *Research on the Management of Innovation: The Minnesota Studies*, New York: Ballinger, 1989.

Rise, J., Sheeran, P., Hukkelberg, S., "The Role of Self-Identity in the Theory of Planned Behavior: A Meta-Analysis", *Journal of Applied Social Psychology*, 2010, (40): 1085-1105.

Robinson, S.L., Kraatz, M.S., Rousseau, D.M., "Changing Obligations and the Psychological Contract: A Longitudinal Study", *Academy of Management Journal*, 1994, 37 (1): 137-152.

Robinson, S.L., Morrison, E.W., "Psychological Contracts and Organizational Citizenship Behavior", *Journal of Organizational Behavior*, 1995, 16: 289-298.

Robinson, S.L., Rousseau, D.M., "Violating the Psychological Contract: Not the Exception But the Norm", *Journal of Organizational Behavior*, 1994, 15: 244-257.

Robinson, S. L., "Trust and Breach of the Psychological Contract", *Administrative Science Quarterly*, 1996, 41: 574-598.

Roehling, M. V., "The Origins and Early Development of the Psychological Contract Construct", Published Proceedings of the Academy of Management, 1996, 202-205.

Rokeach, Milton, "From Individual to Institutional Values: With Special Reference to the Values of Science", in Rokeach, M., ed., *Understanding Human Values*, New York: The Free Press, 1979.

Rosenthal, R., DiMatteo, M.R., "Meta-Analysis: Recent Developments in Quantitative Methods for Literature Reviews", *Annual Review of Psychology*, 2001, 52 (1): 59-82.

Rosenthal, R., *Meta-Analytic Procedures for Social Research*, Newbury Park, CA: Sage, 1991.

Rothwell, A., Arnold, J., "Self-Perceived Employability: Development and Validation of a Scale", *Personnel Review*, 2007, 36 (1): 23-41.

Rousseau, D. M., Parks, J. M., "The Contract of Individuals and Organizations", *Research in Organizational Behavior*, 1993, 15: 1-41.

Rousseau, D.M., Tijoriwala, S.A., "Assessing Psychological Contracts: Issues, Alternatives and Measures", *Journal of Organizational Behavior*, 1998, 19 (SpecIssue): 679-695.

Rousseau, D. M., Tijoriwala, S. A., "Perceived Legitimacy & Unilateral Contract Changes: It Takes a Good Reason to Change a Psychological Contract", San Diego: Symposium at the Society for Industrial Organizational Psychology Meetings, 1996.

Rousseau, D. M., Wade-Benzoni, K. A., "Linking Strategy and Human Resource Practices: How Employee and Customer Contracts are Created", *Human Resource Management*, 1994, 33: 462-490.

Rousseau, D. M., "New Hire Perceptions of Their Own Employer's Obligations: A Study of Psychological Contracts", *Journal of Organizational Behavior*, 1990, 11: 387-399.

Rousseau, D. M., "Psychological and Implied Contracts in Organizations", *Employee Responsibilities and Rights Journal*, 1989, 2: 120-135.

Rousseau, D. M., *Psychological Contracts in Organizations: Understanding Written and Unwritten Agreements*, Thousand Oaks, CA: Sage, 1995.

Rousseau, D. M., "Schema, Promise and Mutuality: The Building Blocks of the Psychological Contract", *Journal of Occupational & Organizational Psychology*, 2001, 74 (4): 512-540.

Rousseau, D. M., "The 'Problem' of the Psychological Contract Considered", *Journal of Organizational Behavior*, 1998, 19: 648-661.

Rudner, R., *Philosophy of Social Science*, Englewood Cliffs, NJ: Prentice Hall, 1966.

Rusbult, G. E., Farrell, D., Rogers, G., et al., "Impact of Exchange Variables on Exit, Voice, Loyalty, and Neglect: An Integrative Model of Responses to Declining Job Satisfaction", *Academy of Management Journal*, 1988, 31: 599-627.

Sagie, A., Elizur, D., Koslowsky, M., "Work Values: A Theoretical Overview and a Model of Their Effects", *Journal of Organizational Behavior*, 1996, 17: 503-513.

Sakes, A. M., Cronshaw, S. F., "A Process Investigation of Realistic Job Previews: Mediating Variables and Channels of Communication", *Journal of Organizational Behavior*, 1990, 11: 221-236.

Saks, A., Ashforth, B. E., "Organizational Socialization: Making Sense of the Past and Present as a Prologue for the Future", *Journal of Vocational Behavior*, 1997, 51: 234-279.

Scandura, T. A., Lankau, M. J., "Relationships of Gender, Family Responsibility and Flexible Work Hours to Organizational Commitment and Job Satisfaction", *Journal of Organizational Behavior*, 1997, 18: 377-391.

Schalk, R., Robert, E. R., "Toward a Dynamic Model of Psychological Contract", *Journal for the Theory of Social Behavior*, 2007, 37 (2): 165-181.

Schein, E. H., *Organizational Psychology*, Englewood Cliffs, NJ: Prentice-Hall, 1980.

Schein, E.H., *Career Dynamics: Matching Individual and Organization Needs*, Reading, MA: Addison-Wesley Publication, 1978.

Scherbaum, C. A., Cohen-Charash, Y., Kern, M. J., "Measuring Gernral Self-Efficacy: A Comparison of Three Measures Using Item Response Theory", *Educational and Psychological Measurement*, 2006, (66): 1047-1063.

Scholarios, D., Lockyer, C., Johnson, H., "Anticipatory Socialisation: The Effect of Recruitment and Selection Experiences on Career Expectations", *Career Development International*, 2003, 8: 182-197.

Schreiber, R. S., Sterm, P. N., *Using Grounded Theory in Nursing*, New York: Springer, 2001.

Schwarzer, R., Aristi, B., "Optimistic Self-Beliefs: Assessment of General Perceived Self-Efficacy in Thirteen Cultures", *World Psychology*, 1997, 3 (2): 177-190.

Schyns, B., Von Collani, G., "A New Occupational Self-Efficacy Scale and Its Relation to Personality Constructs and Organizational Variables", *European Journal of Work and Organizational Psychology*, 2002, 11: 219-241.

Sels, L., Janessens, M., Van Den Brande, I., "Assessing the Nature of Psychological Contract: A Validation of Six Dimensions", *Journal of Organizational Behavior*, 2004, 25: 461-488.

Shore, L. M., Barksdale, K., "Examining Degree of Balance and Level of Obligation in the Employee Relationship: A Social Exchange Approach", *Journal of Organizational Behavior*, 1998, 19: 335-346.

Shore, L. M., Tetrick, L. E., "The Psychological Contract as an Explanatory Framework in the Employment Relationship", in Cooper, C. L., Rousseau, D. M., eds., *Trends in Organizational Behavior*, New York: John Wiley and Sons, 1994.

Si, S. X., Wei, Feng, Li, Yi, "The Effect of Organizational Psychological Contract Violation on Managers' Exit, Voice, Loyalty and Neglect in the Chinese Context", *International Journal of Human Resource Management*, 2008, 19 (5): 932-944.

Singer, M. S., Bruhns, C., "Relative Effect of Applicant Work Experience and Academic Qualification on Selection Interview Decisions: A Study of Between-Sample Generalizability", *Journal of Applied Psychology*, 1991, 76: 550-559.

Sobel, M. E., "Effects Analysis and Causation in Linear Structural Equation Models", *Psychometrika*, 1990, 55: 495-515.

Sparrow, P., "Transitions in the Psychological Contract: Some Evidence from the Banking Sector", *Human Resource Management Journal*, 1996, 6 (4): 75-92.

Steel, P., Konig, C. J., "Intergrating Theories of Motivation", *Academy of Management Review*, 2006, (31): 889-913.

Steiger, J. H., "Aspects of Person-Machine Communication in Structural Modeling of Correlations and Covariances", *Multivariate Behavioral Research*, 1988, 23: 281-290.

Stiles, P., Gratton, L., Truss, C., et al., "Performance Management and the Psychological Contract", *Human Resource Management Journal*, 1997, 7 (1): 57-66.

Strauss, A. L., "Notes on the Nature and Development of General Gheories", *Qualitative Inquiry*, 1995, 1: 7-18.

Sturges, J., Conway, N., Guest, D., et al., "Managing the Career Deal: The Psychological Contract as a Framework for Understanding Career Management, Organizational Commitment and Work Behaviour", *Journal of Organizational Behavior*, 2005, (26): 821-838.

Super, Donald E., "Values: Their Nature, Assessment, and Practical Use", in Super, D.E., Sverko, B., eds., *Life Roles, Values, and Careers*, San Francisco: Jossey-Bass, 1995.

Tallman, Rick, "Needful Employees, Expectant Employers and the Development and Impact to Psychological Contracts in New Employees", Manitoba: The University of Manitoba, 2001.

Tekleab, A. G., Taylor, M. S., "Aren't There Two Parties in an Employment Relationship? Antecedents and Consequences of Organization-Employee Agreement on Contract Obligations and Violations", *Journal of Organizational Behavior*, 2003, 24: 585-608.

Ten Brink, B. E. H., *Psychological Contract: A Useful Concept*? VU, Amsterdam, 2004.

Thijssen, J. G. L., Van der Heijden, B. I. J. M., Rocco, T. S.,

"Toward the Employability Link Model: Current Employment Transition to Future Employment Perspectives", *Human Resource Development Review*, 2008, 7: 165-183.

Thomas, D. C., Au, K., Ravlin, E. C., "Cultural Variation and the Psychological Contract", *Journal of Organizational Behavior*, 2003, 24: 451-470.

Thomas, H. D., Anderson, N., "Changes in Newcomers' Psychological Contracts during Organizational Socialization: A Study of Recruits Entering the British Army", *Journal of Behavior*, 1998, (19): 231-245.

Thomas, J. B., Clark, S. M., Gioia, D. A., "Strategic Sensemaking and Organizational Performance: Linkages among Scanning, Interpretation, Action, and Outcomes", *Academy of Management Journal*, 1993, 36: 239-270.

Thompson, J. A., Bunderson, J. S., "Violations of Principle: Ideological Currency in the Psychological Contract", *Academy of Management Review*, 2003, 28 (4): 571-585.

Thulesius, H., Hakansson, A., Petersson, K., "Balancing: A Basic Process in the End-of-Life Care", *Qualitative Health Research*, 2003, 13: 1357-1377.

Tomer, J. F., "Understanding High Performance Work Systems: The Joint Contribution of Economics and Human Resource Management", *Journal of Socio-Economics*, 2001, 30 (1): 63-73.

Torka, N., Geurts, P., Sanders, K., et al., "Antecedents of Perceived Intra-and Extra-Organisational Alternatives: The Case of Low-Educated Supermarket Employees in Central European Transition Countries", *Personnel Review*, 2010, 39, 269-286.

Trigwell, K., Shale, S., "Student Learning and the Scholarship of University Teaching", *Studies in Higher Education*, 2004, (4): 523-536.

Tsui, Anne S., Pearce, J. L., Porter, L. W., et al., "Alternative Approaches to the Employee-Organizational Relationship: Does Investment in Employees Pay Off?", *Academy of Management Journal*, 1997, 40 (5): 1089-1119.

Tsui, Anne S., Pearce, J. L., Porter, L. W., et al., "Choice of Employee-Organization Relationship: Influence of External and Internal Organizational Factors", *Research in Personnel and Human Resource Management*, 1995, 13: 117-151.

Turnley, W. H., Bolino, M. C., Lester, S. W., et al., "The Impact of Psychological Contract Fulfillment on the Performance of In-Role and Organizational Citizenship Behaviors", *Journal of Management*, 2003, 29: 186-203.

Turnley, W. H., Feldman, D. C., "Re-Examining the Effects of Psychological Contract Violations: Unmet Expectations and Job Dissatisfaction as Mediators", *Journal of Organizational Behavior*, 2000, 21 (1): 25-42.

Turnley, W. H., Feldman, D. C., "The Impact of Psychological Contract Violations on Exit, Voice, Loyalty, and Neglect", *Human Relations*, 1999, 52 (7): 895-922.

Van Dam, K., "Antecedents and Consequences of Employability Orientation", *European Journal of Work and Organizational Psychology*, 2004, 13: 29-51.

Van Der Heijden, B. I. J. M., De Lange, A. H., Demerouti, E., et al., "Age Effects on the Employability-Career Success Relationship", *Journal of Vocational Behavior*, 2009, 74: 156-164.

Van Dijk, E., Wit, A., Wilke, H., et al., "What We Know (and Do Not Know) about the Effects of Uncertainty on Behavior in Social Dilemmas", in Suleiman, R., Budescu, D. V., Fischer, I., et al., eds., *Contemporary Psychological Research on Social Dilemmas*, Cambridge University Press, 2004.

Van Emmerik, I. J. H., Schreurs, B., De Cuyper, N., et al., "The Route to Employability: Examining Resources and the Mediating Role of Motivation", *Career Development International*, 2012, 17 (2): 104-119.

Van Maanen, J., Schein, E., "Towards a Theory of Organizational Socialization", *Research in Organizational Behavior*, 1979, 1: 209-264.

Vandenberg, R. J., Scarpella, V., "The Matching Model: An Examination of the Processes Underlying Realistic Job Previews", *Journal of Applied Psychology*, 1990, 75: 60-66.

Vandenberg, R. J., Scarpello, V. A., "Longitudinal Assessment of the Determinant Relationship between Employee Commitments to the Occupation and the Organization", *Journal of Organizational Behavior*, 1994, (15): 535-547.

Vatanasaksakul, S., "An Investigation of the Appropriateness of Internet Technology for Inter-Firm Communication in the Thai Tourism Industry", New South Wales: University of New South Wales, 2007.

Vinarski-Peretz, H., Carmeli, A., "Linking Care Felt to Engagement in Innovative Behaviors in the Workplace: The Mediating Role of Psychological Conditions", *Psychology of Aesthetics, Creativity, and the Arts*, 2011, 5(1): 43-53.

Walsh, K., Taylor, M. S., "Developing In-House Careers and Retaining Management Talent: What Hospitality Professionals Want from Their Jobs", *Cornell Hotel and Restaurant Administration Quarterly*, 2007, 48: 163-182.

Wang, Duanxu, Tsui, Anne S., Zhang, Yichi, et al., "Employment Relationships and Firm Performance: Evidence from an Emerging Economy", *Journal of Organizational Behavior*, 2003, 24: 511-533.

Wang, Yue, "Predicting the Citation Impact of Clinical Neurology Using Structural Equation Modeling with Partial Least Squares", New South Wales: University of New South Wales, 2004.

Wanous, J. P., Reichers, A. E., "New Employee Orientation Programs", *Human Resource Management Review*, 2000, 10 (4): 435-451.

Way, S. A., "High Performance Work Systems and Intermediate Indicators of Firm Performance within the US Small Business Sector", *Journal of Management*, 2002, 28 (6): 756-785.

Weick, K. E., *Sensemaking in Organizations*, Thousand Oaks, CA: Sage, 1995.

Weick, K. E., "Reflections on Enacted Sensemaking in the Bhopal Disaster", *Journal of Management Studies*, 2010, (47): 537-550.

Weiss, Howard M., Russell Cropanzano, "Affective Events Theory: A Theoretical Discussion of the Structure, Causes and Consequences of Affective Experiences at Work", in Weiss, Howard M., Cropanzano, Russell and Staw, Barry M., eds., *Research in Organizational Behavior*, US: Elsevier Science/JAI Press, 1996.

Weiss, Neil S., "A Graphical Representation of the Relationships between Multiple Regression and Multiple Correlation", *American Statistician*, 1970,

24 (2): 25-29.

William, J., MacKinnon, D. P., "Resampling and Distribution of the Product Methods for Testing Indirect Effects in Complex Models", *Structural Equation Modeling*, 2008, 15 (1): 23-51.

Williams, L. J., Anderson, S. E., "Job Satisfaction and Organizational Commitment as Predictors of Organizational Citizenship and In-Role Behaviors", *Journal of Management*, 1991, 17: 601-617.

Williams, L., Brown, B., "Method Variance in Organizational Behavior and Human Resources Research: Effects on Correlations, Path Coefficients, and Hypothesis Testing", *Organizational Behavior and Human Decision Processes*, 1994, 57: 185-209.

Wittekind, A., Raeder, S., Grote, G. A., "Longitudinal Study of Determinants of Perceived Employability", *Journal of Organizational Behavior*, 2010, 31 (4): 566-586.

Wold, H., "Soft Modeling: The Basic Design and Some Extensions", in Joreskog, K.G., Wold, H., eds., *Systems under Indirect Observation, Causality, Structure, Prediction*, New York: North Holland, 1982.

Wollack, Stephen, et al., "Development of the Survey of Work Values", *Journal of Applied Psychology*, 1971, 55 (4): 331-338.

Wong, C., Campion, M. A., "Development and Test of a Task Level Model of Motivation Job Design", *Journal of Applied Psychology*, 1991, 76: 825-837.

Wu, J., Lederer, A., "A Meta-Analysis of the Role of Environment-Based Voluntariness in Information Technology Acceptance", *MIS Quarterly*, 2009, 33 (2): 419-430.

Wuest, J., "Negotiating with Helping Systems: An Example of Grounded Theory Evolving through Emergent Fit", *Qualitative Health Research*, 2000, 10: 51-70.

Yin, R. K., "Evaluation: Enhancing the Quality of Case Studies in Health Services Research", *Health Services Research*, 1999, 34: 1209-1224.

Yin, R. K., "The Case Study Crisis: Some Answers", *Administrative Science Quarterly*, 1981, 26: 58-65.

Yin, R. K., *Case Study Research: Design and Methods*, Thousand Oaks, CA: Sage, 2003.

Zhang, J. X., Schwarzer, R., "Measuring Optimistic Self-Beliefs: A Chinese Adaptation of the General Self-Efficacy Scale", *Psychologia*, 1995, 38 (3): 174-181.

Zhao, H., Wayne, S. J., Glibkowski, B. C., et al., "The Impact of Psychological Contract Breach on Work-Related Outcomes: A Meta-Analysis", *Personnel Psychology*, 2007, 60: 647-680.

后　　记

　　光阴荏苒，几起春去春又回，数不清多少披星戴月，多少冷暖相知，多少更迭斗转。欣慰的是，几经辗转反侧之后，终于迎来了刻苦耕耘之后的收获。仔细思忖过往，这其中不仅充满了针对问题难解的困顿、努力攻坚破冰的执着以及倾情竭力付出的专注，更充盈了针对问题排解的喜悦、攻克难关刹那间的兴奋、笃定于精神世界且早已习以为常的投入研究工作的沉潜……此时此刻，百种情结涌上心头，感怀之余，期寄以文字聊表细数过往的盘整，更借此深切怀念对于所收获的诸多帮助、提携与支持的感激之情……

　　首先，由衷感谢恩师！还记得提炼研究问题和命题模型时，将自认为已经过成熟思考的研究议题请教导师的意见，本以为能够顺利开题，然而始料未及的是，老师却以郑重和严谨的学术性措辞指出了究竟如何界定一个科学问题，如何从实践中提炼科学问题，又如何有针对性地设计研究方案等一系列从事一项科学研究所必须思考清楚的关键条件和准备工作。此番仿如醍醐灌顶，不禁令我脑洞大开。恰恰是由于深入浅出的学术指导，一幅"深刻扎根于案例现场，通过与研究情景的'交互交融'以求深入捕获和挖掘可供探索的研究问题，进而得以抽炼更高一层的与文献直面'对话'和理论建构"的旨在探索一个有益于解决实践问题、形成一个新的概念和理论架构的扎根理论研究图景才得以缓缓铺开。这种深入实地并回归理论探讨、将现实与理论紧密结合、始终要努力攻克理论与实践相脱节的研究之旅，不仅增加了我的研究兴趣，在"不经意"中饶有兴趣地找到了研究问题的解决答案，提出了有益于实践解惑的对策与建议，而且充实了现有可雇佣性理论、心理契约理论和组织创新驱动理论，为相关领域的整合性研究空间的进一步探索，提供了科学和稳健的理论依据与实证经验证据。

　　还要感谢师兄姐弟们！众人划桨开大船！孤军奋战，路只能越走越窄。忘不了同门师兄姐弟们从不同角度、不同维度、不同程度上给予我的莫大支持、帮助和鼓励。遇到学术道路上的疑问，毫不迟疑地首先想到这个团队，因为总认为团队是自己坚强的后盾和依靠。事实上，团队的确是我不断攀爬的阶梯和桥梁。每当遇到问题时，每当讨教到相关师兄姐弟时，总能获得真知灼见。团队的扶助和提携，使我一次次树立起"阳光总在风雨后"的信心。攀登的道路上，能够获得团队的扶持，我倍感荣幸！甚至有时还会感到一丝丝小确幸！因为遇到了志同道合的同僚诸亲们。

  无比深情地感谢父母双亲！若本书的创作尚且能够称为一项科学研究，那么支撑我坚定踏上科研之路，无论一路走来历经风霜雨雪，依然能够笃定前行、放之四海而终究能够探寻到研究问题的解析途径、深藏于内心且终将永久深切缅怀的原动力就是父母双亲博大无边的爱！！！还记得那个冬天，像幼时参加中考一样，父母嘱咐我："家里一切都好，放心！集中精力考试就好！"我顾不上过多流连这句话的含义及其所包含的难以用数字去衡量和表示的期寄，全身心投入考博过程当中。更依稀记得，已过而立之年还要埋头耕读，年龄不是障碍，反倒是鞭策自己不能懈怠的"永动机"，我沉浸于某种研究方法、某个研究方案、某个研究结果的修正等，以及与导师的求教、与师兄姐弟们的交流和学习中，将个人家庭全然置之身外。那段时间，父母再次付诸以全部的爱，几乎解决了我的全部生活问题，使我能够毫无牵挂顾忌地投入读博的攻坚生涯。永远不会忘记，取得博士学位那天，看到我身穿博士服的身影，母亲激动的泪水夺眶而出，父亲深情而平静地说："一起合影吧！"简单的语言，平实的动作，听了多少年，看了多少回，而如今，却丝毫一点都不简单，那一刻，无数话语涌上心头，却不知怎的，一时哽咽，只留得满眼的感动、感谢、感怀。这就是我的双亲！生我、养我，与我同甘共苦几十载，甚至如果有来生，还约定了要再续前缘的亲情……难舍难分……感慨万千……对于父母双亲的爱，此生此世难以报答，但求将"母亲节""父亲节"融入每时每刻，勿留下"子欲孝而亲不在"的终生遗憾，即便不得不面对缘分终了的那一刻，也还要继续"只要住在彼此心里，永远没有距离"。

  还要感谢我的伴侣！无论何时何地，有痛苦可以全情倾诉，有难事可以全然托付，有蹉跎可以毫无顾忌地搀扶着蹚过险滩，而却往往是后于恩师、父母双亲……甚至是最后一个获知我的点滴成绩和喜悦，甘愿永远默默守候我们小家的"无名士"。借此机会,提笔代言:"并非忘记你的付出,而是坚定地知道,你会永远默默无闻地站在我背后,支持我、搀扶我、鼓励我前行,矢志不渝地守护着我们的小家,毫无保留、不计较任何得失地为我们的小家倾力付出,无条件地捍卫我们这个小家,并会轻轻地托起这扁温馨的小舟,勇往直前……"

感谢我们最灵秀、智慧和幸福的结晶!本书结稿前,你出生了,从怀孕到生产,没有孕吐,没有带给妈妈难以忍受的孕期反应,妈妈才得以全神贯注投入创作,本书也有你的功劳!特别是,听到你第一声啼哭,望着你粉嫩、可爱的小脸儿,感受到你温暖中略带奶味儿的体嗅,一种难以名状的自勉油然而生——为了让你学会如何专注、沉潜、向上,妈妈一定要努力!等到你学会那天,再教你如何超越妈妈!真正成为妈妈生命的延续,成为我们家庭正能量的传承……

感谢齐鲁工业大学人文社科优秀成果培育管理办法计划资助出版!

感谢所有为本书创作提供支持和帮助的学术界及实务界人士!感谢所在单位齐鲁工业大学(山东省科学院)为本书研究工作提供的支持!

相 飞

于齐鲁工业大学(山东省科学院)